Strategic Management in the Creative Economy

창조경제에서의 경영전략

이장우 저

머리말

우리 기업들은 IMF 경제위기와 2008년 글로벌 금융 위기를 넘기면서 새로운 국면에 처해 있다. 과거 산업화 시대의 성공 논리가 퇴색되고 경쟁우위 확보를 위해 상상력과 창의성이 중요해 지는 시대로 진입한 것이다. 따라서 목표를 세우고 한 방향으로 돌진하는 속도전만으로는 경쟁력 유지가 어려워졌다. 또한 선진 사례와 해외 이론에만 의존해서는 점점 한계에 봉착하게 되었다. 뛰어난 감성과 열정으로 세상에 없던 제품과 비즈니스 모델을 만들어내야 지속가능한 부가가치를 창출할 수 있게 된 것이다. 특히 중국의 추격과 선진국의 벽 사이에 낀 '샌드위치' 상황을 극복하기 위한 창조적 전략이 필요하다.

창조경제에서 가장 중요한 특징은 산업 간 경계가 희미해지고 전통적인 가치사슬이 파괴된다는 것이다. 글로벌 시장에서 성공한 기업도 지속적인 혁신 없이는 한순간에 없어질 수 있는 위험이 도사리고 있다. 특히 산업화에 이어 정보화 흐름에 성공한 한국 기업들은 기존의 성취에 안주해서는 중국의 추격에 도태되기 십상이다. 지금은 과감하게 전략혁신에 나서야 할 때다. 특히 과거 100년 동안 구축되어 온 파이프라인 모형의 가치사슬이 21세기 창조경제에 들어와 구조적으로 바뀌고 있다는 사실에 주목해야 한다. 창의적 아이디어로 발명이 이루어지고 이것이 고객만족을 향해 개발, 생산, 그리고 영업이라는 일직선 과정으로 차근차근 이루어졌던 가치사슬 체계가 무너지고 있다.

경영전략은 급속히 진행되어 온 글로벌 경쟁상황으로 인해 경쟁우위를 획득하고 유지하기 위한 이론과 기법으로 이해되고 있다. 그러다보니 경영전략의 핵심 콘텐츠는 선택과 집중, 그리고 그 결과로서 얻어지는 차별화이다. 즉 변화하는 환경과 제한된 자원 속에서 어떻게 선택과 집중을 해 나감으로써 차별화를 이룩할 것인가라는 문제를 중점적으로 다루어 왔다.

그러나 21세기 창조경제에 들어와 기술의 융복합화와 함께 인간의 창의성이 사회적 부의 창출을 직접 견인하게 됨으로써 기업들은 새로운 전략개발에 나서지 않을 수 없게 되었다. 제품이나 기술 단위 위주에서 이제는 전략 단위로 혁신하지 않을 수 없다. 즉 소비자나 사회와 근본적으로 상생하는 비즈니스 모델을 창조적으로 개발하지 않고서는 지속가능한 경쟁력을 확보하기 어렵게 된 것이다.

지금까지 기업들은 내부 중심의 제한적 관점에서 개별적 경제가치를 추구하기 위해 외부 조직들에 대한 통제를 기반으로 단기이익을 극대화하는 데 역점을 두었다. 하지만 지금의 경영환경은 생태계 중심의 상생경영 패러다임을 요구하고 있다. 즉 개방적 관점에서 수평적 협력관계를 구축하고 상호이익이 되는 공유가치를 추구하기 위해 신뢰를 바탕으로 장기적 이익을 도모해야 한다. 이를 위해 전략혁신이 필수적이다.

하지만 선진국의 이론과 사례를 단순히 모방하고 적용하는 시대는 지나갔다. 지금은 독창적인 전략을 수립하고 실천해야 하는 창조경제 시대다. 따라서 이 책은 우리나라 기업들이 창조적으로 전략혁신을 도모하는 데 필요한 이론과 기법, 그리고 사례를 제공하는 데 목적이 있다. 이러한 목적을 달성하기 위해 다음과 같이 통합적 접근을 시도했다.

첫째, 논리적 접근과 감성적 접근을 상호보완적으로 통합하고자 했다. 이를 위해 논리에 기반 한 고전적 전략수립 과정을 소개하고(2장), 사례분석과 스토리텔링 등 감성적 접근방법에 대해 다루었다(3장). 비전 수립과 같이 사명감과 공감대를 구축하는 감성적 접근방법에 대해 설명했다(4장).

둘째, 전략의 수립과 실행의 통합. 수립과 실행은 원래 같은 호흡으로 일관성 있게 이루어져야 한다. 전략 실행의 과정은 수립의 과정 못지않게 창의적이고 혁신적이어야 한다. 이러한 의미에서 전략의 수립(5장)과 실행의 과제(6장)를 통합적으로 다루었다.

셋째, 경영전략 이론의 양대 산맥이라 할 수 있는 위치선점(포지셔닝)의 이론 관점(7장)과 자원기반(Resource-based)의 이론 관점(8장)을 통합적으로 다루었다. 이러한 이론 관점들은 모두 지속가능한 경쟁우위의 핵심 원천에 대해 설명한다. 이 이론 관점들을 통합해 활용하면 경쟁우위에 관한 보다 정확한 접근이 가능하다.

넷째, 보수성과 유연성의 통합. 경영전략에서 보수성과 유연성은 동시에 필요하다. 이 책에서는 격변하는 경영환경에서의 유연 대처방법에 대해 다루었다(9장). 특히 극지 탐험과 같은 상시 위기 상황에서의 대응 전략과 시나리오 기법 등에 대해 설명한다. 하지만 동시에 기업의 보수성 유지를 위하여 비전과 핵심이념의 정립 등을 앞서서 다루었다(4장).

다섯째, 성공과 실패의 통합. 경영전략은 장기적 관점에서 성공과 실패를 관리해 나가며 꾸준히 기업의 경쟁력을 쌓아가는 데 목적을 두어야 한다. 따라서 성장전략(10장), 비즈니스 포트폴리오(11장), 국제화(12장) 등 기업의 성공 과정들을 다루는 한편, 성장 과정에서 그림자와 같이 따라다니는 성공함정의 관리방법(13장)에 대해 살펴보았다.

여섯째, 정규적인 주제만으로 경영전략의 모든 부분을 논의했다고 할 수 없기 때문에 아직 경영전략의 주변부에 있는 특수 논제들도 함께 다루었다. 핵심부가 아닌 주변부에서 오히려 더 중요한 전략 트렌드를 제시할 수도 있다. 특수 논제로서 '공유가치 창출(CSV)', '중소기업의 경쟁전략', '국가 경쟁력' 등에 관해 다루었다(14장). 공유가치 창출은 글로벌 금융위기 이후 요구되고 있는 새로운 자본주의에 대응하기 위해 중요하다. 중소기업을 위한 경쟁전략은 고용과 혁신의 원천으로서 중소기업의 역할이 커짐에 따라 중요하다. 그리고 국가 경쟁력의 논제도 기업 수준을 뛰어 넘어 국가 수준의 지속가능한 경쟁력을 어떻게 유지할 것인가라는 주제를 다루었다.

우리나라는 스마트폰 보급률이 급속히 증대된 2010년부터 창조경제에 본격적으로 진입했다고 할 수 있다. 갑자기 다가온 새로운 경제 패러다임에 당황스럽기도

하지만 우리 기업들에게 분명히 새로운 기회로 작용할 것으로 생각한다. 디지털 시대에 유달리 강점을 가진 우리의 성공 DNA를 믿어보고 싶다. 하지만 새 시대에서의 성공은 전략혁신을 통해서 획득되어 질 수 있기 때문에 우리 기업들은 발상의 전환과 과감한 도전, 즉 창조화에 나서야 할 것이다.

이 책은 필자가 지난 20년 가까운 세월 동안 연구 축적한 경영전략의 이론과 사례들을 통합적으로 정리한 것이다. 우리 기업들의 창조화 노력에 조금이나마 도움이 되었으면 한다. 아울러 지금까지 필자의 공부에 도움을 주고 함께 한 모든 분들에게 머리 숙여 감사드린다.

2013년 7월

저 자 이 장 우

차 례

제5장 선택과 집중

제6장 실천: 전략 매뉴얼과 실행

제 11 장 비즈니스 포트폴리오

제 12 장 국제화

제 13 장 성공함정

제 14 장 특수 논제

1장 창조경제에서의 경영전략

1. 새로운 경제 환경
2. 창조경제의 개념과 특성
3. 창조경제에서의 전략 과제

학습내용

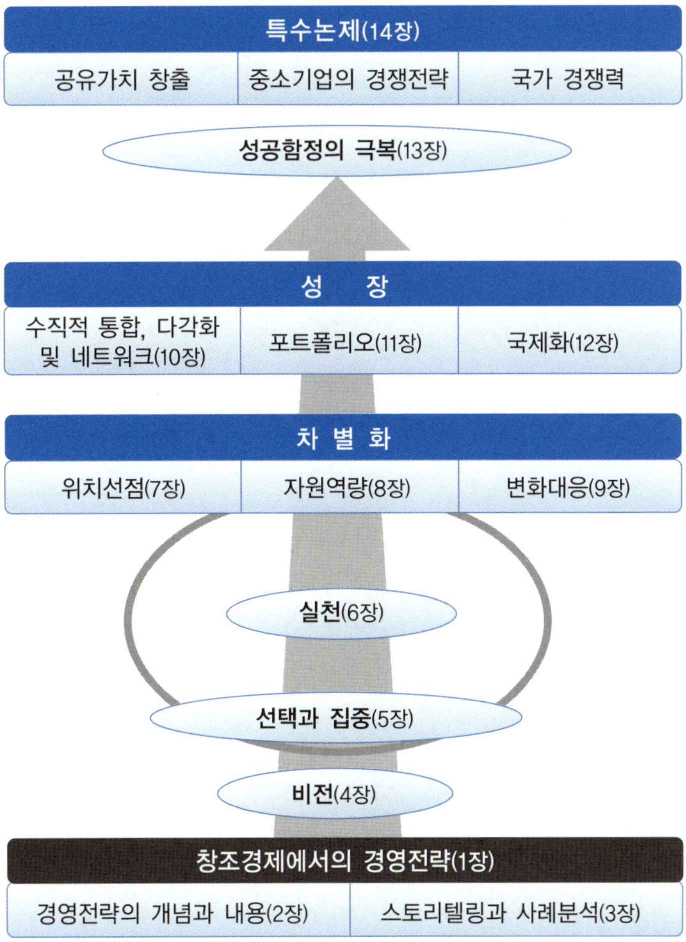

01
새로운 경제 환경

1.1 산업화 성공과 미래 과제

우리나라 기업들은 지난 40여 년 동안 급변하는 세계경제에 성공적으로 적응해 왔다. 그 결과 석유화학, 자동차, 조선 등 중화학공업과 반도체, 디스플레이, 휴대폰 등 IT 산업에서 글로벌 경쟁력을 구축했다. 이러한 경쟁력을 기반으로 2011년과 2012년에는 전 세계적인 불경기에도 불구하고 2년 연속 무역(수출+수입) 1조 달러를 달성했다. 세계 무역규모 순위에서도 이탈리아를 제치고 8위로 올라섰다.

그러나 최근의 경영환경을 보면 급속한 기술변화와 점점 더 치열해지는 글로벌 경쟁으로 인해 미래에도 지속적으로 경쟁우위를 지켜나갈 수 있을지 우려가 크다. 특히 90년대 중반 이후 세계경제에 본격적으로 등장한 중국기업들이 최근 단순한

그림 1-1 대한민국의 경제발전

제조공장에서 혁신기업으로 성장하면서 커다란 위협이 되고 있다. 조사에 따르면 우리 경제를 이끌어 온 주요 업종의 10개사 중 서너 곳은 "5년 내 중국에 추월당할 수 있다"고 자체 평가하고 있는 것으로 나타났다.[1] 따라서 중국의 추격과 선진국의 벽 사이에 낀 우리 경제의 '샌드위치' 상황이 악화될 것이 우려되고 있으며 이에 대한 전략적 대응이 필요하다.

1.2 기술융합 트렌드의 확산과 창조경제의 발전

2000년대 들어와 기술융합 트렌드가 확산됨에 따라 산업 간 경계가 무너지고 기존의 경쟁력을 지탱하고 있던 가치사슬이 파괴됨에 따라 산업구조의 변화가 가속화되고 있다. 기술이 더욱 빠르게 발전하면서 표준화되고 모듈화된 기술이 대중적으로 확산되기 시작했다. 여기에 소비자의 니즈(Needs)가 다양화되고 복잡해짐에 따라 시장과 고객의 요구를 중심으로 다양한 기술들이 상호 융합하는 현상을 보이고 있다. 이러한 융합현상은 ICT 기술의 발전으로 소비자와 공급자 간 네트워크가 긴밀해짐에 따라 더욱 가속화되고 있다.

융합현상을 통해 새로운 기술이 등장하고 새로운 가치들이 창출되고 있으며 산업의 경쟁구도를 변화시키고 생산방식과 사업모델들이 달라지고 있다. 한 마디로 특정 기술을 개발해 꾸준히 보유하는 것도 필요하지만 독특한 사업모델과 아이디

그림 1-2 소녀시대 V(virtual, 홀로그램) 콘서트: 3D 홀로그램 기술을 이용한 가상 콘서트

어를 가지고 여러 기술들을 융합해 낼 수 있는 창의성과 상상력이 더 큰 부가가치를 창출하게 된 것이다.

이렇듯 창의성이 과거와 비교할 수 없을 정도로 중요해지면서 창의성과 상상력은 부의 창출의 중심이 되고 있다. 20세기 후반에 등장한 지식경제가 경제의 핵심을 물질에서 지식으로 바꾸었다면 21세기 창조경제는 지식에 창의성과 상상력을 융합해 인간의 창조력에 빅뱅을 일으켰다고 할 수 있다. 지식경제에서 중심적 역할을 수행해 온 '지식 노동자'(Knowledge Worker)들은 온라인과 모바일로 연결되어 집단 지성과 집단 창의성을 발현시키는 창조인력으로 거듭나고 있다.

이와 같은 기술융합 트렌드의 확산이 촉매가 되어 창조경제가 발전하고 있다. 창조경제에 대한 기대는 2008년 글로벌 금융위기 이후 새로운 자본주의에 대한 요구가 증가하고 경제민주화에 대한 열망이 커짐에 따라 더욱 증대되고 있다. 창조경제에서는 기술과 자본이 독점되는 경향이 있는 산업자본주의와는 달리 개인이나 소수의 창조적 아이디어로도 세상을 바꾸거나 획기적인 성과를 얻을 수 있는 기회가 더 많이 주어진다. 이에 따라 창조인력에게 정당한 분배가 돌아가도록 하는 경제민주화가 중요하다. 또한 경쟁력을 지탱하던 기존의 가치사슬이 파괴됨에 따라 기업에게는 산업구조의 변화로 인한 위협요인이 상존하고 개인은 급격한 사회문화의 변화를 경험하게 되므로 이에 대한 대응이 필요하다.

1.3 창조경제는 글로벌 경쟁력의 핵심

창조경제는 미국, 영국, 일본 등 선진국에서 혁신기술, 문화콘텐츠 및 지식서비스 중심의 국가발전 전략의 일환으로 강조되었다. 선진국 초입에 있는 우리나라는 산업화 이후, 민주화와 정보화를 성공적으로 이행하면서 2000년대에 들어와 발전의 시동을 걸었다.

〈표 1-1〉에서 보는 바와 같이 우리나라는 70~80년대 산업화에 의해 조선, 철강, 석유화학 등 중화학공업을 발전시켰고 90년대 반도체와 정보통신 산업을 중심으로 정보화에 일정한 성과를 내면서 IMF 경제위기를 극복하고 IT 강국으로 발돋움

표 1-1 경제 패러다임의 변화

구 분	산업경제	지식경제	창조경제
시 기	1970~80년대 (오일쇼크)	1990년대 (IMF 외환위기)	2008년~ (글로벌 금융위기)
성장 패러다임	산업화	정보화	창조화
성장동력	노동, 자본	지식, 정보	집단 지성 및 창의성
주력산업	중화학공업	IT 및 디지털 산업	융합 및 창조산업
성공신화	조선, 철강, 석유화학	반도체, 정보통신	스마트폰, IT 융합 제품, 한류 콘텐츠

출처: 이장우, "창조경제에서 융합을 통한 중소기업 경쟁력 강화 및 경제민주화 실천방안", 상생의 경제민주화 실천방안 정책세미나(국회), 2013. 2. 18.

하였다. 이후 2008년 글로벌 금융위기를 맞아 적극적인 위기대응을 통해 창조경제 시대를 여는 발판을 마련하였다. 산업화와 정보화에 이어 창조화라는 새로운 성장 패러다임을 가동하기 시작한 것이다.

아래 사례들은 우리나라 창조경제에서 나타난 대표적인 성공사례이다. 이 성공 사례들이 보여주는 창조화 과정은 창의적 발상(Imagination)과 도전적 행동(Challenge)이 결합하여 작동한다. 기존의 산업화 성과에 안주하지 않고 발상의 전환과 도전으로 기존의 정보화를 발판삼아 창조화에 성공했다고 할 수 있다.

(1) 스마트폰 세계 1위

삼성전자는 2011년 1분기에 세계시장 점유율 11.3%로 노키아와 애플에 이어 3위를 기록했다. 2012년 1분기에는 42.2%로 애플의 35.1%를 누르고 1위를 기록했다. 이러한 삼성전자의 성장세는 최근까지 이어지면서 2012년도 중국 스마트폰 시장 점유율이 17.7%로 가장 높았다. 반면에 애플은 2011년에는 12.3%의 점유율을 기록하며 0.1% 포인트 차이로 삼성전자를 추격했지만 2012년에는 11.0%로 점유율이 하락하며 3위를 차지했다.[2)]

이렇듯 세계 최고의 창조형 기업인 애플을 압도한 삼성전자의 경영성과는 과거 산업화 과정에서 축적한 제조생산 기술을 기초로 지난 10년 간 글로벌 수준에서 창조적인 혁신을 이룩한 결과라고 할 수 있다. 일본 기업의 생산성 기법을 능가하는

그림 1-3 삼성전자 스마트폰 판매량

독자적인 셀 작업 방식, 적정 투자비용의 자동화 기술 LCIA(Low Cost Intelligent Automation), 리얼타임 개인 성과관리, 전 세계 공장의 품질을 리얼타임으로 관리하는 Gamma Monitoring System 등 자체 혁신 능력의 제고와 함께, 수백 개의 협력 제조업체와 휴대폰 혁신생태계를 구축함으로써 창조화의 새로운 지평을 열었다.

삼성전자는 2013년 3월 14일 저녁 뉴욕 라디오시티뮤직홀에서 갤럭시 S4 언팩 행사를 열었다. 풀HD 고화질과 빠른 두뇌, 눈동자 인지를 비롯한 생체인식 기능, 4개 국어 교차 번역 기능, 6감 센서를 통해 주인의 건강 상태를 파악할 수 있는 헬스케

그림 1-4 삼성전자 Galaxy S IV

어 기능 등 다양한 혁신기술들을 융합한 제품을 선보였다.[3] 제품 혁신과 공정 혁신을 빠른 속도로 동시에 이루어 내는 융합 혁신(Convergence Innovation)을 이루어 내고 있다.

(2) 세계 자동차산업 5위 진입

현대 · 기아 자동차는 2011년 657만대(현대차 410만대, 기아차 247만대)를 생산함으로써 2000년 세계 자동차기업들 중 10위에서 2011년 5위로 진입했다. 1위 GM, 2위 폭스바겐, 3위 도요타, 4위 르노-닛산에 이어 5위를 기록했다. 세계시장 점유율은 4.4%에서 8.9%로 2배 이상 상승했다.[4] 이러한 성과는 2008년 글로벌 금융위기에도 불구하고 전 세계시장을 상대로 공격적인 투자를 감행한 결과이다. 현대 · 기아 자동차는 지난 5년 간 세계적으로 새로운 제조생산시스템을 구현했다. 도요타의 JIT 생산시스템을 능가하는 IT기반의 글로벌 스피드제조시스템이라는 창조적인 혁신에 성공했다. 이를 기반으로 전 세계 권역별(중국, 인도, 러시아, 유럽, 북미, 남미 등) 생산 공장과 판매 조직을 만들고 상호 학습을 통해 글로벌 수준에서 혁신의 선순환을 가능하게 했다. 전 세계 핵심지역에 규모의 경제를 갖춘 IT기반의 혁신적

그림 1-5 현대 · 기아차 공장 분포

그림 1-6 현대자동차 i-30

글로벌 생산체계를 구축하며 '1분에 1대의 속도' 로 품질경쟁력을 갖춘 제품들을 공급하고 있다. 자동차 산업은 IT기술이 차지하는 비중이 기계 · 부품 비중을 능가할 정도로 다양한 기술들이 융합하는 대표 산업으로 변화하고 있다. 따라서, 미래 글로벌 경쟁력은 기술융합을 통한 창조적 혁신이 좌우할 것으로 평가된다.

(3) 강소기업의 기술혁신

1996년 기술집약적 벤처기업들의 자본 유입을 돕기 위해 코스닥 시장이 개설되고 1997년 벤처기업 육성에 관한 특별법이 제정되는 등 정부 지원에 힘입어 벤처기업들이 급성장했다. 여기에 제조업을 중심으로 이노비즈 기업들이 합세함으로써 혁신형 중소기업군이 형성되었다. 또한 인터넷 게임 산업을 선도한 엔씨소프트와 넥슨, 국내 검색서비스의 1인자 NHN, 국내 최초로 인터넷 쇼핑몰을 사업화한 인터파크 등 새로운 블루오션 기업들이 급속히 성장했다. 이러한 혁신형 중소기업들은 2000년대에 들어와 기술의 융복합화에 창조적으로 대응해 신기술을 개발하고 신시장을 개척했다.

2000년 창업한 나노엔텍은 2008년 세계적인 바이오 기업인 미국의 라이프테크놀

그림 1-7 나노엔텍의 제품들

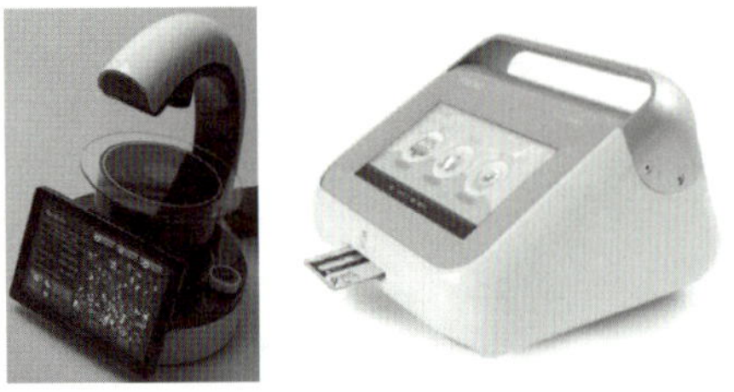

그림 1-8 KMW IT 융복합 제품 i-Met

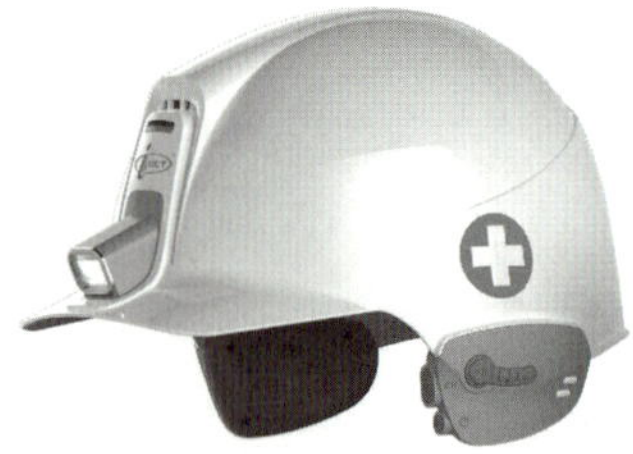

로지에 200억 원을 일시불로 받고 기술을 수출했다. 나노엔텍은 창업 이후 반도체, 광학, 바이오센서, 통신, 제어기술 등을 융합해 기술혁신을 시도하고 이를 80여개 특허로 재산권화 했다. 그리고 연구개발과 소모품 양산에만 전략적으로 집중했다. 소모품은 실험 장비에 쓰여지는 것으로 이 회사가 개발한 의료용 실험 장비에 독점적으로 사용됨으로써 지속적으로 이윤을 창출한다.

KMW는 1991년 창업해 이동통신 핵심장비를 생산해 온 대표적인 IT 기업이다. 이 회사는 최근 소재기술을 융합해 이동통신 기지국의 크기를 획기적으로 줄였고, LED 조명기술, 밧데리, 스피커 등을 융합해 송수신이 자유로운 재난용 헬맷이라는 IT융합 제품을 가지고 글로벌 시장에 도전하고 있다.

(4) 한류콘텐츠의 글로벌 확산

한류라는 말을 만들어 낸 SM엔터테인먼트를 필두로 21세기에는 음악, 영화, 출판, 드라마 등 문화콘텐츠 분야에서 창조 기업들이 대거 등장하여 우리나라의 창조산업(Creative Industries)을 급성장시켰다. 한류 문화콘텐츠는 2003년 일본에서 드라마 〈겨울연가〉가 큰 반향을 일으킨 이후 글로벌 진출을 본격화했다. 그 결과 방송콘텐츠 산업은 2002년, 그 동안의 무역역조 구조를 깨고 수출이 수입을 넘어섰다. 이후 〈대장금〉, 〈가을동화〉, 〈주몽〉 등 많은 드라마 콘텐츠가 전 세계로 진출했다. 이와 함께 K-pop이 유튜브 등 소셜 네트워크를 타고 전 세계로 퍼져 나갔고, 2011년 6월 프랑스 파리에서 열린 'SM Town Live in Paris' 공연으로 유럽에서의 열기를 확인했다. 유튜브의 K-pop 동영상 조회 수는 2010년 229개 국가에서 8억 회를

그림 1-9 싸이의 타임스퀘어 공연

기록했으며 2011년에는 23억 회로 급증했다. 싸이의 〈강남스타일〉만 조회 수가 14억 회가 넘었다. 〈강남스타일〉은 미국 빌보드 차트 7주 연속 2위를 기록했으며 영국, 독일, 프랑스 등 30 개국 이상 공식 차트에서 1위를 했다.

최근에는 영화 분야도 할리우드 진출이 확산되는 등 글로벌 진출이 활발하다. 김지운 감독의 〈라스트 스탠드〉, 박찬욱 감독의 〈스토커〉, 봉준호 감독의 〈설국열차〉 등이 2013년 미국 전역에서 개봉되었거나 개봉을 예정하고 있다. 이와 함께 〈지. 아이. 조〉와 같이 국내 배우와 스태프들이 참여한 영화들이 점차 늘어나고 있다.[5)]

이와 같은 한류콘텐츠의 글로벌 진출은 자체 경제적 효과 이외에도 관련 산업과 국가 창조력에 긍정적 영향을 미치며 국가 이미지와 브랜드 가치의 제고에 커다란 기여를 하고 있다.

02
창조경제의 개념과 특성[6)]

2.1 창조경제의 정의

창조경제란 용어는 2000년 8월 피터 코이(Peter Coy)가 "개인의 창의성과 아이디어가 생산요소로 투입되어 무형의 가치를 만들어내는 기업만이 생존할 수 있는 새로운 창조경제의 출현"을 강조하면서 등장했다.[7)] 〈The Creative Economy〉의 저자 존 호킨스(John Howkins)는 창조력(Creativity)과 경제 간의 관계에 주목하고 그 관계의 특성과 정도가 국가경제에 엄청난 가치를 창출할 수 있다고 주장했다.[8)] 유엔무역개발회의(UNCTAD)도 창의성이 미래 국가의 근간을 이룬다고 강조했다. 창의성이 국가를 지탱하는 인적 · 사회적 · 문화적 · 제도적 자본들과 상호작용함으로써 산업의 부가가치를 높이고 국민의 삶의 질을 향상시킨다는 것이다.[9)]

이와 같은 선진국에서의 논의를 종합하면, 창조경제는 상상력과 창의성이 과학기술, 사회, 인력, 문화, 제도 등 국가의 핵심 자본들과 상호작용하고 융합해 산업의 부가가치를 높이고 국민의 삶의 질을 향상시키는 경제라고 정의할 수 있다. 선진국들은 창조경제를 실정에 맞게 나름대로 정의하고 국가발전의 핵심 전략으로 드라이브를 걸고 있다.

영국은 1997년 토니 블레어 내각의 출범 이후 창조경제를 국가 이미지 제고와 경제 활성화의 핵심으로 규정했다. 2008년 고든 브라운 내각 체제에서는 '크리에이티브 브리튼' 이라는 슬로건 아래 세계적으로 창조경제를 주도하려 하고 있다. 미국은 2009년과 2011년 미국혁신전략 보고서를 통해 국민의 창의성을 지원해 새로운 일자리와 산업을 창출해야 함을 강조했다. 2011년 오바마 대통령은 '스타트업 아메리카 파트너십' 이라는 프로그램을 직접 제안하고 애플, 구글, 시스코, 페이스북 등 IT 최고경영자들에게 적극적인 투자와 창업 지원을 요청했다. 일본은 2010년 '쿨재팬' 전략을 수립하고 콘텐츠 인재와 창조산업 육성 등에 적극 나서고 있다.

이렇듯 창조경제는 구체적인 실체와 흐름을 가지고 있으며 개인, 기업, 정부 등 경제주체들에게 실질적인 영향을 미치고 있다. 특히 기업들에게는 경쟁력 제고를 위해 고려해야 할 새로운 경영환경이 되고 있다. 일반 국민들에게도 새로운 경제사회 환경으로서 삶의 질에 중요한 영향을 미치고 있다.

우리나라 박근혜 정부는 창조경제를 통해 글로벌 중심 국가로 도약한다는 국가비전을 제시하였다. 박근혜 정부의 창조경제는 "창의성을 경제의 핵심가치로 두고 과학기술과 정보통신 기술의 융합을 통해 산업과 산업, 산업과 문화가 융합해서 새로운 부가가치를 창출하고 일자리를 만들어 내는 경제"로 정의하고 있다. "상상력과 창의성, 과학기술 기반의 경제운용을 통해 새로운 성장 동력을 창출하고 새로운 시장과 일자리를 만드는 정책"을 핵심으로 하겠다고 선언함으로써 7, 80년대 산업경제에서 90년대 지식경제를 넘어, 21세기 창조경제의 도래를 알렸다.

2.2 창조경제의 틀

창조경제는 [그림 1-10]에서 보는 바와 같이 일정한 틀을 가지고 존재한다. 창조인력이 국가의 기초자산을 바탕으로 창업과 경영 등 가치창출 활동에 참여함으로써 핵심 산업들이 발전한다. 그리고 그 산업이 밀집한 지역과 도시에 활력을 불러일으킨다. 따라서 창조경제를 지탱하는 핵심 산업, 지역 공간, 경제주체, 경영방식, 국가의 창조자산을 이해할 필요가 있다.[10)]

첫째, 창조경제의 핵심 산업은 융합산업과 창조산업이다. 융합산업은 특정 산업과 기술 분야에 국한되었던 단위 기술들이 융합을 통해 새로운 기술과 제품으로 탄생함으로써 발전한다. 우리나라 경제를 이끌고 있는 휴대폰과 자동차도 대표적인

그림 1-10 창조경제의 틀

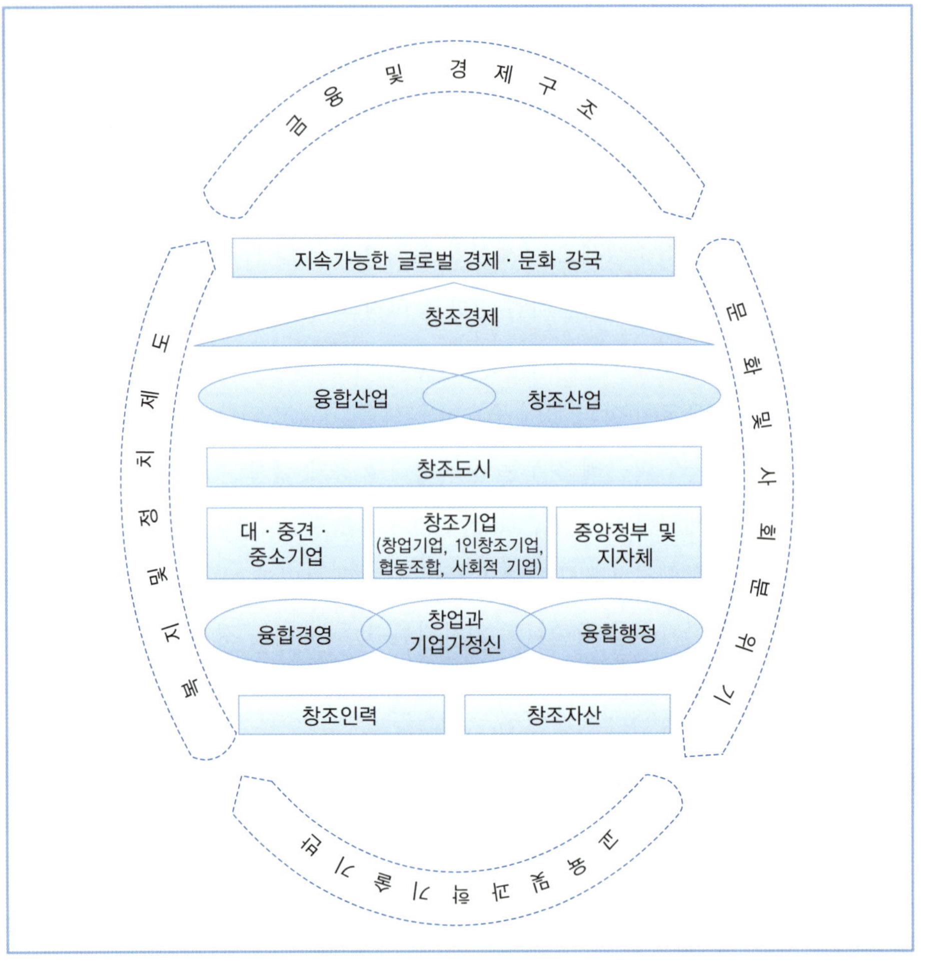

출처: 창조경제연구원, "창조경제의 이해와 대응방안," 2013. 5. 1, p. 17.

융합산업이다. 창조산업은 생산과 유통에 있어 창의성이 핵심이 되는 산업으로 한류로 대표되는 문화콘텐츠 산업이 여기에 포함된다.

둘째, 창의적 생태계로서 지역 공간이 중요하다. 사이버 공간과 모바일 소통으로 한껏 고조된 집단 창의성이 물리적 공간에서 창조력으로 구현되기 때문이다. 실리콘밸리와 같이 하이테크 지역에 밀집하여 클러스터를 이루거나 런던이나 뉴욕과 같은 문화도시에 집중되어 세계적인 관광명소가 되기도 한다. 이러한 도시나 지역을 일컬어 창조도시라 부른다.

셋째, 경제주체의 역할이 달라진다. 시장의 경쟁구도가 개별기업 간 경쟁에서 생태계 간 경쟁으로 변화함에 따라 대-중소기업 간 협력관계가 중요해진다. 또한 작은 조직체들이 발상의 전환과 창의적 기획력으로 새로운 가치를 만들어낼 수 있는 기회가 많이 주어진다. 1인창조기업, 사회적 기업, 협동조합 등 다양한 소규모 조직들이 주목을 받는다. 정부의 역할도 새롭게 변화해 부처 간 칸막이를 제거하고 협업하는 융합행정이 강조된다.

넷째, 새로운 경영방식이 요구된다. 융합과정에 참여한 이해관계자들 모두의 공유가치(Shared Value)를 제고시킴으로써 새로운 가치를 창출하는 것이 중요해진다. 이에 따라 소위 공유가치 창출(CSV)을 위한 경영이 중요한 과제로 떠오른다. 창업과 기업가정신의 고취 또한 혁신과 열정을 사회에 지속적으로 공급하는 역할을 하기 때문에 필수적이다.

다섯째, 국가 수준에서 창조자산의 관리가 중요하다. 창조인력은 창의성을 구현하기 위해 물적 재원, 지식, 여유시간, 분위기, 사회 인프라 등 기초적 자산을 필요로 한다. 창조인력이 가치창출을 위해 핵심적으로 활용하는 유 · 무형의 자산을 창조자산이라고 한다. 유형의 창조자산은 창조인력이 모이거나 상호 교류하는 시설물이나 공간을 말한다. 무형의 창조자산으로는 특허, 저작권 등 지적재산과 브랜드, 자부심, 신뢰관계 등 사회적 자본 등을 포함한다.

2.3 창조경제의 특성

(1) 기술의 융복합화

정보의 소프트화 및 서비스화의 진전으로 이질적인 요소의 융복합화가 쉬워지고 기술의 융합을 통해 특정 산업이나 기술 분야에 국한되었던 단위 기술들이 새로운 기술과 제품으로 재탄생한다. 즉 다양한 기술들 간 이종 교배를 통해 창조적 가치들이 새로이 창출된다. 특히 정보(IT), 나노(NT), 바이오(BT), 인지과학(CS) 등 융합 기반기술을 중심으로 신기술 또는 기존 산업 간 상승적 결합을 통해 새로운 가

그림 1-11 아마존 킨들과 스마트폰(융복합사례)

치를 창출함으로써 미래 경제와 사회의 변화를 주도한다. 이렇게 창출되고 있는 대표적인 융복합 기술로는 의료기술(HT), 로봇기술(RT), 문화/콘텐츠기술(CT), 우주/항공기술(ST), 에너지/환경기술(ET), 녹색기술(GT) 등을 들 수 있다.[11)]

융복합의 방법에 있어서 제품 간 융합중심에서 제품과 서비스, 서비스 간 융합을 통해 다양한 융합 제품과 신시장이 창출된다. 제품 간 융합의 예로서 스마트폰을 들 수 있다. 휴대폰, PDA, MP3, 전자사전, 카메라, 비디오, GPS, 네비게이션 등 다양한 휴대기기의 장점을 합쳐 하나의 하드웨어에 집적함으로써 소비자에게 새로운 효용을 창출한다. 제품과 서비스 간 융합의 예로 아마존의 킨들(e-Book)은 미국 이동통신사인 스프린트 넥스텔과의 제휴를 통해 장소와 시간에 구애받지 않고 웹 기반의 전자도서 콘텐츠를 자유롭게 이용할 수 있도록 한다. 서비스 간 융합의 예로는 은행 서비스와 보험 서비스를 결합한 방카슈랑스를 들 수 있다. 이러한 서비스 간 융합은 소비자의 라이프스타일을 구성하는 요소들을 조합하여 서비스를 동시에 제공함으로써 편의성과 가치를 증대시킨다.[12)]

이와 같은 기술 융복합화 추세의 시작은 기술이 주도하나 점차 고객의 선택과 수용이 중요해 짐에 따라 공급자의 시각이 아닌 수요자 시각에서의 접근이 필요해 진다. 경영의 초점이 시장 중심으로 이동하고 기업의 네트워크가 핵심역량으로서 더욱 중요해 진다.[13)]

(2) 아이디어의 대중화

개방된 정보체계에 따라 아이디어가 대중화되고 있다. 과거에는 소수의 천재적인 발명가와 석 · 박사 인력으로 채워진 대규모 연구개발 조직에서 창의적 아이디어가 나오고 발명이 이루어져왔던 것에 반해, 대중의 학력수준이 올라가고 인터넷 혁명으로 정보기술이 확산됨에 따라 창의성과 아이디어의 원천이 갈수록 다양해지고 소규모화되고 있다. 이에 따라 새로운 혁신은 다양한 외부의 아이디어 원천을 적극적으로 활용하는 개방형 혁신(Open Innovation)이 대세를 이루고 있다.

미국의 연구개발 통계를 보면 연구개발의 주체로서 소규모 기업조직이 차지하는 비중이 1981년 4.4퍼센트에서 2001년 25퍼센트로 급속히 증대하고 있다.[14] 이러한 아이디어 원천의 다양화에 반해 내부 발명 → 개발 → 생산으로 이어지는 파이프라인 모형의 가치사슬은 갈수록 생산성이 떨어지는 것으로 분석되고 있다.[15] 예를 들면 연구개발 투자비용이 높기로 소문난 제약 산업이나 반도체 산업의 경우를 보더라도 개발비용은 수천억 내지는 조 단위로 엄청나게 치솟고 있는 것에 비해 개발성과는 오히려 떨어지는 현상을 보이고 있다. 이에 따라 폐쇄적이고 일직선적인 가치사슬 모델은 갈수록 위축되는 반면 다중에 의한 혁신을 활용하려는 개방형 대안이 중요해 지고 있다.

(3) 고객의 가치활동 참여

고객이 가치사슬 과정에 참여하여 스스로 가치를 창조하기 시작했다. 지금까지 고객들은 생산과정에서 수동적 소비자였고 가치사슬의 완결지점이었다. 산업화 시절 고객은 투입된 원료가 생산 공정을 거쳐 완제품이 나오면 그것을 구매하는 역할을 담당했다. 즉 자동차, TV, 냉장고 등 모든 상품을 대량으로 만들어내면 이를 대량으로 소비해 내는 기능을 한 것이다. 그러나 지금의 고객들은 생산 과정, 심지어는 연구개발 과정에 직접 참여함으로써 자신이 원하는 제품과 서비스를 직접 창조하기를 원한다. 전형적인 사례를 게임 산업에서 찾아볼 수 있다. 고객은 게임 소프트웨어를 사고 이용료를 내지만 게임 속에서 스스로 경험을 창조하면서 생산

그림 1-12 스마트화, 능동화 되어가는 소비자

활동에 직접 참여한다. 유튜브에서도 소비자는 생산자의 역할을 동시에 담당하고 있다.

03 창조경제에서의 전략 과제

3.1 가치사슬의 파괴

기술이 융복합화하고 아이디어의 대중화로 개방형 혁신(Open Innovation)이 중요한 역할을 함에 따라 기업들에게 부가가치를 만들어 주던 기존의 가치사슬이 파괴되는 현상이 일반화되고 있다.[16)]

기업 활동은 경제적 측면에서 보면, 부가가치를 만들어 이익을 창출해내는 과정이라고 할 수 있다. 가치사슬은 바로 이 부가가치를 생성하는 기업 활동의 연계를 의미한다. 즉, 가치사슬은 마치 자전거 체인이 맞물려 돌아가듯이 기업 활동들이 서로 맞물려 관계를 맺고 움직임으로써 경제적 이익을 창출한다는 것을 표현한 개념이다. 이 가치사슬을 역사적 관점에서 통찰해보면 [그림 1-13]에서 보는 바와 같이 부가가치 창출에 핵심적 역할을 하는 기업 활동들이 시간의 흐름에 따라 진보해왔음을 알 수 있다. 즉 사업 아이디어 창출 및 지적재산권 확보 → 연구개발 → 생산 → 영업 및 유통 → 고객 관계 및 브랜드 관리 등으로 부가가치 창출의 핵심이 발전해왔다.

가치사슬의 역사적 진화과정을 볼 때, 우리 기업들은 지난 40년 동안 [그림 1-13]의 점선 원으로 표시된 개발-생산-영업의 연속 과정에 집중함으로써 단기간 내에 산업화를 이루는 데 성공했다. 처음에는 값싼 인건비에 기초한 노동 생산성으로 생산 운영 과정을 정착시키고 뒤이어 연구개발과 수출에 주력하고 영업망을 구축함

그림 1-13 가치사슬의 역사적 진화과정

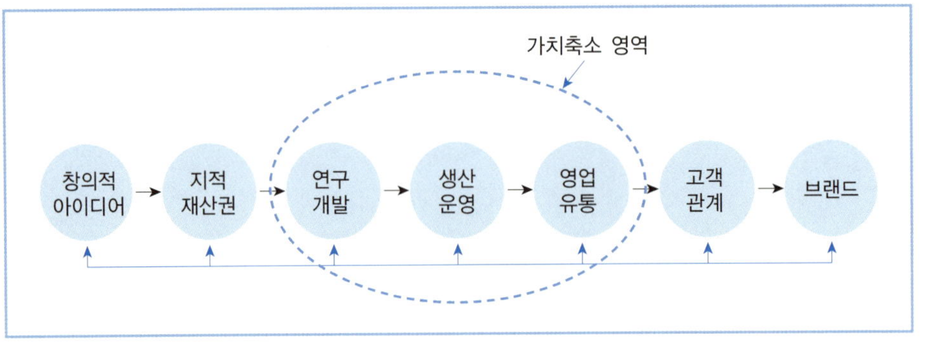

으로써 성장의 동인을 찾았다.

그러나 이러한 성장 동인은 가치사슬의 중심부가 이윤이 점점 고갈되어 버림으로써 취약해지고 있다. 자동화와 정보통신 기술의 발달로 연구개발의 결과물을 후발주자들이 점점 더 쉽게 따라옴에 따라 신제품을 내놓고도 충분한 이윤을 확보할 틈도 없이, 마진이 거의 없는 공산품(Commodity)으로 전락하는 위협을 끊임없이 받고 있다. 게다가 낮은 인건비로 무장한 후발 개도국들의 추격으로 제품수명은 점점 더 짧아지고 있다. 결과적으로 가치사슬 자체의 직선적 영속성이 파괴되고 있다.

과거 100년 동안 구축되어 온 파이프라인 모형의 가치사슬이 21세기 창조경제에 들어와 구조적으로 바뀌고 있는 것이다. 즉, 창의적 아이디어로 발명이 이루어지고 이것이 고객만족을 향해 개발, 생산, 그리고 영업이라는 일직선적 과정으로 차근차근 이루어져 갔던 가치사슬 체계가 무너지고 있다.

3.2 전략 혁신의 필요성

창조경제에서 기업들은 산업 간 경계가 희미해지고 전통적인 가치사슬이 파괴되는 등 새로운 경영환경에 처하게 된다. 성공한 기업도 지속적인 혁신 없이는 한순간에 없어질 수 있는 위험이 도사리고 있다. 특히 산업화에 이어 정보화 흐름에 성공한 한국 기업들은 기존의 성취에 안주해서는 새로운 경영환경에서 살아남기 힘든 상황이다.

하버드대학의 신시아 몽고메리(Cynthia Montgomery) 교수는 아래 인터뷰 기사에서 보듯이 한국 기업에 대해 계속적인 전략 혁신을 강조한다. 즉 한국 기업들은 연구개발에 대한 투자와 같은 전통적 방식을 통해 글로벌 경쟁력을 성취했지만, '낙후된 기업지배 방식' 이나 '낮은 수준의 기업 투명성' 과 같은 문제를 방치할 경우 세계 최고의 지위도 단번에 전복될 수 있다고 경고한다.[17)]

그림 1-14 신시아 몽고메리 하버드대학 교수

▶▶ 전략연구가 신시아 몽고메리 교수와의 대담

Q. 당신의 전략 이론에 비추어 삼성과 현대자동차 등 한국 기업들을 어떻게 평가하나?

"70년 전 조셉 슘페터는 '창조적 파괴'라는 용어를 도입했다. 옛날 방식이 파괴되면서 더 나은 새 방식으로 대체되는 과정을 말한다. … 애플이 그랬다. 그 비대칭성이나, 그로 인한 수익은 또 다른 경쟁자가 뛰어들어 기존 기업의 이점을 따라잡거나 능가할 때는 급격히 떨어지고 만다. 이것은 거의 언제나 반복되는 현상이다. … 삼성은 성공을 거둘 만한 기업이다. 하지만 게임은 끝나지 않았다. … 경영자는 처음부터 끊임없이 조직의 재발명을 되풀이해야 하는 것이 삶의 숙명이라는 사실을 이해할 필요가 있다.

나는 한국 기업을 생각하면 현명한 끈기(smart tenacity)를 떠올린다. 많은 경쟁자들이 뒤로 물러설 때에도 R&D에 계속해서 투자한다든지, 힘든 경쟁 상황에도 계속해서 수출을 늘여간다든지, 또 다양한 가치를 담은 점점 더 넓은 선택 범위의 상품을 시장에 내놓는다든지, 브랜드를 구축한다든지 한다는 것 말이다. 세계적으로 이러한 성취는 크게 인정을 받고 있다. … 부정적인 면을 말하자면, 이 모든 경쟁력들도 형편없는 기업지배 방식, 혹은 낮은 수준의 기업 투명성 뒤에서 끓고 있는 어떤 문제들에 의해 단번에 전복될 수 있다. 이제 많은 한국 기업들은 세계 수준의 지위를 누리고 있지만 이런 상황에서 입게 되는 손실은 그 어느 때보다 심대한 것이 될 수 있다."

(조선일보, 2013. 3. 14일자 인터뷰 기사 내용 발췌)

창조경제에서 기업들은 가치사슬 상에서의 위치를 좀 더 부가가치가 높은 곳으로 이동시켜야 한다. 이를 위해 가장 중요한 것은 상위 단계의 혁신을 실천하는 일이다. 즉 기존의 차별화 원천인 제품 혁신을 다음 단계인 전략 혁신으로 대체해야 한다. 그 이유는 혁신적인 제품만으로는 장기간 산업 내에서 경쟁력을 유지하기가 점점 더 어려워지기 때문이다.[18)]

전략 혁신은 새로운 비즈니스 모델과 전략으로 가치를 창출하고 경쟁 기업을 제압하는 방법이다. 예로 애플의 전략 혁신을 들 수 있다. 디지털 음악시장을 평정한 것은 우수한 음악 제품(콘텐츠)으로 승부하던 전통적인 레코딩 회사가 아니라 전혀 다른 곳에서 아이튠즈이라는 새로운 비즈니스 모델을 들고 진입한 애플이었다.

구글과 애플 등 전략혁신형 기업들은 새로운 비즈니스 모델을 가지고 경쟁을 하고 있다. 구글은 TV에 셋톱박스와 무선인터넷 기능이 내장되어 인터넷 검색도 하고 응용 프로그램을 내려 받을 수 있는 신개념의 '구글 TV' 를 공개했다. 단순히 새로운 TV 제품을 만들어 파는 것이 아니라 검색 광고를 핵심으로 하는 새로운 비즈니스 모델을 제안한 것이다. 즉 구글 TV라는 비즈니스 모델은 검색 광고를 인터넷(구글닷컴)에 이어 모바일(안드로이드폰), 그리고 TV까지 확장하겠다는 전략이다. 구글과 경쟁하는 애플은 소프트웨어(아이튠즈, 앱스토어)와 음악, 영화 등 콘텐츠를 자신의 하드웨어 기기(아이팟, 아이폰, 아이패드)에 묶어 고가에 파는 비즈니스 모델을 내놓았다. 이와 같은 비즈니스 모델 경쟁에서 제품혁신 위주의 기업들은 경쟁력을 잃기 쉽다.

전략혁신형 기업의 성공사례는 수십 년 전부터 있어 왔다. 예로 IKEA는 1950년대

그림 1-15 전략혁신형 기업들

가구산업에 진출해 DIY라는 새로운 비즈니스 모델을 들고 나와 세계적인 가구회사로 군림하고 있다. IKEA의 혁신은 가구라는 제품에 있지 않고 사람들이 가구를 구매하고 다루는 방식, 즉 비즈니스 모델에 있었다. 조립 도구만 있으면 가구를 직접 만들 수 있는 DIY 상품 전략으로 고객과 함께 새로운 가구 문화를 창조함으로써 전 세계 마니아를 거느린 컬트 상표로 자리 잡았다.

우리 기업들도 전략 혁신을 통해 우수한 경영성과를 달성한 사례가 많다. 인터파크는 국내 최초로 인터넷 쇼핑몰 비즈니스 모델을 제시하여 국내 일인자로 등극했다. 넥슨은 세계 최초로 유료 게임 서비스라는 비즈니스 모델을 내놓아 비약적 성장 기회를 잡았다. NHN이나 SK 그룹에 흡수된 싸이월드 등도 전략 혁신을 통해 새로운 비즈니스 모델을 제안함으로써 시장을 잡았다.

3.3 경영전략의 통합적 접근(Integrated Approach)

창조경제에서 가치사슬의 파괴가 일반화되고 전략 혁신의 필요성이 커지고 있

그림 1-16 경영전략의 통합적 접근 방향

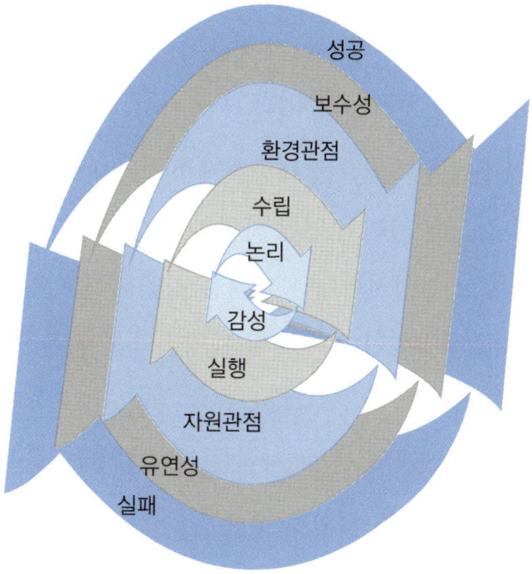

다. 이러한 경영환경에 대응하기 위해 필요한 것은 여러 관점과 접근방법들을 융합하고 통합해 창조적인 전략대안을 도출하고 실천하는 일이다. 즉 경영전략의 통합적 접근이 필요하다. 특히 [그림1-16]에 표현한 바와 같이 다섯 가지 측면에서의 통합적 접근이 중요하다. 이 책은 이러한 다섯 가지 통합적 접근에 기반 해 내용을 구성했다.

(1) 논리와 감성의 통합

전통적으로 경영전략은 논리 중심의 접근방법이 지배해 왔다. 즉 합리적이고 정교한 분석에 바탕을 두고 수립되어야 하며 그로부터 도출된 계획은 치밀하게 관리해야 한다는 것이다. 그러나 경제 환경이 빠르게 변화함에 따라 아무리 정교한 분석과 계획이라도 3개월만 지나면 무용지물이 되는 경우가 많아지고 있다. 이에 따라 객관적 분석과 수치화된 논리적 전략수립만으로는 경쟁력을 제고시킬 수 없게 되었다. 무엇을 해야 하는지에 대한 감성적 설득 없이 맹목적으로 열심히만 하는 사명감 없는 기업은 경쟁력을 쉽게 상실할 수 있기 때문이다.[19] 특히 앞서 설명한 21세기 창조경제에서는 기업 내·외부에서 만들어내는 지식과 아이디어를 활용해 스스로 학습하고 창의성을 발휘하는 것이 중요하다. 특히 창조경제를 이끄는 융합산업과 창조산업에서 성장동력의 원천은 자본이나 설비가 아니라 지식과 상상력이다. 따라서 기업이나 조직 스스로가 창의성과 개성을 살려서 외부 환경에 창조적으로 대응하게 하는 접근방법이 추가적으로 더 필요해 진다. 즉 감성적 접근에 의해 기업에 사명과 열정을 불러일으켜야 할 필요성이 커진다. 이러한 의미에서 경영전략이란 가치를 창출하여 시장에서 성과를 거두는 것과 관련된 이야기가 되어야 한다. 우수한 경영전략은 좋은 인물, 동기, 구성 등을 갖춘 스토리를 담고 있다.

아래 우화 속에 나오는 두 사람은 각각 다른 이유로 채석장에서 일하고 있다. 이 우화는 기업이 논리와 감성의 통합으로 전략적 대응을 해야 할 필요성을 말해 준다.

뜨거운 햇볕이 내리쬐는 한여름 채석장에서 두 남자가 무거운 돌을 나르고 있었다. 지나가던 사람이 이 모습을 보고 두 사람에게 각각 물었다.

"무슨 생각에 그렇게 힘든 일을 열심히 합니까?"

첫 번째 남자가 대답했다.

"내 일은 돌을 운반하는 일이요. 성과 연동제라서 가능한 많은 돌을 나를 수 있도록 효율적으로 일하는 방법을 생각합니다. 힘든 일을 마친 후에는 한 잔의 맥주를 마실 수 있어 즐겁습니다."

두 번째 남자가 대답했다.

"내 일은 역사에 남을 성당을 짓는 것입니다. 힘들지만 하느님을 위해 봉사하고 싶기 때문에 행복합니다. 성당이 완공되면 하느님의 훌륭한 가르침을 많은 사람들과 함께 나누고 싶습니다."

(가와세 마코토, 경영전략워크북, p. 35에서 발췌함)

이 책의 경우, 2장과 3장을 통해 논리에 기반한 고전적 전략수립 과정을 소개하는 한 편, 사례분석과 스토리텔링 등 감성적 접근방법에 대해 다루었다. 그리고 4장의 비전 수립을 통해 기업의 이념과 목적을 명확히 세움으로써 사명감과 공감대를 구축하는 감성적 접근방법에 대해 설명했다.

(2) 수립과 실행의 통합

전략의 수립과 실행은 원래 같은 호흡으로 일관성 있게 이루어져야 한다. 그러나 현실에서는 전략 수립부서와 실행부서가 분리되어 이질감이 존재하는 경우가 많다. 이에 따라 전략을 실행해야 할 실무부서가 따로 놀거나 사기가 저하되는 경우가 종종 있다. 실행의 과정은 수립의 과정 못지않게 창의적이고 혁신적이어야 한다. 실행 과정에서 새롭고 혁신적인 전략대안이 도출되는 경우가 적지 않다.

만약 현실 감각이 떨어진 집단이 관료적인 프로세스에 의해 전략을 수립한다면 창의적인 전략대안이 나오기 어렵다. Top-down의 하향식 접근방식에서 탈피하고 실무부서들이 전략 수립 과정에 직접 참여하는 등의 방법이 동원될 필요가 있다. 이 책에서는 5장과 6장에서 전략의 수립과 실행의 과제를 통합적으로 다룬다.

(3) 이론 관점의 통합

경영전략 이론은 전통적으로 위치선점(포지셔닝)의 이론 관점과 자원기반(Resource-based)의 이론 관점으로 대별할 수 있다. 전자의 경우 외부환경의 분석에 기초해 적합한 위치선점을 강조한다. 즉 경쟁우위의 원천이 기업에 속해 있는 산업 환경의 매력도에 있다고 보고 그 안에서 적합한 전략적 위치를 선택하는 것이 중요하다고 한다.[20] 하지만 이 이론의 관점만 가지고는 위치선점을 위한 구체적인 자원동원 방법이나 관리기법을 알기 어렵다. 한편, 후자의 자원기반 관점은 내부 자원과 능력에 기반 한 경쟁우위 구축을 강조한다. 즉 경쟁우위의 원천이 기업이 보유하는 희귀하고 경쟁자가 복제할 수 없는 특유의 자원에 있다고 주장한다.[21] 하지만 이러한 자원들도 적합한 산업 환경이나 목표시장이 존재해야 효과를 발휘할 수 있다.

이러한 이론 관점들 모두는 지속가능한 경쟁우위의 핵심 원천에 대해 설명한다. 이 이론 관점들을 통합해 활용하면 경쟁우위에 관한 보다 정확한 접근과 풍부한 대안도출이 가능하다. 즉 필요한 자원과 능력을 구체적으로 동원하면서 위치선점을 해나가는 전략대응, 바람직한 목표 시장 안에서 경쟁자가 모방하기 어려운 특유의 자원과 능력을 확보해 나가는 전략대응 등이 가능해 진다.

이 책에서는 7장과 8장에서 각 이론의 내용과 활용 방법을 설명했다.

(4) 보수성과 유연성의 통합

창조경제에서는 시장과 소비자 선호도가 빨리 변하고 기술의 융복합화로 경영환경의 변화가 점점 예측 불가능해지고 있다. 따라서 신속한 혁신과 구조변경 등을 통해 유연성 있게 대처하지 않으면 안 된다. 과거 안정적 환경에서는 수시로 방침을 바꾸는 것이 금기시 되었지만, 창조경제의 급변하는 경영환경에서는 상황에 맞추어 재빠르게 바꾸지 않으면 살아남기 어렵다. 특히 일찍이 경험하지 못해본 경영환경에서 새로운 기회를 포착하고 위협을 회피하는 전략은 생존을 위해서 매우 중요하다.

하지만 기업이라는 조직이 유연성만 강조해서는 장수하기가 어렵다. 핵심 이념과 전통을 옹호하고 유지하는 것 또한 유연성 못지않게 중요하다. 오랜 기간 생존하고 번영한 장수기업들은 국내외를 막론하고 환경변화에 대한 민감성과 함께 핵심 이념과 전통에 대한 존중과 계승을 공통요인으로 가지고 있다.[22] 한 마디로 경영전략에서 보수성과 유연성을 동시에 가져야 한다고 할 수 있다.

이 책에서는 9장의 변화대응에서 격변하는 경영환경에서의 유연 대처방법에 대해 다룬다. 특히 극지 탐험과 같은 상시 위기 상황에서의 대응 전략과 시나리오 기법 등에 대해 설명한다. 하지만 4장에서는 기업의 보수성 유지를 위하여 비전과 핵심이념의 정립 등을 다룬다.

(5) 성공과 실패의 통합

자연의 가장 일반적인 모습은 곡선이라고 한다. 모든 곡선은 상향선과 하향선으로 구성된다. 이렇듯 기업도 일직선으로 성장만하고 하강만하는 경우는 거의 없다. 하강 국면은 곧 있을 상승 기조의 기초가 되고 상승 국면은 하강 기조의 단초를 제공한다. 이렇게 보면 성공과 실패는 동전의 앞 · 뒷면의 관계와 같다. 그래서 '실패는 성공의 어머니' 라는 말과 같이 실패는 성공의 밑거름으로 작용한다. 마찬가지로 '이카루스 패러독스' 라는 말이 설명하듯이 성공 후에는 실패의 위험도 도사리고 있기 마련이다. '이카루스 패러독스' 는 성공이 실패의 원인으로 작용하는 모순을 지칭한 개념이다.

따라서 경영전략은 장기적 관점에서 성공과 실패를 관리해 나가며 꾸준히 기업의 경쟁력을 쌓아가는 데 목적을 두어야 한다. 이 책에서 10장, 11장, 12장은 성장전략, 비즈니스 포트폴리오, 국제화 등 기업의 성공 과정들을 다룬다. 이어서 13장에서는 기업의 성장 과정에서 그림자와 같이 따라다니는 성공함정을 어떻게 관리할 것인가에 대해 살펴본다.

하지만 위와 같은 정규적인 주제만으로 경영전략의 모든 부분을 논의했다고 할 수는 없다. 논의 주제의 핵심부가 아닌 주변부에서 오히려 그 분야의 트렌드를 뒤바꿀 수도 있다. 따라서 비정규적인 특수 논제들과 앞에서 제시한 정규적 논제들 간의 통합도 중요하다. 특히 이 책에서는 특수 논제로서 '공유가치 창출(CSV)' '중소기업의 경쟁전략', '국가 경쟁력' 등에 관해 다루고자 한다. 공유가치 창출은 글로벌 금융위기 이후 새로운 자본주의와 창조경제의 등장으로 더욱 중요한 주제가 되고 있다. 중소기업을 위한 경쟁전략은 고용과 혁신의 원천으로서 중소기업의 역할이 더욱 커짐에 따라 중요하게 다루어질 필요가 있다. 국가 경쟁력이라는 논제도 기업 수준의 경쟁력을 뛰어 넘어 국가 수준의 지속가능한 경쟁력을 어떻게 유지할 것인가 라는 중요한 주제를 다룬다.

3.4 종 합

창조경제는 사회적 부의 창출의 핵심이 물질에서 정신적 요인으로 바뀌고 있음을 의미한다. 특히 개인의 창의성이 네트워크로 실시간으로 연결되면서 집단 창의성이란 무한 에너지를 확보하게 되었다. 이러한 창조경제의 발전은 기술의 융복합화를 더욱 가속화시키고 있다. 이와 함께 개방된 정보체계에 따라 개인이나 소규모 조직의 아이디어가 중요한 가치를 만들어내고 변방의 작은 아이디어도 곧바로 글로벌 시장에 제품으로 투입되는 등 아이디어가 대중화되고 세계화되고 있다. 또한 고객들은 과거 수동적 사용자 입장에서 탈피해 가치사슬 과정에 직접 참여하여 스스로 가치를 창조하기 시작했다. 이에 따라 공급자와 수요자 간 긴밀한 연결 관계가 형성되고 새로운 형태의 비즈니스들이 전개되고 있다.

[그림 1-17]에서 보는 바와 같이, 경제 환경의 구조적 변화는 기존의 가치사슬을 파괴함으로써 가치창출의 방법을 근본적으로 변화시키고 있다. 가치사슬의 중심부가 이윤이 점점 고갈되어 버림으로써 취약해지고, 자동화와 정보통신 기술의 발

그림 1-17 창조경제에서의 통합적 접근 모형

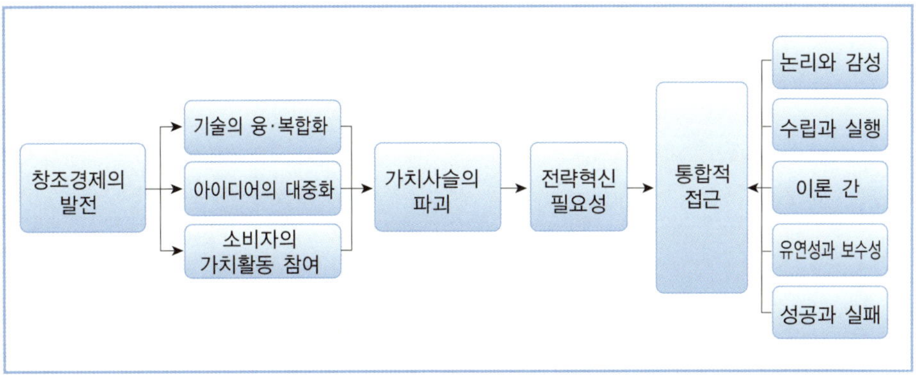

달로 연구개발의 결과물을 후발주자들이 점점 더 쉽게 따라온다. 이에 따라 가치사슬 자체의 직선적 영속성이 파괴되고 있다. 즉 과거 100년 동안 구축되어 온 파이프라인 모형의 가치사슬이 21세기 창조경제에 들어와 구조적으로 바뀌고 있는 것이다.

이와 같이 가치사슬의 파괴가 일반화됨에 따라 기업들에게 전략혁신의 필요성은 더욱 커지고 있다. 즉 기업이 고객과 사회로부터 어떻게 가치를 창출하고 성과를 낼 것인지에 관한 비즈니스 모델을 재정립하고 이를 실현하기 위한 창조적인 방법을 강구해야 한다. 새로운 경영환경에 대응하기 위해서 여러 가지 관점과 접근방법들을 통합해 창조적인 전략대안을 도출하는 것이 무엇보다도 중요해졌다. 논리와 감성, 수립과 실행, 이론 간 관점의 차이, 유연성과 보수성, 성공과 실패의 경험 등을 융합하여 창의적 대안을 도출하려는 통합적 접근이 더욱 필요한 것이다.

2장 경영전략의 개념과 내용

1. 경영전략의 역사
2. 전략이란?
3. 경영전략의 내용

[사례] 유니베라의 전략 스토리텔링

학습내용

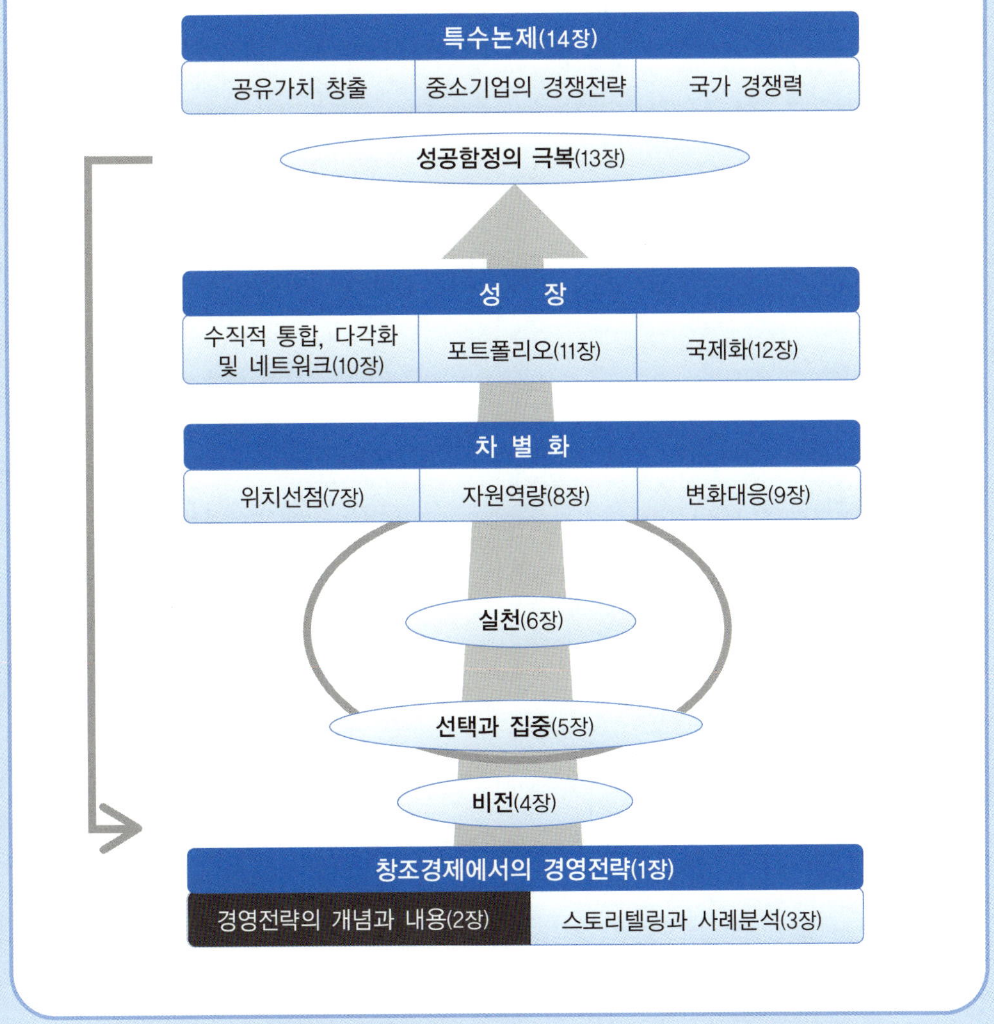

01 경영전략의 역사

기업의 목적은 가치를 창조하여 기업 밖에 있는 다른 사람들의 필요를 충족시킴으로써 성과를 달성하는 데 있다. 기업이 창조하는 가치는 역사적으로 여러 형태로 표현되어 왔으며 그 원천도 진화해 왔다.[1]

〈표 2-1〉에서 보는 바와 같이 1960년대 산업 시대에서 가치는 효율성을 의미했다. 이에 따라 경영의 핵심은 내부 생산 운용의 생산성을 극대화하는 데 있었다. 1970년대에는 소비자 시대가 열렸다. 이에 따라 가치는 기업 내부에서 하는 일에 의해서가 아니라 고객에 의해서 정의되는 것으로 인식되기 시작했다. 따라서 가치는 고객의 만족을 의미하는 것이 되었다. 가치의 원천이 생산성(효율성)에서 고객만족(효과성)으로 진화한 것이다.

표 2-1 가치창조 과정으로서의 경영전략 역사

	1960년대~	1970년대~	1980년대~	1990년대~	2000년대~
시기	산업시대	소비자 시대	주주 중심시대	신경제	창조경제 (새로운 자본주의)
가치의 원천	효율성	고객만족	주주이익	가치사슬	지식과 아이디어, 사회적 자본
핵심 개념	생산 운용	마케팅	뮤추얼펀드 ROI	공급사슬관리	공유가치창출 (CSV)
경영 전략	- 고전적 전략 개념의 등장 - 최고경영자 고유 업무로서 전략관리	- 전략 개념 및 컨설팅의 확산 - 미국전략학회 탄생	- 이론 발전 - 마이클포터의 경쟁이론	- 일본기업의 약진 - 글로벌 경쟁우위 - 자원기반관점	- 통합적 관점 - 사회적 가치의 중요성

1980년대 들어와 소유주와 경영진 사이에 기업 지배권을 둘러싼 갈등이 나타났다. 이러한 갈등으로 주주 가치의 극대화가 경영의 목적으로 등장했다. 이에 따라 주주이익이 가치의 원천이 되었다. 뮤추얼 펀드의 개념이 등장해 다수 일반인들의 자금을 모아 거대한 자금을 형성하였다. 1990년대 신경제 시대에는 가치사슬 개념의 확산으로 기업이 행하는 일련의 활동들이 비용이 아닌 가치를 만들어내는 과정으로 인식하게 되었다. 특히 IT 기술과 인터넷의 발달로 인해 공급사슬관리(Supply Chain Management) 기법이 발전했으며 공급사슬관리가 가치창조의 중요한 요소가 되었다.

2000년대 이후 새로운 자본주의 시대, 즉 창조경제 시대로 접어들며, 자본이 아닌 지식과 재능, 아이디어가 중요한 가치의 원천으로 부각되었다. 또한 경제적 가치뿐만 아니라 사회적 자본이 가치의 원천으로 등장하며, 생태계에서 동반자 정신이 강조되었다. 이에 따라 고객뿐만 아니라 기업이 속한 사회와 이해관계자 모두에게 이익이 돌아가는 공유가치(Shared Value)의 창출이 핵심 개념으로 등장했다.

기업은 고객과 이해관계자들을 위해 어떻게 가치를 창출하고 어떻게 성과를 낼 것인지에 관한 기본 가정과 원칙이 있어야 한다. 전략은 이러한 가정과 원칙을 시장에서 실현하여 성과를 거두는 방법을 의미한다. 따라서 전략은 어떤 고객과 시장을 상대할 것인지 어떤 상품과 서비스를 제공할 것인지 그리고 어떤 가치를 창출할 것인지를 결정해야 한다. 이러한 경영전략은 앞에서 설명한 기업 경영의 역사적 흐름에 따라 다음과 같이 발전해 왔다.[2)]

1.1 1960년대

60년대 이전까지만 하여도 경영전략은 단순히 경영기능을 통합하기 위한 것으로 강의되었다. 생산, 마케팅, 인사, 재무 등 각 경영기능의 전문지식들을 최고경영자의 입장에서 통합하기 위한 수단으로 이해되어 왔다. 그러나 60년대에 들어와 기존의 '정책'(policy)이란 용어를 '전략'(strategy) 개념이 대체함으로써 기업이 활동할 시장영역을 선택하고 그 영역 안에서 생존하기 위한 경쟁방법을 결정하기 위한 의미로 사용되었다. Selznick, Chandler, Ansoff 등의 학자들이 고전적 연구들을 발표하였다.[3] 이러한 이론적 토대의 마련과 함께 실제 기업경영에 있어서도 장기적 관점의 경영전략이 최고경영자의 주된 책임으로 인식되기 시작하였다.

1.2 1970년대

70년대는 전략 개념이 각 분야에 활발히 적용되고 전문적 자문회사들이 크게 늘었다. 학문적 측면에서 미국전략학회(Strategic Management Society)가 탄생되고 전략관련 논문들이 발표되기 시작하였다. 그리고 미국 대학 안에도 전략 분야의 전공이 개설되기 시작하였다. 미래에 관한 단순예측과 계획에 근거한 과거의 경영기법이 한계에 도달함에 따라 환경의 불확실성에 효과적으로 대처하기 위한 새로운 경영방식이 요구되었다. 한편 경영다각화가 활발하게 진행됨에 따라 여러 관련 사업부문들을 어떻게 효율적으로 관리하고 자원배분을 할 것인가 하는 문제가 중요하게 되었다. 기존의 전통적 예산관리로는 이러한 문제를 효과적으로 해결할 수 없기 때문에, 전략적 관점의 새로운 경영방식을 필요로 하였다.

1.3 1980년대

경영전략의 개념이 더욱 폭넓게 적용되었으며 학술적 연구들이 활발하게 이루어졌다. 여기에는 80년대 초반에 태동된 전문 학회지(Strategic Management Journal)의 역할이 컸다. 학자들은 관련 학문분야의 이론들을 활용하여 새로운 이론 개발에 노력을 하였다. 대표적인 예가 하버드 대학의 마이클 포터 교수의 연구이다.[4] 그는 경쟁전략(Competitive Strategy) 이론을 통해 본원적 전략(Generic Strategies), 위치선점(Positioning) 등 중요한 개념을 소개하며 경영전략 분야에 지대한 영향을 끼쳤다. 그 밖에도 여러 학자들이 게임이론, 정치학, 사회심리학, 의사결정이론 등 관련

분야의 이론들을 활용하여 다양한 각도에서 분석하고 이론적 해결책을 제시하고자 하였다.

1.4 1990년대

90년대에 들어와서는 글로벌 관점에서의 경쟁우위 획득과정에 관한 관심이 고조되었다. 종래의 정태적 환경 분석에 기초한 전략수립에서 벗어나 경쟁우위의 동태적 축적과정 등 보다 근본적인 문제에 초점을 맞추었다. 연구대상도 미국기업 일변도에서 탈피하여 일본, 유럽, 개발도상국의 기업 등으로 다양화되었고, 경영환경이 글로벌화함에 따라 국제화 전략에 관한 연구들이 증가했다. 특히, 주목할 것은 자원기반(Resource-based) 관점의 이론들이 등장한 것이다.[5] 자원기반 관점은 내부 자원과 능력을 경쟁우위의 원천으로 보고 경쟁자가 따라올 수 없는 독특한 자원역량을 획득하고 유지하는 데 초점을 맞춘다.

1.5 2000년대

21세기는 90년대 중반 이후 급속히 성장하기 시작한 인터넷 정보혁명의 물결이 가시화된 것이 특징이다. 창조경제 또는 새로운 자본주의 시대라고 표현되는 21세기는 전통적으로 중시되어온 자본, 천연자원, 노동 등의 생산요소가 부차적인 것이 되어버리고 그 대신 지식과 상상력이 더욱 중요하게 되었다. 특히 새로이 등장하고 있는 지식과 상상력 기반의 창조경제에서는 전통적 산업과는 다른 경제원리가 작동되며, 이에 따라 새로운 비즈니스 방식과 기업문화가 요구되고 있다. 예를 들자면 인터넷 등의 기술진보로 인해 수확체증의 원리가 적용되고 네트워크 효과가 가져오는 전략적 의미가 커졌다. 성공한 제품이나 기업이 더욱 더 성공할 수 있게 되는 반면 실패한 제품과 기업은 더 이상 버틸 수 없게 되는 경향이 커지고 있다. 또한 생산, 소비, 분배 등 주요 경영활동이 인터넷을 통해 네트워크화 함에 따라 소비자와 생산자 간 관계에도 큰 영향을 미치고 있다. 소비자들이 인터넷을 통해 많은 정보를 갖게 되어 공급자에 대한 교섭력이 커지고, 소비자가 공급자와 직접 연결되어 가치창출 활동에 참여함으로써 프로슈머(Prosumer)가 되는 경향이 발생한다.

기술이 융복합화하고 빠른 속도로 발전함에 따라 산업 간 경계가 희미해지고, 미래에 대한 불확실성이 기하급수적으로 커짐에 따라 기업들은 심각한 전략적 단절을 경험하게 된다. 즉 과거의 성공논리가 오히려 실패원인이 되고 경영전략의 표준적 틀이 무시되는 경우가 증가한다. 이러한 새로운 환경에 대응하기 위해 유연한 전략적 대처방법이 강조되고 경쟁우위의 원천에 대한 통합적 접근이 활성화되고 있다. 즉 환경분석 중심의 관점과 자원기반의 관점 등을 모두 통합하여 경영환경에 대한 보다 종합적이고 효과적인 대응방법을 찾고자 한다.[6] 또한 2008년 글로벌 금융위기 이후 새로운 자본주의로의 진화에 따라 사회적 자본의 역할이 중요해 지고 공유가치 창출(Creating Shared Value)의 개념이 등장했다. 경제적 · 사회적 여건을 개선시키면서 기업의 경쟁력도 동시에 강화시키는 전략이 점점 더 중요해지고 있다. 이는 기업 경쟁력과 사회 공동체의 번영이 상호 의존적이라는 시대적 인식에 기반한다.

02 전략이란?

2.1 전략의 정의

전략이란 원래 군사용어로 사용되어 왔다. Webster사전에 의하면 전략은 '군사적 행위를 계획하고 통제하는 과학'으로 정의되고 있다.[7] 전략은 일반적으로 '어떻게 복잡하고 급변하는 환경 속에서 생존하고 성장하는가?'라는 문제를 해결하는 과정이라고 할 수 있다. 그런데 이 전략의 개념은 인간의 삶이 현대화 되면서 변화와 경쟁이 일상화됨에 따라 개인 수준에서까지 활발하게 적용되고 있다. 한정된 자원과 능력을 가지고 불확실한 외부여건에 대처하면서 각박한 경쟁상황을 이겨나가기 위해 전략적 사고와 분석능력을 갖지 않을 수 없는 것이다.

마더 테레사(Mother Teresa)는 빈자와 병자 4만 2천명 가량을 직접 섬기며 도왔으며, 수많은 사람들을 구제함으로써 '빈자들의 어머니'라 칭송을 받았다. 성녀 마더 테레사의 사랑의 비결은 매일 한 번에 한 사람씩 섬기며 돕는다는 '선택과 집중'을 실천한 것이다.

1946년 9월, 마더 테레사는 가난하고 병든 많은 사람들을 돕고자 인도에 도착했으나 이를 위해 필요한 돈이라고는 한 푼도 가진 것이 없었으며, 어떠한 경제적 지원도 받기 힘든 상황이었다. 그러나 마더 테레사는 포기하지 않는다. 빈민과 병자들을 향한 사랑밖에 가진 것이 없었던 마더 테레사는 그녀가 지금 할 수 있는 것을 하기로 마음먹는다. 그것은 바로 매일 매일 도움이 필요한 사람들을 만날 때마다, 한 사람 한 사람씩 돕는 것이었다. 어떤 한 기자가 그녀에게 물었다. "어떻게 그렇게 많은 사람들을 사랑으로 섬길 수 있었습니까?" 마더 테레사는 다음과 같이 대답했다. "저는 많은 사람들을 섬긴 것이 아닙니다. 단지, 매일 **'한 번에 한 사람씩'** 섬겼을 뿐입니다." (선택과 집중)[8)]

최불암은 23년 동안 방영된 최장수 드라마 전원일기로 '국민아버지' 라는 칭호를 얻었고, 꾸준히 대중의 사랑과 신뢰를 받는 대한민국 최고 배우의 반열에 올라있다. 그는 대한민국에서 노인 역할을 제일 잘하는 배우로 스스로를 차별화함으로써 최고가 되었다.

최불암은 우연히 노인 역을 맡으며 연기를 접하게 된다. 전공까지 바꿔가면서 배우가 되기로 결심하지만 최고의 배우가 되겠다는 바람과 달리 주인공을 맡은 연극은 참패를 하고, 노인 역할만 계속해서 맡게 되며 회의감을 가진다. 현실을 생각하며 절망하고 있던 그는 연출을 전공하던 당시 지도교수의 말이 생각났다. "역시 노인 역할은 너 따라 올 배우가 없구나" 머리를 스치는 그 한마디로 그는 절망에서 희망을 찾게 된다. 그는 남들이 하기 싫어하는 역할이지만, 그것이 자기가 가장 잘 할 수 있는 역할이란 것을 알았다. 그리하여 그는 젊은 나이에 얼굴에 주름살을 그려 넣고 걸음걸이도 60대에 맞게 걷는 것을 연습하며, 나 아닌 다른 사람을 실감나게 표현해냈다. (차별화)[9)]

커넬 할렌드 샌더스(Colonel Harland Sanders)는 65세에 105달러의 사업자금으로 치킨 프렌차이징을 시작했다. 현재 전세계 약 100여개 국에 13,000여 개의 KFC매장이 있다. 그리고 그 모든 매장 앞에는 흰 양복을 깨끗하게 차려 입은 그가 어김없이 웃고 있다. 바로 켄터키 프라이드 치킨(KFC)을 세운 전설적인 '커넬 할랜드 샌더스' 이다.

샌더스는 젊은 시절부터 닥치는 대로 일해 오며 중년의 나이에 들어서 제법 인정받을 만한 레스토랑을 가지게 되었다. 하지만, 1년도 되지 않아 모든 것을 잃는다. 65세의 나이였다. 그리고 그와 함께 수중에 남은 돈은 사회보장금으로 지급된 105불이 전부였다. 그러나 이 노인은 낡아빠진 자신의 트럭에 남은 돈을 몽땅 털어서 산 압력솥을 싣고 길을 떠난다. 그 동안 레스토랑을 운영하며 꾸준히 개발해 온 요리법을 팔아보기로 했다. 트럭에서 잠을 자고 주유소에서 면도를 하며 미국 전역을 돌아다녔다. 하지만 그가 믿었던 소중한 꿈은 사람들에게 외면당하게 된다. 그것도 1008번이나. 허름한 이 노인에게 로열티를 지급하고 조리법을 사줄 식당주인은 쉽게 나타나지 않았다. 쉽지 않은 도전이었다. 실패하면 방법을 달리해서 도전한다. 할 때까지, 될 때까지, 이룰 때까지…. 그렇게 보낸 시간이 2년. 드디어 그의 조리법을 사겠다는 사람이 나타났다. 바로 KFC 1호점이 탄생하는 순간이었다. 그는 다음과 같이 말했다. "훌륭한 생각을 하는 사람은 많지만 그것을 행동으로 옮기는 사람은 드물다. 나는 포기하지 않았다. 대신 무언가를 할 때마다 그 경험에서 배우고 다음 번에는 더 잘 할 수 있는 방법을 찾아냈다."(실천)[10)]

폴 포츠(Paul Robert Potts)는 2007년 6월 18일 꿈을 실현시킬 오디션 프로그램 'Britain's Got Talent'의 무대에 선다. 그의 뚱뚱하고 어리숙한 모습에 곱지 않은 시선을 보인 많은 사람들 앞에서 "오페라를 부르겠습니다"라는 짧은 말과 함께 노래를 시작한다. 드디어 노래가 시작되고... 냉담했던 관중들은 자세를 고쳐 앉았고 눈이 휘둥그래졌다. 외모, 말투와 다른 그의 목소리는 우렁차고 감성적이었다. 곡의 하이라이트 부분에서 그의 안정적 고음은 모든 이를 자리에서 일어서게 했다. 심사위원들은 물론 전 영국을 감동시킨 폴 포츠의 무대. 그는 프로그램에서 최종 우승하고 음반 제작 제안을 받았으며 유튜브를 통해 세계적인 감동을 일으켰다.

폴 포츠는 영국 웨일즈의 어느 작은 도시에서 카 폰을 팔러 다니는 외판원이었다. 고르지 못한 치열, 뚱뚱하고 초라한 외모, 어눌한 말투 때문에 그는 어려서부터 남들의 놀림감이었다. 넉넉하지 않은 형편에 오페라를 하고 싶어 대출 받은 5천만 원으로 등록한 단기 코스 아카데미. 하지만 그는 뇌종양과 자전거 사고로 노래를 부르기 힘들 것이라는 의사의 진단을 받았다. 하지만 폴 포츠는 휴대폰 외판원으로 일하면서 대출금을 갚아갔고 합창단원으로 활동하면서 끊임없이 노래실력을 갈고 닦았다. 그가 이렇듯 끊임없이 노력과 열정을 이어갈 수 있었던 것은 불리한 환경 속에서도 노래를 사랑하는 마음과 오페라에 대한 순수한 꿈을 포기하지 않았기 때문이다. '그는 그 자신과 그의 꿈을 믿었다.' (비전)

전략의 개념은 20세기 중반 이후 기업에서 활발하게 활용되었다. 전통적으로 전략은 '합리적 계획(plan)' 의 개념으로 정의되고 이해되어 온 경향이 있다. 예를 들자면 아래의 정의들이 대표적이다.

- 특정 기업이 장기적 목적과 목표를 결정하고 이것을 실현하기 위해 각종 행위들을 수행하고 자원을 배분하는 것[11)]
- 기업조직의 주요 목표, 정책, 행위들을 하나의 응집체로 통합시키려는 계획[12)]
- 기업이 기본 목적을 달성하기 위하여 설계한 종합적이고도 통합된 계획의 일종[13)]

그러나 전략이란 개념은 시장에서 목표를 달성하기 위해 경쟁자와 어떻게 싸울 것인가에 관한 계획에만 국한하지는 않는다. 집단적인 인식체계이자 행위체계인 기업조직을 보다 근원적으로 이해하기 위한 문제들을 최고경영자 입장에서 종합적으로 다룬다고 할 수 있다.

2.2 전략의 필요성

전략이란 자신의 비전과 이념을 달성하기 위해 나아가야 할 방향을 제시하는 일종의 스토리라고 정의할 수 있다. 여기서 전략은 불확실한 외부 환경에서 명확한 미래상과 실천방안을 제시해야 한다. 이러한 전략이 없다면 우왕좌왕하거나 순간적으로 무모한 결정을 내리기 쉽다. 평소에 자기 나름대로의 전략을 가지고 있지 못하면 외부로부터 수집된 정보가 아무리 많아도 뚜렷한 결론을 내리지 못한 채 변화에 휩쓸리기 쉽다.

그렇다면 전략은 구체적으로 어떤 역할을 할까?

- 전략은 미래에 대한 의사결정의 틀을 제공한다. 의사결정의 틀이 없으면 위기 상황에서 아무런 지침이나 방향성 없이 무모한 결정을 내리게 되거나 기존의 틀 안에 안주하면서 결과적으로 미래 흐름에 제대로 적응하지 못하게 된다. 따라서 전략은 예측하기 어려운 환경에서도 현재 상황을 해석하고 미래 해결책에 대한 결론을 명쾌하게 내려준다. 이러한 전략적 틀에 입각한 결정은 현재의 리스크를 감수하고 바람직한 미래상을 향한 활동을 하게 함으로써 미래의 수익을 극대화하는 역할을 한다.
- 전략은 부서 이기주의에서 탈피해 조직 전체를 한 방향으로 나아가게 하는 기능을 한다. 조직체의 경우 중요한 의사결정을 하려면 조직 내부에서 여러 단계를 거쳐야 하는데, 각 부서들이 자기의 이해관계에 집착하면 핵심 문제에서 벗어나 그릇된 방향으로 조직을 움직일 수 있다. 이때 필요한 것이 전략이며 이를 통해 조직을 한 방향으로 모을 수 있다.

이러한 전략은 모든 조직에서 필요하며, 누구에게나 유용하다. 전략적 구상의 범위와 크기는 조직의 상층부로 갈수록, 그리고 조직 규모가 클수록 커진다. 한편 전략 구상을 위한 에너지와 지혜는 자원이 부족하고 환경적 제약조건이 클수록 더 필요해 지기 마련이다.

2.3 전략의 핵심내용

전략의 핵심내용은 선택, 집중, 차별화이다.

- 선택 : 기업의 경우 전략수립을 위해 제일 먼저 고민해야 하는 것이 고객에 대

한 선택이다. 고객은 누구인지, 어떠한 욕구를 지니고 있는지를 파악해서 어떤 고객을 선택할지에 대해 결단을 내려야 한다.

- 집중 : 자사에 대한 분석을 통해 스스로의 자원과 강점을 파악하고 어디에 자원을 집중해야 할지 판단해야 한다.
- 차별화 : 선택과 집중을 토대로 경쟁사로는 어떤 기업이 있고 어떤 시장에서 경쟁할지를 파악해서 최종적으로 그 경쟁사와 어떻게 차별화할 것인지에 대해 생각해야 한다.

한편 이러한 핵심내용들을 결정하는 일은 '포기'의 과정이기도 하다. 왜냐하면 포기를 잘 해야 구체적인 방향설정이 가능해지기 때문이다. 따라서 전략은 포기의 미학이기도 하다. '선택'은 위험을 감수하며 무언가를 포기해야 이루어 질 수 있다. 즉, 고객의 욕구를 선택한다는 것은 선택된 것 이외의 욕구는 버리는 것이기도 하다. '집중'도 포기의 과정이다. 자사의 자원을 집중하는 것은 그 밖의 자원에는 집중하지 않거나 버리는 것을 의미한다. 이 때 명확한 판단기준과 위험감수의 의지가 필수적이다. '차별화'도 마찬가지다. 차별화라는 것은 경쟁사와는 다른 것을 창조하는 것이다. 경쟁사와 유사한 것은 과감히 포기해야 차별화에 성공할 수 있다.

(1) 고객의 선택

모든 고객을 100% 만족시킨다는 것은 사실상 불가능한 일이며 전략이 없다는 의

그림 2-1 전략의 핵심내용

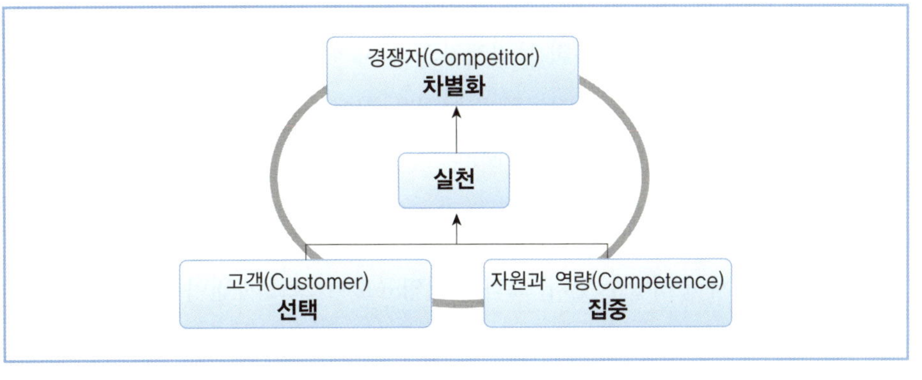

미이기도 하다. 그렇기 때문에 대상으로 할 고객, 충족시킬 고객의 욕구, 고객을 위한 시간과 장소의 선택이 필요하다.

- 목표 고객이 누구인가 (Who) : 사업대상으로 삼을 소비자의 집단에 관한 결정
- 어떤 고객의 욕구를 목표로 하나 (What) : 소비자의 어떤 니즈를 목표로 해 편익을 제공할 것인가에 관한 결정
- 시간과 장소의 선택 (When, Where) : 어떤 계절과 시간대에, 어느 장소에서 제품과 서비스를 제공할 것인가 등 타이밍과 장소에 관한 결정

(2) 자원의 집중

목표로 한 고객의 집단과 욕구를 충족시키기 위해 어떤 자원과 역량을 동원할 것인가를 결정해야 한다. 이 때 자원과 역량이란 기업이 가지고 있는 사람, 물건, 돈, 시간 등을 의미한다. 자원 집중의 구체적 내용은 자원과 역량을 어떻게 배분할지 그 우선순위를 정하는 것이다. 우선순위를 정하는 이유는 조직이 소유한 자원이 유한하고 경쟁사와의 상대적 힘의 차이를 극대화하기 위해서다.

- 사업분야의 집중 : 사업의 우선순위를 매기고 투자를 집중함
- 제품과 서비스 집중
- 지역에 대한 집중
- 경영기능에 대한 집중 : 경영시스템에서 강점이 있는 분야에 자원을 집중함

(3) 경쟁자와의 차별화

전략의 궁극적 목적은 경쟁자와의 차별화이다. 경쟁자와 동일한 시장에서 가격으로만 경쟁한다면 성공하기 어려울 것이다. 어떻게 경쟁자와의 차별화에 성공할 것인가는 전략의 핵심내용이다.

- 원가구조의 차별화 : 같은 시장에서 원가구조를 차별화 함으로써 가격경쟁에서 승리할수 있다. 그러나 경영규모가 크고 자원이 풍부하며 의사결정 속도가 빨라야 성공할 수 있다.

- 제품과 서비스 자체의 차별화 : 새로운 제품이나 시장을 만들어 냄으로써 본질적 차별화를 도모한다.
- 마케팅 차별화 : 마케팅 측면에서 부가가치를 더해 고객에게 경쟁사와는 전혀 다른 인식을 심어줄 수 있다. 이를 위해 디자인, 브랜드 구축, 광고 및 판촉 등의 방법이 활발하게 사용된다.

2.4 전략의 세 수준 (Three Levels)

전략은 의사결정이 이루어지는 기업 내부의 수준에 따라 나누어 볼 수 있다. 여러 가지 서로 다른 사업들을 동시에 수행하는 다사업(multibusiness) 기업의 경우 일반적으로 [그림 2-2]에서 보는 바와 같이, 전사적, 사업부, 기능별 수준으로 나누어 볼 수 있다.

그림 2-2 전략의 수준

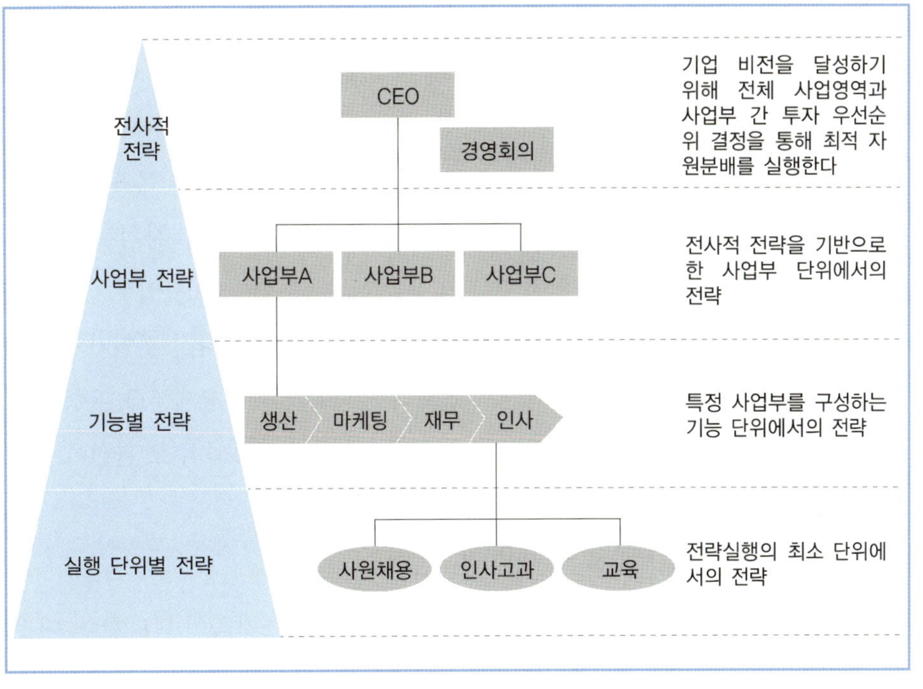

(1) 전사적 수준 (Corporate Level)

전사적 수준에서의 전략은 전략본부의 책임을 맡고 있는 최고경영층에 의해 이루어 진다. 이것은 주로 기업의 전체목표를 정의하고, 무슨 사업에 참여하며 어떻게 사업부들 간에 자원을 배분할 것인가의 문제를 다룬다. 따라서 전사적 수준의 전략은 새로운 사업영역의 선택, 기존 사업의 포기, 성장의 우선순위 결정, 장기적 자본조달 방안, 배당정책 등과 관련된 문제들을 다룬다. 이와 같은 문제들은 기업 전체적 관점과 장기적 시야를 필요로 하며 잠재적 이익이 큰 반면 위험부담이 높은 것이 특징이다. 전사적 수준의 의사결정은 보통 최고경영자가 전략 스탭의 도움을 받아 결정하거나 이사회의 결의를 통해 이루어 진다.

(2) 사업부 수준 (Business Level)

여러 사업들을 동시에 영위하는 기업의 경우 여러 개의 독자적인 사업부들이 존재한다. 앞의 그림을 보면, 사업부 A, B, C는 각기 독자적인 사업영역을 가지고 있으며, 생산, 마케팅, 재무, 인사 등 독자적인 경영기능들을 소유하고 있다. 사업부 수준의 전략은 이러한 개별 사업부 안에서의 문제를 다룬다.

전사적 전략관리가 기업전체의 관점에서 균형을 이루는 데 주안점을 두는 것에 반해, 사업부 수준의 전략은 특정 사업에 국한된 전략적 의사결정들을 주 내용으로 한다. 즉, 이것은 전사적 수준에서 결정된 전략적 방향과 목표에 입각하여 개별사업의 영위에 필요한 구체적 내용들을 결정한다. 따라서, 사업부 수준의 전략은 미리 특정 사업에 국한된 전략적 의사결정들을 포함한다. 사업부 수준의 전략은 미리 정해진 사업영역 안에서 어떻게 효과적으로 경쟁해 나갈 것인가의 문제를 다룬다. 이에 따라 사업부 수준에서의 전략적 의사결정은 시장세분화, 유통채널, 원가구조, 공장입지 등과 같은 내용을 다루며 경쟁우위의 확보와 주로 관련이 있다.

(3) 기능별 수준 (Functional Level)

기능별 전략은 궁극적으로 각 경영기능별 경영자들이 담당한다. 이것은 생산, 마케팅, 재무, 인사, 연구개발 등 각 경영기능에서의 단기적 목표와 전략방안들을 강구함을 주 내용으로 한다. 기능별 수준에서의 의사결정은 사업부 수준에서 결정된 전략을 실천하는 것과 직접 관련되어 있다. 따라서 기능별 수준의 전략들은 앞에서 설명한 사업부 수준에서의 전략들과 일관성을 가져야 한다.

기능별 수준에서의 전략적 의사결정은 전사적 또는 사업부 전략에 비하여 단기적이며 보다 구체적이다. 예를 들면 생산시스템의 효율성 제고, 적정 재고수준의 결정, 고객 서비스의 질적 향상, 연구개발의 방법결정 등과 같은 실천적 문제를 다룬다.

2.5 전략관리의 과정

앞에서 논의한 전략은 실제 기업에서 수립(formulation)과 실천(implementation)의 과정으로 나누어 볼 수 있다. 이 때 전략의 수립이란 기업의 외부환경과 내부자원을 분석하여 적절한 전략을 선택하는 것을 말한다. 그리고 전략의 실천은 이렇게 선택된 전략이 제대로 실천되도록 적절한 조직구조와 통제시스템을 설계하는 것이다. 이러한 전략관리의 과정을 구성요소를 중심으로 살펴보면 다음과 같다.

첫째, 기업의 목표를 설정한다. 기업목표는 그 기업조직이 존재하는 이유와 무엇을 해야 하는지에 관한 근거를 제공한다. 기업은 이러한 목표에 근거하여 전략을 수립하고 평가한다.

둘째, 기업이 처해 있는 외부환경을 분석한다. 외부환경의 분석은 기업이 당면하고 있는 전략적 기회와 위협들을 도출하기 위함이다. 이때 분석의 대상이 되는 외부환경이란 정치, 경제, 사회, 문화 등 거시적 환경 요인들뿐만 아니라 기업이 속해 있는 산업의 경제적 구조 등을 포함한다.

셋째, 기업 내부의 자원과 역량을 파악한다. 이러한 내부분석은 기업의 강점과 약점을 파악하기 위한 것이다. 이를 위하여 기업이 보유하고 있는 자원의 양적 및 질적 수준을 평가하고, 비교우위를 주는 기업의 독특한 내부역량을 파악한다.

넷째, 전략적 대안들을 도출하고 가장 바람직한 전략을 선택한다. 설정된 기업목표, 내부 강점과 약점, 외부환경으로부터의 기회와 위협을 종합적으로 고려하여 가능한 전략적 대안들을 도출하고, 이 중 가장 바람직한 전략을 선택한다. 즉, 환경적 기회를 최대한으로 활용하고 자신의 강점을 살릴 수 있는 전략을 선택해 나간다는 것이다.

다섯째, 선택된 전략을 실천하기 위해 조직구조와 통제시스템을 설계하는 등 조직내부를 정비한다. 어떠한 전략을 실천하느냐에 따라 요구되는 조직구조의 특성과 조직통제의 방법이 달라진다. 따라서 선택된 전략에 적합하도록 조직구조와 통제시스템을 설계하여야 한다.

여섯째, 전략 실천의 결과를 평가하여 미래 의사결정에 피드백한다. 선택된 전략이 일단 실천되면 그 결과가 기업목표의 달성에 어느 정도 기여했는지를 평가한다. 그리고 그 평가 결과를 다시 다음 단계의 전략수립과 실천에 반영한다. 그리하여 기존의 기업목표와 전략이 적절한지, 아니면 변화시켜야 하는지를 결정한다.

그림 2-3 전략관리의 고전적 모형

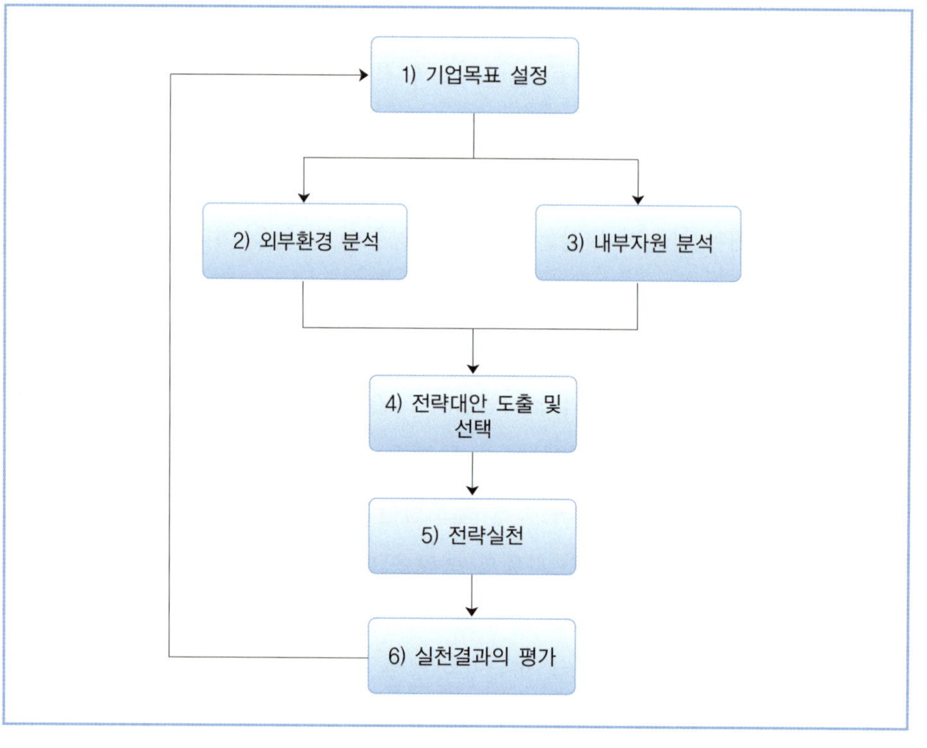

이와 같은 전략관리의 구성요소들은 합리적인 전략의 수립과 실천을 통하여 기업들의 목표달성에 유리한 방향으로 외부환경과 상호작용 하도록 하는 데 그 목적이 있다. 전통적 전략관리 교과서들은 대부분 이러한 고전적 전략관리 과정을 기초로 그 내용을 구성하여 왔다고 할 수 있다.

고전적 전략관리 모형은 경쟁우위의 원천이 궁극적으로 외부 환경조건과 내부 자원에 모두 존재함을 보여줌으로써 전략관리의 기본 틀을 제공하였다. 이 모형에 의하면 전략관리란 기업 외부로부터의 환경적 기회/위협과 기업내부의 강점/약점을 적합(match) 시키는 과정으로 정의할 수 있다.

03 경영전략의 내용

기업은 선택과 집중, 차별화라는 전략의 핵심내용을 기반으로 비전 달성을 장기적 관점에서 추구한다. 이러한 전략적 내용을 현실화하기 위해 실천이라는 반복적이고 전술적인 행위를 지속적으로 수행한다. 그 결과 국내외 시장에서 성장할 기회를 갖게 된다. 결론적으로 경영전략은 비전, 선택과 집중, 차별화, 실천, 성장이라는 5가지 핵심분야를 포함한다. 그리고 핵심분야 안에는 다양한 세부 주제들이 포함되어 있다.

| 5개 핵심 분야 |

1. 비전
2. 선택과 집중
3. 차별화
4. 실천(전술)
5. 성장

5개 핵심 분야는 [그림 2-4]와 같이 나타낼 수 있다. 그리고 이 분야는 다시 10개의 세부 주제로 나누어 볼 수 있으며, 이 책에서는 4장부터 13장까지 이 세부 주제들을 다루고자 한다.

첫째, '비전' 의 분야에서는 궁극적으로 무엇을 위해 존재하고 무엇을 향해 나갈

그림 2-4 경영전략의 핵심주제

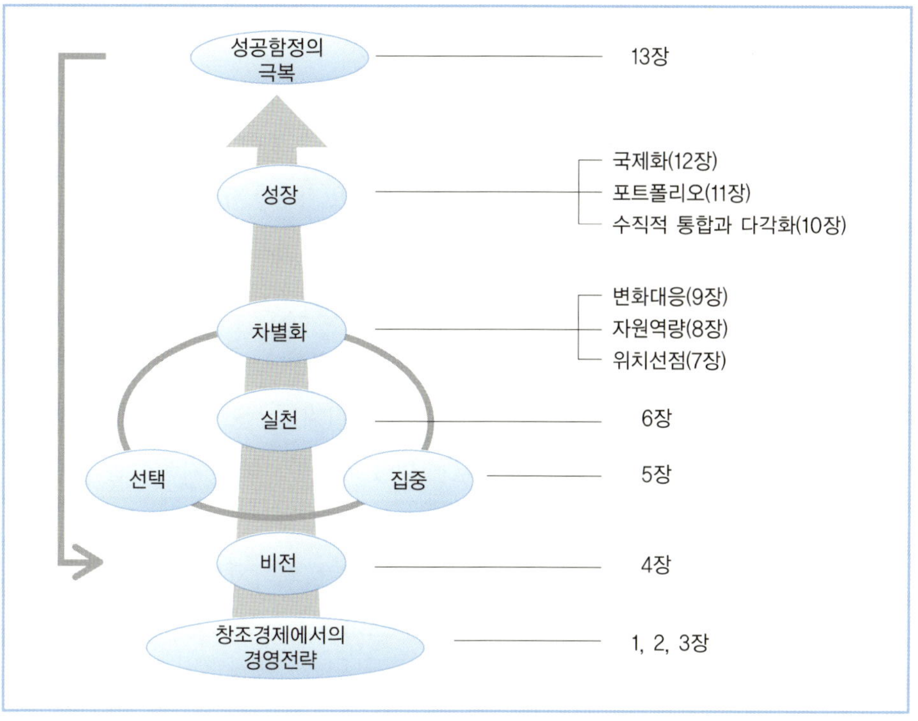

것인가라는 주제를 다룬다(4장). 이에 따라 기업조직은 경영이념과 철학을 정립하고 이를 성취하기 위한 단기적 사명과 목표를 설정하는 방법에 대해 공부할 필요가 있다.

둘째, '선택과 집중' 의 분야에서는 대상 고객의 종류와 니즈를 선택하고 자신이 가진 자원과 능력 중 어디에 집중할 것인가라는 주제를 다룬다(5장). 이에 관해 기업조직은 환경으로부터의 기회와 위협 요인을 파악하고 자신의 강점과 약점을 고려해 전략대안을 만들어내는 능력을 키워야 한다.

셋째, '실천' 의 분야는 전략을 실제로 수립하고 실행하는 과정과 기법들을 다룬다. 전략 수립시에 고려해야 할 내용들이 무엇이고 실제로 전략 대안들을 어떻게 만들어 나가는지에 대해 알아야 한다. 그리고 수립된 전략을 어떻게 적절하게 실행할 것인가라는 전술적 주제를 다룬다(6장). 선택과 집중의 과정을 통해 도출된 전략대안들을 실제로 경영활동에 반영하고 실천하는 방법들에 관해 공부할 수 있다.

넷째, '차별화' 분야는 선택과 집중의 과정을 통해 궁극적으로 달성하고자 하는 핵심 주제들을 다룬다. 여기에는 다음과 같은 세 가지 주제들이 포함된다. (1) 위치선점이다(7장). 이 주제는 주어진 산업환경에서 어떻게 경쟁할 것인가라는 문제를 주로 다룬다. 기업은 위치선점(positioning)을 통해 경쟁우위를 확보함으로써 차별화를 달성하는 방법들에 대해 공부할 수 있다. (2) 자원 전략이다(8장). 시간의 흐름에 따라 어떻게 자원역량을 축적해 나갈 것인가를 다룬다. 기업조직은 자원과 역량의 축적을 통해 경쟁우위를 확보함으로써 차별화를 달성하는 방법들에 대해 공부할 수 있다. (3) 변화대응 전략이다(9장). 급변하는 환경 속에서 어떻게 기회를 포착하고 획득할 것인가라는 문제를 다룬다. 기업 조직은 변화하는 환경 속에서 갑자기 닥쳐오는 위험요인을 회피하고 기회를 획득함으로써 차별화를 달성하는 방법들에 대해 공부할 수 있다.

다섯째, '성장'의 분야는 차별화의 결과 이루어지는 국내외에서의 성장과정에서 발생하는 여러 주제들을 다룬다. (1) 수직적 통합, 다각화 및 네트워크 전략이다(10장). 이 주제는 궁극적으로 어떻게 규모를 키워나갈 것인가라는 문제를 다룬다. 기업조직은 확보된 핵심역량을 기반으로 규모와 활동범위를 증대시킴으로써 성장한다. (2) 포트폴리오 전략이다(11장). 서로 다른 여러 사업들을 전사적 입장에서 균형을 이루어 나감으로써 성장을 지속하는 방법에 대해 공부한다. (3) 국제화 전략이다(12장). 국내시장이 좁은 우리 기업들이 어떻게 해외시장에 진출하고 글로벌화할 수 있는지에 관해 공부한다. (4) 성공함정이다(13장). 지속적인 성장을 통해 이룩한 성공이라도 내재된 위험이 도사리고 있기 때문에 이를 극복해야 지속적인 성장을 이룩할 수 있다. 이 주제는 성공함정에서 벗어나기 위한 방법들에 관해 공부한다.

이와 같은 10개 주제와 함께, 이 책에서는 과연 실제 기업들이 이러한 주제에 관해 어떻게 접근하고 있는지를 삼성전자와 애플 등 여러 사례들을 통해 알아보고자 한다.

| 10개 세부 주제 |

1. 비전 (무엇을 향해 나가고 있나?)
   - 경영이념, 경영철학, 단기 사명 등을 설정함
2. 선택과 집중 (무엇을 선택하고 어디에 집중해야 하나?)
   - 강점과 약점, 기회와 위협을 파악해 전략대안을 마련함
3. 실천 (어떻게 전략을 제대로 실행할 것인가?)
   - 선택과 집중에 의해 도출된 전략 대안들을 실제 경영활동에 반영하고 실천함
4. 위치선점 (어떻게 경쟁할 것인가?)
   - 위치선점을 통해 경쟁우위를 확보함으로써 차별화를 달성함
5. 자원 전략 (어떻게 자원역량을 축적해 나갈 것인가?)
   - 자원과 역량의 축적을 통해 경쟁우위를 확보함으로써 차별화를 달성함
6. 변화대응 전략 (어떻게 급변하는 환경에서 기회를 획득할 것인가?)
   - 변화하는 환경 속에서 갑자기 닥쳐오는 위기를 피하고 기회를 거머쥠으로써 차별화를 달성함
7. 수직적 통합, 다각화 및 네트워크 (어떻게 규모를 키울 것인가?)
   - 확보된 핵심영역을 중심으로 기업의 규모와 활동범위를 증대시킴으로써 성장함
8. 포트폴리오 (어떻게 여러 사업들을 관리할 것인가?)
   - 여러 사업부들을 전사적 입장에서 균형을 이루어 나감으로써 성장함
9. 국제화 (어떻게 글로벌화 할 것인가?)
   - 해외시장에 진출하고 경영활동의 범위를 글로벌화 함으로써 성장함
10. 성공함정 (어떻게 과거의 성공관성에서 벗어날 것인가?)
    - 성공으로 인한 내재된 위험을 극복하고 지속적 성장을 이룸

사 례 유니베라의 전략 스토리텔링

이병훈 사장과의 인터뷰 (중앙일보 2009. 3. 2)

▶▶ 알로에 세계 1위 '유니베라' 이병훈 사장 캐나다 건강 식품 마톨 인수

유니베라 이병훈 사장

알로에는 '서양의 인삼' 으로 불린다. 그러나 알로에로 세계에서 가장 큰 돈을 버는 곳은 한국 기업이다. 유니베라(옛 이름 남양알로에)가 시장점유율 1위(40%)다. 서양인들은 2000년 전부터 알로에가 좋다는 것만 알았지 깊이 연구하지 않았다. 이에 비해 유니베라는 알로에 유효 성분과 약리작용을 규명, 50여 개가 넘는 특허를 갖고 있다. 이 회사가 요즘 해외 진출에 활발하다. 1월엔 캐나다의 건강식품회사 마톨을 인수했다. 다음은 이병훈(사진)사장과의 인터뷰 내용이다.

Q. **마톨, 왜 인수했나**

"마톨은 25년의 역사를 갖고 있다. 연 매출 1억 8000만 달러의 회사다. 강력한 유통망과 판매 조직력을 갖고 있어 유니베라가 북미시장, 나아가 세계시장 확대에 큰 탄력을 받게 됐다."

Q. **해외 사업이 활발한데**

"현재 미국 · 중국 · 멕시코 · 러시아 네 곳에 농장을 갖고 있다. 알로에 원료를 존슨앤존슨 · 에스티로더 · 바디샵 · 유한킴벌리 등 전 세계 40여 개국 700여 기업에 공급 중이다. 특히 우리 회사의 아시아 전략 거점인 중국 하이난 농장을 통한 원료 공급에 박차를 가하고 있다. 하이난은 유네스코가 선정한 세계 2대 청정 지역으로서 알로에 재배에 적합한 기후와 토양을 지니고 있다. 멕시코 농장은 알로에 단일 농장으로 세계 최대 규모다."

Q. 세계적인 경기 불황인데 괜찮나

"유니베라는 연 매출의 10%를 연구에 투자한다는 기본 가치를 20여 년간 지켜오고 있다. 연구를 바탕으로 만들어진 믿을 수 있는 제품력이 유니베라의 힘이다. 확실한 연구개발력이 있으면 불황에도 흔들지 않는다. 물론 안정적인 재무 구조가 없이는 힘든 일이다. 그만큼 재무 건전성을 중시하고 있다. 또 건강기능 식품산업은 세계적으로 진입 단계다. 그 때문에 크게 위축되지 않고 지속적인 성장을 보이고 있다."

Q. 앞으로의 계획은

"올해는 호주 직접 판매법인 설립이 예정돼 있다. 2012년까지 일본 · 대만 · 멕시코에도 직접 판매법인을 세울 계획이다."

멕시코 탐피코 알로에 농장

남양알로에의
세계적인 이름

univera
유니베라

1. 유니베라 기업 소개

(1) 유니베라 연혁

1976년 설립한 후, 안정적인 원료 공급을 위해 일찌감치 해외로 눈을 돌렸다. 87년 미국 텍사스 라이퍼드 알로에 농장을 인수한 것이다. 유니베라 소유 해외 농장 규모는 여의도의 네 배이다. 이병훈 사장은 연세대 영문과를 졸업하자마자 유니베라에 입사한 창업자 2세이다. 95년부터 회사 대표를 맡고 있다.

표 1 유니베라의 연혁

연 도	내 용
1976.4	국내 최초로 알로에 시험재배 성공
1984.4	남양알로에 농산 창립
1985.1	국내 최초로 알로에 제품화 성공(건강보조식품 3종)
1987.9	한국무역협회장상 수상
1988.1	국제알로에기준심의협회(IASC) 가입
1988.4	미국현지법인 알로콥(Aloecorp) 설립
1989.9	알로에연구재단(ARF) 설립
1990.9	진천 제1공장 준공(건강보조식품업계 최대 KGMP 공장)
1990.12	멕시코 탐피코 공장 준공
1991.5	텍사스 공장 준공
1992.10	진천 제2공장 준공(건강보조식품업계 최대 KGMP 공장)
1993.6	알로에 신약개발연구팀 발대
1994.1	포장개발 성공사례모집: 더맨 대상 수상
1997.12	제3회 세계화 우수사업 경진대회, 은상 수상
1998.1	국내 건강보조식품업계 최초, 98 월드컵 공식지정상품 선정
1999.3	러시아 연해주 영농사업 조인식
1999.12	알로엔느 '99 산업디자인상 수상
2000.4	분사경영 시행(남양 알로에, 남양, 유니젠)
2000.10	중국 해남도 현지법인 설립
2004.9	제23회 국제알로에 기준심의협회(IASC)개최: 동양권 최초 개최
2006.4	창립 30주년, 신 사명 유니베라 CI 선포
2007.12	대한민국 커뮤니케이션 대상 '한국편집기자협회장상' 수상
2008.1	유니베라 건강기능식품 최초 CCMS 인증획득
2008.4	중국법인 '알로콥 차이나' 농장 및 공장 준공식
2009.1	2008 지식경제부 주관 세계일류상품으로 선정

(2) 유니베라의 창업과 성장

유니베라의 창업주, 고 이연호 회장은 악성 간질환으로 사업을 접고 요양을 하던 중 알로에가 병에 좋다는 얘기를 듣고, 이를 복용한 후 건강을 되찾게 되었다. 그는 알로에로부터 받은 혜택을 세상 사람들에게도 나누어주고 싶었다. 이후 그는 알로에라는 행복을 일구어내는 알로에 전도사가 되었다.

알로에 사업은 서양에서 주도해왔기 때문에 한국의 작은 업체가 넘기엔 힘든 사업이었다. 100년 만에 찾아왔다는 텍사스 농장의 냉해, 첫 해외 개척농장에서 큰 신고식을 톡톡히 치렀다. 너무나 절망적인 상황이었지만 비 온 뒤 땅이 굳듯이 이를 계기로 직원들은 더욱 똘똘 뭉쳤고, 냉해의 실패 경험마저도 기업의 자산으로 만들었다.

우리나라는 천연물 이용에 있어 오랜 역사를 가지고 있다. 다만 이에 대한 과학적인 검증이 없었기에 서구 사회에 주도권을 빼앗겨왔던 것이다. 그 주도권을 되찾기 위한 유니베라의 대를 이은 알로에에 대한 집념이 시작되었다.

어떤 분야든 한 우물만 집중적으로 파면 세계 중심이 될 수 있을 것이라는 믿음으로 알로에 사업의 외길 인생을 걸어온 지 30년, 유니베라의 연구센터는 알로에 연구뿐만 아니라 천연물 소재 연구까지 연구 영역을 넓혀나갔다. 연구란 자전거 페달과 같아서 계속 밟지 않으면 오히려 중심을 잃고 넘어질 수 있다는 것이 유니베라의 기본 이념이며, 그 동안 매출액의 10% 이상을 매년 연구개발에 투자해왔다.

그림 1 유니베라의 경영실적 및 경쟁사 비교

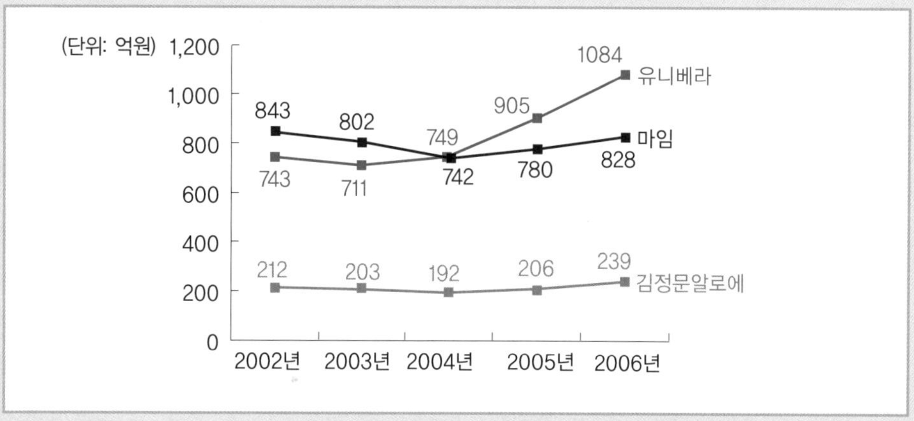

출처: 금융감독원.

'천연물 시장의 세계 최고 기업' 이 되고자 유니베라는 설립 초기부터 해외농장 개척에 눈을 돌렸다. 우리나라에서 재배되기 힘들다는 알로에의 특성은 세계화의 길로 가야 할 유니베라의 숙명이었는지도 모른다. 그렇게 개척한 해외 농장이 현재 세계 알로에 원료 수출의 총 40% 비율을 차지한다. 글로벌 사업 추진을 위해 창사 30주년을 맞이하여 '남양알로에' 가 오직 하나의 진실이란 뜻의 '유니베라' 로 사명을 변경하였다.

2. 유니베라 전략 내용

(1) 비전

유니베라의 비전은 "천연물 시장에서 세계최고의 기업"이 되는 것이다. 설립 초부터 인류의 행복과 건강을 최우선으로 한다는 가치를 뿌리로 하여 자연의 혜택을 인류에게 전하는 것을 기업의 이념으로 삼고 있다. 이러한 비전을 바탕으로 '도전', '창의', '인화' 정신을 행동규범으로 설정하였다. 최근에는 미국, 일본, 멕시코에 직접 판매법인을 설립하여 '글로벌 유니베라' 의 목표를 달성하고자 한다.

(2) 선택과 집중

유니베라는 변화하는 환경에 따라 기업의 모습을 바꾸어가는 타사들과 달리, R&D에 집중 투자하여 선도적인 기술력을 확보하고, UP(Univera Planner)를 통한 1:1 마케팅 채널을 고수하였다. 또한 여성일자리 창출이라는 기본이념을 지속적으로 지켜나가고 있다.

(3) 실천

유니베라는 기업의 가치를 조직원들과 공유해 나간다. 리더를 중심으로 핵심가치를 실천하고, 또 이를 조직원들과 함께 나눌 수 있는 의사소통 채널을 구축하였다. 조직문화를 통해 심어진 핵심가치는 그 실천력을 강화시키는 동시에 여러 조직문제들을 해결하는데 도움이 되고 있다.

(4) 위치선점

유니베라는 알로에 중심의 기능성 건강제품들을 출시하면서 제품차별화 전략을 내세웠다. 알로에에 대한 기존의 미약했던 소비자 인지도를 극복하고 과학화에 기반한 알로에 제품들을 내놓음으로써 차별적 이미지를 구축하였다. 또한, 최근에는 화장품 사업으로 영역을 확장하면서 알로에 성분이 첨가된 다양한 제품들을 출시하고 있다.

(5) 자원역량

유니베라는 매년 10% 이상의 R&D 투자를 통해 파이트로직스(천연물 분석기술)를 확보하게 되었다. 이러한 기술력을 바탕으로 액티브알로에(최상급 알로에 원료), 유니베스틴(천연물 신소재)을 개발하게 된다. 특히, 알로에 제품생산을 위해 가장 중요한 원료 공급망을 세계적으로 보유하고 있는 것이 강점이다. 중국 하이난에 진출한 이후, Q-Metrix 공법을 도입하여 제품의 질 개선을 꾀하고 있다. Q-Metrix는 새로운 알로에 가공 공정으로서, 이를 통해 4세대 알로에 생산이 가능하게 되었다. 또한, 여성 방문판매 사원으로 구성된 대리점 망을 전국에 구축하고 있다.

(6) 변화대응

유니베라는 위기의 순간에서 오히려 조직역량을 개선하는 위기관리 능력을 보여주었다. 가짜 알로에 파동으로 제품이미지가 손상되는 상황에서는 가짜 알로에를 선별할 수 있는 기술을 개발함으로써 오히려 기업이미지가 상승하는 효과를 얻을 수 있었다. 또한, 해외 알로에 농장에 한파가 닥쳤을 때, 해외 노동자들과 함께 한파를 극복해나가는 과정에서, 해외진출 기업들이 흔히 겪게 되는 현지 노동자들의 낮은 조직몰입을 개선할 수 있었다. 최근에는 'Change 2009'의 기조를 전 직원이 함께 공유하고 경제위기에서의 조직개선을 꾀함으로써, 변화를 통한 성장을 지향하고 있다.

(7) 성장

유니베라 성장에 기본이 되는 두 가지 축은 '수직적 통합' 과 '글로벌화' 이다. 우선 알로에 원료의 생산과 제품개발, 판매에 이르는 가치사슬을 통합함으로써 생산원가 절감, 시장비용 감소, 품질 향상 등의 성과를 획득할 수 있었다. 또한, 지속적인 해외진출을 통한 가치사슬망의 확대를 핵심 성장전략으로 하고 있다.

(8) 성공함정

시장환경 변화에 관계없이 매년 10% 이상의 R&D 투자를 고수하고 있는 유니베라는 자칫 집중형 쇠퇴의 성공함정에 빠질 수 있다. 집중형 쇠퇴는 품질 및 원가우위의 지나친 추구로 인해 편협적이고 기술 관료적인 조직문화를 형성하게 되는 것으로, 주로 차별화된 '명품'의 생산에 주력하는 기업들에게서 나타난다. 하지만 유니베라는 강력한 비전 추구를 통해 경영의 다양성을 획득함으로써 이와 같은 성공함정을 극복하고 있으며, 최근에는 기능성 화장품 산업으로 영역을 확장하는 제품의 다각화를 꾀하고 있다.

표 2 유니베라의 전략 및 주요내용

분류	전략 콘텐트	주요내용
비전	"천연물 시장에서 세계 최고의 기업	– 핵심가치 : 인류의 행복과 건강을 최우선으로 생각함 – 기업이념 : 자연의 혜택을 인류에게 (2009년 UN 글로벌콤팩트 가입) – 행동규범 : 도전, 창의, 인화 – 미션 : 2012년까지 일본, 미국, 멕시코 판매법인 설립 장기적으로 '글로벌 유니베라' 지향
선택 & 집중	"흔들리지 않고 기본에 충실하게"	– R&D 집중을 통한 기술력 확보 (매년 매출의 10% 이상 투자 원칙) –〉 원료의 과학화 – 1:1 마케팅 채널 고수 여성일자리 창출이라는 기본이념 충실
실천	"가치공유를 통한 실천력 강화"	– 기업가치를 조직원들이 함께 공유하는 조직문화 – 리더를 중심으로 한 지속적인 핵심가치 실천 – 핵심가치에 기반한 조직문제 해결
위치선점	"제품차별화 전략"	– 알로에 건강기능 식품 알로에 성분 첨가 기능성 화장품
자원역량	"우수한 R&D 경쟁력과 원료 공급력"	– 차별적 기술/원료 지원 → 파이트로직스(천연물 분석 기술), 액티브알로에 (최상급 알로에 원료), 유니베스틴(천연물 신소재) – 세계적인 원료공급망(알로에 농장) → 4세대 알로에 생산 가능 – 30년 전통의 방품판매 유통망 에코시스템(Ecosystem)을 통한 자원역량의 조직화
변화대응	"위기관리를 통해 조직역량 개선"	– 기술력 개선(가짜 알로에 선별을 위한 기술 개발) – 조직응집력 증대(알로에 농장 한파 극복) 'Change 2009' 공유를 통해 위기관리 의지 공식화
성장	"수직적 통합과 글로벌 성장전략"	– 가치사슬의 통합(R&D + 원료공급 + 판매 네트워크) 해외진출을 통한 가치사슬망의 확대
성공함정	"집중형 쇠퇴의 위험, 그리고 극복"	– 과도한 내부 R&D 집중화는 집중형 쇠퇴를 야기할 수 있음 강력한 비전 추구를 통한 경영의 다양성 추구

3장 스토리텔링과 사례분석

1. 전략 스토리텔링
2. 사례분석

[사례] 삼성전자와 애플

학습내용

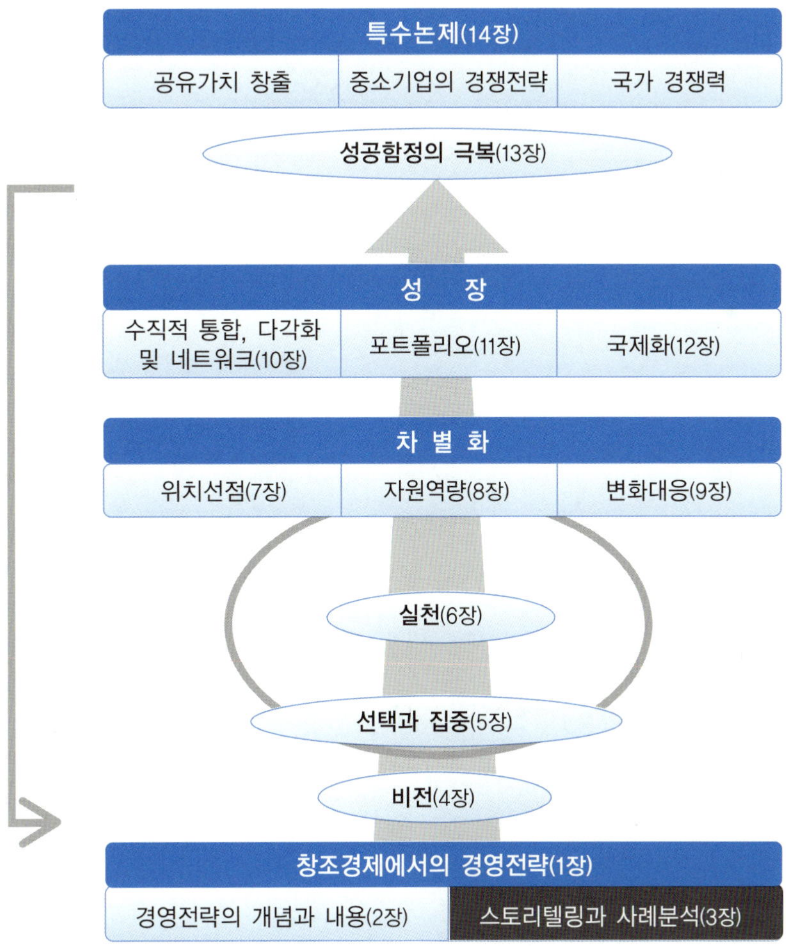

01 전략 스토리텔링

1.1 전략과 스토리

전략이란 개념 안에는 합리적 계획뿐만 아니라 미래를 향한 꿈과 비전, 구성원 간 협동과 단결, 인내와 위험감수 등 다양한 내용을 포함하고 있다. 이러한 내용들을 명확하게 정리하고 이해관계자들과 소통하기 위해서는 도표와 그림으로 정리된 논리적 주장과 가설이 제시되어야 한다. 그러나 전략의 효과를 극대화 하기 위해서는 논리적 분석과 정리 외에 감성과 이미지의 전달이 필수적이다. 이를 위해 전략의 내용은 스토리를 중심으로 정리되고 소통될 필요가 있다.

(1) 스토리의 중요성

경쟁우위의 획득을 위해서 지금까지는 우수한 제품과 서비스의 판매에 초점을 맞추어 왔다. 하지만 앞으로는 스토리 만들기와 같은 새로운 노력이 더 추가되어야 한다. 왜냐하면 21세기 소비자들은 가격과 성능 이외에 그 제품이 제공하는 스토리에 더 많은 관심과 가치를 두기 때문이다. 시장에서 성공하기 위해 '회사의 영혼'을 팔아야 하는 시대에 돌입한 것이다. 소비자들은 제품과 서비스를 단순히 구입하기 앞서 그 회사가 누구인지 알고 싶어한다. 따라서 기업의 전략도 기업 내외부의 이해관계자들을 감동시킬만한 스토리를 가지고 있어야 성공할 수 있다.

같은 의사소통을 하더라도 스토리 형식을 취하면 새로운 아이디어를 떠올리기에 좋고 의사소통을 위한 시간과 비용을 절약할 수 있다. 미국우주항공연구소(NASA)도 복잡한 첨단의 지식을 공유하기 위해 스토리를 사용해 커다란 성공을 거두었다고 한다. 회사 조직의 경우도 신입사원들에게 회사의 역사를 이야기 형식으로 들려줌으로써 조직문화를 빨리 파악하고 쉽게 적응하게 할 수 있다. 전략도 스토리 형식을 통해 신입사원들에게까지 회사가 현재 어느 위치에 있는지 어디로 가야 하는지를 쉽게 이해하도록 할 수 있다.

▶▶ 암스트롱 인터내셔널의 사례: www.armstrongstories.com

데이비드 암스트롱은 알마 대학을 졸업하고 경영을 시작한 후 2~3년마다 '목표 관리', 'X이론', '분경영'과 같은 최신 경영이론을 따라야 한다는 강박관념에 시달리곤 했다. 하지만 스토리텔링 기법을 발견한 후 그는 더 이상 다른 경영이론에 신경 쓰지 않아도 된다고 확신하게 되었다.

– 1980년대의 어느 일요일, 암스트롱은 자신이 다니던 교회 목사가 설교를 시작하자 모든 신자들이, 심지어는 꾸벅꾸벅 졸던 사람들마저도, 자세를 고쳐 앉아 목사의 이야기에 귀를 기울인다는 사실을 깨달았다. 그는 사업에도 스토리텔링을 통해 사람들의 관심을 모을 수 있지 않을까 하는 생각이 들었다. 그는 각기 문화적 배경이 다르다 해도 남녀노소 모두 재미와 감동을 주는 이야기를 좋아한다는 걸 알아차렸다. 그래서 자신이 CEO로 있는 암스트롱 인터내셔널에서 기업의 가치를 알리고 직원들의 성과를 표창하는 방법으로 스토리텔링 기법을 적용해보기로 했다. 결과는 대성공이었다.

– 암스트롱은 이렇게 말했다.

"어느 누구라도 이야기를 하지 않고는 살지 못할 겁니다. 수천 년간 그렇게 해왔지요. 최고의 리더들, 에이브러햄 링컨이나 예수, 훈족의 왕 아탈라마저도 항상 이야기를 이용했습니다. 우리가 좋아하는 것이 그들의 리더십이든 아니면 업적이든 간에, 그들은 모두 목표를 달성하는 데 이야기라는 매우 효율적인 방법을 사용했지요."

출처: 에벌린 클락, 이야기 경영, 연암사, 2004, p. 23에서 발췌

1.2 스토리텔링이란?

(1) 스토리텔링의 정의[1)]

스토리텔링이란 '스토리'에 '텔링'이라는 동사성 명사가 부가된 합성어로 어떤 이야기를 만들거나 이야기를 남들에게 표현, 전달하는 행위를 지칭한다. '스토리텔링'은 어떤 이야기를 남에게 알려준다는 '소통행위'에 목적이 있고 지식과 정보를 전달하는 건조하고 추상적인 언어보다 훨씬 감성적이고 인상적으로 메시지를 보내준다.

스토리텔링은 인간의 본능에 내재해 있기 때문에 그 역사는 인간의 역사만큼이나 오래 되었다. 예를 들자면 수천 년을 구술로 이어져 온 설화가 대표적이다. 설화는 동시대의 사람들이 공유하고 후세대들까지 기억할 만한 가치와 정보를 가장 효과적으로 전달해 온 수단이다. 설화는 한 종족의 공동체적 기억과 이상을 고스란히 반영하고 있다.

스토리텔링은 현대에 들어와 더욱 강력한 의사소통 수단이 되고 있다. 예를 들자면 사건을 보고하는 신문의 기사도 전형적인 스토리텔링 방식을 이용한다. '누가, 언제, 어디서, 무엇을, 왜, 어떻게'로 구성되는 신문 기사의 육하(5W1H) 원칙도 스토리텔링의 전형적 형태이다. 즉, '누가'는 인물에, '무엇을, 왜, 어떻게'는 사건에, '언제, 어디서'는 배경에 해당된다. 또한, 소설은 설화 스토리텔링의 전통을 이어받으면서도, 인물의 심리와 배경을 훨씬 세부적으로 묘사하고, 사건의 선후 관계를 한층 더 정교하고 치밀하게 구성하여 박진감을 불어넣음으로써 스토리텔링의 총아로 각광받고 있다.

이와 함께 텔레비전, 영화, 만화 등 다양한 매체들은 산업화 시대의 스토리텔링을 주도해 왔다. 최근에는 컴퓨터의 개인보급 확대로 인해 정보화 시대가 완성단계에 이르렀으며 디지털 시대의 스토리텔링이라는 새로운 조류를 탄생시키기도 했다. 이러한 디지털 스토리텔링은 디지털 기술을 매체적 환경이나 기술로 활용하여 이루어지는 스토리텔링을 의미한다. 여기에는 게임, 모바일, 영화, 애니메이션, 테마공원기획 등 현대의 모든 디지털 콘텐츠를 사실상 포함하고 있다.

(2) 스토리텔링의 기능

> "예전에는 상당히 괜찮은 제품을 만들어서 시장에 판매하는 것으로 충분했다. 하지만 이제 그 방식은 더 이상 통하지 않는다. 우리는 소비자에게 '회사의 영혼' 을 팔아야 한다. 소비자는 우리의 상품을 구입하기에 앞서 먼저 우리가 누구인지 알고 싶어할 것이다."
>
> -에벌린 클락, 이야기경영, 연암사, 2008, 261쪽에서 발췌-

기업은 자신만의 스토리를 찾아내 정교하게 다듬고 반복해서 그 이야기를 들려줌으로써 조직의 가치를 명확하게 밝히고 이해관계자들과 원활하게 의사소통하며, 모든 구성원들이 조직의 비전을 향해 흔들림 없이 나아가도록 만들 수 있다. 이러한 스토리텔링이 기업조직에 대해 갖는 기능들을 제시하면 다음과 같다.

| 주요기능 |

- 가치와 정보의 전달
- 고객 밀착
- 팀 구축 및 조직단결
- 조직문화 및 구성원과의 감성적 유대 강화

(3) 스토리텔링의 적용원칙

모든 구성원들이 기업의 스토리에 익숙해지고, 그 스토리 속에서 자신의 역할을 받아들이고 조직의 가치를 믿고 따르게 하기 위해서는 다음과 같은 적용원칙들을 고려해야 한다.[2)]

- 목적이 분명한 스토리를 만들고 치밀한 계획 하에 스토리텔링 시스템을 적절하게 운영해야 한다.
- 실제로 일어난 일을 스토리로 만들어야 한다. 회사의 본질적 특성을 반영하는 실제사례들을 중심으로 이야기를 구성해야 스토리 효과가 나타나며 매일의 일상적 의사결정을 포함함으로써 자연스럽게 기업의 가치와 경영원칙들을 반영시킨다.

- 꾸준히 자주 들려주어야 한다. 스토리는 한번 했다고 끝나는 것이 아니라 규칙적으로 계속해서 구성원들과 나누어야 한다. 특히 급변하는 경영환경 아래에서는 더욱 자주 들려주어야 한다.

결론적으로 모든 구성원들이 기업의 스토리에 익숙해지고, 그 스토리 속에서 자신의 역할을 받아들이고 조직의 가치를 믿고 따르게 해야 한다.

1.3 전략 스토리텔링

(1) 중요성

전략 스토리텔링은 스토리 형식을 활용해 처해진 전략적 상황을 이해하고 미래를 상상하며 전략핵심을 만들어 나가는 것이다. 스토리를 이용해 기업의 비전을 직원과 고객에게 쉽게 전달할 수 있다. 또한 스토리가 과거 특정 부족의 정체성을 정립해 주듯이 전략 스토리 역시 기업의 정체성을 내외적으로 알리는 효과적인 의사소통 수단이 될 수 있다. 오늘날 점점 더 많은 소비자들이 제품 자체의 우수성보다는 그 속에 내재된 스토리에 더 매력을 느끼는 경향이 있기 때문에 이러한 스토리의 중요성은 더욱 커지고 있다.

다시 말해 전략 스토리가 만드는 차별성이 기업의 경쟁우위에 중요한 영향을 미친다고 할 때, 자신의 경영전략이 다른 기업들과 어떻게 다른지 명확하게 보여 줄 스토리를 보유하는 것은 기업의 생존과 번영을 위해 필수조건이 되고 있다. 즉, 선택과 집중, 그리고 차별화에 관한 명확한 조직의 공유된 스토리를 가지고 있어야 궁극적으로 시장에서 성공할 수 있다는 것이다.

이런 의미에서 전략 스토리는 고객과 기업을 결합시키는 접착제 역할을 한다. 좋은 스토리는 모두가 쉽게 이해할 수 있는 언어로 기업이 추구하는 가치를 전달하며, 사람들을 하나로 엮어 주는 역할을 한다. 따라서 전략 스토리텔링은 기업내부나 외부로 공감대를 형성하고 연결시켜 주는 역할을 한다.

(2) 스토리텔링의 네 가지 요소

좋은 스토리를 만드는 정형화된 공식은 존재하지 않는다. 그러나 좋은 스토리는 명확한 하나의 메시지를 가지고 있으며 재미있고 유익해야 한다.

스토리텔링은 주어진 상황이나 대상에 따라 고려해야 할 요소들이 다양하게 존재한다. 따라서 좋은 스토리를 만들기 위한 정확한 원칙을 설명하기가 매우 어려운 일이지만 메시지, 갈등, 등장인물, 플롯이라는 네 가지 요소들은 반드시 유념할 필요가 있다.[3)]

1) 메시지

하나의 스토리에는 하나의 메시지만 담는 것이 좋다. 만약 더 많은 메시지를 담으려면 메시지에 우선순위를 정할 수는 있지만, 그렇게 할수록 스토리는 불분명해지고 혼란스러워진다.

예를 들어 신데렐라 이야기에서 신데렐라는 고아이고 핍박을 받았지만 착하고 예쁘기 때문에, 결국에는 왕자님의 간택을 받는다. 이 이야기의 교훈은 '착하게 살며 기다리면 행운이 온다' 는 것이다. 이 스토리는 분명한 핵심 메시지를 가지고 있기 때문에 관객은 그것을 보다 잘 이해하고 내면화시킬 수 있다.

2) 갈등

갈등은 좋은 스토리를 이끌어 내는 동력이다. 갈등이 없다면 스토리는 존재하지 않는다. 스토리는 한 마디로 역동적 변화들의 집합이라고 할 수 있으며, 스토리의 생명은 '예측 불가능한 혼돈' 과 '예측 가능한 조화로움' 이라는 두 극단 사이의 긴장에 있다. 모험을 찾아 험난한 여정을 떠난 영웅이 마침내 집으로 돌아와 안전하고 평안한 삶을 누리는 것처럼, 스토리는 갈등과 해소라는 과정을 통해 메시지를 전달한다. 갈등이 커질수록 스토리의 드라마틱한 면은 커진다. 하지만 갈등이 한계를 넘어 혼란스러우면 곤란하다.

3) 등장인물

스토리는 전형적으로 주인공이 어떤 목표를 추구하면서 시작한다. 예를 들어, 고

그림 3-1 동화모델(The Fairy-tale Model)

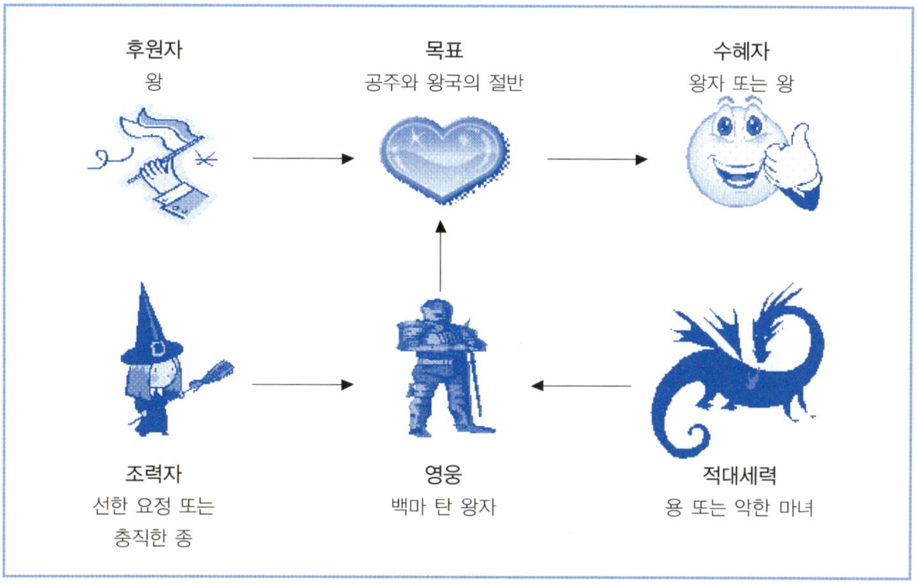

출처: 클라우스 포그 등, 스토리텔링의 기술, 멘토르, 2008, p. 79 그림을 변형함.

구려를 세운 '주몽' 스토리의 경우, 주인공은 반드시 하나 이상의 조력(support)을 받게 되는데, 어머니인 '유화부인'과 의붓아버지인 '금와왕'이 조력자에 해당한다. 또 영웅적 주인공은 어떤 특별한 능력을 갖는데, 주몽의 경우 '뛰어난 활쏘기와 지략'이 여기에 해당한다.

그럼에도 불구하고 목표를 달성하기 위한 주인공의 과정은 순탄하지 않다. 항상 주인공을 방해하는 적대세력이 존재하고 그로 인해 갈등이 빚어진다. 주몽의 경우 적대세력은 초기에는 '다른 왕자들'이며 후기에는 주변 부족국가들이다. 자신의 야망을 달성하기 위해서는 반드시 척결해야 할 대상들이다. 이 스토리에서 후원자는 '소서노와 추종 세력'으로 이러한 후원을 바탕으로 드디어 고구려를 세우게 된다. 그리고 수혜자는 주인공 자신과 나라를 갖게 된 고조선의 유민들이다. 이와 같은 스토리는 전형적인 고전 동화모델의 구조를 따르고 있다. 기업의 스토리를 발전시킬 때에도 '동화모델(Fairy-tale Model)'을 이용해 스토리를 응집시키는 데 필요한 등장인물들(주인공, 조력자, 적대세력, 후원자, 수혜자 등)을 제대로 갖추고 있는지 확인할 필요가 있다.

4) 플롯(구성)

일단 메시지와 갈등, 등장인물이 정해졌으면 이제 스토리를 어떻게 전개할지에 관한 플롯을 생각해야 한다. 일반적으로 스토리는 크게 시작, 중간, 끝이라는 세 부분으로 나눠볼 수 있다. 먼저 시작 부분에서 스토리의 배경이 만들어지고, 중간 부분에서 변화가 일어나면서 갈등이 빚어지며 스토리의 나머지 변수들이 만들어진다. 그리고 끝 부분에서 갈등은 점차 고조되지만 결국은 해소되고 스토리는 결말을 맺게 된다. [그림 3-1]은 이러한 전략 스토리의 전개과정을 나타낸다. 즉, 시작부분에서 현재의 전략적 갈등상황을 서술하고, 중간 부분에서 새로운 상황을 위한 변혁의 힘이나 노력과정에 관한 내용을 전개한다. 그리고 끝 부분에서 변혁의 과정을 통해 만들어진 새로운 상황에 대한 서술을 할 수 있다.

다음 **1.4 전략 스토리 만들기**에서는 지금까지의 개념적 이해에 기초해 실제 전략스토리를 만드는 연습을 해보기로 하자.

1.4 전략 스토리 만들기

동화 속 주인공은 행복을 찾기 위해 모험을 떠난다. 주몽은 나라를 세우기위해 의붓 형제들과 싸우고 주변 부족들과 맞선다. 우리는 무엇을 위해 싸워 나가고 있는가? 우리 조직이 찾고 있는 궁극적 목적은 무엇인가? 기업이 단순히 돈을 버는 것 외에 더 중요한 가치를 창출하지 못한다면, 내부 구성원들은 물론 고객에게 어떠한 차별성도 주지 못할 것이다.

강력한 차별성이란 끊임없이 무언가를 성취하기 위해 적대세력과 싸우고 극복해 나가는 과정에서 얻어진다. 기업이 무언가를 성취한다는 것은 비즈니스 활동을 통해 이러한 차별성을 만드는 것을 의미한다. 따라서 고객들에게 기업의 상품이나 서비스 외에 제공할 수 있는 자신만의 스토리가 무엇인지 깊이 생각해야 한다.

이를 위해 "우리 기업은 무엇을 선택하고 무엇에 집중하고 있으며 차별성은 무엇인가?" 라는 질문에 가능한 한 간단명료하게 답할 수 있어야 한다. 그리고 이러한 답변과 관련된 핵심 스토리와 주변 스토리들을 다양하게 만들어 낼 수 있어야 한다.

앞에서 설명한 스토리텔링의 네 가지 요소를 토대로 스토리 만들기를 연습해 보자.[4)]

(1) 메시지 만들기

메시지는 반드시 하나의 단어로 응축할 필요는 없지만 고객이 명확하게 알 수 있도록 간단명료하게 표현할 수 있어야 한다. 그러기 위해서는 핵심내용이 실제로 무엇에 대한 것인지 스스로에게 물어보고 명확한 답변을 확보해야 한다. 세계적으로 성공한 기업들은 아래 예에서 보는 바와 같이 자신의 핵심이미지에 관한 명확한 메시지를 가지고 있으며 이러한 메시지를 전달하는 수많은 스토리들을 만들어내고 있다.

| 성공기업들의 핵심이미지 |

- 나이키 : "승리에 관하여"
- 할리데이비슨 : "자유에 관하여"
- 애플 컴퓨터 : "창조적 다양성에 관하여"
- 그린피스 : "지구의 환경을 위한 투쟁에 관하여"
- 레고 : "창조적 놀이를 통해 어린이들의 학습 능력을 키워나가는 것에 관하여"
- 볼보 : "가족을 염두에 둔 안전성에 관하여"[5)]

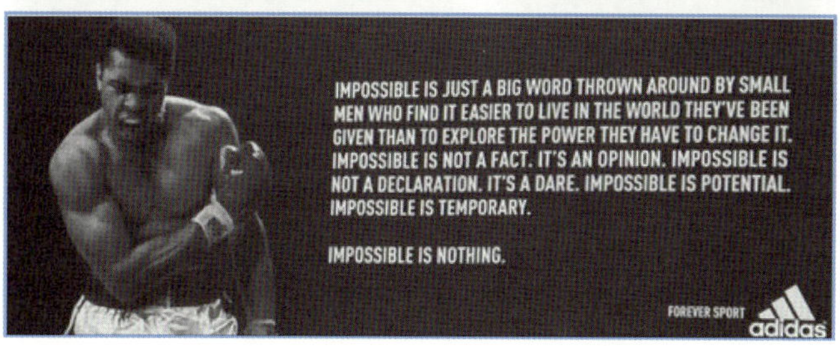

(2) 갈등 만들기

갈등이란 목표를 달성하기 위해 극복해야 하는 장벽을 말한다. 좋은 스토리는 갈등을 통해 창조된다. 왜냐하면 갈등이 뚜렷할수록 스토리의 역동성 또한 증가하기 때문이다. 예를 들면 갈등을 통해 기업이 무엇을 향해 나가고 있는지 보여줄 수 있고 동시에 기업의 핵심 가치를 나타낼 수 있다. 따라서 갈등 없이 강력한 전략 스토리를 만들고 유지한다는 것은 어려운 일이다.

(3) 등장인물 만들기

메시지와 갈등에 관한 문제를 해결했다면 다음은 스토리의 배역을 설정해야 한다. 등장인물의 설정은 스토리를 전개할 수 있는 구조를 제공한다. 앞에서 소개한 동화 모델을 이용하여 다음과 같이 주요 등장인물에 대한 윤곽을 잡을 수 있다.

1) 목표

주인공 또는 우리 조직이 가지고 있는 목표는 무엇인가?

2) 적대세력

누가, 무엇이 주인공 또는 우리 조직을 반대하는가? 적대세력은 부족한 혁신능력 같은 내부 세력이 될 수도 있고, 경쟁 업체들의 압력과 같이 외부 세력이 될 수도 있다.

3) 주인공

공주와 왕국의 절반을 차지하기 위해 모험을 떠나는 영웅의 역할은 구성원 개인이나 부서나 기업이 될 수 있으며, 경우에 따라서 목표 달성을 갈망하는 고객이 될 수도 있다.

4) 조력자

주인공이 목표를 달성하기 위해 필요한 도구나 수단이 조력자의 역할을 한다. 이 조력자의 도움에 의해 적대세력을 어떻게 물리칠 것인가에 관한 스토리가 전개되어야 한다.

5) 후원자

주인공이 꿈을 이룰 수 있도록 도와주는 후원자가 누구이고 그들의 역할이 무엇인지를 설정한다.

6) 수혜자

수혜자는 주인공이 목표를 달성함으로써 혜택을 받게 되는 특정 인물이나 사람들을 말한다. 전형적으로 고객이나 기업 자신이 이에 해당한다.

(4) 플롯 만들기

메시지, 갈등, 등장인물의 배역을 설정했다면 이제 스토리의 마지막 요소인 플롯을 구성할 차례다. 전략 스토리는 선택, 집중, 차별화의 핵심전략을 중심으로 비전, 성장, 실천에 관한 다양한 주제를 다룰 수 있으며, 각 주제 안에서도 실제 스토리들은 상황에 따라 다양한 내용과 플롯을 갖는다. 하지만 손쉬운 방법으로써 앞에서 설명한 스토리텔링의 원칙에 부합하는 다음과 같은 동화의 플롯을 모방해 보는 것도 좋은 연습이 될 것이다.[6)]

1) 다윗과 골리앗

경쟁자에 비해 작고 힘 없는 주인공이지만 강한 결단력과 노력으로 불가능에 가까운 승리를 거둠

2) 토끼와 거북이

아무런 생각 없이 새로운 트렌드를 쫓기보다 차근차근 노력을 기울이면 결과는 자연히 따라올 것임

3) 개구쟁이 데니스

형식에 얽매이지 않고 기발한 접근을 하는 주인공 스토리. 때로 충격을 주거나 놀라움을 주기도 하지만 결코 고객을 지루하게 만들지 않음

4) 로빈 후드

기존의 불합리한 지배세력에 대항해서 싸우기를 두려워하지 않음

5) 미운 오리 새끼

아무도 뭔가를 이뤄 낼 것이라고 생각하지 않는 천덕꾸러기로 시작한 주인공. 하지만 흔들리지 않는 신념으로 놀라움과 깊은 인상을 주는 주인공

(5) 비평하기

명확한 메시지와 갈등, 분명한 배역 설정으로 스토리를 만들어 냈다면 이제 마지막으로 비평이라는 테스트를 거쳐야 한다. 이 비평의 과정은 전략 스토리가 경쟁업체와 비교해서 독특함을 가지고 있는지 판단하는 일이다. 만약 우리 기업의 전략 스토리가 일반적으로 통용되고 있는 평범한 것이라고 판단된다면 다시 스토리 재구축의 과정을 거쳐야 할 것이다.

기업은 강력한 전략 스토리를 통해 전략적 차별성을 명확하게 설명할 수 있어야 한다. 그리고 그 스토리는 우리가 기억할 수 있고, 다른 사람들에게 전달할 수 있고, 우리가 관리할 수 있는 것이어야 한다. 기업의 경영진은 기업 내에 존재하는 부서간의 장벽을 허물어 회사 전체가 하나의 일관된 스토리를 전달할 수 있도록 만들어야 한다. 이를 위해서는 기업내 존재하는 모든 스토리들을 하나의 튼실한 나무를 가꾸고 키우듯이 관리해 나갈 필요가 있다. 전략 스토리 나무의 관리에 관해서는 다음 **(6) 전략 스토리 나무의 관리**에서 설명하기로 한다.

(6) 전략 스토리 나무의 관리

비즈니스 세계에서 앞길을 가로 막는 적대세력은 공룡이나 괴물이 아니라 다양한 모습으로 나타나는데, 인정사정 없는 경쟁업체가 될 수도 있고 부정적인 이미지에 시달리고 있는 기업 스스로가 적대세력이 될 수 있다. 기업이 스토리텔링을 이용하면 마주하고 있는 도전 혹은 적대세력을 생생하게 그려낼 수 있다. 도전과 적대세력에 대한 개념이 분명하게 공유될 경우 직원들에게 기업의 가치관과 전략적 방향을 분명하게 심어주고 협동심을 강화시킬 수 있다. 결과적으로 기업은 전략 스토리텔링을 통해 직원들에게 동기를 부여하고, 우리 기업이 어떤 차별성을 가지는지 조직 안팎으로 명확하게 전달할 수 있다.

또한 최고의 스토리를 제공하는 기업이 되어야 미래의 승자가 될 수 있다는 측면에서 스토리텔링은 전략적으로 관리되어야 한다. 세계 최고의 레저용 오토바이 생산업체인 할리데이비슨(Harley-Davidson)은 '자유' 에 관한 이야기를 하고 있고 나이키(Nike)는 '승리를 향한 의지' 를 이야기한다. 이러한 '핵심스토리' 는 기업의 전체 브랜드에 녹아 들어 궁극적인 경쟁력을 결정한다.

이러한 핵심스토리를 만들어내기 위해서는 스토리에 관한 전사적 차원의 관리가 필요하다. 즉 [그림 3-2]에서 보는 바와 같이 기업 내에 존재하고 만들어지고 있는 무수한 스토리들을 나무와 같이 튼실하게 키워나가는 접근방법이 필요하다. 이 그림은 전략 스토리 나무를 통해 강력한 경영전략을 만들어나가는 과정을 보여 준다. 나무의 튼튼한 뿌리는 전략의 기초인 기업의 가치관과 이념을 포함하는 비전 스토리에 해당한다. 이 뿌리를 기반으로 선택과 집중의 스토리들이 만들어지고 경쟁사에 대한 차별화 스토리들이 만들어진다. 이 때 경영진이 해야 할 일은 기업의

그림 3-2 전략 스토리 나무

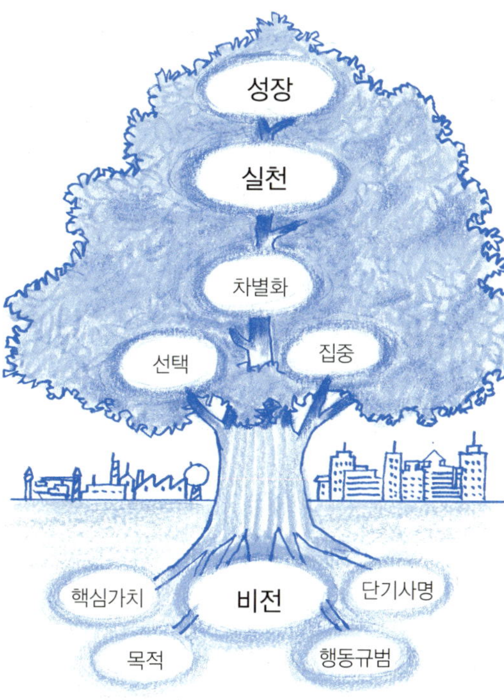

뿌리와 밑줄기(전략핵심)로부터 자라난 여러 스토리와 일화들을 잘 지키고 가꾸는 것이다. 잎이 많을수록 나무에 더 많은 영양분이 공급되듯이 기업의 가치를 반영하는 실제 스토리들이 풍성해질수록 전략 스토리 역시 강력해지고 풍부해진다. 이러한 전략 스토리 나무는 더욱 가지를 뻗쳐 성장 스토리를 만들어내고 기업의 가치관과 문화를 반영한 크고 작은 실천 스토리들을 의미하는 수많은 잎새들을 펼칠 수 있을 것이다

| 5대 전략 스토리 |

- 비전 스토리
- 선택과 집중 스토리
- 차별화 스토리
- 실천 스토리
- 성장 스토리

기업의 스토리 나무는 하나하나의 개별 스토리들이 만들어져 자라난다. 개별 스토리는 [그림 3-3]에서 보는 바와 같이 대체로 시작, 중간, 결론의 형식을 갖는다. 현재의 갈등상황이 표현되고 이것이 어떤 새로운 변혁의 과정이나 힘에 의해 새로운 상황이나 상태에 도달하는 모습이 그려진다. 이러한 개별 스토리의 형식적 요건이나 양식은 꼭 필요하지는 않다. 그러나 별첨한 스토리양식 (A), (B)와 같은 양식을 사용하여 서술해 볼 수 있다. 양식 (A)는 간단히 문제점에 대한 문제해결 접근방법

그림 3-3 전략 스토리 전개 과정

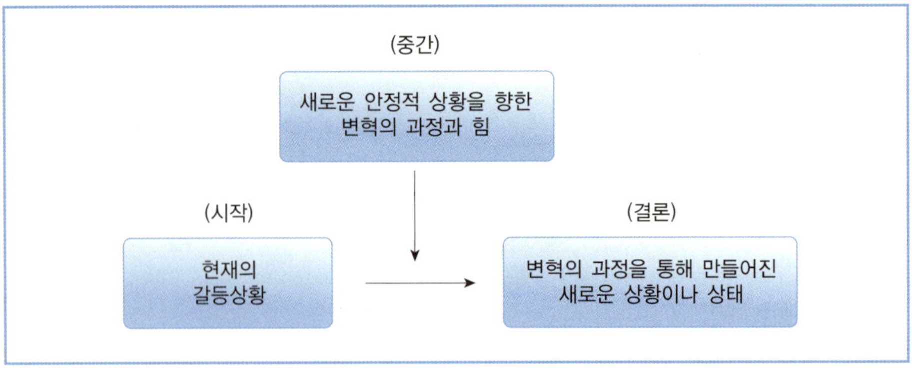

→ 실제 해결과정 → 결과의 순서로 전개해 보는 것이다. 양식 (B)는 먼저 스토리의 메시지를 핵심적으로 정리하고 갈등의 내용과 등장인물들을 생각해 본 다음 이야기를 시작, 중간, 결말로 풀어나가는 것이다.

스토리 양식 (A)

■ 제목_______________________

■ 문제 (장애물) :

■ 문제해결을 위한 접근방식 :

■ 실제 해결과정 :

■ 성과 (결과) :

스토리 양식 (B)

■ 제목____________________

(생각해 볼 점)

메시지 :

갈등의 내용 :

등장인물 : 주인공, 반대세력, 조력자, 목표, 후원자, 수혜자 등

■ 시작 (갈등이 존재하는 불안정한 특수 상황의 이야기)

■ 중간 (새로운 형태의 안정적 상황을 향해 자신이나 조직을 변혁시키는 과정과 힘에 대한 이야기)

■ 결말 (변혁의 과정과 힘이 만들어낸 새로운 상황이나 상태에 대한 이야기)

02 사례분석

사례분석은 앞의 스토리텔링과 함께 경영관리을 효과적으로 공부하고 분석능력을 키우는데 많은 도움을 준다. 이 책에서는 사례분석을 통해 경영전략의 학습을 더욱 효과적으로 하기 위한 방안들을 제시하였다.

2.1 경영전략과 사례분석

우리는 사례를 통하여 실제 경영자들이 당면하는 문제들을 현실감 있게 인식하고 분석과정을 통하여 여러 가지 경험을 축적할 수 있다.

사례는 보통 기업의 역사와 주요 사건, 재무적 자료, 관리자들의 의견과 생각 등을 포함하고 있으며, 그 기업이 처해 있는 외부환경에 대하여도 정보를 제공한다. 그러나 무엇이 핵심적 이슈이고 중요한 문제인지 분명치 않거나 제공되고 있는 자료와 정보 또한 애매하고 상호모순적인 경우가 많다. 또한 주어진 문제에 대해 명확한 해답을 발견하기 어려운 경우가 대부분이다. 이러한 사례의 특성은 실제 경영자들이 당면하는 경영현실을 반영한 결과이다. 따라서 우리는 사례를 분석해 봄으로써 경영자의 입장에서 현실을 바라보는 훈련을 할 수 있다.

2.2 사례분석의 필요성

(1) 분석력과 판단력을 키워준다.

우리는 사례분석을 통하여 실제 경영상황을 관찰하고 진단하며, 이론적 개념들을 적용해 볼 수 있다. 이러한 학습과정은 경영자들이 실제로 체험하고 있는 문제에는 단일의 해답만이 존재하는 것이 아니며 다양한 관점에서 여러 가지 처방책을 제시할 수 있음을 일깨워 준다. 그리고 신중하고 복합적인 사고를 하게 함으로써 복잡한 경영문제에 대해 보다 현실적인 이해와 접근을 가능하게 한다.

(2) 정확한 문제 진단 능력을 키워준다.

현재 당면하고 있는 핵심적 문제가 무엇인지를 찾아내는 것은 기존 문제에 대한 정확한 해답을 발견하는 것 못지않게 중요하다. 즉, 경영자들이 해결해야 될 문제가 무엇인지를 정확하게 진단할 수 있는 능력이 매우 중요하다는 것이다. 우리는 사례분석에 의한 학습을 통하여 피상적이고 지엽적인 문제에 현혹되지 않고 핵심적인 문제가 무엇인지를 정확하게 진단할 수 있는 능력을 축적할 수 있다.

(3) 다양한 경험을 축적할 수 있다.

사례를 통하여 여러 가지 경영 상황들을 다양하게 경험함으로써 전략 수립에 도움이 되는 통찰력을 키울 수 있다. 또한 사례분석 자체의 경험을 통해 분석자로서 자신의 강점과 약점을 스스로 깨달을 수 있다. 그리고 사례를 실제 작성해 보거나 분석결과를 토론하는 과정에서 자신의 사고를 정리하고 남과 의사소통하는 기술을 배울 수 있다.

2.3 사례를 공부하는 방법

주어진 사례를 효과적으로 분석하기 위하여 대체로 다음과 같은 단계들을 거칠 필요가 있다.

- 단계1 : 사례를 처음부터 끝까지 대강 읽어봄으로써 주요 문제들이 무엇인지를 파악한다. 즉, 이 사례는 무엇에 관한 것이고 주로 어떤 종류의 정보를 분석할 것인가에 대해 우선적으로 관심을 갖는다.
- 단계2 : 사례를 세심하게 다시 읽는다. 그럼으로써 핵심적 사건들이 무엇이고 중요한 정보가 무엇인지를 밝혀낸다. 이때 이 사례에서 핵심이 되는 이슈가 무엇이고 최고경영자가 해결해야 하는 핵심문제가 무엇인지를 밝히는 것이 가장 중요하다.
- 단계3 : 해결해야 할 과제들이 구체적으로 무엇인지를 결정하고 그것에 대한 해답을 찾는다. 이때 사례에서 제시된 각종 자료와 정보를 충분히 활용하고 분석할 필요가 있다.
- 단계4 : 앞의 분석에 기초하여 최종적인 처방책을 제시한다. 앞에서 도출된 여러 대안들을 정확하게 평가하고 최선의 대안을 선택한다. 이때 그 최종 대안이 어느 정도 실천가능성이 있는지를 재검토할 필요가 있다.

한편, 사례기업에 대해 구체적인 전략분석을 수행하기 위하여 다음 장에서 제시할 내용들을 종합적으로 고려할 필요가 있다. 예를 들자면 사례기업의 목표와 비전(4장)이 무엇인지, 선택과 집중을 통해 어떻게 실천하는지를 파악한다(5, 6장). 또한 어떠한 위치선점 전략을 수행하고 있는지(7장), 어떠한 자원과 능력을 가지고 있으며 강점과 약점은 무엇인지(8장)를 파악한다. 또한 현재 처해있는 환경조건은 어떠하고 미래에 어떠한 방향으로 변화하며 그로부터 당면하게 될 기회와 위협요인들은 무엇인지(9장)를 규명한다. 그리고 이러한 차별화를 통해 어떠한 성장 전략을 수립하는지 고려해야 한다(10, 11, 12장). 또한, 성장에 따라 발생할 수 있는 함정들을 어떻게 극복할지에 대해서 고려해야 한다(13장).

그런데 이 분석내용들의 중요성은 사례마다 서로 다르다. 따라서 각 사례의 핵심이슈들을 발견하여 그것과 가장 밀접하게 관련된 내용들을 중심으로 분석을 시도하는 것이 바람직하다.

이와 같은 분석결과에 기초하여 최종적으로 처방책을 제시하여야 한다. 훌륭한 처방책을 개발하기 위하여는 앞에서의 분석들이 철저하고도 기술적으로 잘 이루어져야 하며 분석자의 창의력이 중요하다. 이때 훌륭한 처방책을 제시하기 위해서는 대체로 다음과 같은 조건들을 충족시켜야 한다.

첫째, 기업목표와의 일치성. 제시된 처방책은 기업의 비전과 목표에 부합하여야 한다.

둘째, 문제 적합성. 당면해 있는 전략적 문제를 해결할 수 있어야 하며, 장기적으로 지탱력있는 경쟁우위를 창출할 수 있어야 한다.

셋째, 실천 가능성. 처방책을 실천할 수 있는 자원과 능력을 기업이 가지고 있어야 한다. 또한 최고경영층이나 내부 이해관계자 집단들로부터 이해와 협조를 끌어낼 수 있어야 한다.

2.4 토론과 보고서 작성

사례분석은 종종 토론이나 보고서 작성을 통하여 그 학습의 효과를 더욱 높일 수 있다. 이때 학습의 효과를 극대화시키기 위한 몇 가지 방안들을 제시하면 다음과 같다.

(1) 효과적인 토론방법

- 자기 주장을 분명하게 세운다. 이를 통해 논리적 사고전개를 할 수 있으며 토론에도 깊이 몰입할 수 있다.
- 개방적 자세를 견지한다. 좋은 사례분석이 되기 위해서는 원래 다양한 관점과 의견들이 종합되어야 한다. 다른 사람의 생각과 의견을 청취하고 받아들임으로써 문제해결의 단서들을 발견할 수 있다.
- 개인의 과거 경험을 동원한다. 이전에 기업체나 다른 조직에서 겪은 경험들을 사례와 연결시킴으로써 이해와 통찰력을 높일 수 있다.

- 이전에 연구한 사례를 토론에 적극 활용한다.
- 별도의 연구를 수행한다. 사례가 매우 흥미로운 것이라면 도서관에서 관련 서적을 찾거나 사례기업을 직접 방문하는 등의 방법을 통해 더 많은 정보를 수집할 수 있다.
- 토론할 때는 되도록 간략하게 핵심만을 말하려 한다. 그리고 부끄러워하지 말고 적극적으로 토론에 참가한다.
- 자신의 기여도와 능력을 스스로 평가해 본다. 토론 과정에서 자신이 얼마나 기여했는지, 다른 사람과 비교하여 어떤 점이 좋았고 부족한 것은 무엇인지를 자문해본다.
- 다른 토론자들로부터 배우려 한다. 다른 사람들의 문제해결 방법과 기술 등을 눈여겨봄으로써 자신의 분석력과 의사소통 능력을 증진시키는 데 도움을 받을 수 있다.

(2) 효과적인 보고서 작성 방법

- 사례분석 팀원들 간에 협조와 상호조정을 잘 해야 한다. 대체로 사례분석은 3-5명이 팀을 이루어 수행하는 경우가 많다. 이 경우 좋은 팀웍을 만드는 것이 무엇보다도 중요하다.
- 사례에서 이미 제시된 자료와 정보를 반복하여 기술하지 않도록 한다. 사례의 내용을 단순히 재정리하고 틀에 박힌 분석을 하는 수준에 머물러서는 안 된다.
- 표와 그림을 되도록 많이 활용한다. 표와 그림을 통해 자기주장과 처방책을 효과적으로 나타낼 수 있다.
- 잘 읽힐 수 있도록 문장을 다듬고 오자를 고친다.

사 례

삼성전자와 애플

1. 기업 현황

(1) 기업 소개

업 체	삼성전자	애플
국 가	한국	미국
설립일	1969년 1월 13일	1976년 4월 1일
설립자	이병철, 이건희	Steve Jobs , Steve Wozniak
본 사	경기도 수원시 영통구 매탄동	캘리포니아주 쿠퍼티노
업 종	전자 및 통신기기	컴퓨터 소프트웨어
종업원	정규직 100,353명 임시직 1,617명 (2011.12)	정규직 17,787명 임시직 2,399명 (2006.9)
매출액 (2011년)	165조원 (2010년 대비 8% 상승)	1082억 4천만 달러 (2010년 대비 70% 상승)
순이익 (2011년)	16조 2천억원	337억 9천만 달러
판매량	스마트폰 등 휴대폰 9,740만대, TV 5,028만대, 반도체 1억1,100만대	아이패드 733만대, 아이팟 1,945만대, 아이폰 1,624만대, 맥 컴퓨터 413만대

(2) 기업 연혁

◆ 삼성전자

1969년 1월 이병철 회장은 삼성전자공업주식회사를 설립하였다. 이후, 1970년에는 컬러 TV · 냉장고 · 에어컨디셔너 · 세탁기 등을 생산하기 시작하였다. 1983년에는 반도체 산업에 진출하여 미국과 일본에 이어 세계 3번째로 64K D램을 개발하였고, 1994년에는 256M, 1996년에는 1G D램을 최초로 개발하였다. 2002년 낸드플래시 세계 1위에 올랐으며, 2006년에는 세계 최초로 50나노 D램 개발하였다.

2007년에는 휴대 전화 부문에서 모토롤라를 제치고 세계 2위의 휴대폰 제조업체로 등극하였다. 한편, 그 해 애플이 아이폰을 출시하면서, 그에 대응하기 위해 윈도우 모바일 플롯폼을 기반으로 하는 T옴니아를 출시했고, 후속으로 AMOLED 패널을 채용한 옴니아2를 출시했다. 하지만, 아이폰에 비해 소프트웨어가 불안정했으며, 느린 반응속도로 소비자들로부터 많은 비난을 받게 된다.

하지만 윈도우폰보다 안드로이드에 집중하여, 2010년 12월 스마트폰 '갤럭시S' 출시하였고 7개 월 만에 세계시장에서 판매량 1000만대의 성과를 거두었다. 2012년 6월 삼성전자의 스마트폰 누적판매량은 5천만대(갤럭시S 2천400만대, 갤럭시S2 2천800만대)에 다다르며, 스마트폰 시장의 1위 자리를 고수하고 있다.

▲ 반도체 사업

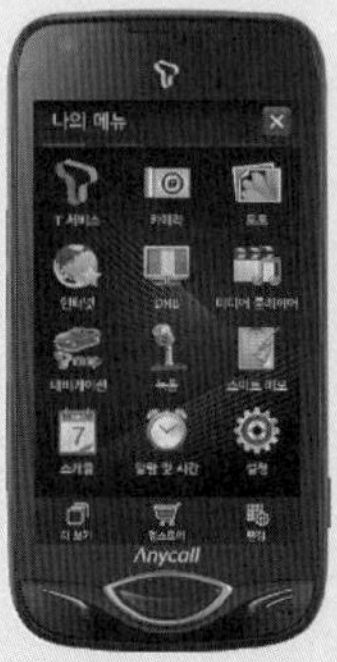

▲ 옴니아2

▲ 갤럭시S

◆ 애플

애플은 1976년 세계 최초의 개인용 컴퓨터로 키보드와 모니터를 가지고 있는 애플 I을 출시하였다. 또한, 인텔에서 일했던 투자가 마이크 마큘라가 회장으로 영입되면서 회사 체제가 잡히기 시작했다. 그 후, 1977년 애플 컴퓨터는 법인 상장을 하며 승승장구했지만, 1981년 IBM이 퍼스털 컴퓨터를 선보이며, 애플과의 경쟁을 선포했다. 이에 스티브 잡스는 펩시콜라의 사장을 지낸 존 스컬리를 영입하고, 1984년에는 매킨토시(Macintosh)로 그래픽 사용자 인터페이스의 보급을 선도하였다. 하지만 1985년 컴퓨터 시장이 침체되면서 존 스컬리는 직원의 20%를 정리하고 스티브 잡스와의 잦은 충돌을 일으켰다. 결국 스티브 잡스는 애플을 떠나 넥스트사를 차리고 워크스테이션 개발에 나섰다.

1989년 애플은 매킨토시 노트북을 출시하고, 1993년에는 PDA '뉴튼'을 출시했지만 경영은 더 악화되었다. 이에 존 스컬리가 사임하고 마이클 스핀들러가 최고 경영자가 된다.

1997년에는 스티브 잡스가 임시 CEO로 복귀하면서 마이크로소프트와의 연합을 발표하고, 1998년 아이맥을 발표했다. USB 개념이 적용된 아이맥은 쓰러져가던 애플사를 일으켜 세웠다. 2000년 스티브 잡스는 공식 CEO 자리에 오르며 2001년 세계 최초의 하드디스크형 MP3 플레이어인 아이팟을 출시한다. 또한 2003년 최고의 온라인 음악 다운로드 서비스인 아이튠즈 뮤직 스토어를 개발했다. 2007년 스마트폰인 아이폰을 출시함으로써, 폭발적인 성장과 함께 시장을 지배해나갔다.

▲ 스티브 잡스와 아이폰

▲ 아이튠즈(iTunes)

2. 삼성전자와 애플의 경영이념과 기업문화

구분	삼성전자	애플
경영이념	– 인재와 기술을 바탕으로 최고의 제품과 서비스를 창출하여 인류 사회에 공헌	– Think Different, User Friendly(다르게 생각하라) – What I want is what you want(원하는 것을 하라) – Let's be pirates (해적이 되자)
기업문화	– 조직 구성원들의 창조와 자율성 강조 – Speed 경영	– 구성원들이 원하는 것을 그들 스스로 만들게 함 – 나이, 학벌에 연연하지 않고 직원들의 독창성, 자유, 자기개발에 대한 열정을 존중함

◆ 삼성전자

삼성전자는 인재를 가장 중요하게 생각하고 키워나가는 이념을 가지고 있다. 국제사회인으로서의 사명 의식과 자신의 능력을 최대로 발휘하여 미래를 개척하고 인류의 발전에 기여하는 인재 양성을 통해 인류의 행복과 풍요로운 삶을 실현해 나간다는 경영이념을 가지고 있다.

◆ 애플

설립 초기에서부터 이어온 애플만의 비전과 철학이 존재한다. '좀 더 작은 컴퓨터를 만들어보자' 는 엔지니어적 호기심과 목표를 통해 애플이라는 개인용 컴퓨터가 탄생한 것처럼, 기업 사명은 'Change the world by bring computer to masses' 였다.

3. 삼성전자와 애플의 사업전략

(1) 삼성전자와 애플의 사업구조

표 1 양사의 사업구조

삼성전자	디지털미디어	TV 등 백색가전	CTV, 모니터, 에어컨, 냉장고, 세탁기 등
	정보통신	정보통신 기기	HHP, 네트워크 시스템, 프린터,컴퓨터 등
	반도체	메모리, 비메모리 반도체	D램 반도체, System LSI 등
	LCD	산업용(휴대폰등) LCD 패널	TFT-LCD, AMOLED 등
애플	스마트폰 관련	스마트폰	iPhone
		스마트 미디어	iPad
		차세대 서비스	App Store
	기 타	컴퓨터	Mac 계열
		멀티미디어 제품	iPod, Apple TV
		컨텐츠 유통	iTunes, iBooks

◆ 삼성전자

기존의 가전 사업을 주축으로 반도체 사업으로 진출한 후, 인접 영역인 디스플레이, 무선이동통신 등으로 핵심역량의 범위를 넓혀갔다. 이러한 핵심역량 구축은 메모리 반도체 부분의 핵심역량이 바탕이 되었기 때문에 가능하였다.

◆ 애플

기존의 데스크탑/Note Book 사업을 근간으로 iPod 사업으로의 전환기를 통해, 누구도 예측하지 못했던 스마트폰 사업에 도전했다. 그 결과, 시장의 판도를 짧은 시간에 뒤바꿔 놓았고 사업구조 전환을 이루어 냈다.

(2) 삼성전자와 애플의 사업전략 방향

표 2 삼성전자 사업전략 방향

동 향	디지털 제품들이 융합되는 '디지털 컨버전스' 사업 전략
핵심역량	하드웨어 제조 능력에 솔루션 기술 강화 → 소프트웨어와 솔루션 부분을 강화해 타 산업과의 융합시도
자원 및 역량	디지털 원천기술 디지털 컨버전스 & 디자인 원가경쟁력 OS/Application 서비스

- 종합 가전업체의 장점을 살려 통합된 콘텐츠를 제공하는 Cross Device 모델전략
- 차별화된 융합제품과 빠른 서비스 제공

표 3 애플의 사업전략 방향

동 향	앱 스토어, iTunes 등 고객과의 생태계 구축	
핵심역량	스티브 잡스의 통찰력에 기반한 선택과 집중	→ 한정된 경영자원의 집중, 창조형 비즈니스 모델(에코 시스템)
애프터마켓 태도	컨텐츠 유통 진입	
	컨텐츠 판매 수수료 중심	
	제품 판매 후 지속적인 수익 창출 추구	

- 가치사슬을 확장하여 애프터마켓 비즈니스 기회를 획득
- B2C에서의 강점을 극대화하기 위해 고객에게 접근하는 앱 스토어 구축 및 전방통합

4. 삼성전자와 애플의 스마트폰 사례

(1) 삼성 갤럭시의 성공 사례

- 아이폰의 단점을 보완
- 배터리 일체형인 아이폰에 비해 착탈식 배터리를 채용함
- 아이폰의 독자적인 운영체제로 인한 보안 문제에 비해 갤럭시S는 보안 프로그램의 설치가 용이하고 보안이 상대적으로 용이함
- 안드로이드 OS 사용으로 구글이 만든 모바일 OS를 무료 배포
- 안드로이드 운영체제 기반의 단말기는 개방성과 유연성, 맞춤화 기능의 장점
- 최고의 사양 탑재: 갤럭시 S는 현존하는 최고의 디스플레이인 슈퍼아몰레드, 4인치 대화면, 1GHz CPU의 빠른 데이터 처리속도, 직관적인 UI(사용자환경), 9.9mm 초슬림 디자인 등 삼성의 기술력이 총집결

(2) 아이폰의 성공 사례

- 디지털 기기 자체가 아니라 고객이 활용을 통해 얻고 싶어하는 욕구 충족
- 24시간 언제 어디서나 본인이 원하는 컨텐츠 다운로드 가능
- 멀티터치 방식의 사용법, 웹 기능, 소셜 미디어 기능, 다양한 응용 컨텐츠
- 다양한 컨텐츠(풍부한 무료 컨텐츠와 저렴한 가격 정책)
- 수익 배분구조의 획기적 방안 제시로 컨텐츠 개발자들의 폭발적 참여 증가(컨텐츠 개발자: 애플 = 70:30)
- 참여 조건 폐지로 개발자들의 관심과 참여 증대 유도
- 협력자들과의 상생 구조 구축을 통한 생태계 구축
- 컨텐츠 마케팅 방식의 혁신적 변화

참고문헌

http://biz.chosun.com/site/data/html_dir/2012/04/25/2012042501088.html

4장 비 전

1. 비전스토리 – 손정의, 소프트뱅크 이야기
2. 비전이란 무엇일까?
3. 뛰어난 비전은 어떻게 구성되나?
4. 비전을 어떻게 세울 것인가?
5. 한번 해보자. 우리의 비전 구축
6. ABC사 비전체계 정립 과정

[사례] 소프트뱅크의 비전

학습내용

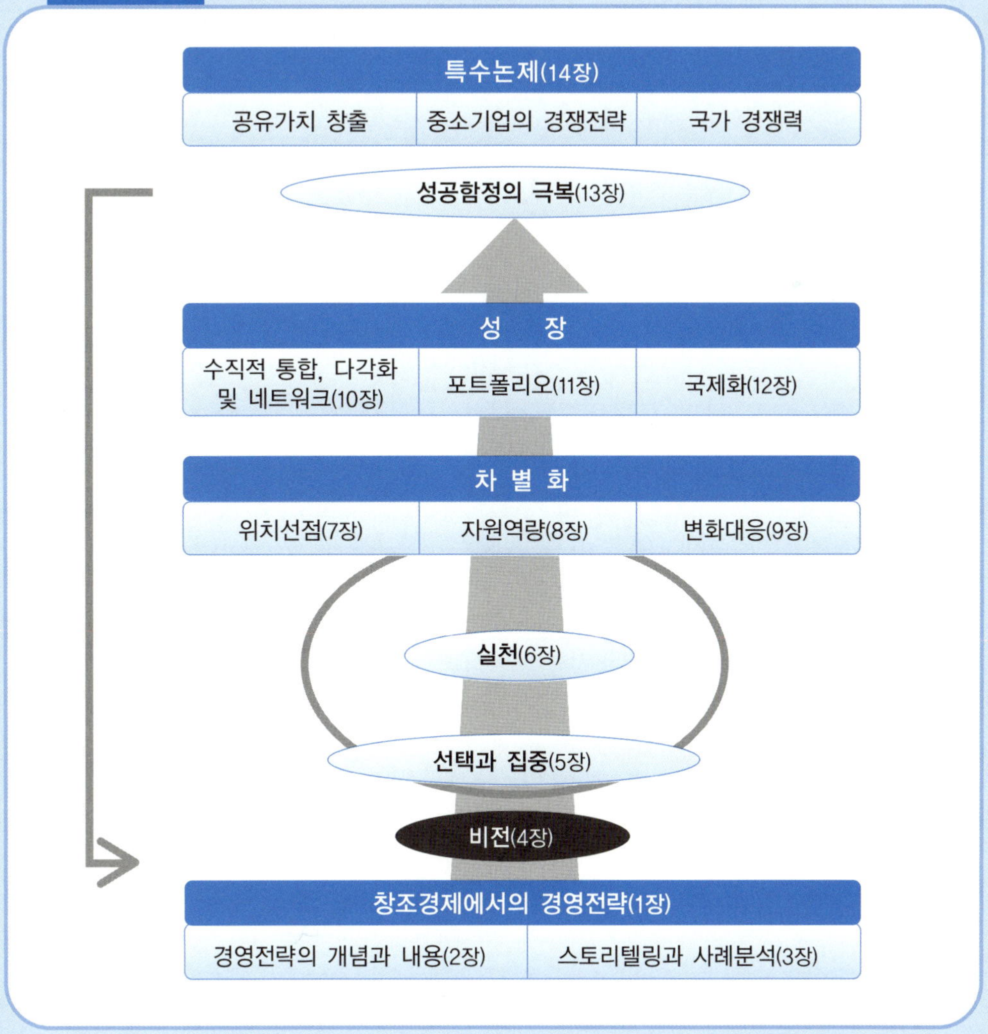

01

비전스토리

| 도입이야기 | 손정의, 소프트뱅크 이야기

안녕! 내 이름은 손정의.
일본에서는 손 마사요시라고도 하지.

지금부터 내 이야기를 들려줄게~

나는 재일교포 3세로 일본 규슈에서 태어났어.

조선인이라는 이유로 멸시도 받았지만, 고향이 경상도이신 할머니의 각별한 사랑으로 어린 시절을 보냈지.

그런 나에겐 사업가로서의 꿈이 있었어.

모두가 행복하게 일할 수 있는 기업을 만들고 싶었지.

고교시절, 안락한 일본의 생활을 포기하고, 나는 넓은 세상을 경험하기 위해 미국으로 건너갔어.

모든 게 낯설고 힘들었지만, 꿈을 위해 나는 열심히 생활했지.

컴퓨터 산업에 뛰어들기를 결심한 나는 매일매일 발명에 몰입했고, 많은 시행착오를 겪은 후, 마침내 '음성자동 번역기'를 개발해냈지.

'음성자동번역기'는 일본 샤프전자에 비싸게 팔리며 나는 승승장구했어.

1981년, 미국에서의 성공을 뒤로하고, 나는 또 새로운 도전을 위해 일본으로 돌아왔어.

그리고 소프트뱅크를 설립했지.

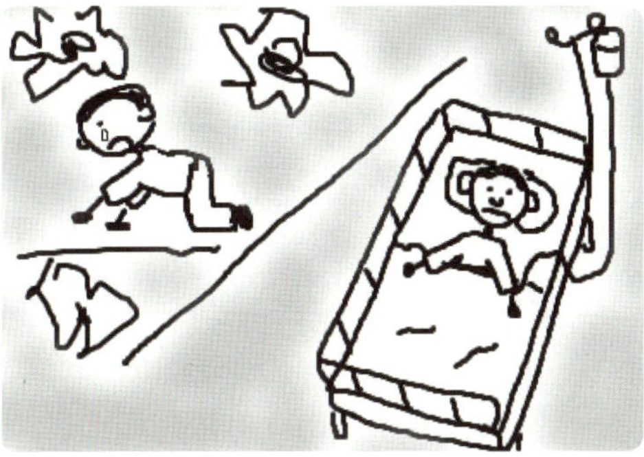

하지만, 당시 일본은 컴퓨터 분야에 대한 인식이 부족했지. 그래서 일본에서의 시작은 무척이나 힘이 들었어.

설상가상으로 건강 악화로 인해 죽음까지 선고 받았지.

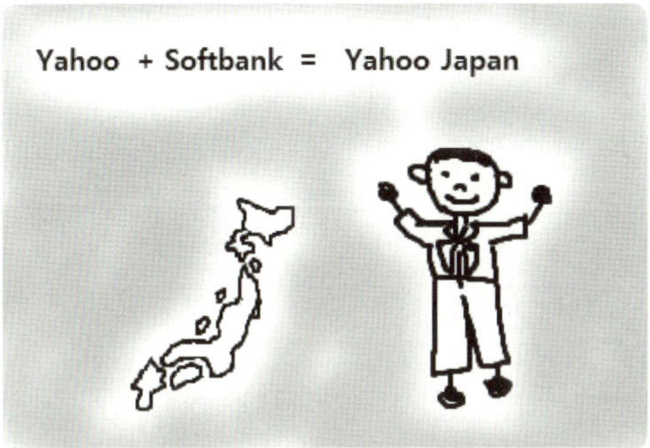

그렇다고, 꿈을 포기할 수는 없었어.

최후의 순간까지 최선을 다하자는 마음으로 노력했고, 그 결과 1996년 미국 Yahoo와의 제휴를 통해 Yahoo Japan을 설립하였지.

건강이 호전됨과 동시에 사업 또한 번창하였지만, 1990년대 후반 일본에서의 인터넷 버블 붕괴라는 큰 시련이 다시 한번 나를 좌절하게 만들었지.

그러나 나는 포기하지 않았어.
2001년 Yahoo B.B를 설립하여, 일본 초고속 인터넷 망 구축(ADSL)을 달성하고자 했지.

하지만 일본의 기득권 세력의 반발에 사업은 순탄치 않았어.

2006년 나는 '보다폰' 인수로 모바일 시장 진출을 통해 다시금 비상을 꿈꿨지. 모두가 사양산업에 뛰어든다고 나를 비난했어. 하지만 나는 포기하지 않았어. 그래서 결과는 어떻게 됐냐구?

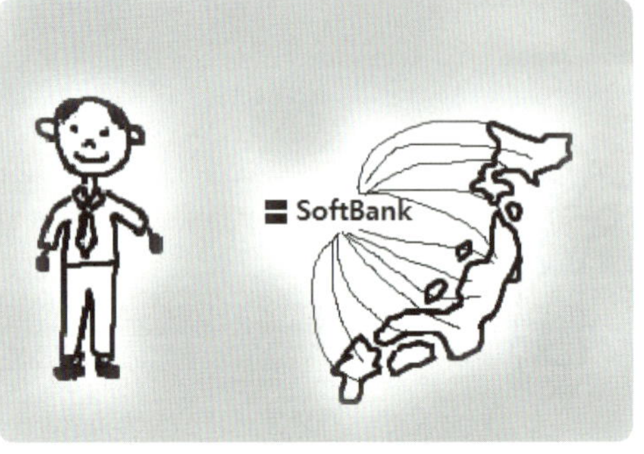

소프트 뱅크는 이제 일본에서 인터넷, 모바일 시장의 정상에 우뚝 선 기업이 되었어.

정보혁명을 통해 사람들을 행복하게 만들자는 나의 꿈은 현재도 진행형이야.

명심해.

"포기하지 않고, 자신이 믿는 것을 꾸준히 실천한다면 이 세상에 불가능한 일은 없어."

손정의는 어려서부터 비전을 가지고 항상 세부적인 계획을 세우고, 그것을 기록하고, 다른 사람에게 공표하였다. 〈표 4-1〉을 살펴보면, 그의 성장과 함께 그의 비전도 성장하고 더욱 구체적으로 바뀌고 있다는 것을 알 수 있다. 비전이란 목적을 향해 끊임없이 달리게 하는 원동력 즉, 진정으로 원하는 가치를 의미한다.

만약 기업이 이러한 비전을 가지고 있다면 어떨까? 아마도 그 기업은 변화하는 환경에 지속적으로 스스로를 적응시키면서 언젠가 성공을 이루어낼 가능성이 높다고 할 수 있다.

짐 콜린스의 연구[15]에 의하면 뚜렷한 비전을 가진 기업(3M, 존슨&존슨, HP, P&G, Merck, Sony, Motorola, Nordstrom 등)들은 64년간 1불을 투자했을 때 누적수익 6,356불을 달성했다고 한다. 하지만, 동종 산업의 비교 기업군에 동일한 1불을 64년간 투자했을 때 955불의 수익을 얻었다고 한다. 뚜렷한 비전을 가진 기업과 그렇지 않은 기업의 결과를 단적으로 보여주는 예이다.

표 4-1 손정의의 비전 변천사

시기	비전
청소년기	– 인생 50년 계획 – 첫째, 20대에 이름을 떨친다. 둘째, 30대에 1000억엔의 자금을 모은다. 셋째, 40대에 일생일대의 승부를 걸어 사업을 확장시킨다. 넷째, 50대에 사업을 완성시킨다. 다섯째, 60대에 사업을 후계자에게 물려준다.
유니손 월드 창업시 (미국시절)	첫째, 5년 후 매출액 100억엔 달성 둘째, 10년 후 매출액 500억엔 달성
소프트 뱅크 창업시 (일본시절)	첫째, 마이크로프로세서가 인간의 미래를 완전히 바꿀 것이다. 둘째, 매상을 두부 헤아리듯 1조, 2조로 따지는 기업이 된다(일본어로 두부를 헤아릴 때 쓰는 단위 '丁'의 발음이 조(兆)와 같은 데서 유래).
최근 (2010~)	– 소프트 뱅크 신 30년 비전 – 첫째, 이념 – '정보혁명으로 사람들을 행복하게 하겠다.' 둘째, 비전 – '30년 후 시가 총액 200조엔, 계열사 5000개를 거느린 세계 TOP 10 기업이 되겠다.' 셋째, 전략 – '사업 영역을 유지하고, 파트너십을 통해 성장하고, 자율 · 분산 · 협조형 전략적 시너지 그룹을 만든다.'

개인차원의 예를 들어보자.

하버드 대학에서 재학중인 학생들을 대상으로 조사를 하였다. 그 결과,

① 84%의 학생은 명확한 목적, 목표, 비전이 없었다.

② 13%의 학생은 목적, 목표, 비전이 있지만 특별히 기록해 두지는 않았다.

③ 3%의 학생은 명확한 목적, 목표, 비전이 있고, 그것을 기록해 두었다.

몇 십 년 후, 졸업한 학생들의 생활 상황을 다시 조사한 결과, ③의 명확한 목적과 목표, 비전이 있고 그것을 기록해 놓았던 전체의 약 3%에 속했던 학생의 수입은, 나머지 ①과 ②의 97% 학생들의 수입을 합한 것보다 10배나 많다는 결과가 나왔다.[1)]

그렇다면 도대체 비전(Vision)은 무엇일까?

02 비전이란 무엇일까?

비전은 가치, 사회적 유대, 철학, 믿음, 신바람 나는 목표, 뛰어난 성취, 동기를 유발시키는 힘, 존재이유, 문화 등 여러 가지 의미로 사용되고 있다.

이를 정리하여 정의하면 비전은 다음과 같다.

- 앞으로 되고자 하는 뚜렷한 그림
- 앞으로 존재하기를 희망하는 분명한 미래상
- 언젠가 실현될 현실

기업에 있어서 비전은 동서남북의 방향을 알려주는 나침반과 같다. 사람들에게 나침반을 주고 목적지를 정해주면 방향을 확인하며 정확하게 목적지를 찾아간다. 물론 장애물을 만나기도 하고 길을 우회할 때도 있다. 하지만 나침반이 알려주는 정확한 방향과 명확한 목적지가 있기 때문에 결국에는 목적지에 도달하게 된다.[2] 기업의 경우도 동일하다. 나침반과 같이 미래를 향한 방향을 알려주는 역할을 하는 것이 비전이다.

03 뛰어난 비전은 어떻게 구성되나?

그렇다면 비전은 어떻게 만드는 것일까? 비전은 다음과 같은 4가지 요소로 구성된다.

그림 4-1 비전의 구성 요소

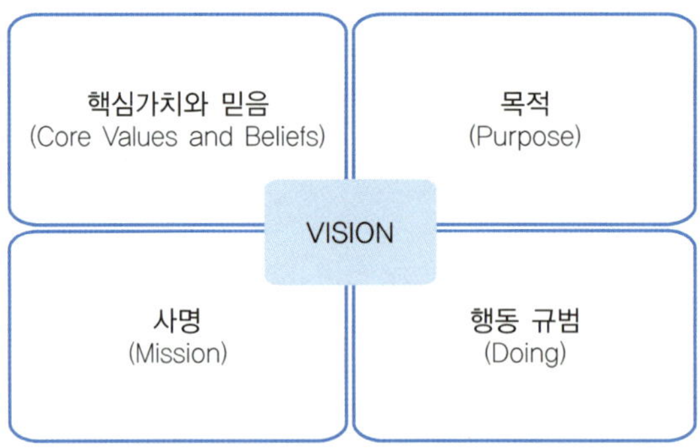

3.1 핵심가치와 믿음(Core Values and Beliefs)

핵심가치와 믿음은 행동을 통해 나타난다. 비전은 근본적으로 변하지 않는 철학과 원칙으로부터 시작되며, 개인적인 핵심가치와 조직 리더가 가지는 믿음의 확장이다. 이런 핵심가치와 믿음은 단순히 말과 글이 아니다. 구체적이고 특정한 행동을 통해 확인된다. 기업의 생존과 발전을 위해 이익창출은 절대적이지만 이익 자체가 궁극적인 목표가 될 수는 없다. 때문에 사업의 원칙이라 할 수 있는 핵심가치와 믿음이 중요하다.

▶▶ L.L.Bean의 사례

- L.L.Bean의 핵심가치와 믿음
  - 고객이 납득할 만한 가격에 제품을 팔고 고객을 친구처럼 대하며 사업에 최선을 다하라.
- 이를 나타내는 진실한 행동
  - 무조건 반품하라(No questions asked): 32년 전에 판매한 옷을 그때의 시가 그대로 반품. 1년 365일 24시간 전화 주문 받는 행동 등

> Our products are guaranteed to give 100% satisfaction in every way. Return anything purchased from us at any time if it proves otherwise. We do not want you to have anything from L.L.Bean that is not completely satisfactory.

참조 : 'http://www.llbean.com'

▶▶ 듀폰의 사례

- 듀폰 사의 핵심가치
  - 인간이 지구의 가장 중요한 자원이며 따라서 '안전과 환경, 기업윤리와 개인존중'을 핵심가치로 삼고 있다.
  - 핵심가치는 듀폰 기업문화의 기본으로 전 세계의 듀폰 직원에게 수시로 강조된다.
- 한 건의 안전사고 또는 기업윤리 위반사고라도 즉시 전자우편을 통하여 모든 듀폰 직원에게 보고한다.
- 핵심가치에 대한 실적은 성과 상여금에도 영향을 주도록 제도화하고 인사관리 원칙에도 적용한다.

출처: 짐 콜린스 · 윌리엄 레지어, 짐 콜린스의 경영전략(번역), 위즈덤하우스, 2005.

3.2 목적(Purpose)

목적은 기업의 존재이유이다. 그 기업이 무엇을 위해 일을 하고 있는가?에 대한 근원적인 해답이 목적이다.[3] 결코 성취할 수는 없지만 나아가야 할 방향을 나타내는 것이 목적이다.

기업에서 목적을 한 두 문장으로 간단하게 요약한 것을 기업이념이라고 한다. 뛰어난 기업이념은 광범위하며 근본적이고 동기를 부여하며 지속성을 지닌다. 10년, 20년 이상 장기적으로 지속되어야 한다.

모든 기업이 목적을 공식적으로 나타내지는 않는다. 나이키는 목적을 명기한 적이 없다. 하지만 나이키의 의미는 '승리의 여신' 이고 창업자 필 나이트의 경영철학을 참고한다면 스포츠 분야에서의 경쟁과 승리를 저변에 깔고 있다는 것을 알 수 있다.

▶▶ 삼성의 사례

- 삼성의 목적이자 존재이유
  - '인재와 기술을 바탕으로 최고의 제품과 서비스를 창출' 하고, 궁극적으로 '인류사회에 공헌' 하기 위해 이 세상에 존재합니다.

삼성의 존재이유이자 삼성이 추구하는 궁극적인 목적입니다.

인재와 기술을 바탕으로 최고의 제품과 서비스를 창출하여 인류사회에 공헌한다.

출처: 삼성 홈페이지 (http://www.samsung.co.kr/)

▶▶ Merck의 사례

- Merck의 경영이념
  - '의약품이란 환자를 위한 것이지 결코 이윤을 위한 것이 아니다. 이윤이란 부수적인 것에 불과하다. 그리고 이 사실을 망각하지 않는 한 이윤은 저절로 나타나기 마련이다.

– '우리는 인간적인 삶을 유지하고 개선하는 사업에 매진합니다. 따라서 우리의 비즈니스 활동은 모두 이 같은 목적달성에 비추어 평가해야 합니다' 라고 목적을 명문화 하고 있다.

출처: 짐 콜린스 · 윌리엄 레지어, 짐 콜린스의 경영전략(번역), 위즈덤하우스, 2005.

3.3 행동규범(Doing)

행동규범은 행동의 기준이다. 단기적 사명을 성취하기 위해 취하는 행동의 기준이다. 모든 기업은 공식적, 비공식적 행동규범을 가지고 있다. 공식적 행동규범은 법령 · 규칙 · 윤리강령 · 선언문 등으로 명기된 것이고, 비공식적 행동규범은 선례 · 관습 · 비공식적 역할기대 등으로 공식화 되지 않았지만 기업문화 속에 녹아있다.

일본의 화장품 기업 가오는 목적(기업이념)과 일관되는 행동규범인 상품개발 5원칙으로 유명하다.

가오의 목적(기업이념)

1. 세계 속의 고객에게 마음을 움직여 만족감을 전한다. (고객만족의 실현)
2. 독창적인 발상과 기술에 의해 혁신적인 제품을 만든다. (혁신적인 제품개발)
3. 고객의 신뢰에 응하기 위해 성장을 이룬다. (이익을 바탕으로 한 성장)
4. 개개인의 능력을 존중하고 결집해서 기업의 힘을 결집한다.
   (개개인의 힘의 결집)
5. 환경과의 조화를 도모하여 사회와 좋은 관계를 구축한다.
   (사회적 책임의 수행)

가오의 행동규범(상품개발 5원칙)

1. 그 상품이 진정으로 사회에서 유용하게 사용되어야 한다.
2. 그 상품에 자사의 창조적인 기술과 기능이 담겨 있어야 한다.

3. 상품화 되기 전에 코스트 면에서 다른 상품보다 뛰어나야 한다.
4. 그 상품이 상품화되기 전에 철저한 소비자 테스트를 실시하고 그 심사를 버텨낼 수 있어야 한다.
5. 유통 장소에 그 상품에 대한 정보를 소비자에게 전달할 수 있는 능력이 있어야 한다.

출처 : 사이토 요시노리, 맥킨지식 전략시나리오, 거름 출판사, 2003.

3.4 사명(Mission)

사명은 단기적 실천과제로서 명확해야 한다. 사명은 비전 달성을 위해 조직이 직접 수행해야 할 단기적 목표이다. 훌륭한 사명은 구체적이며 달성 시한이 명시되어야 한다. 가능한 대담한 사명을 수립하여 구성원의 달성 의욕을 북돋을 수 있도록 해야 한다. 그리고 문장으로 그 목적을 정확하게 표현해야 한다.

이와 같은 사명은 4 가지 유형이 있다.

- 목표화(Targeting)
  - John F. Kennedy의 NASA 달 착륙 프로젝트
  - 소니의 '세계를 지배할 제품을 생산하자.'
- 공동의 적(Common Enemy) : 보통 업계에서 1위가 되려고 애쓰나 아직 1위가 되지 못한 기업들이 주로 이용함
  - 펩시콜라의 '코카콜라를 깨부수자'
  - 혼다의 '우리는 못된 야마하를 완전히 뭉개버릴 것이다'
- 역할 모델(Role Model) : 선망의 대상으로 생각하는 기업을 모델로 이용함
  - 지로스포츠의 '운동화 업계의 나이키처럼, 컴퓨터 업계의 애플처럼 사이클 산업에서 성공하고 싶다'
- 내부 변화(Internal Transformation) : 드물지만, 보통 극적인 구조조정이 필요한 기업

- GE의 '우리는 중소기업의 감수성, 군더더기 없는 조직, 단순성, 민첩성 개발에 최선을 다하고 있습니다.'

(출처 : 짐 콜린스 · 윌리엄 레지어, 경영전략(번역), 위즈덤하우스, 2005, p. 128~129.)

그렇다면 목적과 사명은 어떻게 다른가?

목적은 결코 도달할 수 없는 별과 같다. 그 별을 향해 갈 때 거쳐 지나가는 산은 사명이다. 목적지인 별을 향할 때 집중하고 에너지를 쏟으면서 어떤 산에 오른다. 하지만 정상에 올라서면 또다시 그 별이 보이고 다시 올라갈 다른 산을 찾는다. 정상을 올라서기 위해 집중하고 에너지를 쏟는 과정이 사명을 달성하는 행위이다. 이런 식으로 계속되는 사명을 달성해 나가면서 목적을 향하고 핵심가치와 믿음을 실현시켜 나아간다.

04 비전을 어떻게 세울 것인가?

그렇다면 이러한 비전을 실제로 어떻게 세울 것인가? 우선 최고경영자뿐 아니라 임원진, 종업원 등 내부 이해관계자들의 생각과 열망이 반영되고 통합되어야 한다. 즉 최고경영자는 비전에 대한 전체 틀을 제공하고 임원진과 종업원들이 이에 동의하고 구체적 내용들을 보충함으로써 합의된 비전을 도출할 수 있다. 이때 최고경영층이 제시하는 비전에 대한 틀이나 개념적 윤곽은 미래 경영환경에 대한 세심한 분석에 기초하여야 한다.

그리고 그 틀이나 개념적 윤곽에 고객, 경쟁자, 정부, 지역사회 등 기업 외부의 생각을 반영함으로써 보다 바람직한 형태의 비전을 설정할 수 있다. 기업 외부로부터의 지식과 생각은 의외로 내부에서 생각할 수 없는 직관과 통찰력을 제공할 수 있기 때문이다.

유의해야 할 점은 비전을 수립할 때부터 모든 구성원의 광범위한 공감대 형성이 필요하다는 것이다. 비전을 세울 때는 다음 사항에 대해 고려할 필요가 있다.

- 탁월성의 기준을 설정하여 높은 뜻과 이상을 반영한다.
- 목적과 방향을 명료하게 한다.
- 열정과 헌신적 참여를 고무시킨다.
- 명확하게 표현하고 되도록 쉽게 이해되도록 한다.

그리고 실제로 비전을 실천할 때에는 눈 앞에서 진행중인 현재의 경쟁에 충실하면서 단계적으로 사명을 실현하는 자세가 필요하다. 높은 산을 오를 때 단번에 오를 수 없듯이 실천에 있어서도 단계적으로 실행을 하여야 한다. 그리고 비전 실행을 위한 적합한 실행체제의 구축이 함께 필요하다. 전략, 조직구조, 인사제도, 업무스타일 등 기업의 모든 활동들이 비전과 일치되어야 진정한 비전 실천이 가능할 것이다.[4)]

비전이 만들어지고 실천이 된다고 하여도 실제 조직에서 모든 이해관계자의 참여, 즉 비전의 공유가 중요한 문제가 된다. GE의 전 회장이었던 잭 웰치는 이러한 물음에 다음과 같이 대답하였다.

> "나는 나 자신이 그 말을 하는 데 완전히 질려버릴 정도로 회사의 방침에 대해 너무 많이 이야기한 적이 있었다. 하지만 그 메시지가 어떤 사람들에게는 항상 새롭게 들린다는 것을 깨달았다. 그러니 당신도 계속 반복해서 모두에게 이야기를 해야 한다."[5)]

이와 같이 비전의 공유는 최고경영자의 관심 속에 반복적으로 전파, 공유하는 것이 최선의 방법이다.

05

한번 해보자. 우리의 비전 구축!

비전 수립이란 우리 기업(조직)이 가야 할 새로운 길을 만드는 과정이다. 비전 수립 과정을 통해 새로운 미래로 함께 나아갈 수 있다. 이러한 비전 수립의 과정을 순서대로 나열하면 다음과 같다.

| 순서 |

1. 나를 포함한 이해관계자를 적어봅시다.
2. 각 이해관계자들이 우리 회사에 대해 진정으로 원하는 미래상과 믿음, 철학, 가치를 적어봅니다.
3. 현재 모습에서 미래 모습으로의 변화 방향을 적어봅니다.
4. 변화 방향에서 기대효과까지 작성합니다.
5. 혹, 행동 규범에 대한 정의가 필요하다면 작성합니다.
6. 지금까지 작성한 내용을 한 장으로 요약합니다.
   (각 순서에 해당하는 양식은 뒤에서 참고바람)

나를 포함한 이해관계자를 적어봅시다.

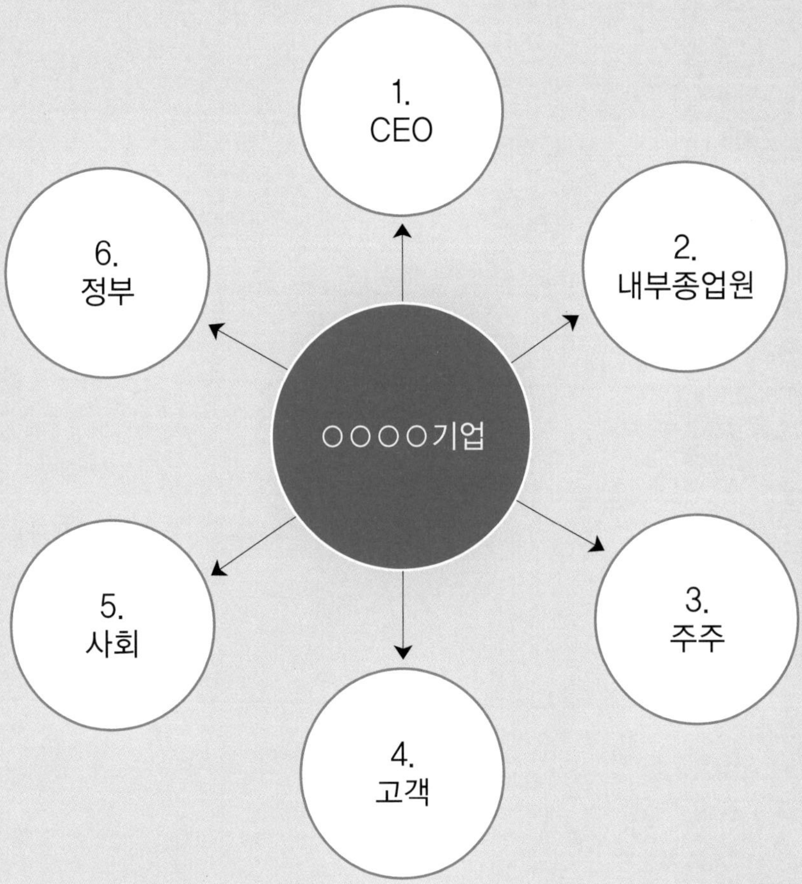

각 이해관계자들이 우리 회사에 대해 진정으로 원하는 미래상과 믿음, 철학, 가치를 적어봅니다.

<table>
<tr><td>이해관계자1
ex) CEO</td><td>앞으로 되고자 하는 미래상 및 믿음,
철학, 가치 나열</td><td rowspan="6">'제시된 미래상, 믿음,
철학, 가치로부터'

통합된 비전과
핵심가치</td></tr>
<tr><td>이해관계자2
ex) 내부고객</td><td></td></tr>
<tr><td>이해관계자3
ex) 주주</td><td></td></tr>
<tr><td>이해관계자4
ex) 고객</td><td></td></tr>
<tr><td>이해관계자5
ex) 사회</td><td></td></tr>
<tr><td>이해관계자6
ex) 정부</td><td></td></tr>
</table>

현재 모습에서 미래 모습으로의 변화 방향을 적어봅니다.
이 변화 방향은 Mission으로 설정합니다.

통합된 비전과 핵심가치

1. TO-BE (앞으로 되고자 하는 모습)	2. AS-IS (현재의 모습)	3. 변화방향 (To-Be를 달성하기 위한 중점 변화방향-Mission)

변화 방향에서 기대효과까지 작성합니다.

변화방향 (To-Be를 달성하기 위한 중점 변화방향-Mission)	목표수준	수행방안 및 일정	기대효과

혹, 행동 규범에 대한 정의가 필요하다면 작성합니다.

비전 실행에 있어서 밑바탕이 될 행동규범을 작성합니다.

완성된 우리의 비전

지금까지 작성한 내용을 토대로 우리의 비전을 다음과 같은 그림으로 요약합니다.

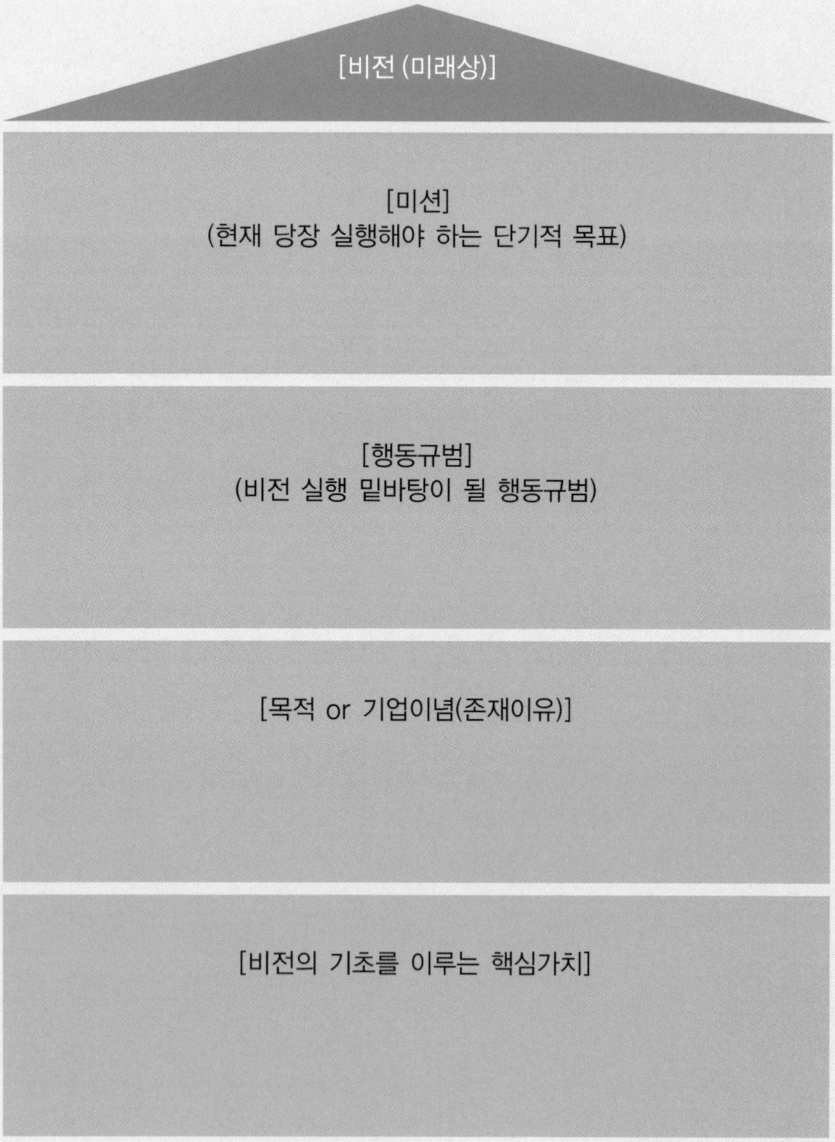

06 ABC사 비전체계 정립 과정

6.1 프로젝트 추진과정

ABC사는 임직원 인터뷰, 기업문화, 설문조사, 임원 · 팀장 workshop, TF 논의를 통하여 먼저 경영목적 초안을 마련했다. 이를 토대로 아래 그림에서 보는 바와 같이 워크샵을 통해 경영목적 체계를 재정비하고, 실행 프로그램을 개발해 경영위원회에 보고함으로써 비전 체계를 정립했다.

	경영목적 초안마련	경영목적 체계 Workshop	경영목적 체계 재정비	실행 프로그램 개발	경영위원회 최종 보고
활동내용	• 인터뷰, 문화진단, 내외부 자료 검토를 통해 시사점 및 Key Word 도출 • 경영목적 초안 개발 • 핵심가치 pool 구성	• 일시: 2일 간 • 대상 – 총 40명 (임원 10명, 팀장 30명) • 논의 내용 – 경영목적 초안 검토 의견 수렴 – 핵심가치 선정을 위한 토의	• 경영목적(案) 선정 – 유형별 3개안 선정 • 핵심가치(案) 선정 – 4개 핵심가치 선정 • 행동규범(案) 선정 – 핵심가치에 따른 행동규범 작성 • 경영위원회 중간보고 – 추진경과 보고 – 의견 수렴 및 그룹 경영목적 체계확정	• 인재상 정립 • 경영목적 체계 전파 및 공유를 위한 프로그램 제안	• 프로젝트 최종 보고 – 경영목적 체계 공유 – 경영목적 체계 확산을 위한 논의
산출물	• 현황진단 보고서 • 경영목적 초안(1차) • 핵심가치 pool(1차)	• 경영목적 초안(2차) • 핵심가치 선정	• 경영목적, 핵심가치, 행동규범(案)	• 인재상 • 실행 프로그램 개요	• 최종 보고서

6.2 경영목적 도출과정

진단 영역별로 도출된 시사점, 경영원칙 및 Key Word와 임원 · 팀장 의견을 근거로 경영목적 체계를 설정하였다. 즉, 현 경영목표, 비전과 사업전략, CEO의 의도, 가장 잘하고 있는 베스트 프랙티스, 기업문화 등을 분석해 시사점을 먼저 도출했다. 그리고 ABC사가 적용하고 있는 경영의 원칙과 중요하게 생각하는 Key Word를 중심으로 핵심가치와 경영목적의 후보들을 도출했다. 이를 기초로 핵심가치와 경영목적의 대안을 작성하고 워크샵을 통해 수정 및 보완했다.

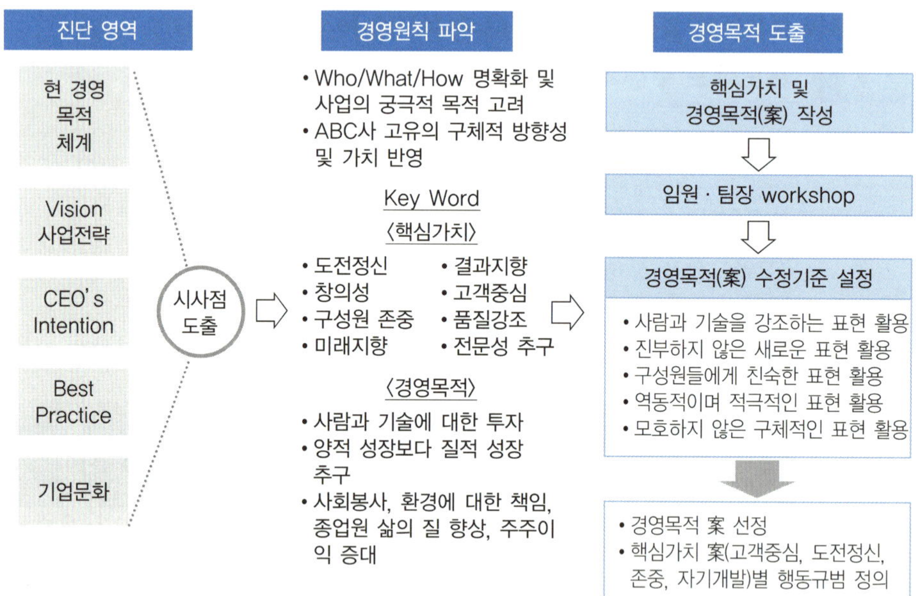

6.3 핵심가치

| 선정된 핵심가치 |

고객 중심 (Customer Focus)	고객에 대한 명확한 인식을 토대로 고객의 입장에서 요구사항을 충족시킴으로써 고객 만족 및 감동을 이끌어냄
도전 정신 (Challenge)	현실에 안주하지 않고 새로운 아이디어를 도출하고 변화를 주도하며 진취적인 목표를 설정하고 달성하고자 함
존중(Respect)	구성원 개개인을 존중하고 상호 신뢰관계 및 협력관계를 구축함
자기 개발 (Self Development)	조직의 생산성 향상뿐 아니라 자신의 가치 향상을 위해 지속적인 개발을 도모함

6.4 경영목적

사람과 기술을 바탕으로 내실 있는 성장을 위해 끊임없이 도전하여 고객의 동반자로서 가치를 창출하고 사회적 책임을 다한다.

특 징	• 경영목적의 구성: 주 문장(Main Sentence)으로만 구성 • Key Message: ABC는 양적 성장보다는 질적 성장을 추구하고, 궁극적으로 고객의 가치 창출을 위한 동반자 관계를 강화하고 기업으로서 사회적 책임을 다하겠다는 의지를 담고 있음
내 용	• 사람과 기술을 바탕으로: 사업성공의 원동력은 사람과 기술이므로 인재육성과 기술개발을 중시함 • 내실 있는 성장: 질적인 측면에서 사업 성장을 도모함 • 끊임없는 도전: 현재의 위치에 안주하지 않고 도전적 목표 달성을 위해 지속적으로 노력함 • 고객의 동반자: 고객과 함께 상생할 수 있는 partnership 강화를 위해 노력함 • (고객의 동반자로서)가치 창출: 고객의 요구에 부응하고, 최고의 품질을 제공함으로써 고객의 사업 성공을 돕는 가치를 포괄함 • 사회적 책임: 사회봉사, 환경에 대한 책임 등을 포괄 함

6.5 핵심가치별 행동규범

핵심가치	행동 규범
고객중심 (Customer Focus)	• 고객이 누구인지 명확히 인식하고 고객의 요구에 대한 구체적인 정보를 파악한다. • 고객의 관점에서 문제를 파악하고, 즉각적이고 능동적으로 다각적인 해결방안을 모색한다. • 고객에게 차별적인 가치와 만족감을 제공할 수 있도록 제품과 서비스의 품질을 향상시킨다.
도전정신 (Challenge)	• 기존의 업무방식 및 프로세스를 그대로 답습하지 않으며 항상 새로운 시각으로 개선을 위해 노력한다. • 진취적인 목표(strech goal)를 설정하고 이를 추진함에 있어 실패를 두려워하지 않고 자신감을 갖고 도전한다. • 항상 새로운 지식과 정보를 추구하며, 이를 응용하기 위해 노력한다. • 모든 일을 추진함에 있어서 외양보다는 실행가능성에 초점을 맞춘다.
존중 (Respect)	• 개개인의 다양한 문화적 배경, 경험, 스타일, 업무방식을 존중하고 그 가치를 이해한다. • 업무수행에 필요한 정보 및 지식을 구성원들과 원활히 공유하고 적극적으로 협력한다. • 문제가 발생하면 책임을 추궁하기보다는 다양한 대안을 함께 찾아내는 등 적극적으로 도와주려는 자세를 취한다. • 자신의 업무에 대해 소명의식을 가지고 문제에 봉착하더라도 투지를 가지고 해결해 나가며 일의 시작부터 끝까지 완수한다.

자기개발 (Self Development)	• 언제나 배우고자 하는 마음과 탐구심을 가지고 지속적인 자기개발 노력을 통해 업무에 적용 혹은 응용하고자 노력한다. • 스스로 자신의 부족한 점을 찾아내고 이를 개발하고자 시도하며, 자신의 업무 분야 외의 이슈에도 관심을 가지고 학습한다. • 자신의 장 · 단점을 정확히 파악하고, 동료나 고객으로부터 배울 점을 찾고, 타인의 조언을 진심으로 받아들인다. • 전문가로의 성장에 대한 열정을 가지고 개인적 성장 목표를 적극적으로 추구한다.

6.6 경영목적의 확산 및 실행

이러한 경영목적을 바탕으로 ABC사는 3개년 단기 계획을 수립하고, 현재 목표달성을 위해 구체적인 계획을 추진 중이다.

사례 소프트뱅크의 비전

1. 소프트뱅크 창업시 비전

소프트뱅크는 창업 당시 크게 두 가지 비전을 내걸었다.

첫째, 마이크로프로세서가 인간의 미래를 완전히 바꿀 것이다.

둘째, 매상을 두부 헤아리듯 1조, 2조로 따지는 기업이 된다.

(일본어로 두부를 헤아릴 때 쓰는 단위 '丁'의 발음이 조(兆)와 같은 데서 나온 말.)

그로부터 30년 후 이 두 가지 비전은 현실이 되었다. 실제로 마이크로프로세서는 사람들의 생활양식에 일대 변화를 불러일으켰다. 그리고 소프트뱅크는 연결매상 2.7조 엔(2008년 기준)을 넘어서는 기업으로 눈부시게 발전했다.

2. 소프트뱅크 신 30년 비전 수립 과정

최초의 30년 비전은 손 회장 혼자서 내세운 비전이었지만, 이제 매상 3조 엔을 넘보는 기업으로 성장한 소프트뱅크의 신 30년 비전은 사원 2만 명뿐 아니라 수많은 트위터러의 힘까지 동원되어 수립되었다. 2010년 6월 25일, 손정의 회장은 정기 주주총회에서 신 30년 비전을 발표했다.

표 1 신 30년 비전수립 과정

2009년	
6월 1일	사내회의 신 30년 비전 수립 방침 결정
6월 24일	제 29회 정기 주주총회 손정의 회장, 1년 후 신 30년 비전 발표를 선언
7월 2일	비전 검토위원회 발족
12월 24일	손정의 회장, 트위터 개시 사내외 아이디어를 모으는 '집단 두뇌'의 도구로 트위터 활용

2010년	
2월	그룹 각 사에서 선발된 멤버들로 비전 검토 전담팀을 구성
4월	그룹 각 사와 부문에서 신 30년 비전 프레젠테이션 대회 개최
6월 4일	그룹 CEO 회의에서 각 사 CEO가 신 30년 비전 프레젠테이션 대회 파이널을 개최
6월 10일	각 사와 부문 최종 선발자들을 대상으로 신 30년 비전 프레젠테이션 대회 파이널을 개최
6월 25일	제30회 정기 주주총회에서 신 30년 비전 발표
7월 6,7일	창립 30주년 사원대회 'SoftBank NEXT 30'에 그룹사원 2만 명이 참가
7월 28일	소프트뱅크 아카데미 개교

출처: '손정의 미래를 말하다–소프트뱅크 신 30년 비전', 소프트뱅크 신 30년 비전 제작위원회, 2011.

3. 소프트뱅크 신 30년 비전 스토리텔링

(1) 신 30년 비전의 주제

신 30년 비전을 어떤 식으로 만들 것인지 그 지표로서 손정의 회장은 네 가지 주제를 제시했다.

첫째, 30년 후 컴퓨터 칩의 성능을 예측하라.

둘째, 컴퓨터 칩의 진화로 30년 후에는 어떤 솔루션이 가능할 것인가?

셋째, 그 솔루션을 통해 30년 후 사람들의 라이프스타일은 어떻게 변해 있을까?

넷째, 사람들의 라이프스타일이 변하면 30년 후 기업들의 경쟁 환경은 어떤 모습일까?

(2) 신 30년 비전 수립의 시작

위원회는 우선 30년 후의 CPU 성능을 예측하는 데서부터 출발해서 이 주제들을 다각적으로 검토했다. 한 달이라는 짧은 기간 안에 만들어진 첫 번째 밑그림은 2009년 7월 하순에 개최된 중역회의에 30페이지짜리 프레젠테이션 자료로 제출되었다. 신 30년 비전에는 역사적 사실에서 미래의 기술에 이르기까지 온갖 주제들이 제시되었다. 실제로 조사한 자료 중에서 최종판에 실린 내용은 극히 일부에 불과하며, "역사에서부터 생물학에 이르기까지 최종판의 100배 이상은 조사했다"고 한다. 30년 후 테크놀로지에 대한 예측에서부터 기업 지배구조의 전략적 시너지 같은 경영전략 분야에 이르기까지 온갖 테마들이 다루어 졌다.

(3) 신 30년 비전 수립의 과정

그러나 30년 후의 기술과 라이프스타일은 어떤 모습일지 철저하게 조사해서 예상안을 꾸몄지만, 아무래도 부족했다. 그때 손정의 회장이 '30년 단위가 아니라 300년 단위로 생각하라' 고 제안했다.

우선 300년 후 세상을 보여주고, 그 다음에 30년 후를 이야기하면 된다는 것이다. 작업은 순식간에 300년 전, 1,000년 전을 더듬어보는 단계까지 발전했다. 300년 역사를 가진 기업은? 300년 지속된 왕조는? 동로마제국은 어떻게 번성했고 사라졌는가? 일본의 에도 막부는 어땠는가? 그것은 차라리 인류의 역사를 더듬는 일이자, 인류의 미래를 창조하는 작업이었다. 전 세계의 온갖 연구와 문헌을 파고든 후, 그 속에서 소프트뱅크가 실현하고자 하는 바를 추출했다. 부족한 점은 함께 아이디어를 내서 '소프트뱅크가 실현하고자 하는 300년 후의 세계' 라는 이름으로 하나의 스토리를 만들어 갔다.

비전 검토위원회라는 이름으로 열린 손정의 회장과의 미팅은 무려 30회 이상, 총 100시간 이상에 달했다. 비전 검토위원회 구성원들은 미팅 준비에 그 열배 이상의 시간을 들였고 많은 노력과 에너지를 쏟았다.

(4) 신 30년 비전을 위한 아이디어

한편 손정의 회장은 2009년 12월 24일 '@masason' 이라는 이름으로 직접 트위터를 시작했다. 이후 신 30년 비전 프로젝트는 탄력을 받았고, 사내의 지혜를 모으려던 당초의 목적은 트위터라는 열린 도구의 힘을 빌려 사외로 확장될 수 있었다. "인생에서 가장 슬픈 일은 무엇일까요?", "인생 최고의 행복은 무엇일까요?" 손정의 회장이 던진 질문에 수많은 답변들이 달렸다. 이것은 신 30년 비전에 제시된 '이념' 파트에 활용되었다.

지금껏 소프트뱅크가 내세운 철학은 '디지털 혁명을 통해 사람들이 지혜와 지식을 공유하는 것' 이었다. 손정의 회장이 회사를 세운 첫날부터 오늘날까지 그 생각에는 변함이 없다. 그렇다면 앞으로는 어떻게 할 것인가? 다시 한 번 원점으로 돌아가 모두가 머리를 맞대어 고민했다. 그런데 변한 건 크게 없었다. 결론은 여전히 '정보혁명을 통해 사람들을 행복하게 만들겠다' 는 것이었다고 한다.

(5) 신 30년 비전의 실행

2010년 6월 25일, 정기 주주총회 종료 후 열린 '신 30년 비전 발표회' 무대에서 손정의 회장은 "지금까지 내 인생에서 가장 중요한 연설"이라고 밝힌 뒤 조용히 말을 이었다. 그의 등 뒤로 비춰진 약 140개 슬라이드는 손 회장의 리더십은 물론 경영진의 이해와 협력, 검토위원회의 헌신적 노력, 그룹 사원 2만 명의 지혜를 모아 완성한 결과였다.

"비전은 만들어서 발표하는 것으로 끝이 아닙니다. 소프트뱅크의 새로운 30년은 이제 막 시작됐습니다. 지금부터 그 진가를 확인하실 수 있을 겁니다."

2010년 7월 6일과 7일, 도쿄 닛폰부도칸(日本武道館)에서 소프트뱅크 창립 30주년 사원대회 'Soft Bank NEXT 30' 이 열렸다. 이틀 동안 그룹 전 사원 2만 명이 모인 가운데 대회가 펼쳐졌다. 단상에 오른 손정의 회장은 '정보혁명으로 사람들을 행복하게' 라는 슬로건 아래 모인 사람들을 향해, 다시 한 번 확인하자며 신 30년 비전을 설명했다. 참석한 전 사원이 품은 신 30년 비전이 곳곳에 농축된 내용이었다. 또 소프트뱅크 아카데미아, 소프트뱅크 유니버시티 구상도 후계자 및 리더 육성이라는 큰 목표를 향해 시동을 걸었다.

그림 1 신 30년 비전 발표회에서의 손정희 회장

그림 2 신 30년 비전, 보도 배포자료

5장 선택과 집중

1. 왜 선택과 집중인가?
2. 선택과 집중에 영향을 미치는 외부의 힘
3. 선택과 집중에 영향을 미치는 내부자원(내부요인)
4. 훌륭한 선택과 집중을 하기 위해서는?(SWOT분석)

[사례] 삼성전자와 애플의 선택과 집중

학습내용

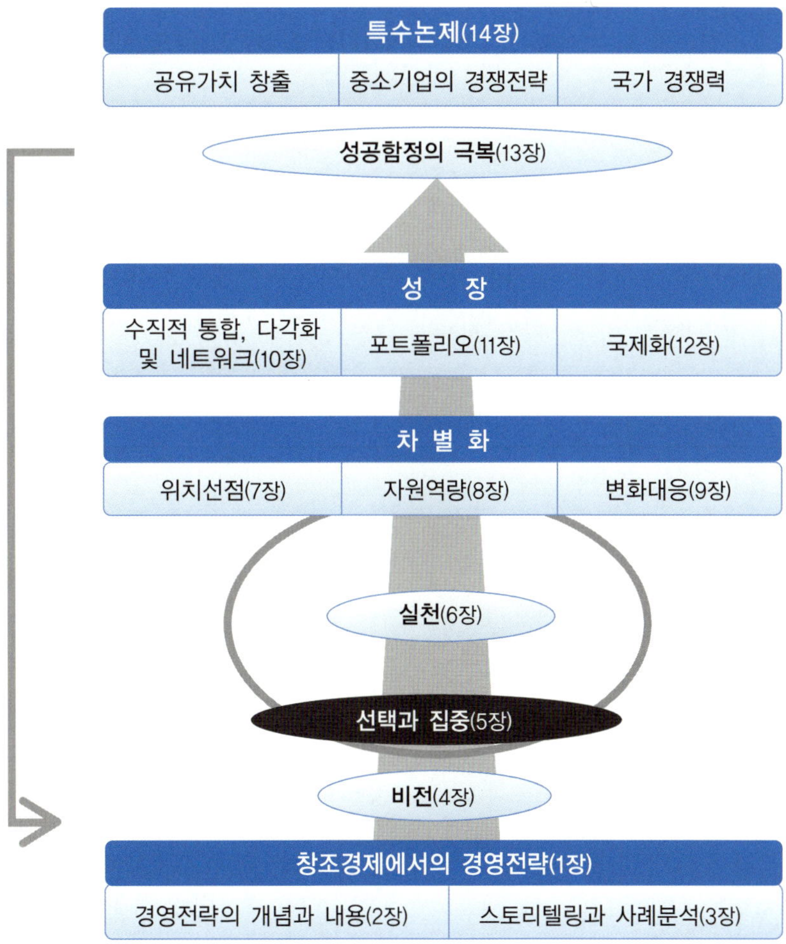

01

왜 선택과 집중인가?

한 초등학생이 있었다. 이 초등학생은 여느 아이들과 달라 보이지 않았으나, 한 가지 특이한 점이 있었다. 일기였다. 이 아이의 일기장은 온통 축구이야기 밖에 없었다. 다른 아이들처럼 구슬치기나 딱지치기, 소풍 이야기 대신 축구이야기로 채워져 있었다. 그날 훈련했던 내용을 그림을 곁들여 적고, 느낀 점과 다음에 적용해야 할 일들을 기록했다. 심지어는 공부도 축구를 하기 위한 수단이었다고 적고 있다. 어머니가 공부를 못하면 축구하는 것을 허락하지 않았기 때문에 축구를 계속하기 위해서는 시험을 잘 봐야 했다. 이 아이가 바로 지난 2002년 월드컵을 뜨겁게 달구었고, 프리미어 리그에서 활동하고 있는 박지성이다.

박지성은 축구를 선택하고 자신의 모든 것을 집중했던 것이다. 그 결과 지금의 화려한 플레이로 한국을 넘어 유럽 무대에서 세계적인 선수들과 어깨를 겨루게 되었다. 자신이 가장 잘 할 수 있는 분야를 선택하여 집중하는 것이 전략의 본질이다.

기업도 마찬가지다. 둘러싸고 있는 환경을 이해하고, 경쟁기업의 강점과 약점을 파악해서, 자기의 약점을 노출시키지 않으면서 강점을 십분 발휘할 수 있는 영역을 선택하고 자원을 집중한다면 승리할 수 있을 것이다. 이것이 바로 전략이다. '무엇을 선택하고 어떻게 집중하느냐' 에 따라 그 결과는 크게 달라질 수 있다. 이런 의미에서 선택과 집중은 전략의 본질이라 할 수 있다.

지속적인 경쟁우위의 확보를 위해 선택과 집중은 필수적이다. 기업의 궁극적인 목적은 생존을 확보하고 지속적으로 성장하는 것이다. 이러한 생존과 성장에 반드시 필요한 것이 경쟁우위다. 경쟁우위란 한 기업이 제공하는 제품이나 서비스가 경쟁기업의 그것에 비해 시장에서 선택되도록 하는 능력을 말한다. 따라서, 기업의 전략에서 가장 중요한 것은 지속적인 경쟁우위를 창출하는 것이다. 한 기업이 무한히 많은 자본과 인력을 가지고 있다면 어떨까? 경영을 할 때 고민거리가 없을 것이다. 그러나 현실적으로 기업은 늘 부족한 인원, 부족한 자금을 가지고 경쟁해야 한다. 우리가 경쟁에서 사용할 수 있는 자원이 무한하다면 굳이 전략을 논할 이유가 없다. 즉, 가용한 자원이 부족하기 때문에 선택과 집중이라는 전략적 문제를 고민해야 하는 것이다. 또한 경쟁자들은 이러한 약점을 지닌 기업을 그냥 내버려 두지 않는다. 언제나 그 약점을 집중 공략하기 위해 혈안이 되어 있다. 그래서 기업들은 부족한 자원을 가장 효과적으로 활용하기 위해 전략을 고민해야 한다. 즉, 무엇을 선택하고 어떻게 집중해야 할지 고민해야 한다.[1)]

02 선택과 집중에 영향을 미치는 외부의 힘

외부환경 요인은 통제할 수 없는 기업 외부의 힘이다. 따라서 이러한 힘은 기업에게 기회로 혹은 위협으로 다가 올 수 있다. 우리는 어떠한 외부환경이 유리한 기회요인인지, 아니면 불리한 위협요인인지를 살펴볼 필요가 있다. 외부환경은, 크게 거시적 환경과 산업환경으로 구분할 수 있다.

2.1 거시적 환경요인

거시적 환경요인은 경제적, 기술적, 사회적, 인구통계학적, 정치적 및 법적 환경요인을 말한다.

(1) 경제적 환경요인 (예 : 경제 불황을 소주와 함께)

경제적 환경요인으로는 경제성장, 이자율, 환율, 인플레이션, 실업률 등이 있다. 예를 들면, 1990년대 후반에 나타난 IMF 금융위기사태는 이러한 요인들에 영향을 주었고 국가경제에 큰 타격을 주었다. 그 결과, 하나의 예로서 소비자들로 하여금 고가의 위스키보다는 저가의 소주에 눈을 돌리게 하였다. 실제로 이 시절 소주회사들은 TV 광고 등을 통해 소주와 서민들과의 친근감을 표현하였고 저가의 소주는 어느새 국민의 술로 자리잡게 되었다. 이러한 경제적 변화는 소주산업의 성장을 가져오는 계기도 되었다.

(2) 기술적 환경요인 (예 : 휴대폰 기술)

기술이 시시각각 변화함에 따라 기존 제품들의 수명이 짧아지고 있다. 1988년 최초로 국내에 출시된 휴대전화는 지난 20여 년간 기업들로 하여금 수많은 신상품을 출시하게 하였고 기능의 정확성과 편리성을 떠나서 개개인의 패션 아이템의 하나로 자리잡았다. 즉 반도체 및 정보통신 기술의 급격한 변화는 시장경쟁에 중요한 영향을 미침으로써 기업의 전략 수립에 가장 중요한 고려사항이 되었다. 특히, 최근 모바일 혁명을 주도하고 있는 스마트폰 기술의 변화는 정보통신 산업의 구조를 바꾸어 가고 있다.

(3) 사회적 환경요인 (예 : 우리의 식탁이 서구화되고 있다)

사회적 환경요인으로는 문화적, 사회심리적, 종교적 조건을 의미하며 이러한 사회적 조건은 사회구성원들의 가치, 이념, 태도 등에 영향을 미친다. 간단한 예로 대한민국의 문화적 서구화는 외식문화에도 영향을 미쳤다. 종전에 한식, 중식, 일식에만 편중돼 있던 외식산업이 서구문화의 유입으로 사회구성원들로 하여금 서구적 맛, 공간, 서비스 등을 선호하게 하였고 이제는 어디서도 패밀리 레스토랑을 비롯해 패스트푸드점을 가까운 곳에서 접할 수 있게 되었다.

(4) 인구통계학적 환경요인 (예 : 노령화에 따른 실버산업)

인구통계학적 환경요인으로는 인구의 고령화, 소득분포, 교육수준, 인구이동 등이 있다. 예를 들자면, 인구의 고령화 추세를 볼 때, 실버산업이 발전할 것으로 기대된다. 즉 노인들을 위한 휴식 공간, 노후를 편하게 보낼 수 있는 다양한 편의시설, 각종 질병을 대비한 의료시설, 시대에 뒤떨어지지 않게 하는 교육서비스 사업 등이 앞으로 발전할 가능성이 크다.

(5) 정치적 및 법적 요인 (예 : 건설업계의 불황을 가져온 정부의 시장개입)

정치적, 법적 요인으로는 국가에서 시행하는 각종 규제와 제도적 영향을 들 수 있다. 즉 정부의 제도적 개입은 기업에게 새로운 위협 혹은 기회를 가져다 준다. 예를 들자면 과거 정부의 부동산 규제는 건설업계의 불황을 초래했고 경제 침체기에 건설업자들의 부도를 부채질하기도 했다. 또 다른 예로, 1997년 벤처특별법 제정으로 기술을 기반으로 한 벤처기업들이 우후죽순 생겨났고, 이는 기술집약적 벤처산업의 급속한 발전을 가져왔다.

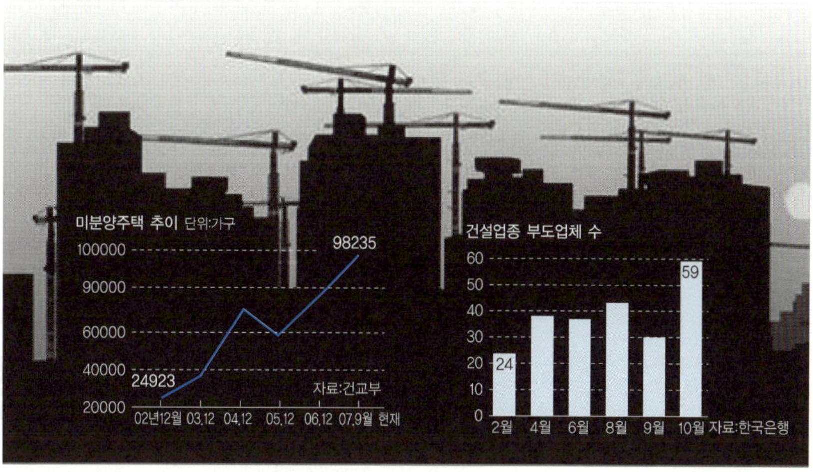

(6) 국제화 환경요인 (예 : 더 넓은 시장을 노려라)

국제화는 더 넓은 시장이라는 기회와 더 많은 경쟁자라는 위협을 준다. 지금까지 한국 기업들은 NAFTA, EU 등의 경제블록화, 동유럽의 공산주의 붕괴, 동아시아의 급속한 성장 등의 다양한 기회와 위협 요인을 맞이해 왔다. 예를 들어, 국내의 저울업체 '카스'는 동구권의 심장이라 할 수 있는 폴란드 시장에 개방의 물결을 타고

1990년 진출했다. 진출 초기에 표준 규격 및 인증의 문제를 겪었지만, 각고의 노력을 다한 결과 현재는 세계 선진 저울업체들이 대거 진출한 상황에서도 폴란드 저울 시장의 30%를 점유하며 선전하고 있다. 이는 개방 초기에 폴란드 점포들이 가장 필요로 하는 모델을 적기에 공급했고, 딜러들이 안심할 수 있도록 안정된 서비스를 제공했기 때문이다.

2.2 산업환경 요인 (마이클 포터의 5가지 힘)

산업환경 요인은 마이클 포터가 제시한 다섯 가지 힘들에 의해 잘 설명될 수 있다. 이 다섯 가지 힘(Five Forces)이란 특정산업의 경쟁질서를 결정하는 요인을 의미한다. 이는 첫째, 잠재적 경쟁자의 진입위협. 둘째, 기존 경쟁자와의 경쟁. 셋째, 수요자의 힘. 넷째, 공급자의 힘. 다섯째, 대체재의 위협이다.

그림 5-1 Porter의 산업구조 분석모형

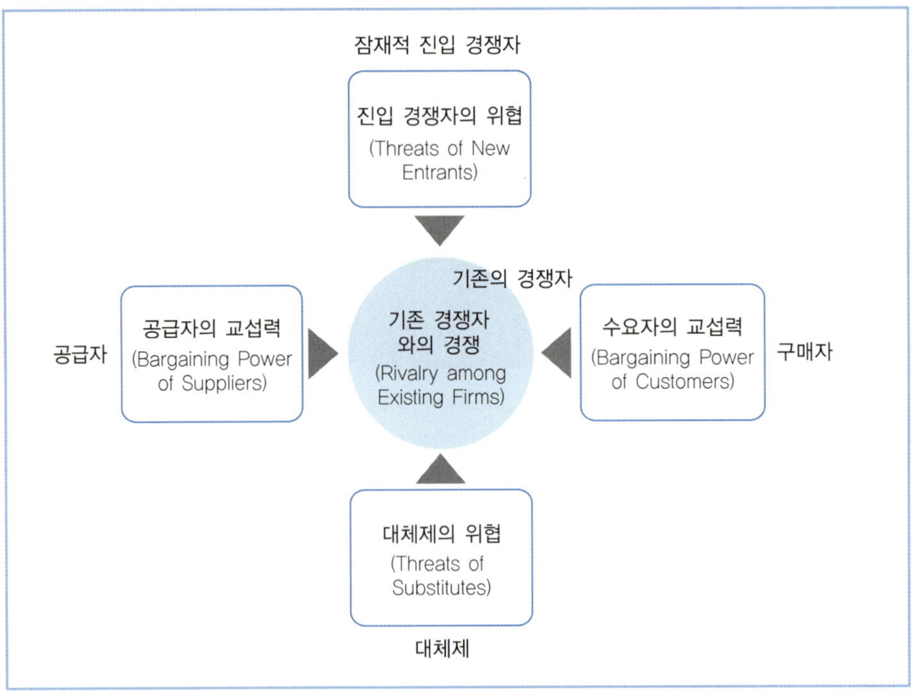

Michael E. Porter, "How Competitive Force Shape Strategy,"Harvard Business Review(March-April).

(1) 잠재적 경쟁자의 진입위협: 새로운 경쟁자가 출현할 수 있는가? 그렇다면 그들은 누구인가?

현재는 동종 산업에 포함되어 있지 않지만 언젠가 같은 시장에 뛰어들 수 있는 능력을 갖춘 기업들은 기존 기업들이 쳐놓은 진입장벽의 높이에 따라 언제라도 시장에 진입할 수 있다. 이러한 기업의 위협을 파악하기 위해 다음과 같은 사항에 주의를 해야 한다.

첫째, 그들이 어디에 있던 동종업체들을 주목해야 한다.

예를 들면, 지리적인 이동을 통해 더 넓은 시장을 찾는 기업들이 있다. 특히 국제화에 따라 국가의 벽이 허물어지면서 기업의 시장에 대한 지리적 이동은 더욱 자유로워졌고 이로 인해 국내 기업들은 외국기업들과의 경쟁을 피할 수 없게 되었다. 즉 미국에서만 경쟁하던 기업이 한국에서 경쟁하지 않는다는 보장이 없다. 이는 동종업계의 기업들에 대한 동향분석이 국내뿐만 아니라 국외까지 이루어져야 함을 나타낸다.

둘째, 유사한 제품, 기술, 장비, 유통망을 가졌다면 그들의 주력 상품이 현재 무엇이든 주목해야 한다.

예를 들어 현재 운동화만을 만드는 기업이라면 스포츠에 관련된 모든 제조업체들은 이 기업을 주목하고 긴장을 늦추지 말아야 할 것이다. 왜냐하면 언젠가 이 기업은 사업의 확장을 위해 운동화 외에 다른 스포츠와 관련된 제품들에 눈을 돌릴 것이고 이들은 벌써 스포츠 제품에 관한 기술, 지식, 장비, 유통망을 두루 섭렵하고 있을지도 모르기 때문이다.

셋째, 우리의 제품을 부품으로 사용하고 있는 기업들을 주목하라.

부품을 구매하는 기업은 이 부품을 자신들의 필요에 의해 자체 생산하려고 할지 모른다. 그렇게 되면, 그 기업은 경쟁자로 등장할 수 있다.

넷째, 우리에게 부품을 공급하는 기업들을 주목하라.

부품의 공급보다 완제품의 제조가 전략적으로 그 가치가 높다고 판단되면, 부품 공급 기업은 완제품 제조업자로 또 다른 경쟁자가 될 수 있다.

(2) 기존 경쟁자: 현재 경쟁 정도는 얼마나 큰가?

기존 경쟁자와의 경쟁밀도는 다음과 같은 요인에 의해 결정된다.

첫째, 경쟁자의 수가 얼마나 많은가? 경쟁자의 수는 시장크기에 영향을 받게 된다. 즉 시장의 크기가 크면 더 많은 경쟁자가 있을 가능성이 높다.

둘째, 제품차별화의 가능성은 얼마나 되는가? 제품의 차별화 가능성이 작을수록 수요자들은 다른 공급회사들로부터 더 쉽게 제품을 공급 받을 수 있기에 경쟁 정도가 더 커질 수 있다.

셋째, 고정비용의 비중은 얼마나 되는가? 고정비용이 크면 클수록 신생기업들의 초기 투입비용 부담이 커지기에 경쟁 정도는 줄어들게 된다.

넷째, 퇴출장벽은 얼마나 되는가? 퇴출장벽이 클수록 기업들은 시장에서 빠져나가기 어렵다. 이에 따라 생존을 위해 이전투구가 발생할 수 있으며 경쟁이 격화될 가능성이 크다. 이러한 경쟁밀도의 요인들은 새로운 진입자들이 시장진입을 할 때 고려해야 할 사항이기도 하다.

(3) 수요자의 교섭능력: 수요자의 교섭능력은 얼마나 큰가?

일반적으로 다음과 같은 상황에서 수요자 또는 고객의 교섭능력이 크게 작용하며, 그 결과 거래에서 상대적으로 더 유리한 위치를 점유하게 된다. 따라서 특정 산업에서 수요자의 교섭능력이 큰 경우 기업들은 이익추구에 있어 구조적으로 불리한 입장에 있게 된다.

첫째, 특정 수요자의 구매량이 판매자의 전체 매출에 큰 비중을 차지 하는 경우이다. 이 경우 소수 수요자의 협상력이 커지기에 기업은 불리한 입장이 된다.

둘째, 수요자가 대량의 제품을 구매할 경우이다. 이 경우 수요자들은 강력한 구매력을 활용해서 가격할인이나 수량할인을 요구할 공산이 크다.

셋째, 제품이 일반적이고 쉽게 구입할 수 있을 경우이다. 일반적 제품, 즉 범용제품의 경우 수요자들은 언제나 다른 공급회사들로부터 제품을 구입할 수 있기에, 생산기업은 불리한 협상을 가진다.

넷째, 수요자가 쉽게 자체 생산할 수 있는 제품일 경우이다. 이 경우 수요자는 경제성이 있다고 판단되면, 자체생산을 시도할 공산이 크다.

다섯째, 수요자들이 시장에 대한 정보를 꿰뚫고 있는 경우이다. 이 경우 수요자는 자신의 정보력을 동원해 협상을 키울 수 있다.

(4) 공급자의 교섭능력: 공급자의 교섭능력은 얼마나 큰가?

일반적으로 다음과 같은 상황에서 공급자가 수요자보다 더 유리한 위치에 있게 한다.

첫째, 공급자의 제품을 대체할 수 없고 그 제품에 대한 의존도가 높은 경우이다. 이 경우 공급자에 대한 수요자의 의존도가 커지고, 자연히 협상력이 커지게 된다.

둘째, 공급자의 제품이 생산과 기업활동에 절대적인 요인일 경우이다. 이 경우 수요자는 경영활동에 차질을 일으키지 않기 위해 어쩔 수 없이 공급자의 협상요구에 따를 수 밖에 없다.

셋째, 제품차별화 정도가 높아 쉽게 다른 제품으로 전환이 어려운 경우이다. 이 경우 다른 공급업체의 수가 한정적이기에 수요자의 공급자에 대한 의존도가 높아지게 되며, 이는 공급자의 협상력을 강화시킨다.

넷째, 수요자가 기존 구매자의 제품을 쉽게 만들어 낼 수 있는 경우 수요자는 공급자에 대한 의존도를 쉽게 줄일 수 있기에 공급자의 협상력은 약화된다.

(5) 대체재의 위협: 당신의 제품이 대체될 수 있는가?

기업의 수익은 대체재의 존재유무와 그 강도에 의해서도 결정된다. 구매자들은 얼마만큼 쉽게 대체재를 찾을 수 있는가? 또 기존의 제품을 대신할 수 있는 대체재가 갖는 매력은 무엇인가? 가격인가 품질인가? 만약 기업의 제품을 대체할 수 있는 매력적인 대체재가 존재한다면 그 산업에서의 기업수익은 위협을 받게 된다.

03 선택과 집중에 영향을 미치는 내부자원(내부요인)

지금까지 선택과 집중에 영향을 미치는 외부환경 요인을 살펴 보았다. 기업에게 외부환경은 기회 혹은 위협요인으로 다가올 수 있다. 또한 기업은 제한된 자원을 갖고 있기 때문에 이러한 내부자원을 얼마나 효과적으로 활용하느냐에 따라 경쟁우위 여부가 결정될 수 있다. 여기에서는 경쟁우위의 궁극적 원천으로서 기업의 자원과 능력, 그리고 차별역량을 살펴 보고, 이러한 차별역량이 경쟁우위에서 핵심적 역할을 하는 핵심역량이 되기 위한 원천과 조건들에 대해서도 알아 보기로 한다.

(1) 어떤 자원들이 있는가

기업의 자원에는 재무자산, 설비자산, 인적자산, 기술자산, 조직자산 등이 있다. 이러한 자원은 크게 유형자원, 무형자원, 인적자원으로 분류할 수 있다.[2)]

기업의 유형자원은 눈에 보이는 것이며, 숫자로 표현하기 쉽다. 공장, 기계, 건물, 토지 등 물적 자원과 금융 및 재무 자원이 여기에 속한다. 기업의 건물, 토지, 기계, 현금과 같은 유형자원은 시장을 통해 쉽게 구입할 수 있기 때문에 경쟁우위의 핵심자원이 되기 어렵다. 반면 눈에 보이지 않는 무형의 자원, 예를 들면 기업 이미지와 명성, 그리고 브랜드 가치는 쉽게 모방하기 어렵고 이를 얻기 위해서는 많은 시간과 돈이 들기 마련이다. 마찬가지로 기술이나 특허 등 지적재산권 역시 모방하는데 시간이 걸린다는 점 때문에 중요한 자원이 될 수 있다. 이와 함께 인적자원은 유형자원과 무형자원 등을 만들어 내는 주체로서 중요한 의미를 가진다.

(2) 능력이 자원보다 더 중요하다

자원(resources)과 능력(capabilities) 간에는 핵심적인 차이가 존재한다.[3] 즉 자원이란 생산공정(production process)의 투입물이나 생산설비 등을 의미하지만, 자원 그 자체로는 생산적이지 않을 수 있다. 능력(capability)은 바로 이러한 자원을 통합하여 생산적으로 사용하게 하는 기술에 해당한다. 따라서 능력은 경쟁우위의 핵심원천이 될 수 있다. 이는 기업이 독특하고 가치 있는 자원을 가지고 있다 할지라도 그 자원을 효율적으로 사용할 능력을 가지고 있지 못하다면 경쟁우위를 창출하기 힘들다는 것을 의미한다.

따라서 능력은 여러 유형의 경영자원을 통합하여 생산적으로 사용하게 하는 기술을 말한다. 이러한 기술은 기업이 목표를 달성하기 위하여 행하는 의사결정과 내부 관리방식 안에 존재한다. 여기서 중요한 점은 이것이 눈에 보이지 않는다는 점이다. 그리고 능력이란 개별구성원 자체뿐만 아니라 구성원들이 상호작용하고 의사결정하는 방식에 달려있다는 것이다. 이와 같은 능력은 경영자원과 비교할 때 차별역량의 구축에 매우 중요한 의미를 갖는다. 왜냐하면, 기업이 독특하고 가치 있는 경영자원을 가지고 있다 할지라도 그 자원을 효율적으로 사용할 능력을 가지고 있지 않다면, 기업은 차별역량을 창출하거나 유지하기 어렵기 때문이다. 따라서 기업이 차별역량을 구축하기 위해서는 독특하고 가치 있는 자원을 유지하는 것뿐만 아니라 자원을 관리하거나 새로운 자원을 개발하기 위해 필요한 능력까지 보유하여야만 한다.

(3) 차별역량이 경쟁에서 필요하다

차별역량이란 경쟁자와는 차별적으로 보유하고 있는 독특한 자원과 능력을 의미한다.

따라서 차별역량을 구축하기위해서는 독특하고 가치 있는 자원을 소유해야 하고 이러한 자원을 관리하거나 새로운 자원을 개발하기 위해 필요한 능력을 보유해야 한다. 이러한 차별역량은 모방장벽이 높고 지속될수록 경쟁에서 더욱 유리하다고 볼 수 있다. 예를 들면, 경쟁자가 쉽게 모방할 수 있는 것은 건물, 공장, 장비 그리고 현금과 같은 유형자원이다. 경쟁자에게 쉽게 파악되고 시장에서 구입가능하기 때문이다. 이에 비해 무형자원은 모방하기 어렵고 상당한 시간이 걸린다. 대표적인 예가 회사의 명성을 나타내는 상표 이미지이다. 또한 마케팅 노하우와 기술도 중요한 무형자원이다. 하지만, 상표 이미지와는 달리 기업수준의 마케팅 노하우와 기술은 비교적 쉽게 모방이 가능하다. 그리고 혁신적인 발명들도 경쟁자에 의해 어느 정도 모방될 수 있다. 예를 들면 특허의 60%가 4년 내에 경쟁자에 의해 모방되었다고 한다.[4)]

기업능력은 경쟁자가 쉽게 모방할 수 없다. 능력은 경쟁자에게 직접적으로 관찰되지 않기 때문이다. 또한 개인 구성원에 의해 이루어지기보다 독특한 조직상황 안에서 개개인의 상호작용을 통해서 이루어지기 때문에 쉽게 모방되지 않는 속성을 가지고 있다. 하지만 환경의 안정성이 중요하다. 환경이 변하면 그에 따라 자원과 능력의 가치가 달라질 수 있기 때문이다. 기존의 차별역량이 환경변화에 따라 얼마든지 바뀔 수 있다.

기업의 차별역량은 경쟁자를 능가하고 시장에서 잠재이익을 확보하는데 매우 중요하다. 경쟁자가 모방하기 힘든 차별역량을 보유한 기업일수록 시장에서 강력한 경쟁우위를 획득할 수 있다. 이런 차별역량은 경쟁자와는 차별적으로 보유한 독특한 자원과 능력을 의미하며, 이것이 경쟁우위 획득에 핵심적 역할을 담당할 때 바로 핵심역량이 된다.

(4) 핵심역량은 경쟁우위를 확보해 주는 핵심적 능력이다

핵심역량이란 기업이 보유하고 있는 경영자원과 능력 중에서 경쟁자에 비해 경쟁우위를 확보해 주는 핵심적인 능력을 말한다. 핵심역량은 기업의 독특한 자원과 능력을 최종제품과 연결시켜 지속적인 경쟁우위를 창출하는 원천이다. 단기적으로 기업의 경쟁력이란 제품의 가격과 성능특성에 의해 좌우되지만, 장기적으로는 경쟁자보다 낮은 가격에 빠른 속도로 예상하지 못한 제품을 만들어 낼 수 있는 핵심역량을 구축하는 능력에서 나온다고 한다. 이러한 핵심역량을 구축하기 위해서는 고객에 대한 가치를 높이거나 그 가치를 전달하는 과정을 효율적으로 할 수 있는 가치창출 능력이 있어야 한다.

핵심역량의 원천은 2가지로 나눌 수 있다. 첫째, 기능별 능력에서 나오고, 둘째, 조직적 통합능력에서 나온다. 기업의 기능별 능력을 세부적으로 파악하고 경쟁기업들과 비교함으로써 핵심역량을 파악할 수 있다. 예를 들면 생산기술, 연구개발, 마케팅, 브랜드 등 특정 기능별로 핵심역량을 파악할 수 있다.[5] 그렇지만 대부분 기업은 특정 기능별 능력만이 아니라 여러 가지 기능별 능력들이 합쳐져서 종합된 조직상의 능력에서 핵심역량이 창출된다. 여러 가지 기능별 능력을 조합해서 신제품을 만드는 능력, 자신이 가지지 못한 기능별 능력을 다른 기업에게서 빨리 배울 수 있는 능력이 핵심역량이기도 하다. 더 높은 차원의 핵심역량은 조직적 통합능력으로부터 나온다.

| 핵심역량의 조건 |

차별역량이 기업의 핵심역량이 되기 위해서는 몇 가지 조건이 충족되어야 한다

- **최종 고객에게 주는 혜택 :** 핵심역량을 바탕으로 나오는 최종 생산품이 고객에게 중요한 혜택을 주어야 한다. 연료효율이 좋다거나, 소음이 낮다거나 하는 구체적인 혜택을 고객에게 제공할 수 있어야 한다.
- **차별성 :** 핵심역량이 되기 위해서는 경쟁자의 유사한 능력과 비교하여 월등히 우수해야 한다.
- **다양한 제품의 원천 :** 하나의 핵심역량이 많은 제품에 적용가능해야 한다. 예를 들어, 소니의 광학기술은 카메라, 비디오, 카메라, 복사기 등 여러 가지 제품에 적용될 수 있다.

세계적으로 경쟁력을 확보하고 있는 제품들을 살펴보면, 그 기업만이 독특하게 보유하고 있는 핵심역량에 기초하고 있음을 알 수 있다. 기업의 근원적 경쟁우위는 기업 내부의 다양한 기술과 생산능력들을 어떻게 독특한 핵심역량으로 결합시키는가에 달려 있다고 할 수 있다. 이러한 핵심역량은 장기적으로 경쟁우위를 갖도록 해 준다. 일본의 혼다는 엔진제조 기술을 하나의 핵심역량으로 간주하고 오랜 기간 전략적으로 투자하였다. 반면에 미국의 크라이슬러는 엔진제조를 단순히 원가적

인 의미로만 파악하여 자체생산을 중단하고 우리나라의 현대자동차 등으로부터 구매함으로써 뼈아픈 경쟁력 약화의 경험을 하였다. 또한 70년대 및 80년대 미국과 유럽의 기업들은 TV가 사양산업이라 하여 제조를 포기하였는데, 이때 포기한 TV제조기술의 열세로 말미암아 오늘날 고도 성장산업인 고화질 TV 등 비디오관련 사업에서 일본과 한국기업들에게 크게 뒤처지게 되었다.

(5) 핵심역량, 어떻게 파악하는가?

핵심역량은 기업의 기능별 능력을 세부적으로 파악하고 경쟁기업들과 비교함으로써 파악할 수 있다. 구체적으로 살펴보면 다음과 같다.[6]

첫째, 기업의 활동을 세부 활동분야로 나눈다. 이때 가치사슬 기법을 사용한다.

마이클 포터에 따르면 가치사슬 기법은 기업의 전반적인 생산활동을 주활동 부문(primary activities)과 보조활동 부문(support activities)으로 나누어서 기업이 구매 및 재고관리부터 시작하여 물류, 생산과정, 판매, 애프터서비스 단계에 이르기까지 각각의 부문에서 비용이 얼마나 들고 소비자들에게 얼마나 부가가치를 창출하는지를 보다 정교하게 분석할 수 있게 해 준다.[7]

둘째, 각 세부활동 분야에서 경쟁기업과의 벤치마킹을 통해 자기 회사의 경쟁우

그림 5-2 가치사슬

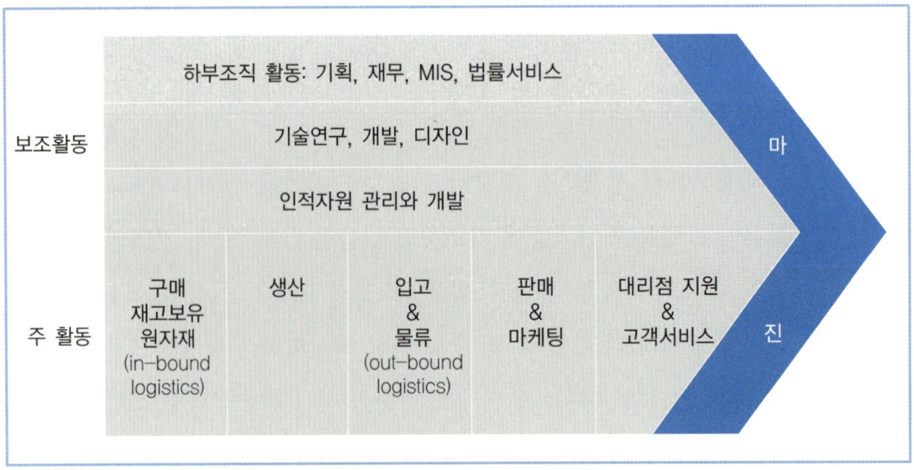

출처 : 장세진, 글로벌 경쟁시대의 경영전략, 박영사, 2002, p. 170.

표 5-1 Volkswagen의 핵심역량 평가

핵심역량의 종류	전략적 중요도	Volkswagen의 경쟁우위 평가 결과	주요사유
제품개발	9	4	신제품 개발이 뒤짐
구매	7	5	전통적으로 약했으나 최근 GM으로부터 Lopez를 스카우트함으로써 개선됨
엔지니어링	7	9	전통적으로 강하였음
생산	8	5	독일에 위치하여 고비용 구조를 가짐 고용조건이 유연하지 못함
재무	6	3	재무관리 기법이 낙후됨
R&D	6	6	전통적인 우위부분임. 그러나 최근 부품 공급자의 연구개발이 더욱 중요하게 됨
마케팅 · 판매	9	4	세계 각국의 소비자 수요의 차이를 충족하지 못함
대정부 교섭능력	4	8	중국 등 신흥시장 진출

주: (1~10까지의 스케일: 1=매우 낮음, 5=보통, 10=매우 높음).
출처: R. Grant, Contemporary Strategy Analysis, 1998, p. 136; 장세진, 글로벌 경쟁시대의 경영전략, 박영사, 2002, p. 175.

위와 열위 분야를 파악하고 주요 원인을 분석한다. 〈표 5-1〉에서 Volkswagen의 예를 참조할 수 있다.

셋째, 자신의 열위분야를 보완하고 우위분야는 더욱 발전시킨다.

넷째, 자신의 조직상 능력을 평가한다. 조직 내부에서 핵심역량의 공유가 활발하게 이루어져 새로운 신제품을 만들어 내는 능력을 가지고 있는지 또는 새로운 핵심역량에 대한 학습을 신속하게 만들어 내고 있는지를 살펴본다.

〈표 5-2〉는 핵심역량을 파악하기 위한 도구로 사용될 수 있다. 기업의 기능별 능력을 경쟁기업과 비교하여 원인을 분석하고 발전방안을 만들어 본다. 기능별 능력과 마찬가지로 조직상의 능력도 마찬가지 방법으로 평가해 본다. 다음과 같은 발전방안들을 종합적으로 정리하면 기업의 핵심역량을 구체적으로 도출해 낼 수 있을 것이다.

표 5-2 핵심역량 파악하기

구 분	세부활동분야	경쟁기업과의 비교	원인 분석	발전 방안
기능별 능력				
조직상의 능력				

〈경쟁기업과의 비교 기준, O : 우위, △ : 동등, x : 열위〉

출처 : R. Grant, Contemporary Strategy Analysis, 1998, p. 136 참고하여 응용했음.

04 훌륭한 선택과 집중을 하기 위해서는?(SWOT분석)

외부환경 분석과 내부의 강점과 약점을 분석하여 어떤 전략을 선택하고 집중할 것인가를 통합적으로 분석하는 도구 중 가장 널리 알려진 것이 SWOT분석이다. SWOT분석(Strengths-Weaknesses-Opportunities-Threats Analysis)이란 환경으로부터의 기회와 위협, 기업내부의 강점(핵심역량)과 약점을 분석하는 수단이다. 외부환경과 내부의 강 · 약점을 하나의 틀 속에 포함시킴으로써 전략적 상황을 한 눈에 볼 수 있다. 이런 분석을 활용하여 효과적인 전략을 수립하는 데 도움을 받을 수 있다.

〈표 5-3〉은 SWOT분석을 실시할 때 활용되는 표다. 이 분석은 첫째, 외부환경으로부터 기인하는 기회와 위협, 내부적인 강점과 약점을 열거하는 것으로 시작한다. 둘째, 기업의 강점(핵심역량)과 약점을 당면한 기회 및 위협을 적절히 배합하여 전략적 대안들을 도출해낸다. 그림에서처럼 강점-기회(SO)전략, 약점-기회(WO)전략, 강점-위협(ST)전략, 약점-위협(WT)전략으로 나눌 수 있다. 셋째, 이렇게 도출

표 5-3 SWOT분석표

내부요인 / 외부요인	강점(S)-내용열거	약점(W)-내용열거
기회(O)-내용열거	강점-기회(SO)전략 - 기회를 살리면서 강점을 활용하는 전략대안 도출	약점-기회(WO)전략 - 약점을 극복하면서 기회를 살리는 전략대안 도출
위협(T)-내용열거	강점-위협(ST)전략 - 위협을 회피하면서 강점을 살리는 전략대안 도출	약점-위협(WT)전략 - 위협을 회피하면서 약점을 극복하는 전략대안 도출

된 전략들 중에서 효과적인 전략대안을 선택하여 실행한다.

〈표 5-4〉는 SWOT분석을 이용하여 '경영전략 과목에서 좋은 성적 받기'를 위한 전략적 대안을 수립한 사례를 제시해 본 것이다. 전략을 개인 차원으로 적용시켜 보았다. 예를 들면, 나는 꼼꼼한 성격을 가지고 있고 글쓰기를 좋아하고 새로운 시도를 즐기지만, 직업을 가지고 있는 파트타임 학생이기 때문에 공부할 시간이 비교적 적다. 또한 스스로 창의적인 사고능력이 다소 부족하다고 느끼고 있다. 한편, 수업시간에 필요한 자료는 사이버 카페를 통해 충분히 제공되고 있으며, 다양한 경험을 가진 학생들이 함께 수업에 참여하고 있다. 게다가 학생들의 학습에 매우 우호적인 담당교수의 성향은 기회요인으로 작용하고 있다. 반면, 내가 이 과목에서 좋은 성적을 거두는데 장애물이되는 위협요인으로는 평소 내게 익숙치 않은 수업방식의 채용이다. 바로 스토리텔링이라는 생소한 접근방법이 그것인데, 기존의 수업방식과 달라 나는 적잖게 당혹해 하고 있다. 게다가 나보다 상대적으로 우수한 학생들이 많은 것도 내가 좋은 성적을 거두는데 불리한 여건으로 작용하고 있다. 이러한 외부요인들과 내부의 강·약점들을 고려하여 SWOT분석을 해 보면 〈표 5-4〉와 같다. 이를 통해 내가 가진 강점과 약점을 알 수 있고, 외부환경에 대응하는 전략적 대안을 도출할 수 있다.

SWOT분석을 통해 여러 가지 전략적 대안이 도출될 수 있다. 그런데, 여기서 딜레마에 빠진다. 이 많은 전략을 어떻게 다 수행할 수 있을 것인가? 나 자신이나 기

표 5-4 경영전략 과목에서 좋은 성적을 받기 위한 전략 수립

내부요인 / 외부요인	강점(S) - 꼼꼼한 성격 - 글쓰기를 좋아함 - 새로운 시도를 즐김	약점(W) - 공부할 시간의 부족 (직장을 다니며 공부) - 창의적 접근능력 부족
기회(O) - 풍부한 자료 제공 - 학생에게 우호적인 담당교수의 성향 - 다양한 경험을 지닌 학생	강점-기회(SO)전략 - 모든 자료를 꼼꼼히 읽어 정리 - 자료정리 후 틈 나는 대로 담당교수에게 자문을 구함	약점-기회(WO)전략 - 주말, 휴일에 집중하여 학습하고 과제를 준비함 - 그룹스터디를 통해 다양한 정보와 의견을 교환함
위협(T) - 기존과 다른 접근방식 (스토리텔링) - 우수한 능력을 갖춘 학생들	강점-위협(ST)전략 - 스토리텔링 관련 도서를 세밀히 학습하고, 스토리를 만들어 봄 - 실력있는 학생에게 도움요청	약점-위협(WT)전략 - 그룹스터디에 나보다 능력 있는 학생을 포함시킴

업이 가진 자원의 한계를 감안한다면, 모든 전략을 한꺼번에 수행하기란 불가능하다. 이 때 사용 가능한 방법이 '우선순위 결정법' 이다. 전문가 집단이 모여서 각 전략의 효과성, 실행의 용이성, 파급 가능성 등을 파악하여 전략수행의 우선순위를 결정하는 것이다. 우선순위 결정법은 먼저, 전문가 집단이 모여서 각각의 전략적 대안을 효과성, 실행의 용이성, 파급가능성 등 우선순위를 결정하는데 필요한 요소를 정하고, 각각의 요소를 10점 척도로 평가한다. 둘째, 총합이 가장 높은 순서대로 정렬한 다음 우선 순위를 결정하여 선택해 나간다. 이 때 몇 개의 대안을 실행하는 것이 좋은가하는 질문에 부딪히게 된다. 이 때는 자신이 가진 자원의 한계를 고려해서 적절한 수준에서 결정하면 된다.

〈표 5-5〉는 〈표 5-4〉에서 사례로 든 경영전략 과목에서 좋은 성적을 받기 위해 도출한 전략들의 우선순위를 결정하기 위해 각 전략을 효과성과 실행용이성 측면에서 평가해 본 결과이다. 이 경우에 '파급 가능성' 은 생략하였다. 가용한 자원을 고려하여 어떤 순위까지의 전략을 실행할 것인가를 결정하게 되는데, 예를 들면 1번부터 4번까지의 전략들만 채택하여 실행할 수 있다.

그 밖에 기업들이 보다 나은 선택과 집중을 하기 위해서는 다음과 같은 사항들을 고려해야 한다. 첫째, 명확한 목적이 있어야 한다. 조직이 추구하고자 하는 목적이 분명하지 않으면 어떤 전략을 선택하고 집중해야 하는지 대상이 불분명해 질 수밖

표 5-5 우선순위 결정법 사례

전략	효과성	실행용이성	합계	순위
모든 자료를 꼼꼼히 읽어 정리	5	10	15	2
자료정리후 틈 나는 대로 교수님께 자문을 구함	8	5	13	4
스토리텔링 관련 도서를 세밀히 학습하고, 스토리를 만들어 봄	6	7	13	4
실력있는 학생에게 도움요청	7	8	15	2
주말, 휴일에 집중하여 학습하고 과제를 준비함	8	10	18	1
그룹스터디를 통해 다양한 정보와 의견을 교환함	6	5	11	6
그룹스터디에 나보다 능력있는 학생을 포함시킴	6	5	11	6

에 없다. 시장점유율을 높이려는 목적을 가진 기업과 단지 규모의 확장을 목표로 하는 기업이 선택하는 전략과 집중의 방식은 분명 차이를 보일 수 밖에 없다.

둘째, 운도 중요하다. 故이병철 회장(삼성)은 사업의 성공을 이야기 할 때 '운둔근(運鈍根)' 의 고사성어를 예로 들었다고 한다. 목표 달성을 위해 최선을 다했다면, 때로는 운도 중요하기 때문에 우둔하게 기다릴 수 있는 자세도 중요하다는 것이다. 사실 기업이 전략을 선택하고 집중할 때 모든 상황의 변화를 예측하고 대응한다는 것은 거의 불가능하다. 환경변화의 속도가 점점 더 빨라지고 있으며, 고려해야 할 요소가 너무 많은 현대의 기업경영에서는 운도 어느 정도 따라주어야 한다.

셋째, 최고경영자의 성향도 중요하다. 외부환경 분석과 내부역량 분석을 바탕으로 전략적 대안들을 도출했다면, 최종적 전략적 결단을 위해 최고 의사결정권자의 역할이 중요하게 된다. 어떤 전략이 효과적일지 결정하는 몫은 결국 최고경영자의 손에 달려 있기 때문이다. 특히, 성공을 했을 때의 이익도 크지만, 전략의 실행에 위험 부담이 있는 전략적 대안도 있기 때문에 최고경영자가 위험을 어느 정도까지 부담할 수 있느냐에 따라 전략적 의사결정은 달라질 수 있다. 따라서 선택과 집중에서 최고 의사결정권자의 성향이 중대한 영향을 미칠 수 있다.

사례 삼성전자와 애플의 선택과 집중

1. 삼성전자와 애플의 실적

▶삼성과 애플의 2011년 3분기 실적

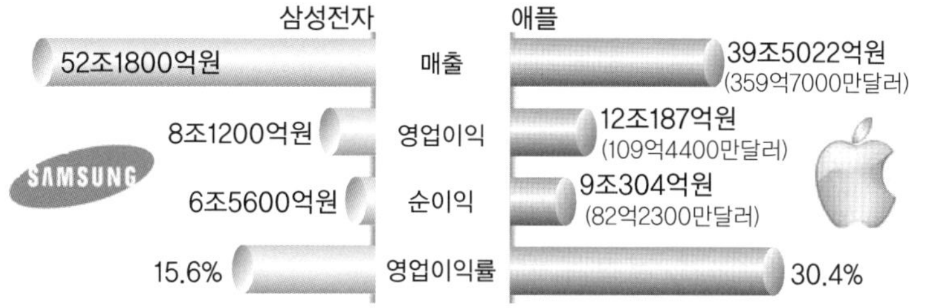

(11년 3분기 기준)

총매출액에서는 삼성전자가 52조 1800억원(애플 : 39조 5022억원)으로 우위를 보이나 영업이익 측면에서는 애플이 12조 187억원(삼성전자 : 8조 1200억원)으로 삼성전자보다 높은 것을 알 수 있다. 이러한 차이는 애플과 삼성전자의 내부자원 및 외부요인들에 의한 것이다. 애플의 경우, 고부가가치를 내는 소품종을 판매하는 데 반해, 삼성전자는 다양한 제품을 판매하기 때문에 생산비의 지출이 훨씬 많다. 애플은 고유의 운영체제를 가지고 있으며 디자인을 차별화하는 반면 자체 공장 없이 생산을 모두 아웃소싱에 의존한다. 반면, 삼성전자는 후발주자로서 전 제조공정을 자체 보유하면서 수백 개의 협력업체들로부터 부품을 공급받고 있다.

2. 거시적 환경

(1) 기술적 요인

최근 안드로이드의 완성도가 높아지고 제조업체의 소프트웨어 역량이 꾸준히 향상되어 어느 정도 평준화가 이루어졌다. 그로 인해, 하드웨어와 서비스 향상이 상대적으로 중요해졌다.

하드웨어를 향상시킨다는 것은 단순 스펙 향상이 아닌 신기술 개발을 의미한다. 그를 기반으로 새로운 서비스를 하기 위한 것인데, 그 예로 플렉서블 디스플레이(Flexible Display) 기술을 통해 소비자에게 색다른 형태의 스마트폰을 제공하면서 새로운 사용자 인터페이스와 서비스를 가능하게 하는 것을 들 수 있다. 또한, 외부상황을 인지하는 Sensor와 S/W 기술 또한 중요해질 전망이다.

(2) 국제화 환경요인

미국의 주택 경기와 고용 여건이 뚜렷하게 나아지고 있는 상황에서 재정 절벽 우려가 희석됨에 따라 억눌렸던 소비 심리가 다소 회복될 것으로 전망되고 있다. 또한, 중국도 경기 회복 및 부양 기조와 더불어 상향 추세가 이어질 것으로 보인다.

아래의 표와 같은 산업 구조의 변화와 함께 신흥 시장의 성장세와 글로벌 시장의 확대에 따라 향후 더욱 경쟁이 치열해질 것으로 예상된다.

표 1 휴대폰 산업 구조의 변화

경쟁 요소	기술 변화	스펙 경쟁	가격 경쟁
핵심 경쟁 요소	기술 대응력	디자인, 제조 경쟁력	원가구조, 생산규모
산업 수익성	선발 업체 극대화, 후발 업체 적자 지속	수익성 하향 평균화	상위 업체만 수익
1차 주기	휴대폰 출시 ('90~'92)	소형화 ('92~'94)	아날로그 가격 하락 ('94~'96)
2차 주기	디지털 전환 ('96~'00)	카메라폰, 폴더형 디자인 ('00~'02)	단가 인하 ('03~'05)
3차 주기	3G 전환 ('06~'07)	터치스크린 채택 ('07~'08)	피처폰 가격 인하 ('08~'09)
4차 주기	스마트폰 확대 ('08~'10)	스마트폰 H/W스펙 경쟁 ('11~'12)	가격경쟁 돌입 ('12~)

자료: 강희일 외 (2011.12) "산업 구도 변화와 국내 휴대폰 부품의 전략적 대응", 정보통신산업진흥원.

3. 삼성전자 분석

(1) 휴대폰 시장의 5Forces 분석

잠재적 진입자

- 모바일 시대도래로 노트북, PDA 회사의 진입가능성 증대
- 중국 기업들의 성장 (ZTE, ASUS)

공급자의 교섭력

- 소수의 모기업에 의존되어 있어 공급자의 교섭력이 약함

산업내 경쟁

- 안드로이드폰 성장
- MS의 윈도우폰 합류
- OS 가 아닌 브랜드 경쟁양상

수요자의 교섭력

- 제품의 차별성 높음
- 수요자의 정보력이 높음
- 전환비용이 낮음(보조금 제도)

대체제의 위협

- 모바일 시대 도래: 스마트폰은 대체제들의 복합적 기능
- 대체품 교체비용 높음
- 성능, 가격변화

삼성전자의 외부환경을 살펴보면, 먼저, 안드로이드폰의 성장에 따라 다양한 업체들과의 경쟁이 일어나고 있으며, MS의 윈도우폰이 진입함에 따라 더욱 치열한 경쟁이 예상된다. 또한, ZTE, ASUS와 같은 중국 기업들과 모바일 시대의 도래로, 노트북 또는 태블릿 PC 업체들이 새로이 휴대폰 시장에 진입할 위험이 높아지고 있다.

제품의 차별성이 다양해지고 제품에 대한 정보 획득이 용이해졌으며, 정부의 보조금 제도와 같은 요인들로 인해 전환비용이 낮아짐에 따라 수요자의 교섭력이 강해지고 있다. 반면, 지속적인 수직적 통합을 통해 부품의 자급률을 높이고 있으며, 소수의 모기업에 공급자들이 의존되어 있는 구조에 의해 공급자의 교섭력은 낮아지고 있다.

따라서, 향후에는 신흥국 시장이 확대됨에 따라 기존 휴대폰에서의 브랜드가치를 바탕으로 다양한 제품개발 능력을 통해 중저사양 휴대폰으로 시장 선점이 필요하다. 또한 클라우드 시대에 삼성은 삼성 클라우드를 조기 도입하여 애플의 앱스토어와 같은 생태계 구축이 필요하며 빈약한 컨텐츠 지배력에 대한 보강 또한 시급하다.

2012년 5월 미국 클라우드 컨텐츠 서비스 업체 엠스팟을 인수함으로써 클라우드 스

트리밍 기술을 통해 음악과 비디오, 라디오 등 다양한 멀티미디어 콘텐츠를 제공할 수 있을 것으로 기대된다.

안드로이드 OS 점유율이 확대됨에 따라 구글과의 협력을 더욱 강화하는 한편, 자체 OS 강화 및 멀티OS 플랫폼 전략를 통해 구글 의존도를 낮춰야 할 필요가 있다. 최근 MS의 윈도우8(PC/스마트폰/태블릿/PC/TV까지 모든 전자 모바일 기기에서 작동하는 세계 최초 통합 운영체제)의 모바일 사업파트너로 삼성이 선정된 것은 구글 의존도를 낮추기 위한 전략의 일환이다.

(2) 삼성전자의 SWOT 분석

내부요인 / 외부요인	강점(S) - 강력한 Brand 가치 - 다양한 제품 개발력 - 탁월한 조직민첩성	약점(T) - 낮은 자체 OS 경쟁력 - 안드로이드에 높은 의존도 - 빈약한 컨텐츠 지배력
기회(O) - 신흥국 시장 확대 - 클라우드 시대 도래 - 고객층의 다양화	강점-기회(SO)전략 - 이머징 국가 조기 진출 - S 클라우드 조기 도입 - 다양한 모델 생산	약점-기회(WO)전략 - 중저사양 스마트폰 보급 - 컨텐츠 경쟁력 확보
위협(T) - 시장 성숙기 도래 - 안드로이드 진영 반격	강점-위협(ST)전략 - 중저가 스마트폰 확대 - 구글과의 협력 강화	약점-위협(WT)전략 - 자체 OS 강화 - 멀티 OS플랫폼 전략

삼성전자의 경우, 강력한 Brand 가치와 탁월한 조직민첩성을 통해 다양한 제품을 개발하고 있다. 또한, 신흥 시장의 확대와 다양한 고객층을 지속적으로 확보하고 있다. 반면, Android에 의존함에 따라 OS 경쟁력이 약해지고, 컨텐츠의 지배력 또한 약하다고 볼 수 있다. 또한, 휴대폰 시장이 성숙기로 접어듬에 따라 향후 방향에 대한 모색의 필요성이 증대되고 있다.

H/W 차별화가 점차 어려워지고 있으며, 가격이 중요한 변수가 되어 중국업체의 약진이 예상되므로, 이에 따른 이머징 국가 공략 전략이 필요하다. 삼성전자는 지역적으로 시장규모가 큰 아시아/태평양, 서유럽, 북미에서 두 자리수 이상의 시장점유율을 기록하며 애플 수준의 높은 경쟁위치를 점하고 있다. 노키아에 비해서는 북미의 경쟁위치가 높은 반면, 이머징 국가에서의 경쟁력은 낮은 편이지만, 아시아/태평양을 제외한

이머징 국가에서 경쟁력이 약한 애플에 비해서는 이들 지역에 대한 장악력은 높다.

이에 따라, 삼성의 강점인 원가절감 및 운영의 효율성 및 다양한 제품개발력을 토대로 이머징 시장을 선점해야 한다. 이를 위해서 프리미엄 제품군(고급형 스마트폰)을 통해 선진국 공략을 가속화하는 동시에 중저가 제품군(보급형 스마트폰)을 통해 상대적으로 점유율이 낮은 이머징 지역을 공략하는 투트랙 전략이 필요하다.

2. Apple 분석

(1) Apple의 외부환경

애플의 외부환경을 살펴보면, 삼성전자와 마찬가지로 안드로이드폰의 성장에 따른 다양한 업체들의 경쟁이 일어나고 있으며, MS의 윈도우폰이 진입함에 따라 더욱 치열

Inside your iPhone4			
Main Materials	Manufactor	Price	Country
LCD display	LG	$28.50	South Korea
Flash memory chip	Samsung	$27.00	South Korea
Receiver/transceiver	Infineon	$14.05	Germany
DRAM memory	Samsung	$13.80	South Korea
Processor	Samsung	$10.75	South Korea
Touch screen	Wintek	$10.00	U.S.A
Camera, 5-megapixel	LG	$9.75	South Korea
Wi-Fi/Bluetooth/GPS	Broadcom	$9.55	U.S.A
Battery	Samsung	$5.80	South Korea
Accelerator/gyroscope	STMicro	$3.25	Italy/France
Radio frequency memory	Intel	$2.70	U.S.A
Power management	Dialog	$2.03	Germany
Touch screen control	Texas Instruments	$1.23	U.S.A
Audio codec	Cirrus Logic	$1.15	U.S.A
Camera/VGA	LG	$1.00	South Korea
Compass	AKM	$0.70	Japan
Otherparts	-	$46.25	-
Total		$187.51	

출처: UBS Company Report.

한 경쟁이 예상된다. 또한, ZTE, ASUS와 같은 중국 기업들이 등장하고 노트북 또는 태블릿 PC 업체들이 새로이 휴대폰 시장에 진입할 위험이 높아지고 있다.

경쟁격화로 제품의 차별성이 줄어들고 제품에 대한 정보 획득이 용이해졌으며, 전환비용이 낮아짐에 따라 수요자의 교섭력이 강해지고 있다. 또한, 앞의 표를 보면 알 수 있듯이 대부분의 부품의 생산을 아웃소싱함에 따라 삼성전자와는 다른 공급자망(Supply Chain)을 구성하고 있다.

(2) Apple의 SWOT 분석

내부요인 / 외부요인	강점(S) - 강력한 Brand 가치 - HW/SW/컨텐츠 최적화 - 원가절감 능력 高	약점(T) - 소수의 제품군 보유 - 시장 지배자 경험無 - 부품 납품업체 이윤 低
기회(O) - 신흥국 시장 확대 - 클라우드 시대 도래	강점-기회(SO)전략 - 중저가 제품군 도입 - 4 Screen 연계 강화	약점-기회(WO)전략 - 중저사양 스마트폰 보급 - 컨텐츠 경쟁력 확보
위협(T) - 시장 성숙기 도래 - 안드로이드 진영 반격	강점-위협(ST)전략 - 비용 낮춰 효율성 증대 - 앱스토어 활성 가속화	약점-위협(WT)전략 - 신흥국 시장 진출 사례 - 벤치마킹/Local기업과의 협력

애플의 경우, 강력한 Brand 가치와 하드웨어/소프트웨어/컨텐츠의 최적화 능력 및 높은 원가절감 능력을 가지고 있다. 반면, 소수의 제품군만을 보유하고 있으며 부품 생산을 대부분 아웃소싱함에 따라, 다양한 소비자 계층을 보유하지 못하고 있으며 부품 공급업체에 의해 생산의 어려움을 겪기도 한다. 또한, 휴대폰 시장이 성숙기로 접어듦에 따라 향후 방향에 대한 모색의 필요성이 증대되고 있다. 신흥국 수요 확대 및 시장 성숙기가 도래함에 따라 강력한 Brand 가치를 바탕으로 중저가 제품군을 도입하거나 우수한 SCM 및 재고관리를 바탕으로 비용을 낮춰 효율성을 증대하는 것이 필요하다.

소수의 제품군 보유라는 약점은 구제품 가격인하 및 다양한 제품포트폴리오 구축을 통해 상쇄가 가능하다. 현재 높은 수익성을 볼 때, 추가 가격인하를 통한 시장점유율 확대전략도 가능하다. 또한, 노키아, 삼성 사례에 대한 벤치마킹과 신흥국에 위치한 부품 납품업체와의 협력 관계 강화를 통해 현지화를 조기 추진함으로써 미래에 대비할 수 있다.

폰-태블릿-PC-TV 등 미래형 4 Screen의 디지털허브 클라우드 시대에 대응하여, 애플은 2009년 새로운 서비스를 도입하였으나 실패 후 2011년 10월 아이폰, 아이패드, 아이맥, 아이TV의 허브로 아이클라우드 서비스를 도입하였다. 언제든 자신의 컨텐츠에 접근할 수 있고 동기화할 필요가 없는 디지털 허브 전략의 일환으로 i-클라우드가 허브로서 기능하게 하려는 전략이다. 이는 모든 것이 막힘없이 매끄럽게 작동되는 것을 의미하며 이를 통하여 기존 애플 기기 사용자는 새로운 애플 기기를 구매하고 애플의 폐쇄적인 정원 안에만 머물 수밖에 없다는 것을 말한다. 이러한 폐쇄성은 애플에게 엄청난 수익을 지속적으로 가져다 줄 수 있지만, 구글과 삼성전자 등으로부터 커다란 도전을 받고 있는 요인이기도 하다.

6장 실천: 전략 매뉴얼과 실행

1. 전략의 내용 구성
2. 전략 매뉴얼
3. 전략의 실행

[사례] 고려렌트카의 전략 수립과 실행

학습내용

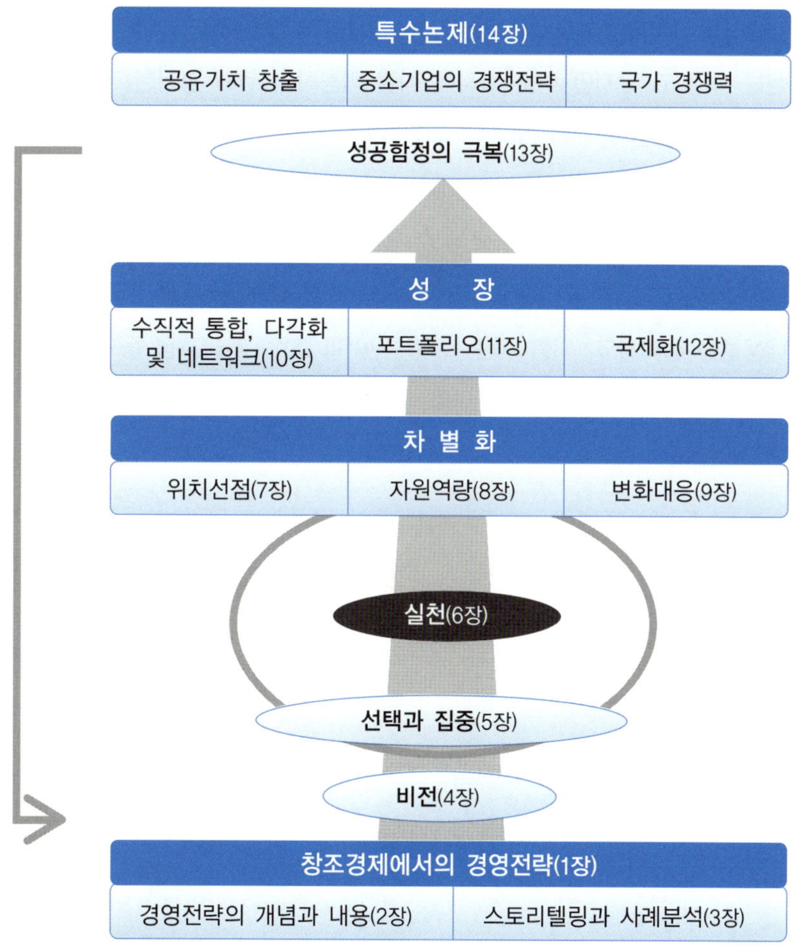

장기적 비전 아래 선택과 집중의 의사결정을 일관되게 함으로써 차별화를 이루어 나가는 것이 전략의 기본 기능이라고 할 수 있다. 기업의 전략을 실제로 만들고 실천하는 책임을 맡고 있는 최고경영자는 이러한 전략관리의 과정에 대한 실천적 지침이 필요할 것이다. 보통 최고경영자들은 선택과 집중, 그리고 차별화라는 전략의 핵심을 잘 알고 있지만 이를 회사에 직접 적용하기 위해 명확한 지침이나 수단을 가지고 있지 못한 경우가 많다. 그러다 보니 경험을 통해 중단기 계획을 세우고 종업원들과 그 계획을 공유하는 방법에서 나름대로의 노하우를 가지고 있지만, 명쾌한 전략 지침들을 가지고 있지 못할 수 있다. 이러한 경우 전략을 만들기 위해서 우선 비전과 외부 · 내부 환경요인에 대한 파악이 필요하며, 이를 기반으로 도출된 전략 내용들을 정리하고, 이를 제품, 고객, 인력과 조직, 자금흐름 등으로 세분화해야 한다. 이 장에서는 전략의 세분화를 위한 매뉴얼을 제시하고 실행방안에 대해 논의하고자 한다.

01 전략의 내용 구성

1.1 비전의 파악

비전이란 '장기적 안목에서 현실과 미래목표를 연결시키는 전략구상'을 말하며, 최고경영층이 전략적 리더십을 확보하는 데 중요한 영향을 미친다. 4장에서 살펴봤듯이 비전의 하위요소로서는 핵심가치와 믿음, 목적, 행동규범, 사명이 있다.

(1) 핵심가치와 믿음

핵심가치와 믿음은 기업에 있어 '길잡이로서의 철학'을 말하며 이것은 영속적이고 내재적인 신념, 정체성, 사고와 행동의 기준을 내포하고 있는 개념이라 할 수 있다. 예를 들면, 인재제일, 최고지향, 변화선도, 정도 경영 등은 핵심가치와 믿음을 표현한 것이다.

(2) 목적

목적은 '기업이념'과 유사한 개념으로서, 기업이 존재하는 이유와 궁극적인 목표 및 방향성을 나타낸다. 예를 들면, 교육사업으로 성공한 메가스터디의 경우 '배움의 과정에 있는 모든 이에게 최고의 교육 컨텐츠 서비스를 통해 가치 있는 지식을 제공하여 더 나은 미래를 설계하도록 돕겠다'는 것을 기업목적으로 하고 있다.

(3) 행동규범

행동규범은 바람직한 조직문화를 실현하기 위해 지켜야 할 표준 행동양식으로서 대내외적으로 지켜야 할 행동지침들이라 볼 수 있다. 예를 들면, '우리는 방송의 공공성에 입각하여 국민의 교육적 욕구에 부응하고, 국민문화 향상에 기여한다' 와 '우리는 직무 및 직위를 이용하여 외부에 부당한 청탁을 하지 않는다' 등은 EBS의 행동규범이다.

(4) 사명(단기목표)

사명은 '단기적으로 명확하면서 거역할 수 없는 단기적 목표로서 반드시 성취해야하는 것' 이라 할 수 있다.

1.2 외부평가

외부평가는 외부환경이 기업에 영향을 줄 수 있는 요소들을 파악하는 것으로서 하위 요소로서는 업계동향, 기술동향, 경쟁업체, 사회 · 규제환경, 거시경제 · 인구동향 등이 있다.

(1) 고객동향

기업이 진출한 시장에서 고객의 수요와 주 고객층을 분석한다(연령, 성별, 지리적 위치, 소비형태, 소득수준, 행동양식 등).

(2) 기술동향

기존 시장에서 우위를 점하고 있는 기술과 새로운 기술의 영향에 대해 분석한다.

(3) 경쟁업체

현재 경쟁자 중 가장 위협적인 업체 또는 앞으로 경쟁자가 될 수 있는 업체에 대해 파악한다. 경쟁업체의 분석요소들로는 고객, 핵심 파트너 업체, 재무상태, 시장 점유율, 경영전략, 주력제품, 제품가격, 제품특징 등을 검토할 수 있다.

(4) 사회 · 규제 환경

소비자들의 구매 및 소비행동에 영향을 미칠 수 있는 사회적 · 문화적 환경이 무엇인지, 그리고 기업활동에 영향을 미치는 법적 규제가 무엇이 있는지에 대해 파악한다.

(5) 거시경제 · 인구동향

경제 및 인구의 구조적 변화, 환율 및 이자율, 국내외 경기동향 등 경제 전반에 미칠 거시적 요인들을 파악한다.

(6) 기회와 위협

앞의 외부평가를 통하여 기업이 활용해야 할 기회와 기업이 대비해야 할 위협에 대해 파악한다.

1.3 내부평가

내부평가는 기업 내부요소에 대한 파악이며 자원, 기술혁신의 잠재력, 핵심역량, 강점 및 약점 등을 분석할 필요가 있다.

(1) 자원

자원은 자본, 생산설비 등의 재물이나 인적자원 등 유형자원만을 가리키는 것이 아니라, 기업이 가진 고유의 기술과 경영능력 및 신용, 그리고 기업이 갖는 품격 등 무형자원도 포함한다. 자원은 경쟁우위를 유지하기 위해 가치가 있고, 희귀하며, 모방이 불가능하고, 대체물이 없을수록 우수한 것이다.

(2) 기술혁신의 잠재력

기업이 보유하고 있는 핵심기술이 무엇이 있는지, 그리고 향후 예측 가능한 기술혁신의 가능성과 잠재력은 어떠한지에 대해 파악한다.

(3) 핵심역량

핵심역량은 기업의 여러 가지 경영자원 중 경쟁기업에 비하여 훨씬 우월한 능력, 즉 경쟁우위를 가져다 주는 기업의 능력을 말한다.

(4) 강점과 약점

자원, 핵심역량, 기술 등을 다른 기업과 비교할 때 내세울 수 있는 강점과, 기업이 보완해야 할 상대적인 약점에 대해 파악해 본다.

02 전략 매뉴얼

비전과 외부 및 내부 평가를 한 후 전략대안을 만들게 된다. 전략 만들기는 우선 개요를 간단히 서술해 보는 과정으로부터 시작한다. 이 때 개요란 향후 3년 간 전략적 방향과 목표를 간략하지만 명확하게 기술하고 전략내용에 관해 핵심부문을 간단하게 설명하는 것을 말한다. 이러한 전략개요에 기초해 제품의 개발과 판매, 고객, 자금흐름, 인력과 조직의 활용 등에 대해 구체적 계획을 제시한다.

(1) 개요

향후 3년 간 조직이 나아가야 할 방향과 목표를 달성하기 위한 지침으로서 전체적으로 어떻게 차별화할 것이며, 주력제품은 무엇을 할 것이며, 진출시장은 어디로 할 것이며, 생산 · 판매 · 마케팅을 어떻게 할 것인가에 대해 핵심적으로 기술한다.

(2) 제품

제품의 아이디어 개발에서부터 판매에 이르기까지의 계획을 말한다. 예를 들면, 기업의 주력제품은 무엇으로 할 것이고 제품을 어떻게 차별화할 것이며, 제품개발계획과 제품 수요시장에 따른 생산량, 그리고 제품의 유통체계는 어떻게 할 것인가에 대한 내용을 담는다.

(3) 고객

제품을 이용할 고객들의 연령, 성별, 지리적 위치, 소비형태, 수입, 행동양식 등에 대해 명확히 정의하고 고객과의 원활한 커뮤니케이션을 위한 방안을 제시한다. 또한 고객의 욕구를 충족시키기 위한 서비스 방안도 제시한다.

(4) 자금흐름

자금의 확보와 활용을 어떻게 할 것인가에 대한 계획이다. 기업의 향후 3년 간 목표 성장률과 자금확보 방안을 계획할 필요가 있다.

(5) 인력과 조직

조직이 앞으로 달성해야 할 목표를 위해 보강 또는 신설되어야 할 부서 등을 계획하고 직원들의 동기부여를 위해 개선되어야 할 제도나 프로그램을 제시한다.

위와 같이 전략의 내용들이 결정되었다면 당해 연도의 우선사항을 3~5가지 정도 정하는 것이 필요하다. 그리고 그 우선사항 각각에 대해 책임자를 정해 놓을 필요가 있다. 다음은 전략 만들기를 연습해 보기 위한 매뉴얼이다. 그 내용을 읽고 해당 항목별로 한번 적어보자.

표 6-1 전략 매뉴얼의 틀

비전	- 핵심가치와 믿음 : 근본적으로 추구하는 가치와 경영철학 - 목적 : 기업이념 - 행동규범 : 바람직한 조직문화를 실현하기 위해 지켜야 할 표준 행동양식 - 사명 : 단기적으로 달성해야 할 목표
외부평가	- 업계동향 - 기술동향 - 경쟁업체 - 사회환경 및 규제환경 - 거시경제 및 인구동향 - 기회 및 위협
내부평가	- 자원 - 기술혁신 잠재력 - 핵심역량 - 강점 및 약점
전략	- 개요 - 제품 - 고객 - 자금흐름 - 인력과 조직

〈비전〉

핵심가치와 믿음

■ 귀사가 생각하고 있는 경영철학은 무엇입니까? (영속적이고 내재적인 신념, 정체성, 사고행동의 기준)

예		
예	삼성전자	인재제일, 최고지향, 변화선도, 정도경영, 상생경영
	농심	- 지속적인 도전과 혁신으로 새로운 가치를 창출 - 시대정신에 부응하고 내외부 고객의 행복을 추구 - 세계시장으로 통하는 최고의 기술과 지혜를 축적 - 일에 대한 열정을 가지고 정도를 추구하여 책임을 완수
	LG유플러스	- 가치있는 일에 집중하고 열린 커뮤니케이션을 지향하는 강하고 밝은 조직으로 성장한다. - 의사결정의 중심에 고객을 두고, 필요한 가치를 탁월하게 제공한다. - 꾸준히 실력을 배양해, 어떠한 경우에도 정정당당하게 승부한다.

목적 (기업이념)

■ 궁극적으로 추구하고 성취하고자 하는 것이 무엇입니까? (존재이유, 궁극적인 목적 및 방향성)

예		
예	삼성전자	인재와 기술을 바탕으로 최고의 제품과 서비스를 창출하여 인류사회에 공헌한다.
	메가스터디	배움의 과정에 있는 모든 이에게 최고의 교육 컨텐츠 서비스를 통해 가치있는 지식을 제공하여 더 나은 미래를 설계하도록 돕겠다.
	LG유플러스	고객의 생활이 보다 편리하게 변화되도록 가치있는 모바일 서비스로 끊임없이 혁신해 나가며, 누구보다 먼저 고객에게 제공함으로써 고객이 가장 먼저 떠올리고 선호하는 회사로 성장하겠다.

행동규범 (바람직한 조직문화를 실현하기 위해 지켜야 할 행동양식)

■ 사회적 책임 수행을 위한 대내외적 약속으로 귀사의 임직원들이 지켜야 할 것은 무엇입니까? (바람직한 조직문화 실현을 위한 행동양식)

예	삼성전자	- 법과 윤리를 준수한다. 깨끗한 조직문화를 유지한다. - 환경, 안전, 건강을 중시한다. 글로벌 기업시민으로서 사회적 책임을 다한다. - 고객, 주주, 종업원을 존중한다.
	아모레퍼시픽	- 고객만족 경영을 경영활동 최우선 가치로 삼고, 명품과 명서비스를 창조하여 제공함으로써 고객사랑을 실천한다. - 기업시민으로서 사회적 책임과 의무를 성실히 수행하며, 자원절약과 환경보호를 통해 인류의 풍요로운 삶과 사회발전에 기여한다. - 협력사와의 상호신뢰와 존중을 바탕으로 공정한 거래를 통해 공존공영을 도모한다. - 임직원 개인의 인격을 존중하고 능력과 업적에 따라 공정하게 대우하며, 임직원이 창조적 역량을 충분히 발휘할 수 있도록 근무환경을 조성한다. - 임직원은 정직과 성실의 자세로 투명하고 공정하게 직무를 수행하고 주어진 사명을 완수한다.
	EBS	- 우리는 방송의 공공성에 입각하여 국민의 교육적 욕구에 부응하고, 국민문화 향상에 기여한다. - 우리는 프로그램 취재 · 제작 등에 영향을 미칠 수 있는 외부의 어떠한 청탁도 받지 않는다. - 우리는 직무 및 직위를 이용하여 외부에 부당한 청탁을 하지 않는다. - 우리는 어떠한 경우에도 외부기관에 정규, 비정규적으로 고용되어 대가를 받고 용역을 제공하지 않는다.

사명 (단기적 목표)

■ 단기적으로 실천 가능한 목표로서 반드시 성공해야 할 과제는 무엇입니까? (꼭! 성취해야 하는 것)

- 사명의 4가지 유형
  - 목표화 : 명확하게 정의된 목표를 설정하고 추구함
    ex) 포드의 '자동차 대중화를 향하여', MIPS의 'MIPS 아키텍처를 1990년대 중반까지 전 세계에 퍼뜨리자' 등
  - 공동의 적 : 공동의 적을 물리치기 위한 목표
    ex) 펩시콜라의 '코카콜라를 깨부수자', 혼다의 '우리는 못된 야마하를 완전히 뭉개버릴 것이다' 등
  - 역할모델 : 선망의 대상으로 생각하는 기업을 모델로 제시함.
    ex) '부동산 업계의 IBM이 되자', '운동화 업계의 나이키처럼, 컴퓨터 업계의 애플처럼 사이클 산업에서 성공하고 싶다', 노드스트롬의 '은행계의 월마트가 되는 것' 등
  - 내부변화 : 내적 변화의 모습을 목표로 제시함
    ex) GE의 '우리는 중소기업의 감수성, 군더더기 없는 조직, 단순성, 민첩성 개발에 최선을 다하고 있습니다' 등

예	현대그룹	- 21세기형 첨단 제조 · 서비스 사업 체제 확립 - 일등 기업문화와 존경 받는 기업상 정립으로 2010년 매출 20조원 달성
	EBS	- 대한민국 건국 60년을 기념하고 미래에 대한 비전을 제시, 정규 및 다양한 특집 편성을 통해 연간 지속적으로 진행하여 글로벌 교육의 窓이 된다. - 어린이 청소년과 직장인을 비롯한 일반 성인을 대상으로 어휘와 문법, 회화, 원전강독 등 다양한 영어교육 프로그램을 제작하여 영어강국 Korea EBS를 만든다.

〈외부평가〉

⊠ 고객동향

■ 귀사가 진출한 시장에서 제품의 수요는 매년 몇 %씩 증가하고 있습니까?

주요제품명	평균증가율
①	%
②	%
③	%
④	%
⑤	%
평균	%

■ 귀사가 진출한 시장의 주요 고객은 어떻게 세분화되어 있습니까?

예	연령	20-30대 직장인
	성별	여성
	지리적위치	수도권
	소비형태	트렌드에 민감한 Early Adoptor
	수입	월 200만원 이상
	행동양식	정기적으로 인터넷쇼핑을 즐기는 사람

성별	
지리적위치	
소비형태	
수입	
행동양식	

■ 귀사가 진출한 시장의 주요 제품라인은 어떻게 세분화되어 있습니까?

예	립케어 제품 – 보습제품, 주름개선제품, 각질제거제품, 남성용제품

⊠ 기술동향

■ 기존 시장 또는 새로운 시장에서 우위를 점하고 있는 기술은 무엇이 있습니까?

예	캐논 – 디지털 카메라 노이즈 제거 기술

■ 최근 귀 산업계 내에서 주목되고 있는 신기술은 무엇이며 누가 소유하고 있습니까?

예	한국전자통신연구원 – 고감도 인식이 중요시 되는 카메라, PDA, 핸드폰, 내비게이션, PMP 용도의 터치센서

■ 새로운 기술변화가 있다면 우리에게 어떠한 영향을 미칠 것입니까?

예	1960년대 초까지 진공관은 핵심부품이었다. 하지만 트랜지스터의 개발로 진공관 시장은 무너지고 1970년대 마이크로프로세서의 개발로 트랜지스터 시장도 다시 쇠퇴하였다.

경쟁업체

■ 현 경쟁자중 가장 위협적인 기업체 외 잠재 경쟁자가 될 수 있는 기업체에 대해 각 항목을 채워보시오.

	경쟁업체①	경쟁업체②	경쟁업체③
고객			
핵심 파트너업체			
재무상태			
시장 점유율			
경영전략			
주력제품			
제품가격			
제품특징			
유통			
비전			
강점			
약점			

⊠ 사회환경 · 규제환경

■ 소비자들의 구매행동에 영향을 크게 미칠 수 있는 사회적 · 문화적 환경과 이슈는 무엇이 있습니까?

예	멜라민 파동으로 소비자들의 먹을거리 불안에 식생활이 바뀌었다.

■ 귀사의 산업분야에서 기업활동에 크게 영향을 미치는 법적 규제는 무엇이 있습니까?

예	MP3 폰의 사적파일 재생 제한

⊠ 거시경제 · 인구동향

■ 귀사의 경영활동에 영향을 미칠 소비자들의 삶의 변화에 대해 중요한 것들을 적어보시오.

예	- 점점 더 많은 사람들이 재택근무를 하고 있다. - 인터넷은 쇼핑, 여행준비, 자산관리 등을 더 빠르고 편리하게 변모시키고 있다. - 최근 여성들이 임신과 육아를 기피하는 현상이 갈수록 심화되어 사회고령화가 급속히 진행되고 있다.

■ 귀사가 진출한, 또는 앞으로 진출할 국내 · 국제시장의 중요한 변화는 무엇이 있습니까?

예	- EC의 경제 블록화, 동유럽의 공산주의 붕괴, 동아시아의 급속한 성장 등은 새로운 기회와 위협요인이 되고 있다 - 독일, 프랑스, 이탈리아, 호주 지역의 시장이 성장하고 있다.

■ 경제적 환경요인을 나타내는 주요 지표로서 현재 환율과 이자율이 업계에 어떠한 영향을 미치고 있습니까?

■ 고객들이 우리업계에 바라는 니즈(욕구)는 무엇입니까?

기회

■ 외부평가를 통하여 귀사가 처해있는 시장환경에서 활용해야 할 기회가 무엇이 있는지 가장 중요한 것 3가지를 적어보시오.

1.

2.

3.

위협

■ 귀사가 대비해야 할 외부의 위협요인 중 가장 중요한 것 3가지를 적어보시오.

1.

2.

3.

〈내부평가〉

⊠ 자원 (경쟁우위 유지를 위해 가치가 있고, 희귀하며, 모방이 어렵고, 대체물이 없는 것)

■ 자본, 생산설비 등의 재물이나 인적자원 등 유형자원만을 가리키는 것이 아니라, 기업이 가진 고유의 기술과 경영능력 및 신용, 그리고 기업이 갖는 품격 등 무형자원도 중요한 경영자원입니다. 그렇다면, 귀사가 보유하고 있는 자원은 무엇이 있습니까?

예	유형자원	공장, 기계, 건물, 토지, 금융 및 재무자원 등
	무형자원	기업 이미지, 명성, 브랜드 가치 등
	인적자원	유형자원과 무형자원을 만들어내는 주체

유형자원	
무형자원	
인적자원	

⊠ 기술혁신 잠재력

■ 경쟁에서 승자로 살아남기 위해 귀사에서 보유하고 있는 핵심기술은 무엇이 있습니까?

예	벤츠	메르세데스-AMG 1인1엔진전담시스템, 가솔린직접분사, 스타트-스톱, 무게감량 기술
	싸이월드	PRP 기술, 통화 Log Mining 기술, 홈페이지 제작 및 지원하는 PIMS
	아이리버	가장 긴 연속재생시간, 초경량 mp3 기술, 빼어난 디자인

※ 핵심역량 (경쟁우위를 확보해주는 핵심적인 능력)

■ 기업의 여러 가지 경영자원 중 경쟁기업에 비하여 훨씬 우월한 능력. 즉, 경쟁우위를 가져다 주는 기업의 능력입니다. 다음의 영역 중에 뛰어난 성과를 보이고 있는 기술 혹은 전문성은 무엇이 있습니까?

※ 업종에 따라 영역의 중요성이 다르므로 귀사에서 핵심적 역할을 하는 영역을 선택(□)하여 적어보시오.

• 기술 · 연구활동 □

예	문서작성기술, 제품운반기술, 제품 자체에 포함된 기술 등

• 물류투입활동 □

예	자재관리 및 저장, 재고관리, 장비사용계획

• 운영활동 □

예	기계작업, 포장, 조립, 설비유지, 검사, 설비가동

• 물류산출활동 □

예	완성품 보관, 자재관리, 운송장비관리, 주문처리, 유통계획

• 마케팅 · 판매활동 □

예	광고, 판매촉진, 판매원 및 판매량 할당, 경로선택, 경로관리, 가격설정

• 서비스활동 □

예	제품설치, 수리, 사용방법교육, 부품공급, 제품조정

• 기타활동 □

예	인사평가, 조직문화, 자금조달, 외부 네트워크 등

강점

■ 귀사가 경쟁사와 비교해 잘 할 수 있는 강점은 무엇이 있는지 가장 큰 강점 3가지를 적어 보시오.

1.

2.

3.

약점

■ 귀사가 보완해야 할 상대적인 약점은 무엇이 있는지 가장 큰 약점 3가지를 적어 보시오.

1.

2.

3.

〈전 략〉

개요 (향후 3년간 미래의 목표를 달성하기 위한 지침)

■ 향후 3년간 조직이 나아가야 할 방향과 목표, 즉 사명을 완수하기 위한 기본전략이 무엇인지 간단히 적어보시오. (차별화 방법, 주력제품, 진출시장, 생산, 판매, 마케팅)

예		
예	하드록 프로덕츠 (1991~1993)	세계 최고의 등반 장비 업체가 된다는 사명을 달성하기 위해 우리는 인공 암벽 등반 시장에 관심을 기울이는 한편 암벽 등반 장비 생산에 주력할 것이다. 우리는 차별화된 혁신, 디자인, 품질, 서비스에서 경쟁력을 갖출 수 있다.
	유니베라 (1990년대)	단기적인 이윤창출에만 급급하지 않고 입으로만 전해져 내려오던 알로에의 효능 및 효과를 과학적인 데이터에 입각한 근거를 밝히기 위해 최첨단 연구자재를 도입하고, 알로에 연구팀을 발족하는 등 알로에 과학화를 위해 노력할 것이다.

제품

■ 주력제품

- 최근 상승세를 타며 성장하고 있는 신제품은 무엇이 있습니까?

예	마몽드 – 10시간 동안 화사함이 지속되는 브라이트닝 파우더팩트가 파우더 제품 중 스테디셀러로 여성고객들에게 사랑 받고 있다.(아모레퍼시픽)

• 귀사는 어떤 제품의 생산에 주력할 것입니까?

예	아모레퍼시픽 – 세계인의 미와 건강을 위해 토탈케어 제품과 건강미용 식품을 생산할 것이다.

■ 차별화

• 내부평가(핵심역량 및 강점)를 통하여 귀사는 어느 부분에 집중하여 경쟁력을 갖출 것입니까? (제품가격, 디자인, 품질)

예	IKEA – 우수한 품질, 저렴한 가격, 세련된 디자인에서 경쟁력을 갖추었다.

■ 개발계획

• 향후 3년간 제품개발 계획을 적어보시오.

연도	출시 제품

■ 생산

• 주요 제품별 생산량을 적어보시오.

■ 유통

• 귀사는 어떤 유통체계로 제품을 유통시킬 것입니까?

예	우편주문, 특별 소매점, 방문판매, 인터넷 판매, 전화주문

고객

■ 귀사가 타깃으로 하는 고객에 대해 적어보시오.

연령	
성별	
지리적위치	
소비형태	
수입	
행동양식	

■ 귀사는 고객과의 원활한 커뮤니케이션을 위해 어떤 방법으로 다가갈 것입니까?

예	동호회 활동 지원, 전문 잡지 발행, 이벤트 개최, 대회 후원

■ 귀사는 고객의 욕구를 충족시키기 위해 어떤 서비스를 제공할 것입니까?

예	24시간 온라인 상담, 회원제도, 포인트 적립

자금흐름

■ 귀사는 어떤 방법으로 자금을 확보할 것입니까?

예	외부투자자, 은행융자, 영업수익

■ 자금은 주로 어디에 활용할 것입니까?

예	R&D투자(제품개발), 생산설비 개선, 광고 및 홍보에 대한 투자, 운영자금

■ 귀사의 향후 3년간 주요 재무목표를 적어보시오.

연도	총매출	영업이익	세후수익

인력과 조직

■ 조직이 달성해야 할 목표를 위해 보강 또는 신설되어야 할 부서는 무엇이 있습니까?

예	- 우리는 디자인과 생산, 마케팅 문제를 해결하기 위해 신상품을 담당할 마케팅 부서를 신설할 것이다. - 우리는 해외 영업부를 신설할 것이다. - 우리는 특별 소매점 담당 부서를 보강할 것이다.

■ 직원들의 동기부여를 위해 개선되어야 할 제도나 프로그램은 무엇이 있습니까?

예	- 직원들의 자기개발을 위한 외국어 및 자격증 학원비를 지원하겠다. - 직원들간의 커뮤니케이션을 위해 사내 동호회 활동을 지원하겠다. - 직원 교육 프로그램을 개발할 계획이다.

〈당해 연도 전략 우선사항〉 – 당장 실천해야 할 목표

■ 당해 연도 우선사항을 육하원칙에 의거하여 5가지 적어보시오.

	우선사항 1	우선사항 2	우선사항 3	우선사항 4	우선사항 5
누가					
언제					
어디서					
무엇을					
어떻게					
왜					

ex) – 개발부 담당자는 적절한 시기에 여름용 초경량 볼트 드릴과 퀵 클립스를 출시 할 것이다.
– 인사담당 관리자는 빠른 시일 내에 뛰어난 자금 관리자의 배치와 채용을 할 것이다.
– 마케팅 홍보 담당자는 유럽 지역 교두보 확보를 위해 유럽의 대표적인 등반가 2명(남자, 여자 각 1명)과 추천 계약을 타결할 것이다.

1.

2.

3.

4.

5.

03 전략의 실행

인텔과 IBM이 장악하고 있던 개인용 컴퓨터 시장에 뛰어든 Dell 사는, 사실 다른 두 경쟁자가 사용하고 있던 전략들을 모방한 기업이었다. 하지만 그럼에도 불구하고 Dell은 이 두 경쟁자를 제치고 시장에서 당당히 1위를 달리고 있다. 과연 어떤 힘이 Dell의 성공을 이끌었을까? 이 질문에 대해 Dell의 경영자의 대답은 의외로 간단했다.

"우리는 남들과 같은 전략을 더 멋지게 실천했을 뿐이다."[1)]

우리는 기업이 생존 경쟁에서 살아남기 위해 선택해야 할 많은 전략적 문제에 대해서 고민한다. 하지만 이러한 전략들을 토대로 기업을 성공으로 이끄는 것은 바로 실행의 힘이다. 탁월한 전략가라하더라도, 전략의 수립만으로 성공이 저절로 뒤따라올 것으로 판단하는 것은 매우 위험한 생각이다. 자신이 생각해 낸 전략을 정작 제대로 실행에 옮길 수 없다면, 지금껏 해왔던 수많은 분석들은 한낱 무용지물이 되어버리고 말 것이다. 탁월한 실천력은 효과적인 전략 수립 못지 않은 이익을 가져다 줄 수 있다. 즉, 실행은 전략의 또 다른 핵심 요소인 것이다. 성공한 기업 중 많은 수가 이러한 실행의 중요성을 인지하고 있다.

그렇다고 전략수립의 중요성이 실행에 의해 그 빛이 가려지는 것은 아니다. 이 둘은 따로 떼어 놓고 생각할 수 없는 성공의 중요한 요소이다. 가령, 드넓은 바다에 출항하게 된 배에서 선장의 역할과 선원들의 역할은 똑같이 중요하다. 선장의 전략만으로 배는 움직여주지 않을 것이고, 반대로 선원들이 힘차게 노를 저어서 앞만

보고 간다면 배는 언젠가 거대한 암초로 돌진하게 된다. 기업전략에 있어서 수립과 실행의 관계도 이와 마찬가지이다. 이 중에서도 특히 실행은, 기업이 성공을 향해 나아가는 '과정' 으로서 중요한 의미가 있다고 할 수 있다.

3.1 실행의 의미

실행(implementation)이란 간단히 말하자면 아이디어를 멋지게 행동으로 옮기는 것을 뜻한다. 전략적인 의도가 구체적이면서 성공적인 형태의 행동으로 나타나는 일련의 과정들을 포함한다. 실행은 경영진의 끊임없는 관심과 동기 유발을 필요로 하며, 이를 통해 만들어진 실천 역량은 다른 경쟁자들이 쉽게 모방할 수 없는 강력한 힘을 발휘하게 된다.

실행이라는 영역은 사실 매우 광범위하고 다양하다. 작업 일선에서 단순 조립을 하는 노동자로부터 최고경영층의 기업 관리에 이르기까지, 기업의 전략적 목표를 이루기 위해 행해지는 모든 것들이 실행의 한 부분이 될 수 있다. 기업 내 구성원들이나 기업 스스로, 그리고 기업 간에도 실행의 내용은 모두 다르게 나타난다. 예를 들면, 생산량 20%라는 목표를 달성하기 위해 사원들은 저마다 맡은 업무를 수행하게 된다. 생산부의 김 아무개는 열심히 부품을 제조할 것이며, 재무부의 이 아무개는 자금조달 방법을 생각하는 데 열중할 것이다. 또한, 기업 역시 나름대로 이들의 업무를 평가하면서 목표 달성을 위한 노력들을 하게 된다. 이렇게 각 영역에서 다양한 모습으로 나타나는 실행을 관리하기 위해서는 많은 시간과 노력이 투입되어야 할 것이다. 그러므로 우리는 각각의 실천사항들을 잘 수행할 수 있는 원동력, 즉, 실행역량에 주목할 필요가 있다.

실행역량은 사원들과 기업 스스로가 실천을 행하는 데 필요한 기본적인 힘이 된다. 이는 각각의 목표나 해결 방안을 수행하는데 필요한 임기응변적인 테크닉을 말하는 것이 아니라, 실행하기에 앞서서 이미 가지고 있는 수행 능력을 뜻한다. 프로야구를 예로 들어보자. A팀이 프로야구 시즌에서 우승컵을 거머쥐기 위해서는 많은 것들이 필요하다. 물론, 각 경기에서 감독의 순간적인 판단력, 상대 투수에 대한 분석, 뛰어난 배팅이나 투구 기술 등이 승리의 요인이 되기도 한다. 하지만 이보다 먼저 우선되어야 할 요소들은 바로, 좋은 선수들, 감독의 카리스마, 긍정적인 팀 분위기와 같은 것들이 아닐까? 이와 같은 요소들이 잘 조화되었을 때, 팀은 매 경기마다 발생하는 순간적인 상황에서 멋지게 경기를 수행할 수 있을 것이다. 이러한 역량들은 단 시간에 이루어지는 것이 아니라, 오랜 기간에 걸쳐 만들어지는 것이다.

3.2 실행의 장애요인

전략의 실행은 전략을 세우고 계획하는 것에 비해 훨씬 더 오랜 시간이 걸린다. 따라서 예상치 못한 변수들을 포함해 많은 변수들이 끼어들 수 있다. 금리가 변동할 수도 있고, 경쟁사가 예상대로 움직이지 않을 수도 있다. 고객들의 욕구가 변할 수도 있고, 핵심 인사가 회사를 떠날 수도 있다. 회사 내부의 정치적 문제, 종업원들의 태만, 변화에의 두려움과 같은 요소들도 성공적인 실행을 가로막는다.

"90%의 회사가 전략을 제대로 실행하지 못하고 있다."

따라서 성공적인 실행을 위해 고려해야 할 요소들에는 어떤 것이 있으며, 성공적인 실행을 가로막는 장애물에는 어떠한 것이 있는지를 파악하고 통제할 필요가 있다. 다음은 전략을 실행하기 위한 경영활동을 가로막는 요소들에 대한 것이다.[2)]

첫째, 비전 장애로서 극소수의 조직구성원만이 전략을 이해하고 있음을 의미한

그림 6-1 기업 전략실행의 장애요인

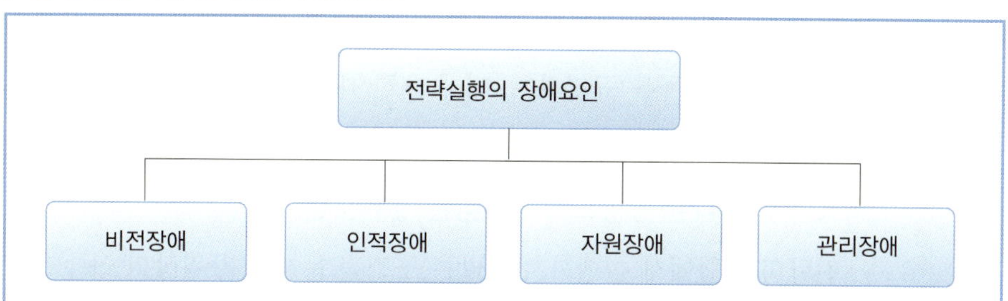

출처: 최동득, 정형철, 조보형, [알기 쉬운 BSC], KOMIT 출판사, p. 26.

다. 이는 전략에 대한 부실한 정보 공유나 지식 전달의 부족 및 불분명한 책임소재 등에 기인한다. 복잡한 전략의 경우 부서 및 작업자 간 협력과 효율적인 조율 및 정보 공유가 필수적이다. 기업이 어떤 전략을 추진하고 있으며, 전략의 성공을 위해서는 어떠한 세부 목표를 달성해야 하는지에 대한 정보가 공유되지 않으면 실행 노력이 효과를 거둘 수 없다.[3)]

둘째, 인적 장애란 실행을 위해 자발적으로 나서는 사람이 없는 것을 의미한다. 보통 조직의 경우 상대적으로 소수의 전략과 직접 연관된 인센티브를 가지고 있다고 한다. 인센티브는 직원들로 하여금 전략 실행력을 높이는 데 기여하며, 인센티브를 통한 개인과 그룹에 대한 보상은 기업의 목표 달성을 강화하는 작용을 한다. 뿐만 아니라 인센티브는 기업의 목표를 달성하기 위해 필요한 여러 활동들을 행동으로 옮기도록 동기를 유발하는 역할을 한다. 따라서 인센티브는 전략 목표의 실행과 분명한 연관성이 있어야 하며, 전략적으로 중요하지 않은 다른 부분에 보상이 주어지도록 해서는 안 된다.

셋째, 자원 장애란 기업이 전략과 예산을 연계시키지 못하는 경우에 발생한다. 기업은 전략을 세우는 일에 많은 공을 들이지만, 전략을 성공적으로 실행하기 위해 예산과 인력, 소요시간 등을 고려한 체계적인 실행계획을 세우는 데는 상대적으로 소홀한 경향이 있다. 전략을 실행하는 데 필요한 충분한 자원이 확보되지 않으면 전략은 실패한다.

넷째, 관리 장애란 관리자들이 전략에 대한 이해 없이 반복적인 일상 업무에만 치중하는 경우 발생한다. 흔히 '경영자가 전략을 수립하고, 중간관리자 및 하급관리자들이 전략을 실행한다' 고 생각하는 경영자가 많다. 그러나 경영자는 전략을 수립하는 일과 더불어 전략 실행의 진행 상황을 검토하고, 전략 실행에 있어서 방해가 되는 요소들을 규명하며, 이에 대한 대응책을 마련하는 등 성공적인 실행을 위한 노력을 지속해 나가야 한다. 실행은 수많은 예상치 못한 변수에 의해 본래의 목표와 전혀 다른 방향으로 진행되는 경우가 많다.

전략의 수립에서 실행까지는 많은 구조적 문제와 자원상의 이슈가 발생한다. 이러한 문제를 극복하고 성공적으로 전략을 실행하기 위해서는 전략실행 과정에 필요한 개념적인 틀이나 모델을 정립하는 것이 필요하다. 또한 성공적인 전략 실행을 위한 기업 수준, 부서 수준, 개인 수준의 노력이 모두 요구된다.

3.3 실행의 지침

(1) 기업 수준 : 전략 실행의 지침[4)]

성공적인 실행을 위한 기업 수준의 과제에는 구성원들에게 기업이 현재 추진하고 있는 전략을 확실히 주지시키는 것, 효과적인 전략 실행을 위한 기업의 대략적인 원칙을 세우는 것 등이 포함된다.

■ Step 1 : 비전을 계량화한다

비전의 계량화는 기업이 이루고자 하는 바를 구체적이고 수치화된 목표로 표현하는 것이다. '업계 리더의 달성', '최고만을 제공하는 기업' 등과 같은 비전을 '5년 내에 매출 2배 증대' 등과 같이 보다 구체적이고 계량화된 목표로 설정하는 것이 필요하다. 비전의 계량화 작업은 목표 달성을 위해 얼마나 많은 신제품과 고객이 필요하며, 종업원에게는 어떤 역량이 요구되는지 등과 같은 분석을 가능하게 한다.

■ Step 2 : 활동뿐 아니라 결과까지 계획한다

전략의 성공적인 실행을 위해서는 활동뿐만 아니라 그로 인한 결과까지 계획하여야 하며, 이 때 목적 달성을 위해 필요한 활동과 결과를 구체적으로 표현해야만 한다. 목적 달성을 위해 필요한 활동과 결과를 구체적으로 작성하는 과정을 통해 CEO는 전략실행 과정 전체를 점검할 수 있으며, 단계적으로 필요한 조치를 취할 수 있다.

■ Step 3 : 해서는 안 되는 것을 계획한다

성공적인 전략 실행의 가장 큰 장애 중 하나는 한꺼번에 너무 많은 것을 하려는 의욕 때문이다. 과도한 의욕은 충분한 검토 없이 '무조건 OK' 하도록 만들며, 결과적으로 실행 단계에서 요구되는 막대한 예산과 자원을 조달할 수 없게 되어 궁극적으로는 전략 실행에 실패하게 된다. 따라서 CEO는 더 이상 추진되어서는 안 되는 것을 제거하고 자원과 조직의 역량을 집중시켜야만 한다. 대표적인 사례로 델(Dell)컴퓨터는 현금흐름 강화 전략을 위해 직접 판매와 소매 유통 중 과감히 소매 유통을 포기함으로써 자원과 역량을 집중할 수 있었다.

■ Step 4 : 전략을 조직 전체에 개방한다

전략의 내용을 조직 전체에 알리지 못하면 수많은 의혹이 생기게 되며 전략 자체에 대한 의구심을 낳게 된다. 이를 막기 위해서는 첫째, 수립된 전략이 광고 슬로건과 같이 간결하면서 핵심을 전달할 수 있는 문구를 통해 조직 전체에 끊임없이 전달되어야 한다. 그래야만 전략이 일상 업무 속으로 파고들 수 있으며, 서랍 속의 전략이 아닌 살아 있는 전략이 될 수 있다. 한 예로, 미국 자동차 업계가 품질 문제로 어려움을 겪을 때 포드는 '품질 제일주의' 라는 문구를 개발하여 조직 전체에 전파하여 성공하였다. 또한 전략의 내용을 전파할 수 있도록 웹이나 뉴스레터 등과 같은 실질적인 커뮤니케이션 프로그램을 마련해야 한다.

둘째, 일단 전략이 실행으로 옮겨지면 이를 개인의 성과 평가에 반영할 수 있도록 하는 것이 좋다. 이러한 조치들은 종업원들에게 기업이 추구하는 전략을 확실히 주지시킴으로써 전략 실행에 집중하도록 하는 효과가 있다.

■ Step 5 : 현황 파악과 진행 관리를 자동화한다

전략 실행의 절반 이상은 현황을 파악하는 데 소요되므로 자칫 중요한 의사결정 대신에 현황과 관련된 활동을 검토하는 데 소비할 가능성이 있다. 현황 파악과 진행 관리의 자동화를 통해 CEO는 기업이 추구하고자 하는 바와 그것을 달성하는 방법을 찾는 데 주력하도록 해야 한다.

■ Step 6 : 전략의 실행 사이클을 만들어라

성공적인 전략 실행은 살아있는, 그리고 역동적인 프로세스로서 기업 내외부의 변화를 감지하고 적절한 조치를 취할 수 있어야 한다. 기업의 실행력은 전략과 달리 쉽게 바꾸거나 재설정할 수 있는 것이 아니다. 때문에 환경의 불확실성으로 인해 전략이 수차례 바뀌게 된다 하여도 그러한 전략을 유연하게 실행할 수 있는 기업 특유의 실행 사이클의 수립이 필요하다.

예컨대, 학습 중심의 경영시스템을 생각해보자. 학습 중심의 경영시스템은 자발적인 도전목표에 대한 합의를 기초로, 정교한 분석을 통해 성과를 측정하고, 성과의 원인에 대해 스스로 고민하고 피드백하도록 함으로써 전략의 적정성에 대한 검토도 함께 이루어진다. 문제 해결을 위한 공동체적인 노력을 기울이는 과정 속에서 실패는 질책이 아닌 학습의 대상이 된다. 이러한 분위기를 지닌 기업에서는 경영회의가 격의 없이 솔직한 의견을 주고받는 활발한 토론의 장으로 변할 것이다.

(2) 부서 수준 : 성공적인 실행을 위한 실행계획 세우기[5)]

지금까지 성공적인 실행을 위한 기업 수준의 노력에 대해 살펴보았다. 지금까지 살펴 본 결과, 기업이 추구하는 바와 그것을 달성하는 방법, 그리고 최종 성과를 평가하는 방법을 구체화하는 것이 성공적인 실행의 핵심 요소라는 사실을 알 수 있었다. 아래에서는 성공적인 실행을 위한 구체적인 계획을 수립하는 방법에 대해서 알아보고자 한다. 실행 계획의 수립은 회사 내의 각 부서에서 기업이 세운 전략 목표를 달성하기 위해 가장 먼저 해야 할 일이기도 하다.

■ Step 1 : 목표수립

회사의 미션과 전략목표는 회사 전체와 각 부문활동의 방향타로서 회사조직이 향후 수 년 간에 걸쳐 그들의 노력을 어디에다 쏟아 부을 것인지를 결정하는 중요한 지표이다. 따라서 회사 내의 각 부문조직들은 회사 전체의 전략적 목표를 정확히 이해하며 명확하고 측정 가능한 목표를 만들어야 한다. 회사의 최상위 전략 목표는 하위부문으로 세분화되어야 하며, 각 부문의 리더들은 하위 팀이나 개인에게 사전에 합의된 목표를 부여해야 하고, CEO는 각 부문별 목표에 대해 그것이 전사적 목표달성을 위해 타당성을 가지는지, 부문별 목표의 총합이 전사적 전략의 완결성을 가지는지 점검해야 한다.

■ Step 2 : 성과 측정방식의 결정

성과를 측정하는 방법을 구체적으로 정의해야 한다. 구체적이고 측정 가능하며 현실적으로 달성 가능한 목표를 세우고, 이러한 목표가 성공적으로 달성되었는지를 가늠해 볼 수 있는 지표를 만드는 것이 바로 두 번째 단계에서 해야 할 일이다. 우선 목표달성의 정도를 측정 할 수 있는 방법을 합리적이고 명확하게 정의해야 한다. 전통적으로 경영자들은 재무적 관점의 성과지표, 예를 들어 매출액, 이익률, 투자수익률 등을 사용해 왔다. 그러나 재무지표는 회사의 전체적인 성과를 측정하는 경우에는 적합하지만 실행계획에 따른 각 부문의 성과를 측정하기 위한 지표로서는 충분하지 않을 수 있다. 따라서 재무지표를 포함해 다양한 성과 측정 지표를 사용하는 것이 좋다.

■ Step 3 : 실행단계의 구체화

실행단계를 구체화하는 것은 목표를 달성하는 방법을 구체화하는 것과 같다. 목표 달성에 필요한 단계들을 규명하고, 다시 각 단계별로 더 세부적인 하위단계로 나누는 작업을 반복한다. 더 이상 쪼갤 수 없는 단계에까지 도달했을 때, 누가, 어떤 전략과제를, 언제, 어떻게 실행할 것인지를 결정한다. 이 때 유의해야 할 점은 반드시 전략과제를 실행하는 데 필요한 소요 시간과 그 일의 책임자를 확실히 명기해야 한다는 것이다.

■ Step 4 : 필요자원의 규모 결정

성공적인 실행을 위해서는 필요한 시점에 적절한 자원이 준비되어 있어야 한다. 실행계획은 필요자원에 대한 계획이 수립되어야 비로소 완전해진다. 실행계획은 사람, 자금, 기술, 사무실, 다른 부서의 지원, 전략적 파트너, 시간, 교육과 같은 전형적인 자원 요소를 필요로 하며, 관리자들은 흔히 필요자원의 규모를 과소평가하는 경우가 많기 때문에 현실적인 자원의 필요량을 예측하지 못한다면 전략 실행도 성공시키기 어려울 것이다.

이 때 필요한 자원에는 어떤 것들이 있는지를 생각해보는 것과 동시에 자원의 투입 수준을 결정해야 하는데, 당해 년만이 아니라 실행계획이 종료되는 시점까지의 전 기간에 걸친 자원소요량을 예측해보고, 당장은 필요하지 않더라도 미래에 필요한 기술과 역량에 알맞은 자원을 미리 준비해 두어야 시장에서 지속적인 경쟁우위를 점할 수 있다. 미리 계획하고, 전략적으로 사고하고, 현재 자원의 활용을 극대화하는 것이 주어진 조건 하에서 성공할 수 있는 방법이다.

■ Step 5 : 재무 설계

실행계획과 관련된 비용을 산정하는 것으로서 실행과 관련하여 매출이 얼마나 증가하게 될지 예측하여야 한다. 구체적인 실행 계획들의 비용을 평가해 보면, 이상적으로 생각되던 전략이 잘못되었거나 현실성이 없는 것으로 판명되는 경우가 있다.

사례 고려렌트카의 전략 수립과 실행

고려렌트카는 2001년 설립된 회사로 대구를 중심으로 모두 204대의 차량을 보유하고 장기대여 시장을 중심으로 영업을 하고 있다. 이 회사 김길호 사장은 5장의 내용을 토대로 시장지배형 대기업들과의 경쟁에서 생존하기 위한 비전과 전략, 그리고 우선 실천사항들을 결정하였다.

상호	고려렌트카(주)	사업시작	2001년 3월
영업본부	대구시 동구 신천동 동양고속빌딩	자본금	3억원
현 영업 거점수	대구시내 5개 지점 및 예약소 경산 1개 지점	보유대수	204대
기업군	중소 직영기업군	직원 수	9명
세분시장 배분율	장기대여시장 70% 단기대여시장 20% 사고대차시장 10%	계열사	직영정비공장 이외 2개 사업체

1. 고려렌트카의 비전

핵심가치(믿음)	목적	행동규범	사명
- 고객에 대한 배려로 쾌적하고 편안한 렌터카 문화를 주도하고 공정한 업무처리로 고객의 권익을 우선한다.	- 고객의 편의와 안전을 우선하는 렌터카로 한다. - 내 차처럼 편안한, 내 차보다 편리한 렌터카 문화 주도	- 고객의 편의 우선과 고객의 권리를 강조한 공정거래위원회의 약관을 준수 - 고객의 입장에서 고객의 불편 최소화 - 고객의 렌터카 사용 사이클에 감성적 접근	- 영남지역 고속교통망 연계하고 역세권내 진출 - 동대구 역세권 시장에서 1년 이내에 시장점유율 3위를 달성한다. - 장기대여 시장에 적극적 참여
시장지배 기업군들의 성장세와 규모에 위축된 직원들을 독려하는 캐치프레이즈 제안 (캐치프레이즈 : 쫄지 말자 !!!)			

2. 외부평가

(1) 거시적 환경요인

거시적 환경은 경제적, 기술적, 사회적, 인구학적, 정치 및 법적 환경요인을 들 수 있다.

◆ 경제적 환경요인

국제 유가의 가파른 상승으로 기업의 업무용 차량의 유류비를 절감할 필요성과 기업의 핵심역량을 제외한 비부가가치 부문을 아웃소싱하는 트렌드에 따라 렌터카 시장이 양적 성장을 하고 있다.

◆ 기술적 환경요인

2005년 이후로 보편화되기 시작한 내비게이션의 등장으로 렌터카 사용에 대한 접근성이 개선된 면도 있지만 지구온난화로 인한 탄소배출 감축 노력의 일환으로 차량용 연료가 화석 연료에서 하이브리드(LPG +전기) 전기동력 자동차 등으로 전환하는 시기가 오고 있다. 따라서 기존 차량의 잔존가치 급락과 함께 고가의 대체차량 구입에 상당한 비용을 감수해야하는 위험에 놓일 수 있다.

◆ 사회적 환경요인

기업의 아웃소싱으로 인한 렌터카의 양적 팽창은 자동차의 소유 개념에서 사용 개념으로 인식 전환하는 좋은 계기가 되었다. 렌터카 번호판의 '허' 자에 대한 소비자의 거부감이 줄어들어 영업의 활성화에 도움을 주었다. 또한 주5일 근무의 확산으로 휴일이 늘어남에 따라 여행 및 레저 활동이 늘어났으며 동시에 대중교통의 구속에서 탈피하여 자유일정으로 여유를 즐기는 고객이 늘고 있다.

◆ 정치 및 법적 환경요인

렌터카 업종은 여객자동차운송사업법에 의한 사업 분야로서 회사의 설립 운영(영업소, 차고지 확장, 렌터카의 증 · 감차) 및 폐업에 이르기까지 주관부처 국토해양부와 광역자치단체의 관리감독을 받는 업종이다. 렌터카 업종 초창기에서 90년 후반까지는 법적 규제완화가 전무한 상황이었지만 대기업이 진입한 이후에는 상대적으로 많은 완화책이 나왔는데 대부분이 대기업 렌터카에 유리한 법규 개정안이었다.

(2) 산업환경 요인 분석(5Forces)

5 Forces	세부평가요인	평가내용	결과
잠재적 경쟁자	진입가능 동종업체	• 대기업계열 12개 업체 진입 이후 추가 경쟁자 없음 • 중소 프랜차이즈 기업군에서의 진입이 있을 수 있으나 위협 대상 아님	낮음
	국제화에 따른 외국기업 진입	• 세계 메이저 렌터카와 업무협약 관계이고 이미 수준 이상의 경쟁력 갖춤	
	공급업체	• 렌터카업의 공급자인 자동차메이커는 물론 할부금융, 보험사, 현대캐피탈 등이 이미 진입함	
기존 경쟁자	경쟁업체수	• 사실상 지역권 내에 있는 동종업체, 시장포화상태	높음
	서비스차별화	• 차별 가능하지만 모방 가능성 높음	
	경쟁자간의 제휴	• 차고지 임차 등 제휴 시도에 실패	
	시장 성장율	• 장기대여 시장에서 성장추세에 있음 • 대구경북지역 내 장기대여 수요는 시장성숙 단계임	
	철수장벽	• 차량의 매각으로 크게 높진 않지만 낮지도 않음	
공급자 교섭능력	자동차 메이커 (신차구매)	• 시장지배 기업군에 비해 상대적으로 비싼 가격으로 구입	높음
	손해보험사 (자동차보험 조정)	• 시장지배 기업군에 비해 상당히 불리한 여건으로 보험료 책정	
수요자 교섭능력	가격 민감	• 특히 단기대여 및 장기대여 시장에서 가격에 대한 민감도 상당히 높음	높음
	서비스 민감	• 단기대여: 내비게이션, 음악, 동급 차종의 고급 옵션화 등 서비스에 대한 욕구가 큼	
	고객의 정보	• 인터넷 대중매체를 통한 정보취득 용이	
대체재	카 셰어링	• 시간제(2~4시간) 요금에서는 렌터카에 비해 저렴하지만 직접적인 위협이 되지 않을 것으로 전망	중간
	오토리스	• 기업체 업무용 차량 중 고급차종은 '허' 번호판을 기피하는 경향에 따라 일부 수요가 잠식당하지만 오토리스 시장에 비해 가격경쟁력에서 우위를 확보하고 있음	

산업환경 분석 결과를 보면 이미 시장이 포화상태라 잠재적 경쟁자의 위협은 크지 않으나, 기존 경쟁자 간 경쟁이 치열하고 공급자와 수요자의 교섭능력이 높기 때문에 충분한 이익을 확보하기 어려운 구조이다.

3. 내부평가(자원, 핵심역량, 약점, SWOT분석)

(1) 자원

자원	세부항목	역 량
유형자산	렌터카 대수	• 3년 장기대여 후 장기 재대여로 수익성 제고
	직영 정비공장	• 지역권 장기대여 차량의 고장 및 사고발생시 신속한 서비스 제공 및 차량관리비용 절감 • 렌터카 이미지 제고 • 렌터카 내 정비인력 T/O 줄여 인건비 절감
무형자산	브랜드 가치	• 지역권 내 브랜드 가치 • 대구경북권 내 동종업체 사이에 건실한 업체 이미지 • 자동차 메이커, 삼성화재 등 공급자측 지역본부에서 신용을 인정받음 • 지역 내 선두 중소 직영업체
	영업권	• 지역 내 상장기업, 지방자치단체 등과 장기대여 계약체결 • 대구경북 지역업체 중 최대 장기대여 차량 공급
	렌터카 면허권	• 렌터카 사업 면허(30일 이내 신규차량 50대 이상 등록해야 사업개시 승인)
인적자원	대표자	• 렌터카 운영 및 실무경력 17년 • 장기대여 영업 및 상담 계약 실무 직접 처리 • 자동차 경정비 교육이수
	정비 및 배차관리자	• 근무인력 다기능화 • 배차 관리자 및 직원 경정비 교육 이수 • 렉카 운전면허 취득 차량견인 및 정비자격증 취득
	예약관리자	• 회계업무 간소화 • 예약관리 이외 회계 및 운영관리에 참여

(2) 핵심역량

회사 전반	• 이익의 대부분을 회사에 유보하여 순발력 있는 재투자 가능 • 빠른 의사결정과 직원 간 정보공유 신속 • 현장 확인(리스크 관리)및 관리자 업무재량권 확대로 신속한 업무처리 • 직영 정비공장으로 인한 차량관리 비용 및 정비인력 절감 • 대기업이 기피하는 시장에 대한 세분화로 진입
장기 대여 부문	• 시장지배 기업군에 비해 자금력이나 전반적인 서비스가 약하지만 지역권 내 일반 기업체의 수요에 대한 가격 및 서비스 경쟁력은 대등하거나 우위에 있음 (대기업 렌터카는 장기대여 이후 차량매각을 통해 바로 수익을 회수하지만, 고려렌트카는 최초 장기대여 계약만료 이후 재대여를 통해 추가 수익을 거둠으로써 시장지배 기업군에 비해 떨어지는 수익성을 보전하거나 보다 나은 수익창출)
단기 대여 부문	• KTX 동대구역 및 고속터미널 등 요충지에서 고객들의 접근성과 가격, 서비스에 있어 대등한 경쟁 가능 • 지역밀착형 중소직영 기업군으로서 지역민 수요에 있어 경쟁력을 갖고 있음

(3) 약점

약점	① 전국적 인지도가 약하며 인터넷 홈페이지 관리역량 부족 ② 규모의 경제를 이루지 못해 광고, 홍보 등에 투자할 자금력 부족 ③ 대량구매를 통한 차량 구매원가, 자동차 보험료 등 구매자와의 교섭력 약함 ④ 자본조달에 어려움

(4) 포지셔닝

렌터카 시장에는 시장지배 기업군, 중소직영 기업군, 중소프랜차이즈 기업군으로 분류할 수 있으며, 고려렌트카의 경우 중소직영 기업군에 포함된다. 지역망과 규모에 따른 포지셔닝은 다음의 그림과 같다.

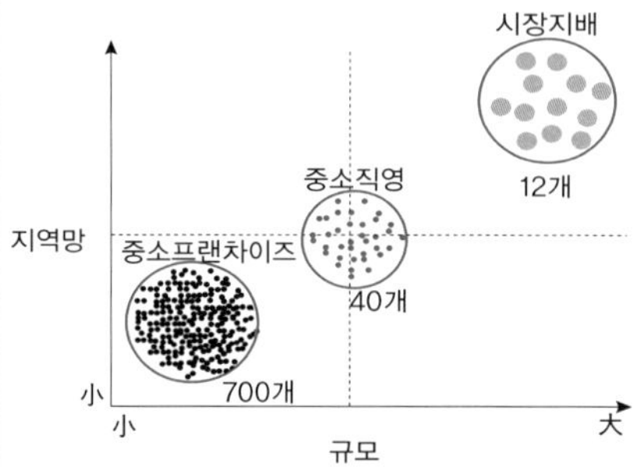

▲ 렌트카 업체별 포지셔닝

시장지배 기업군은 총 12개사, 중소직영 기업군은 40개사, 중소프랜차이즈 기업군은 700개사로, 고려렌트카는 중소직영 기업군에 포함된다.

(5) SWOT분석

내부요인 / 외부요인		강점 (S)	약점(W)
		- 직영정비공장(정비비용절감) - 현장중심의 빠른 의사결정 - 소규모이지만 거래처 안정 - 장기대여로 계약서류 간소화 가능	- 렌터카 브랜드 인지도 낮음 - 자금력 열세 - 지역적 거점 부족 - 규모의 경제에서 밀림 - 정보력 부족
기회(O)	- 고속 교통망 확충 및 렌터카 이용의 보편화 - IT, 휴대폰의 진화 - 장기대여 시장의 확대 - 전자입찰 활성화	- 지역의 중소기업 장기대여 수요에 적극적 참여 - 영남권 KTX 정차역 영업소 입점 - 전자입찰 참여 확대 - 장기대여 계약기간 만료 후 장기 재대여를 통한 수익성 제고	- 인터넷 홈페이지, 블로그를 중심으로 한 단기대여 홍보강화 - 지역을 달리하는 유력 중소직영 기업과 공동브랜드 광고 추진
위협(T)	- 시장지배 기업의 렌트 요금 덤핑 - 오토리스, 카 셰어링 - 여객자동차사업법 개정	- 전국 렌터카사업 조합을 통한 반덤핑, 신규진입 차단 촉구 - 자동차 딜러점을 통한 할인 모색 - 보험중개 법인을 통한 보험 요율 인하 모색 - 자동차사고 예방을 위한 Risk 관리	- 각 지역권 중소직영 렌터카와 협력관계 형성(컨소시엄) - 시장지배 기업군의 가격덤핑 등 약탈가격에 대한 개선 촉구 - 자동차메이커의 시장지배기업군에 대한 이면적 할인특혜 등 불공정한 거래에 대한 시정 이슈화

4. 고려렌트카의 전략

부문	세부 항목	전 략 내 용	가이드라인
시장(제품)	장기대여 시장	- 지역밀착 기업으로서 대구, 경북권 영업 강화 - 기존 고객계약 만료시 재계약율 90% 확보 - 나라장터를 통한 시장참여	- 직영 정비공장을 통한 원가경쟁력 유지
	사고대차 시장	- 현재 직영 정비공장의 사고대차 시장에만 참여 - 향후 시장진입을 위한 정보 수집 - 침투전략 모색	- 어설픈 전략과 서비스로 이미지 훼손하지 말 것
	단기대여 시장	- 동대구 역세권 내 KT금호, AJ렌터카와 3자구도 형성 - 향토기업으로서 지역민 수요 적극적으로 흡수 - 경주영업소 신설 추진	- 인터넷 포탈사이트 광고 강화 - 우수고객 관리 전산화
고객	장기대여 고객	- 차량관리 전문회사로서의 이미지 제고 - 차량사고 및 정비점검 시 대응 신속으로 신뢰 제고	- 고객불만 시 최대한 고객의 입장에서 업무 처리 - 고객의 편리를 우선시
	사고대차 고객	- 견인업체, 정비공장 관리자와 인적 친밀도 강화 - 렌터카 사용 고객의 불만해소	//
	단기대여 고객	- 제품 및 서비스의 차별화가 어려운 업종이지만 시장지배 기업군의 서비스 최대한 모방 - 자사 특유의 성실로 자체 서비스 발굴	- 공정거래위 권고약관 준수
자금 흐름	자금확보	- 회사 내 이익잉여금을 통한 조달 - 대표자의 개인 재산을 담보한 자금조달	- 제1금융권 자금조달 - 외부 자금조달 총액의 담보여력 20% 사용 금지
	향후 3년 재무제표	- 예상재무제표 작성 시 기장대행 회계법인의 조언으로 추진하되 재무위험에 대한 가이드라인을 수립할 것	- 현실 상황을 반영한 투명한 재무제표를 작성
인력과 조직	인력보강 신설부서	- 장기대여 시장 공략을 위한 영업관리자 스카웃 - 장기대여 차량을 위한 차량순회 점검 팀 신설 - 경주영업소 신설에 따른 신규인원 충원	- 월별, 주별 구체적 목표설정 및 달성여부 확인
	개선제도 프로그램	- 직원급여 시스템 개선 복지후생 확대 - 성실한 시간제 직원의 정규직원화 - 구체적인 목표 제시 및 자사에 대한 긍지고취 교육 - 1인 다기능화 (정비+ 배차 + 예약 업무)	- 업무관련 자격증 공부시 비용 지원 및 취득 시 수당 지급

고려렌트카는 시장지배 기업군의 과점시장 상황에서 그들의 가격덤핑에 굴하지 않고 자사가 보유하고 있는 유, 무형의 자원을 효율적으로 활용하여 수익성을 제고하면서 시너지 효과를 극대화 하는 전략을 수립했다. 지역에서 자생한 중소직영 기업으로서 지역밀착식 영업을 강화하고 인근 지역권으로 시장을 확대하며 장기적으로 생존과 성장을 확보한다는 것을 전략의 주요 내용으로 결정했다.

5. 당해 연도 전략 우선사항

	우선사항1	우선사항2	우선사항3	우선사항4	우선사항5
세부사업명	신경주역 영업소개설	인터넷광고	장기대여 영업 강화	자금조달 비용최소화	장기대여 차량관리
누가	대표자	대표자 예약담당책임자	대표자 영업관리자	대표자	대표자 차량관리자
언제	4월	4월	5월	7월	9월
어디서	신경주역	홈페이지 정비. 광고개시	조달청	NH은행 국민은행 지점	정비공장
무엇을	지점 개설	인터넷 광고, 홍보	나라장터 입찰 참여	대출금리 인하 및 대출한도 상향	순회 정비 및 점검 차량 확보
어떻게	- 현장 방문을 통한 지점위치 선정 - KTX 이용고객 및 잠재수요 파악 - 고객선호 차종 및 가격, 부가서비스 조사	- 홈페이지 정비를 통한 포탈사이트 naver 유료광고 실시 - 기업 홈페이지 별도로 블로그 신설	- 입찰업체 등록 및 신용평가 기관 등록 완료하여 입찰 참가	- 영업확장에 따른 소요자금 비용 최소화	- 순회 정비점검위한 차량 확보
왜	- KTX를 이용한 관광수요 증가에 따른 렌터카 수요가 늘어남 - 대구거점과 인프라 형성 - 시너지효과 기대	- 인터넷을 통한 사전예약 및 실 · 잠재고객에 대한 효과적 광고 노출	- 렌터카 장기 대여에 대한 용역이 종전과 달리 입찰공고하는 사례가 빈번해짐	- 목표달성을 위한 지점개설 및 차량 증차	- 순회 정기점검을 통한 장기대여 차량 관리 및 이미지 제고

고려렌트카는 앞에서 수립된 전략을 실천하기 위해 당해 연도의 우선 실행전략들을 정했다. 5가지 우선사항을 정하고 누가, 언제, 어디서, 무엇을, 어떻게, 왜 하는지에 대해 분명히 하였다.

7장 위치선점 전략:

위치선점(positioning)에 의한 경쟁우위 획득

1. 경쟁 전략이란 위치선점(positioning)이다
2. 원가우위 전략: 원가의 리더가 되기
3. 제품 차별화 전략: 누구보다 월등해지기
4. 원가와 차별화의 두 마리 토끼를 다 잡을 수 있을까?
5. 집중화 전략: 한 곳에 집중하라

[사례] 삼성전자와 애플의 위치선점 전략

학습내용

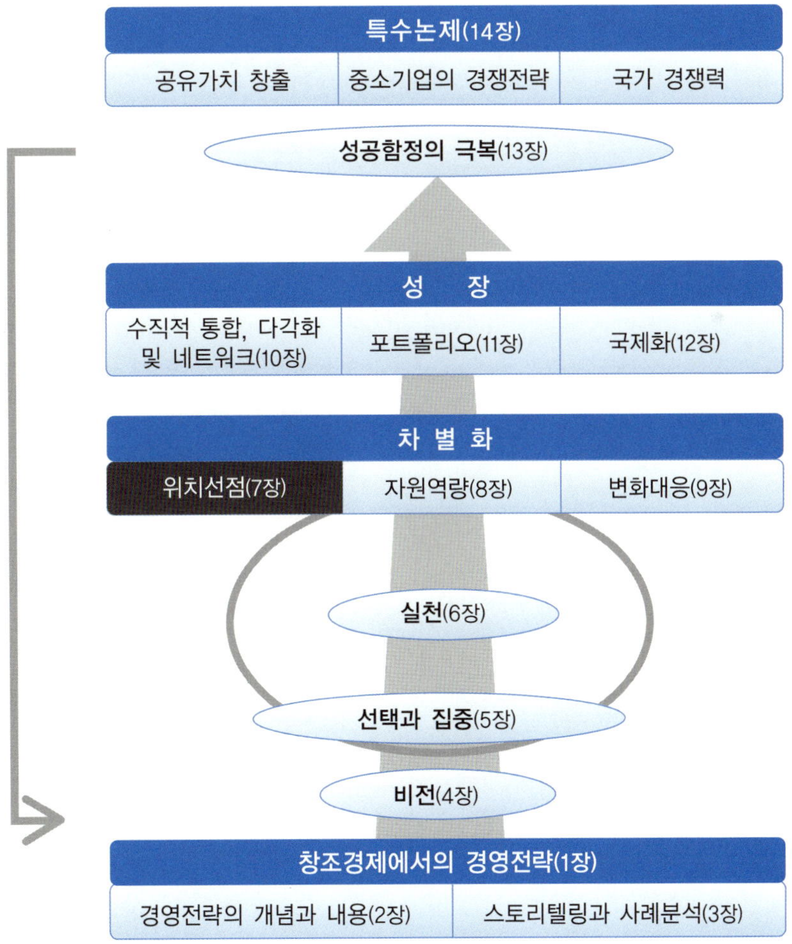

01 경쟁 전략이란 위치선점(positioning)이다

80년대 일본 기업들이 글로벌 시장에서 두각을 나타냈다가 90년대 들어 미국이나 유럽 기업들에 뒤지는 현상이 관찰되었다. 그 이유에 대해 학자들은 일본 기업의 전략 부재 혹은 일본식 경영관행의 한계 때문이라고 주장했다. 지난 20년 동안 운영의 효율성을 강조한 린 생산방식, 전사적 품질관리(TQM), 기업 간 협력 네트워크, 지속적인 개선 등 일본 기업의 탁월한 경영 관행들은 전 세계로 확산되었다. 그러나 일본 기업의 독특한 경영 관행이 확산될수록 오히려 일본 기업의 경쟁력은 하락하는 현상이 나타났다. 즉 80년대 중반 이후 많은 서구 기업들이 일본식 경영방식을 적극적으로 모방하고 개선함으로써 그 동안 일본 기업만이 누리고 있던 이점들이 사라지는가 하면 이를 이용하여 일본 기업을 따라잡는 현상이 생겨났다.

▶▶ 모토로라 사례

1974년 모토로라는 퀘사(Quarsar) TV 사업부를 일본기업인 마쓰시타에 매각했다. 그때 마쓰시타가 동일한 생산설비와 동일한 근로자를 가지고 단 몇 년만에 사업부 불량률을 종전의 100분의 1 수준으로 줄여놓는 것을 보게 된다. 1979년 당시 모토로라 회장 로버트 갤빈은 자사의 품질수준에 대해 심각하게 고민하고 대대적 품질개선 운동을 시작하게 된다. 1980년, 로버트 갤빈은 품질을 10배 이상 향상시킨다는 목표 아래 일본 기업들의 생산 관행을 적극적으로 모방하였다. 이에 '식스 시그마' 프로그램을 출범시키고 불량 없는 제품생산을 위해 매진한다. 그 결과 5년 동안 22억 달러의 비용을 절감하고 탁월한 품질을 실현한 기업으로 인정받으며 결국 일본 기업을 따라잡았다. 또한 공장에 국한된 일본 기업의 고객중심 사고방식을 한 단계 발전시켜 사내 모든 활동 분야에 적용시키며 '전사적 고객만족' 운동을 시작하였다.

출처: 마이클 포터 외, 일본 경제 위기 보고서, 세종연구원, 2001 pp. 140 ~ 141.

운영의 효율성은 궁극적으로 경쟁자에 의해 모방이 되기 쉽다. 따라서 경쟁우위는 경쟁자들이 따라 하기 힘든 위치의 선점을 통해 확보될 수 있다. 마이클 포터는 경쟁 전략은 차별화된 가치활동(value activities)을 통해 독특하고 가치 있는 포지션을 창출하는 것이 핵심이라고 말한다.[1] 포지션의 초점은 기업의 이익을 빼앗기지 않는 구조적 요건을 갖추는 데 있다. 포지션의 구축을 쉽게 말하자면 이익을 빼앗기지 않고 보호하기 위한 장벽 세우기라 말할 수 있다. 만약 외부환경의 힘에 의해 이익을 빼앗기는 상황이라면 그 기업의 이익률은 감소할 수밖에 없다. 반대로 이익이 보호되는 구조에 놓여 있다면 그 기업의 이익률은 높은 상태를 유지할 수 있다.

▶▶ 사례: 성벽쌓기

옛날 한 평화로운 나라가 있었다. 그 나라는 튼튼한 성벽으로 둘러싸여 있었으며 현명한 왕의 통치 아래 다스려지고 있었다. 그 때 욕심 많은 이웃 나라 왕은 항상 평화로운 나라를 질투했고 결국 전쟁을 선포했다.

욕심 많은 이웃나라 왕은 굳건한 성벽을 넘기 위해 그 높이에 맞는 사다리를 만들고 군사를 훈련시켰다. 자신보다 훨씬 많은 수의 적이 침략할 것이라는 소문에 평화로운 나라 백성들은 불안에 떨었다. 하지만 왕은 크게 동요하지 않았다. 그는 최고의 방어가 최선의 공격이라는 것을 알고 하나씩 준비했다. 전쟁은 시작되었다. 욕심 많은 왕의 군사는 성벽에서 날아오는 활에 사상자가 속출하여도 진격을 멈추지 않고 사다리를 성벽에 올려놓았다. 하지만 욕심 많은 왕의 군대는 성벽을 넘지도 못하고 전멸당하고 말았다. 현명한 왕은 평화로운 시기에도 조금씩 성벽을 쌓아 올렸고 적군이 예상치 못하게 성벽의 높이는 사다리가 닿을 수 없을 만큼 높아져 있었던 것이다.

기업이 가진 독특한 일련의 가치활동을 통해 위치선점을 한다면 기업의 경쟁우위는 쉽게 모방이 되지 않으며 장기적으로 유지되고 지탱될 수 있을 것이다. 이를 위해 다음과 같은 사항들을 고려할 필요가 있다.

■ **위치선점은 참된 혁신을 필요로 한다**

경쟁자들과 전혀 다른 활동을 수행하거나 유사한 일을 다른 방식으로 실행함으로써 독특한 가치결합을 통해 차별적인 기업활동들을 축적시켜야 한다. 만약 똑같은 활동들로써 제품이나 서비스를 제공하고 고객의 욕구를 충족시킬 수 있다면, 기업들은 포지션 간 이동을 손쉽게 할 수 있을 것이며 기업의 성과는 운영 효율성에 의해 결정될 것이다. 그러나 기업이 가진 독특한 일련의 가치활동으로 인한 경쟁우위는 쉽게 모방이 되지 않으며 장기적으로 유지되고 지탱될 수 있다.

■ **위치선점의 핵심은 '무엇을 하지 않을 것인가'에 대한 차별된 선택이다**

경쟁을 위해 특정 가치를 추구한다면 반드시 상쇄관계(trade-off)가 발생된다. 어느 한 가지를 더 많이 제공하자면 다른 것을 제공하는 것을 포기하지 않으면 안 되기 때문이다. 예컨대 항공사의 경우 값이 비싸지더라도 기내식을 제공하고, 각종 서비스 제공을 위해 출항 준비 등에 소요시간을 늘리든지, 아니면 기내식을 생략함으로써 저렴하고 빠른 운행 스케줄을 제공하는 것 중의 하나를 택할 수 있다. 어느 항공사도 상당한 비효율을 감수하지 않고서는 양쪽을 모두 다 취할 수 없다. 위치선점을 위해서는 고객집단, 제품이나 서비스의 종류, 그리고 미충족 욕구에 대해 결정해야 한다. 그러나 이러한 전략적 결정은 다른 고객집단, 다른 고객욕구, 다른 기능이나 서비스 등에 대해서는 취급하지 않을 것이라는 결정과도 같다.

■ **위치선점은 '어떻게 가치활동들을 배합할 것인가'에 대한 구상이다**

운영 효율성이 개별 활동이나 기능에서 우월성을 달성하는 것이라면 위치선점은 전체 활동의 배합이 조화를 이루고 상호 강화되도록 하는 것에 목적이 있다. 차별화된 가치창출을 위해 어떤 활동들을 수행할 것인지의 문제에서 개개 활동을 어떻게 배치할 것인지를 다루어야 할 뿐만 아니라, 그 활동들이 어떻게 서로 관련되어 있어야 하는지를 결정해야 된다. 기업활동들이 상호조화를 이루고, 상호강화됨으로써 다른 기업과는 다른 역량을 창출할 수 있다.

■ 가치사슬(value chain)은 위치선점의 핵심원천이다

마이클 포터는 위치선점의 가장 기본적 형태로서 원가우위(cost leadership)와 차별화(differentiation)를 제시하였다. 즉 위치선점은 비슷한 품질과 성능의 제품이나 서비스를 경쟁자들보다 더 낮은 가격으로 제공하거나, 더 높은 가격임에도 불구하고 소비자들이 기꺼이 구매할 만큼 독특한 제품이나 서비스를 제공함으로써 발생한다는 것이다. 이러한 위치선점은 궁극적으로 소비자들에게 혜택을 줄 수 있는 가치창출의 활동을 통하여 발생한다고 보았다. 가치사슬(value chain)이라는 개념은 바로 기업의 가치활동들을 체계적으로 분석하기 위하여 제시된 것이다. 가치사슬이란 다음의 〈표 7-1〉과 같이 나타낼 수 있으며, 궁극적으로 기업의 위치선점의 핵심원천이 된다.

〈표 7-1〉의 가치사슬에 의하면, 기업의 가치활동은 크게 주활동 부문(primary activities)과 보조활동 부문(support activities)으로 구분된다. 이들에 대해 자세하게 설명하면 다음과 같다.

(1) 주 활동은 위치선점의 핵심적 역할을 한다

주 활동은 〈표 7-1〉과 같이 다섯 가지 활동으로 나누어지는데, 각 활동은 기업의 전략과 기업이 속해 있는 산업의 특성에 따라 다시 여러 세부 활동들로 나눌 수 있다.

표 7-1 가치사슬

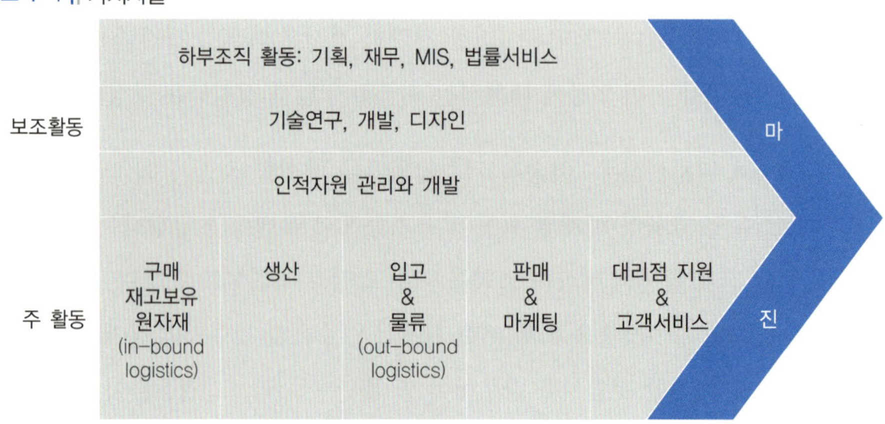

출처: 장세진, 글로벌 경쟁시대의 경영전략, 박영사, 2002, p. 170.

주 활동은 일반적으로 업종에 따라 그 중요성이 다르다. 예를 들자면 유통업자의 경우, 구매, 재고관리 및 물류가 다른 활동보다 훨씬 중요하다. 반면에 식당이나 소매점 운영자의 경우는 대개 유통업자의 주요 활동이 생략되고 생산만이 중시되기도 한다. 기업대출을 주로 취급하는 은행의 경우에는 대출금의 이윤산정과 상환방법 설정 그리고 대출자의 선별 등과 같은 마케팅과 판매활동이 위치선점의 핵심적 역할을 한다. 또한 고속복사기 제조업자의 경우 서비스 활동이 위치선점의 핵심활동이 된다. 이와 같은 본원적 활동은 기업에 항상 존재하게 마련이며, 위치선점의 핵심적 역할을 한다.

(2) 보조 활동은 주 활동을 견고하게 만든다

보조활동은 〈표 7-1〉과 같이 네 가지 활동으로 나누어진다. 보조 활동은 주 활동을 지원하여 주 활동을 보다 견고하게 만든다. 보조 활동은 개별 활동을 지원하기도 하지만 동시에 전반적으로 전체 가치사슬을 지원하기도 한다. 기업 하부구조 활동에는 일반관리, 기획업무, 재무관리, 회계, 법률문제 관리, 대정부 관리 그리고 품질관리가 있는데, 이러한 활동들은 다른 지원활동과 달리 전체 가치사슬을 지원한다.

(3) 가치활동 분류의 적절한 판단이 중요하다

위치선점을 확고하게 하기 위해서는 그 원천인 가치사슬을 분석해야 한다. 그리고 가치사슬을 분석하기 위하여 기업의 개별 가치활동들을 구별해 내고 적절하게

그림 7-1 경쟁전략

		경쟁 우위	
		저비용	고객에게 인정받은 독특성
경쟁 타깃	산업전체	원가우위 전략	차별화 전략
	특정분야 환경	비용 집중	차별화 집중

정의하여야 한다. 예를 들어 주 활동의 마케팅 및 판매활동은 마케팅 관리, 광고, 판매원 관리, 판매원 활동, 기술문헌 작성, 판매촉진 등 세부활동들로 정의될 수 있다. 이러한 가치활동의 분류는 임의적인 것이기 때문에 궁극적으로 분석자의 적절한 판단이 중요하다. 이 때 분석자의 판단은 그 사업에 대해 가장 훌륭한 통찰력을 제공해 주고 경영자가 가치사슬에 대해 직관적으로 명료하게 알 수 있는 방향으로 이루어져야 할 것이다.

그렇다면 높은 투자수익률을 확보하고 장기적으로 산업 내에서 자신의 위치를 지키며 경쟁우위를 점할 수 있는 위치선점의 전략으로는 무엇이 있을까? 이에 마이클 포터는 높은 투자수익률을 확보하고 장기적으로 산업 내에서 자신의 위치를 지키며 경쟁기업에 앞설 수 있는 본원적 전략으로 세 가지 유형을 제시하였다. 원가우위 전략, 차별화 전략, 집중화 전략이 그것이다.

02 원가우위 전략: 원가의 리더가 되기

원가의 리더란 경쟁기업보다 더 낮은 원가로 재화 또는 용역을 생산함으로써 시장점유율을 확보하는 것을 말한다. 이를 통해 경쟁자들을 능가하고 제품의 비용을 주도해 나갈 수 있다. 원가의 리더는 원가를 주도하고 시장이 성숙기가 되어 가격경쟁이 시작되면 그렇지 않은 기업보다 치열한 경쟁을 더 잘 견딜 수 있다. 이 전략은 일반적으로 시장 세분화보다는 평균적인 소비자들을 목표로 한다. 특히 제조 부문에서 가격을 낮출 수 있는 제조기술의 강점을 활용하여 원가상의 우위를 확보하는 전략이다. 수요가 증가하고 기업의 판매량이 늘게 되면 원가를 다시 낮출 수 있는 규모의 경제를 적극 활용한다. 이와 같은 원가우위는 저원가의 물적 유통시스템, 효율적인 조립 공정, 혹은 뛰어난 판매원의 활용 등과 같은 개별적인 활동으로부터 생길 수 있다.[2]

▶▶ 월마트 사례 – '샘 월튼의 꿈'

월마트의 창설자인 샘 월튼의 꿈은 단순한 생각에서 시작되었다. 그것은 '고객들에게 높은 가치를 주고, 낮은 가격으로 상품을 제공하며, 고객의 방문을 환영하는 것'이었다. 월튼은 싼 값에 좋은 상품을 제공하는 것이 성공의 핵심요소라는 것을 간파했다. 그는 항상 고객에게 가장 낮은 가격에 최상의 가치를 제공하는 방법이 무엇일지 고민하고 생각했다. 이러한 그의 노력에 잦은 실수와 판단착오가 거듭되었지만 하나 둘씩 월마트만의 판매관리비 절감 시스템으로 발전하고 구축되었다. 결과적으로 샘 월튼의 노력과 외침은 고객들에게 월마트는 항상 더 싼 가격의 좋은 상품을 제공받을 수 있다는 인식을 심어 주었고, K-마트와 시어즈와 같은 유명 소매기업과의 경쟁에서 우위를 차지한다.

Every Day. Low Price!

출처: 마이클 버그달, 월마트 방식, 김호원역, 고려닷컴, 2005, pp. 47~68.

2.1 원가비용의 우위는 어디서 오는가?

경험효과의 발생으로 원가는 지속적으로 낮아질 수 있다. 이는 규모의 경제와 학습 효과가 복합적으로 반영되어 매출액과 경험이 누적됨에 따라 제품의 단위당 원가를 낮출 수 있기 때문이다. 시장선도자는 실질적으로 경쟁우위를 확보하게 되기 때문에 제품의 가격을 인하하더라도 여전히 충분한 이익을 누릴 수 있다. 이를 경험곡선의 개념으로 설명하면 누적된 경험이 2배로 증가할 때마다 부가가치 창출과 관련된 비용이 일정 비율로 감소한다고 풀이할 수 있다.

그림 7-2 경험 곡선

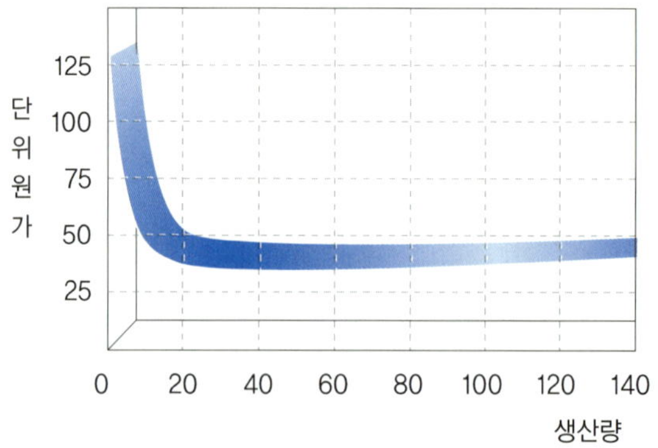

(1) 경험곡선의 발생원천

■ 학습(서당개 3년이면 풍월을 읊는다)

'서당개 3년이면 풍월을 읊는다'는 속담과 같이 사람들은 단지 반복함으로써 보다 빨리 그리고 보다 효율적으로 일을 처리하게 된다. 방문 횟수가 늘어남에 따라, 또는 같은 고객에게 반복적으로 주문을 받음에 따라 그 직무를 보다 빨리 능률적으로 수행할 수 있게 된다. 하지만, 학습효과는 일정한 시간 후에는 소멸하는 경향이 있다. 따라서 학습효과는 신제품의 생산개시 후 일정기간 동안만 유효하며 2~3년 후에는 크게 약화된다. 그러므로, 일정 시점이 지난 후 경험곡선의 효과는 대부분 규모의 경제에 기인한다.

■ 기술진보(꾸준히 업그레이드 되는 컴퓨터)

컴퓨터의 진화는 끊임없이 이루어지고 있다. 586 컴퓨터를 쓸 때가 엊그제인데 팬티엄 4가 등장하고 512 메가바이트 RAM을 장착하면 어느새 2기가바이트 RAM이 등장한다. 이렇게 발전하는 기술과 함께 생산과정을 현대화하고 새로운 기계 설비를 도입할 수 있다. 즉 경험의 누적과 기술향상으로 인해 작업의 자동화가 증대하고 계속적인 비용절감이 이루어진다.

■ 제품 재설계(단순함의 미덕)

복잡함보다는 간소화하면서 그 내용을 모두 포함할 수 있다면 그보다 좋은 방법은 없을 것이다. 기업들은 경험이 쌓일수록 제품을 단순화하여 필요한 부품의 수요를 줄이거나 부품의 신소재를 개발하여 비용을 줄일 수 있다. 경험이 쌓인 기업은 시행착오와 노하우 축적을 통해 자동화를 용이하게 하거나 원자재 비용을 절약할 수 있는 제품을 설계함으로써 생산을 보다 효율적으로 할 수 있다.

■ 규모의 경제

기업의 규모가 클수록 관리비, 기계설비비, 연구개발비 등과 같은 비용이 보다 많은 생산단위에 분산된다. 규모의 경제가 나타나는 이유는 대규모 설비의 경제성, 대량구입에 따른 운임이나 원료비의 감축, 분업에 의한 생산요소의 전문화 등을 들 수 있다. 작은 공장보다는 큰 공장이 상대적으로 비용이 적게 드는 것은 규모의 경제 때문인 경우가 많다.

▶▶ 경험효과를 이용한 혼다

1959년 혼다는 처음으로 오토바이를 가지고 미국에 진출했다. 그 뒤의 성공은 알려진 대로다. 1960년에 50만 달러였던 매출이 35년 후인 1995년에는 7,700만 달러로 150배 이상 급증하고 점유율도 크게 신장되었다. 1975년 보스턴 컨설팅 그룹은 몰락하고 있는 영국 오토바이 업계를 위해 분석을 시작한다. 특히 1959년부터 1973년에 걸쳐서 미국 시장에서의 영국제 오토바이의 점유율은 49%에서 9%로 급락했다. 점유율을 늘리고 있던 일본의 오토바이 업체를 분석한 보스턴 컨설팅 그룹은 혼다가 일본에서 소형 오토바이에 집중하고 있어서 저비용으로 제조가 가능하며, 미국 진출 전략으로 '규모의 경제', '학습 곡선'을 이용해서 가격을 현재의 원가 이하로 낮추어 책정하여 판매하였다. 그 결과 비용 경쟁력을 기반으로 미국 시장을 석권했다는 결론을 내렸다.

출처: 시미즈 카츠히코, 전략의 원점, 삼양미디어, 2007, pp. 185~187.

그러나 경험곡선의 효과에 대한 매력은 기업들에게 큰 함정이 될 수 있다. 성공적으로 경험곡선을 활용하는 기업이라 할지라도 진부화된 자산을 버리고 기술진보에 주의를 기울이지 않으면 자신의 위치를 지키기 어려울 수 있다.

■ 영원이란 존재하지 않는다

경험곡선은 어떤 특정 시점에서 최저점에 도달하게 되고, 그 이후로는 더 이상의 비용감소를 발생시키지 않는다. 이에 따라 경쟁자는 시간의 흐름에 따라 원가선도 기업을 따라 잡을 수 있게 된다. 따라서 유지 가능한 전략적 우위를 획득하기 위해서는 비용의 최소화 이외에도 여러가지 다른 전략적 요소(마케팅 활동, 애프터서비스 활동)들을 결합하여야 한다.

■ 새로움의 등장은 기존 질서를 파괴할 수 있다

경험효과에 의한 비용우위는 신기술 개발에 의해서 진부화 될 수 있다.[3] TV시장의 경우, 기존의 TV 브라운관은 경험곡선의 효과가 컸다. 그러나 평면 TV의 도래는 기존의 TV브라운관이 가지던 경쟁우위 자체를 가치 없는 것으로 만들었다.

■ 유연제조 기술이 경험효과를 무의미하게 만들 수 있다[4)]

높은 생산량이 반드시 기업에게 원가우위를 주는 것은 아니다. 제조기술에 따라서 소규모 생산에도 원가우위를 가질 수 있기 때문이다. 이 경우, 효율적인 제조기술을 획득하지 못한 기업은 대규모 생산을 하여도 원가우위를 가질 수 없다. 또한 유연 제조시스템을 활용하여 대규모 생산 못지않은 비용절감을 할 수 있다.

▶▶ **GM 사례**

1920년 GM은 항상 포드의 뒤를 이은 2인자였다. 미국 자동차 업계의 1인자가 되고 싶었지만 포드의 적극적인 후방 통합과 고도로 자동화된 설비에 기반한 저렴한 원가를 따라 잡기에는 포드의 벽이 너무나 높아만 보였다. GM은 고객의 수입이 늘어나고 점차 스타일이나 모델의 변화와 안락성에 관심을 가지기 시작했다는 판단을 내렸다. 모델과 차종이 제한된 포드사와는 달리 다양한 모델로 고객의 욕구를 충족시키기 시작한다. 고객은 이런 특징을 가진 차에 기꺼이 대가를 지불하기 시작했으며 그 결과 GM은 자동차 업계에서 1위로 도약한다. 포드는 원가비용의 감축을 위해 막대한 비용을 투자하였기 때문에 전략을 재조정하기에는 자금부담을 감당할 수 없었다. 결국 GM의 공략을 신속히 대처하지 못했고 그 후 단 한번도 포드는 1위의 자리를 빼앗지 못했다.

출처: 조동성, 21세기를 위한 전략경영, 서울경제경영, 2006, p. 199.

2.2 제조기술로 경쟁을 주도하기

단순히 인력감축을 통한 저가 경쟁보다는 지속적인 제조혁신을 통해서 원가우위를 달성해야 경쟁우위를 유지할 수 있다. 원가를 낮추기 위해 중국과 같은 개발도상국으로 시설을 옮기는 것은 수명을 잠시 연장시킬 뿐이다. 원가우위를 점하는데 기본이 되는 핵심기술과 부품 · 설비의 우위를 갖추지 못한다면 결국 저가격 경쟁에서 도태될 수밖에 없다.

▶▶ 마쓰시타 사례

2003년 미국의 장기호황과 중국의 고성장에 따라 각국은 경쟁적으로 생산능력을 확장했다. 이는 곧 가격경쟁의 심화를 야기하게 된다. 대부분의 일본 DVD레코더 업계는 해외이전이 하나의 만능 전략으로로 작용하였다. 하지만 마쓰시타는 일본 내 생산을 고수한다. 이 경우 저가격을 포기하고 고부가가치 제품으로 이동하는 것이 일반적임에도 불구하고 마쓰시타는 항상 경쟁사보다 더 낮은 가격으로 더 빠르게 신제품을 출시하여 업계 리더인 파이오니어의 시장을 잠식해 나갔다. 무엇이 이를 가능하게 했을까? 마쓰시타는 제조기술의 역량으로 높은 설계능력과 핵심부품 관련 노하우가 있었다. 대부분 제품원가의 70~90%가 설계단계에서 결정되는데, 특히 다수 부품을 하나의 칩에 집약시키는 SOC(SYSTEM ON a CHIP)를 자체적으로 설계하고 생산하여 부품수를 30% 이상 줄였고, 효율적인 배선설계로 PCB를 단순화하여 양품률을 높였다. 뿐만 아니라 기판면적을 축소하고 부품의 수를 절감하는 등 기본적인 원가절감의 노력을 끊임없이 했다. 그 결과 제조기술의 지속적인 향상으로 원가우위를 달성했다.

출처: CEO imformation 422호, 삼성경제연구소, 2003.

2.3 효율적인 자재관리

미국 제조기업의 경우 평균적으로 자재와 운송비용은 총 판매액의 약 60%를 차지한다고 한다. 또한, 미국 제조기업은 해마다 새로운 공장이나 장비보다 재고품에 대해 4~5배 이상의 자금을 재투자한다고 한다.[5] 따라서 제조업체의 경우 효율적인 자재관리를 한다면 막대한 비용절감이 가능하다. 예를 들자면 도요타는 JIT 시스템을 통해서 효율적인 자재관리는 물론 제품의 불량화를 최소화하는 탁월한 성과를 거두었다.

▶▶ 도요타 사례

도요타는 과거 생산성 향상에 있어 항상 재고의 문제를 안고 있었다. 그래서 재고를 줄이기를 최우선 목표로 삼았다. 그 결과 필요없는 것은 만들지 않고 고객이 필요로 하는 것만 만드는 것을 목표로 JIT(JUST IN TIME)이라는 재고 시스템을 개발하였다. 이와 같은 JIT시스템 하에 투입물을 가능한 필요한 시점에서만 사용하도록 통제함으로써 재고비용을 감소시키고 불량품을 최소화하는 방안을 고안함으로써 품질개선을 가능하게 했다. JIT의 기본은 다음 3가지로 정리할 수 있다.

① 하나의 생산라인을 구축하라.

이를 공정의 흐름화라고 말하며 작고 빠른 흐름으로 작업한다고 한다. 한 개씩 생산함으로써 작업에 정체가 생기더라도 바로 그 원인을 알게 되고 문제점을 수정하면 원래의 순조로운 흐름으로 돌아간다.

"작업자는 라인을 멈춰 세우고, 관리자는 라인이 멈춰서지 않게 하라"

도요타는 어디에서 작업이 정체되는지, 어디에서 재고가 생기고 멈추는지를 알 수 있도록 공정구조를 고안했으며 낭비가 발견되는 즉시 개선하는 JIT시스템을 개발했다. 이는 각 작업에서 오류가 발생하면 작업자가 라인의 오류를 경고하고 그래도 이것이 수정되지 않으면 버저가 울리며 라인이 일시 중지된다. 이때 관리자는 오류 경고에 신속히 보완할 수 있도록 훈련을 쌓아 원활한 공정이 되도록 관리한다.

② 작업을 표준화 하라.

사람의 움직임을 중심으로 낭비없는 순서로 효율적으로 생산하는 '작업 모델' 같은 것을 표준작업이라고 한다. 1) 표준작업은 개인의 표준 작업량을 설정하여 숙련자의 속도를 표준화하여 정한다. 예로 신입사원은 우선 1주일 동안 기본기술을 익혀 어느 수준에 이르렀을때 라인에 투입한다. 2) 작업순서를 정하여 작업자가 제품을 만들 때, 재료에서 제품으로 만들어져 가는 과정에서 재료를 운반하거나 기계에 장착 또는 떼는 등의 일련의 작업이 시간의 흐름에 따라 이루어지도록 설정한다. 3) 표준 대기품을 설정하여 작업을 진행하는 데에 필요한 최소한의 설비나 준비품을 공정 안에 위치시킨다.

③ 후공정의 인수량 만큼만 만들라.

최종적인 후공정은 고객이기 때문에 고객에게 팔린 수량만큼만 만든다. 기존의 방식은 만드는대로 족족 후공정으로 보냈기 때문에 최종적인 후공정인 고객이 인수해주지 않으면 창고에 재고가 쌓여 갔다. 이를 시정하기 위해 후공정이 필요할 때 필요한 만큼만 앞 공정으로부터 인수하고, 다시 앞공정은 인수된 수량만큼만 생산한다.

출처 : 이시이 마사미쓰 저, 가장 쉬운 도요타 생산방식 입문, 동양문고, 2005, pp. 40~75.

03

제품 차별화 전략: 누구보다 월등해지기

누구보다 월등하다는 것은 기업이 제공하는 제품이나 서비스를 차별화함으로써 그 기업이 독특하다고 인식될 수 있는 그 무엇을 창조하여 경쟁우위를 달성하는 것이다. 기업은 이를 통해서 소비자에게 차별화에 대한 대가로 프리미엄 가격을 요구한다. 프리미엄 가격은 통상 원가우위 기업이 부가하는 가격보다 높다. 그러나 소비자들은 차별화된 제품이 가치가 있다고 믿기 때문에 프리미엄 가격을 지불하고서도 제품을 구입하게 된다. 차별화의 경쟁우위는 고품질의 원료, 적절한 주문발송 시스템, 뛰어난 제품디자인 등의 활동으로부터 생길 수 있다.[6] 그렇다고 차별화를 추구하는 기업이 원가를 무시해서는 안 된다.

누구나 월등해지기 위해서는 때에 따라서 많은 적소시장으로 세분화해야 한다. 기업은 가능한 많은 차원에서 차별화를 시도함으로써 경쟁자들의 모방가능성을 줄일 수 있다. 이와 같이 다른 회사가 모방하는 것을 방지하기 위해서는 복수의 차별화를 도모하는 것도 좋은 방법이다.[7] 그 예로 BMW는 안정성, 고급스러움, 브랜드력, 서비스, 독자적인 고객관리 등을 이용하여 다른 자동차 회사와의 차별성을 부여하고 있다.

월등해지기 위해서 기업은 핵심방향을 선택해야 한다. 앞에서 말한 것과 같이 가능한 모든 전략을 선택하기에는 기업의 자원은 한계가 있다. 이를 모두 취할 경우는 매우 비효율적으로 되어 경쟁우위가 있는 위치를 점할 수 없다.

▶▶ 삼성전자의 휴대폰 사례

2005년 삼성은 글로벌 휴대전화 시장에서 고급 휴대폰 이미지를 내세워 노키아의 뒤를 이어 세계 2위의 휴대전화 제조업체인 모토로라의 지위를 위협하는 듯했다. 하지만 대부분의 분석가들은 삼성전자가 인도와 같이 급성장하는 저급 휴대전화에서의 시장기회를 놓쳤기 때문에 오히려 입지가 더 불안해 질 것이라고 예견했다. 2006년 중간 제품부터 고급 휴대전화까지의 마케팅 노력에도 불구하고 영업 매출은 1/4분기에 45퍼센트나 급락한 반면 노키아는 32퍼센트, 모토로라는 60퍼센트나 증가하였다. 삼성전자는 원가를 낮추어야 할 필요성이 대두되었다. 이에 대한 방법으로 비용이 한국보다 낮은 대만, 중국, 인도 등 공급원을 세계화하면서 제조를 외부에 맡기는 것을 제안하였다. 하지만 삼성은 이를 거부하였다. 비용을 절감하기 위해 하청을 준다면 품질향상이 어려울 것이고 오히려 삼성의 전략에 차질이 올 것이라고 판단했다. 오히려 더욱 고급 모델을 양산하는 것에 초점을 둔다. 이로 인해 삼성 경영진들은 판매와 수익이 동시에 높아질 것이라는 확신을 하였다. 삼성은 모토로라 레이져폰보다 훨씬 얇은 휴대전화를 출시하며 경쟁에 뛰어든다. 이와 함께 3.5기가 서비스와 휴대용 TV와 같은 기능을 지닌 최첨단 휴대전화에 집중하면서 휴대용 텔레비전과 초고속 무선 인터넷 서비스가 널리 보급되는 시점을 내다보는 전략을 취한다. 2008년 삼성 휴대폰은 미국 진출 11년 만에 현지 시장점유율 1위라는 기염을 토하며 세계 제패를 향해 도약 중이다. 삼성전자의 사업전략을 담당하는 김원섭 부장은 '가장 중요한 우선순위는 최첨단 기술을 지닌 고급제품이라는 브랜드 이미지를 유지하는 것이다. 기본적인 사업전략은 명확하다. 우리는 시장점유율을 확대하기 위해 이익을 양보하지 않을 것이며 저급제품의 시장에서도 초점은 고급시장의 틈새이다' 라고 말한다.

출처: 행간, 위대한 전략, 비즈니스 위크, 2007, pp. 35~37.

월등함을 구축하는 방향은 여러 가지로 나눌 수 있는데 무엇에 주력을 두고 차별화할 것인지 구체적으로 선택하는 것이 좋다. 우선적으로 R&D를 통한 제품개발을 통하여 차별화를 추구하는 방법이 있다. 또 다른 대안으로 마케팅 차원에서 서비스와 고객에게 제공되는 가치를 차별화하는 방법이 있다. 흔히 원가우위의 대상이 되는 상품을 만들어내는 데 원료 혹은 원천이 되는 1차 상품은 차별화를 추구할 수 없다고 생각하지만 그렇지 않다. 즉 고객에게 새로운 가치를 부여함으로써 1차 상품에도 차별화를 추구할 수 있다.[8] 그 예로 시멘트 회사가 다른 업체보다 신속하고 정확하게 구매자에게 공급하여 보다 높은 가격으로 판매한다면 이 또한 차별화를 추구한 것이라 할 수 있다. 그렇다면 월등함을 위해 선택할 수 있는 것은 무엇이 있을까?

1. 제품의 외양과 성능
2. 서비스(예 : 신용, 배달, 수리)
3. 가치활동의 강도(예 : 광고비 비중)
4. 가치활동의 내용(예 : 주문처리 과정에서 제공된 정보)
5. 가치활동의 실행을 위한 기술(예 : 기계장비의 정확성, 컴퓨터화된 주문과정)
6. 그 외 행동규제 절차, 투입물 품질, 개개인의 교육 수준, 활용정보 등

출처 : Porter, M. E., Competive Advantage, 조동성 역, 교보문고, 1991, p. 146.

3.1 연구개발 전략

■ 제품혁신 전략 : 경쟁자를 능가하는 신제품을 개발한다

– 제품혁신 전략의 핵심

• 신제품을 개발할 수 있는 기초과학 기술을 보유하여야 한다. 제품혁신을 위해 과학자들을 고용하고 창조성을 강화하기 위한 여건을 조성해야 한다. 이와 관련하여 기업은 독립된 연구기관을 설치하여 제품개발과 직접 관련된 투자 외에 기초기술 개발에 투자하기도 한다.

• 가장 높은 성공확률을 가진 제품을 신제품으로 선택할 능력을 가지고 있어야 한다.

• 신제품을 제조할 수 있는 능력을 가지고 있어야 한다.

• 시장요구에 적합한 제품을 생산할 수 있는 마케팅 기술이 있어야 한다.

▶▶ 소니 워크맨 사례

1970년대 당시 레코더 사업은 치열한 경쟁의 연속이었다. 이 때 소니의 모리타 회장은 '지금 젊은이의 생활에서 음악은 필수적이다. 이것은 젊은이들의 필수품이 될 것이다.' 라는 확신을 가지고 소형테이프 레코드 개발에 주력한다. 당시 소니 테이프 레코더 사업부는 스테레오 타입의 테이프 레코더를 개발할 의도로 신상품 개발에 부심하고 있었다. 1977년 발매된 소형 테이프 레코드 '프레스 맨' 을 모체로 시험작품을 계속 만들었지만 작은 기계 속에 녹음과 재생 기능을 동시에 장착하는 것은 어렵다는 것을 간파하고 시험작품으로 재생전용 모델 워크맨을 출시한다. 당시 재생전용기의 상품가치에 대해 대부분 회의적인 의견이 많았지만 모리타 회장의 확신은 변하지 않았다. 결국 워크맨은 그룹의 목표로 삼던 스테레오 타입의 레코더를 만드는 것에는 실패하는 미완성작에 불과했지만 결과는 '음악의 악세사리와 같이 가지고 걷는다. 동반해서 걷는다' 라는 새로운 스타일을 확립하며 대성공을 거둔다.

출처 : 다카하시 마코토, 창조력 사전, 매일경제신문사, 2003, pp. 279~281.

■ 제품개발 전략 : 기존 제품의 품질과 형태를 개선한다

– 제품개발 전략의 핵심

• 제품혁신보다는 낮은 위험을 수반한다.

• 획기적인 신제품이 아닌 기존 제품을 개선하여 보다 우수한 제품을 만들어야 한다.

• 기존 기술을 기반으로 관련 제품을 보다 향상된 수준으로 개량하거나 재설계 하는 것을 목적으로 한다.

▶▶ P&G 사례

많은 사람들은 P&G의 팸퍼스가 최초의 일회용 기저귀 제품이라고 생각한다. 물론 일회용 기저귀를 시장이라 부를 수 있을 만큼 대중화시킨 것은 P&G이다. 하지만 사실 일회용 기저귀라는 제품 자체는 존슨앤드존슨(Johnson& Johnson)의 계열사인 치커피 밀즈(Chicopee Mills)에 의해 처음 만들어졌다. 최초의 일회용 기저귀 척스(Chux)는 제품력이나 가격면에서도 기존의 기저귀를 대체할 만큼 만족스럽지 못했다. 따라서 장거리 여행과 같은 특수한 경우에만 어쩔 수 없이 사용하는, 전체 시장점유율 1%에 불과한 대행품일 뿐이었다. 하지만 P&G는 광범위한 개발 노력 끝에 초기 제품보다 품질은 뛰어나면서도 가격이 저렴한 제품을 출시하는 데 성공했다. 단순히 비슷한 제품의 가격을 낮추는 것만으로 혁신제품이 되기는 부족하다. P&G의 성공비결은 일회용 기저귀라는 기본적인 아이디어는 차용하되 훨씬 높은 수준의 제품을 만들어 결과적으로 혁신적 아이디어를 혁신적 사업으로 완성시키는 데 성공했다.

출처 : 정지혜, 주간경제 923호, LG 경제연구원, 2007. 2. 14.

■ 공정혁신 전략 : 제조비용을 감소하고 품질을 향상시킨다

– 공정혁신 전략의 핵심

- 시장 확장이 아닌 비용감소와 품질향상을 주목적으로 한다.
- 새로운 기술적 노하우와 관련된 기술을 필요로 한다.
- 기초적 기술연구를 필요로 하지는 않지만 제조 효율성의 증대와 관련되어 있기 때문에 제조와 연구개발의 통합기술이 요구된다.

▶▶ 광주전자 사례

광주전자의 진공청소기 사업은 시장의 포화상태와 중국 기업들의 등장으로 기업의 존폐위기를 경험하게 된다. 하지만 이를 제품공정의 혁신으로 극복하며 2000년 이후 연평균 50%를 넘는 성장세를 지속한다. 광주전자는 비용절감을 위해 신사출 공법을 개발하고 청소기 몸체의 플라스틱 소재를 바꾸어 원재료비의 50%를 절감하는 성과를 거둔다. 이와 함께 특수 사출공법을 개발하면서 기존 2.3mm의 프라스틱 두께를

1.8mm로 줄이고 재료비와 가공비를 30% 감축한다. 광주전자는 단지 비용절감뿐 아니라 품질향상을 위해 청소기의 핵심부품인 모터의 제품개발력을 강화하여 VE 태스크포스를 지속적으로 운영하여 부품의 공정화, 표준화에 성공한다. 이러한 혁신의 노력으로 2003년 4천억의 매출액을 달성했으며 세계 시장점유율 부분에서도 업계 3위 파나소닉의 자리를 위협하며 꾸준한 상승세를 유지하였다.

출처 : CEO imformation 422호, 삼성경제연구소, 2003.

연구개발 전략은 산업수명 주기에 따라 그 중요성이 달라진다. 태동기와 성장기에는 제품혁신 전략이 매우 중요하다. 그러나 성숙기에 이르러 제품의 기본사양이 표준화되고 제품혁신이 둔화되면, 제품개발 전략과 공정혁신 전략이 더 중요하게 된다. 그러나 대부분의 연구개발 투자 중 상업적인 성공을 거두는 경우는 전체 투자의 12~20% 정도에 불과하다고 한다.[9] 그 이유는 다음과 같다.

- 신제품의 불확실성 : 신제품이 실제로 시장에 출시되어 소비자에게 어떠한 반응을 일으킬지 예측하는 것은 현실적으로 어렵다.
- 빈약한 상업성 : 새로운 기술에 대한 내재적 가치는 존재하지만, 그 기술이 소비자의 욕구를 만족시키지 못하는 경우가 많다.
- 신제품이 시장에 출시되는 속도가 느리기 때문에 기회를 잃는 경우가 많다. 즉, 기술개발의 시작과 최종제품의 시장출시 사이의 시간이 길수록 경쟁자가 먼저 기회를 선점할 수 있다.

▶▶ 크레시 전투 사례

1346년 인구나 경쟁력에서 영국은 프랑스에 비해서 많이 뒤져있었다. 또한 당시 프랑스의 기마부대는 유럽을 주름잡고 있었다. 이 점을 알고 있던 에드워드는 수적 열세를 극복하기 위해 박차를 가한다. 그는 기마부대를 제압할 수 있는 무엇인가가 필요하다는 것을 인식했다. 이를 위해 긴 활을 개발한다. 긴 활은 프랑스 석궁보다 사거리는 2배, 발사 속도는 3배나 빠르며 무엇보다도 정확도가 높았다. 하지만 긴 활의 사용을 위해 고달픈 기술과 훈련이 필요했다. 100파운드의 당기는 힘과 활을 당기는 궁수가 되려면 6년이라는 시간을 투자해야 했다. 에드워드는 이와 같은 노력이 헛되지 않음을 믿었다. 그 결과 에드워드의 탁월한 지휘와 장궁의 활약으로 1만 2천 명이라는 군대를 이끌고 4만 명이나 되는 프랑스군에 대항하여 대승을 거둔다.

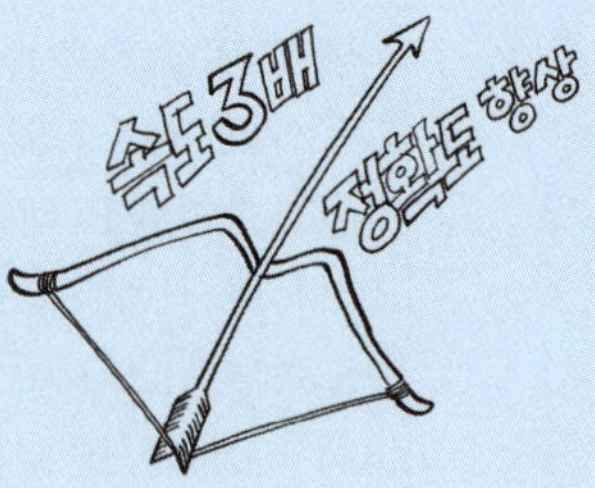

위의 사례와 같이 지속적인 노력과 분석을 통한 연구개발 투자는 기업에 놀랄만한 경영성과를 가져온다. 예를 들자면 듀퐁사의 나일론, 소니사의 워크맨, Bausch & Lomb사의 콘택트 렌즈 등은 아주 오랜 기간 동안 기업에 이익을 가져다 주었다.

3.2 마케팅 전략

■ 정확한 고객 선정

기업의 고객이 누구이며, 언제, 어디서, 무엇을, 어떻게, 왜, 얼마나 자주 구매하는지에 대한 명확한 구분이 필요하다. 사실 기업의 판매대상 후보는 모두라고 생각할 수 있지만 그보다 더 적합한 세분 시장은 분명히 존재한다. 만약 모든 세분 시장을 겨냥하는 전략을 취한다면 구매 가능성이 가장 높은 사람들을 충족시키지 못할 수도 있다. 이럴 경우는 자원의 낭비가 발생한다. 가장 유망한 세분 시장을 선정하고 확실한 구매예정자에게 효과적인 마케팅 전략을 세우는 것이 필요하다.

즉, 표적 시장을 선정한 후 차별화된 마케팅을 실행해야 한다. 표적 마케팅 전략으로는 비차별적 마케팅 전략, 차별적 마케팅 전략, 집중화 전략이 있다.

비차별적 마케팅 전략은 전체시장을 대상으로 마케팅 전략을 수행하는 것으로 전체시장이 유사한 욕구를 지닐 때 효과적이다. 이는 포드가 단일 T모델의 자동차를 출시하였던 전략의 예를 들 수 있다. 이 전략은 시장 안에 다른 수요를 가진 세분시장이 다수 존재할 경우 성공하기 어렵다.

그림 7-3 비차별적 마케팅 전략

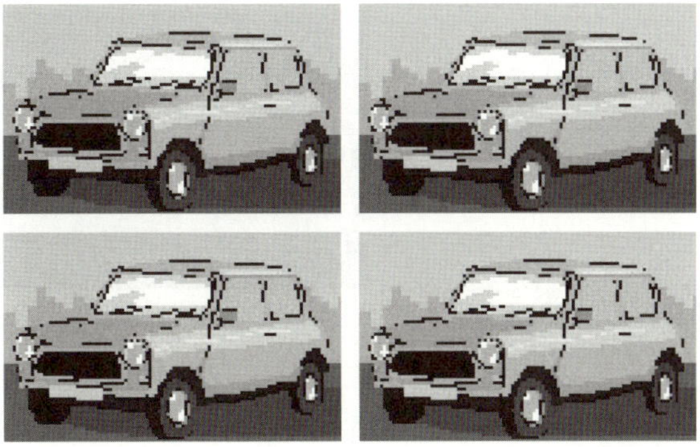

차별적 마케팅 전략은 몇몇 세분시장을 대상으로 각 세분시장에 맞는 마케팅 믹스를 각각 개발하여 마케팅전략을 실행하는 것이다. 이는 포드의 T모델과 대조적으로 GM사가 가격, 용도, 개성에 따라 시장을 세분화하여 각기 다른 형태의 자동차를 개발한 전략의 예를 들 수 있다.

집중화 전략은 기업이 한 세분시장만을 선정하여 집중적으로 공략하는 전략이다. 여러 세분시장 중에서 자사에게 가장 적합한 하나의 세분시장을 표적으로 마케팅 믹스를 개발하여 공략하는 것이다. 집중화 전략은 기업이 표적으로 하는 세분시장이 하나이기 때문에 고객욕구와 시장성격을 정밀하게 분석할 수 있고 마케팅 노력을 집중할 수 있으며 생산, 유통 및 촉진을 전문화할 수 있다는 장점이 있다. 그러

그림 7-4 차별적 마케팅 전략

그림 7-5 집중화 전략

나 집중화 전략은 시장범위가 좁아 표적 시장의 소비자 욕구가 변하거나 강력한 경쟁자가 진입하는 경우 큰 타격을 받을 수 있다. 롤스로이드사와 같이 사회적 신분을 중시하는 고소득 소비자층만을 대상으로 판매하는 마케팅의 예를 들 수 있다.

■ 제품 포지셔닝

제품 포지셔닝이란 제품과 서비스가 경쟁제품과 뚜렷하게 차별화되어 고객의 마음 속에 확실히 자리잡도록 제품과 마케팅믹스를 설계하는 것이다.[10] 예를 들어 BMW, 렉서스와 같은 고급승용차는 세계 어느 시장에서도 고급차라는 이미지를 확실하게 소비자에게 전달하고 있고 M&M의 초콜릿은 전 세계시장에서 동일한 포장을 사용하고 동일한 광고를 함으로써 제품 포지셔닝을 하고 있다. '손에서는 녹지 않고 입에서만 녹습니다' 라는 이 회사의 광고문구는 M&M이 진출한 모든 시장에서 성공적으로 사용되었다.

포지셔닝 전략 개발 단계[11]

제1단계 : 표적 시장에서의 경쟁기업 및 경쟁제품의 범위를 결정한다. 기업은 표적 시장 내에서 직접적으로 경쟁 대상이 될 수 있는 기업과 제품을 결정한다. 이는 표적 시장 내의 모든 경쟁기업 및 경쟁제품을 대상으로 하는 경우 비효율적으로 될 우려가 있기 때문이다.

제2단계 : 표적 시장의 욕구를 명확히 알고 소비자가 제품을 선택할 때 사용하는 평가기준과 중요 속성들을 파악한다.

제3단계 : 경쟁기업과 경쟁제품의 현재 포지션을 분석하고, 또 이들 기업이나 제품의 포지셔닝 전략에 대한 변경계획 여부를 점검한다.

제4단계 : 지각도 등을 이용하여 표적 시장에서의 포지션을 분석한다. 이런 분석의 결과로 기업은 새로운 시장기회를 발견할 수 있으며 경쟁 정도를 어느 정도 파악할 수 있다.

04 원가와 차별화의 두 마리 토끼를 다 잡을 수 있을까?

경쟁사들보다 낮은 원가구조를 가지고 월등하게 차별화된 제품으로써 경쟁에 뛰어들 수 있다면 두려울 것이 없는 경쟁우위를 확보할 수 있을 것이다. 문제는 이 두 마리의 토끼를 다 잡을 수 있느냐이다. 이에 상반되는 두 가지 의견을 소개한다.

4.1 부정적 견해

■ 욕심을 부리면 두 마리 토끼를 다 놓치기 마련이다.

경쟁의 포지션을 구축하는 가장 기본은 경쟁우위 획득을 위해 제품, 시장, 차별역량에 관한 일관성을 가지는 것이다. 그런데 기업이 이러한 일관성을 유지하지 못하면 정글과도 같은 경쟁에서 실패하기 쉽다. 즉 경쟁자가 두 가지 전략 대안 중 어느 하나도 수행하지 못한 어중간한 상태에 빠질 수가 있다. 대표적인 예로 벤츠의 차별화와 포드의 원가우위 가운데 클라이슬러는 상대적으로 어중간한 위치에 있었기 때문에 경영 위기를 맞이했다.

목표물을 향한 화살이 두 갈래로 나뉠 수 없듯이 원가우위와 월등함을 추구하는 기업은 목표 방향부터 다르다. 원가의 리더는 원가절감에 영향을 미치는 여러 요인들 중에서 시장점유율과 관련된 것들이 절대적으로 영향을 미친다. 하지만 월등함을 추구하는 기업은 시장점유율을 근간으로 하는 것이 아니라 제품 프리미엄과 특유의 독특함으로 경쟁을 하기 때문에 그 목표부터 다를 수밖에 없다. 값비싼 명품 브랜드의 옷을 구입하는 이유는 단지 옷의 재질이 좋아서만은 아닐 것이다. 그것을 통해 우리의 가치도 높아지는 기분을 갖게 된다. 가치를 위해 기꺼이 비용을 지불하는 고객에게 저가격 경쟁은 오히려 실망을 줄 수도 있기 때문이다.

마이클 포터는 비록 두 가지 경쟁우위를 동시에 달성한 기업이라 할지라도 궁극적으로 경쟁자에 의해 원가우위 구조와 기술혁신 등이 모방 당하여 경쟁력을 잃거나 한 가지 경쟁 전략만 추구하는 강력한 경쟁자의 도전 때문에 두 가지 경쟁우위를 지속적으로 추구하는 것이 어렵다고 주장한다.[12)]

4.2 긍정적 견해

특정 산업에서 차별화 전략이 수요를 증가시키고 수요증가는 다시 원가를 절감시키기 때문에 두 가지 본원적 전략은 동시에 달성될 수 있다는 견해가 있다. 특정 상황이 아니더라도 품질개선을 통한 차별화를 달성하면 불량으로 인한 제반비용을 절감할 수 있는 등 가치활동상의 연계에 의해 원가가 절감될 수 있다. 또한 차별화와 시장점유율 간에는 정의 관계가 있을 수 있다. 차별화를 달성한 기업은 시장점유율을 높일 수 있고, 시장점유율이 높아지면 규모의 경제 효과에 의해 다시 원가를 낮출 수 있기 때문에 결국 차별화 전략은 원가를 절감시킬 수도 있다.[13)]

▶▶ 도요타 사례

도요타는 자신만의 생산관리 노하우를 지니고 있다. 이는 각종 조사에서도 가장 효율적인 생산라인이라고 인정할 만큼 명성이 있다. 그렇다고 해서 도요타가 저렴한 가격으로 자동차 업계의 1위를 지키고 있는 것은 아니다. 오히려 포드나 GM과 같은 대중적인 차를 판매하기도 하지만 BMW나 벤츠를 상대로 렉서스라는 브랜드를 출시하고 고급차에 이르기까지 평균 자동차 업체보다 그 품질을 인정받으며 두 마리 토끼를 잡는 탁월한 성과를 보여주고 있다.

출처: 아오시마 야이치외, 전략이란 무엇인가, 비즈니스 맵, pp. 340~341.

최근의 기술 동향은 이 두 전략을 동시에 추구할 수 있는 쪽으로 발전하고 있다. 특히 유연 제조기술은 적은 비용으로 다양한 제품을 제조하는 등 차별화를 가능하게 함으로써 두 마리 토끼를 모두 추구하는 데 기여하고 있다. 또한 완제품에 사용되는 부품의 표준화와 JIT 시스템의 활용을 통하여 제품 다양화에도 불구하고 규모의 경제에 의한 이점을 추구함으로써 원가를 낮출 수 있다. 즉 새로운 생산방식과 경영기법의 개발을 통하여 원가우위와 제품 차별화의 이점을 동시에 추구할 수도 있다.

유연제조기술의 핵심

1. 정교한 계획기법을 통해 개별 기계의 이용도를 증가시킨다.
2. 준비시간(set-up time)을 감소시킨다.
3. 모든 제조공정 단계에서 품질을 향상시키기 위한 목적으로 컴퓨터 기술을 최대한 활용한다.

기업은 이러한 복수 전략을 통하여 차별화를 희생시키지 않고 원가절감 기회를 추구할 수 있다. 그리고 심각한 추가 원가부담 없이 차별화 기회를 추구할 수 있다. 그러나 이러한 복수 전략의 추구는 쉬운 일이 아니며 그 추진과정에서 오히려 더 많은 문제점을 야기시킬 수 있다.

05

집중화 전략: 한 곳에 집중하라

집중화 전략은 특정 시장, 즉 특정 소비자 집단, 일부 제품종류, 특정 지역 등을 집중적으로 공략하는 것을 말한다. 원가우위 전략과 차별화 전략이 전체 시장을 대상으로 한 전략임에 반하여 집중화 전략은 특정 시장에만 집중하는 전략이다. 일반적으로 집중화 전략을 추구하는 기업은 특화된 영역 안에서 원가우위나 차별화 중 하나를 선택한다. 왜냐하면 집중화 전략 추구기업은 보통 규모가 작기 때문에 원가우위와 차별화를 동시에 추구하기 어렵기 때문이다.

▶▶ 사우스 웨스트 항공 사례

1978년 미국에서 항공업계의 규제 완화가 시작되었다. 규제 완화로 많은 기업이 신규로 참여하기 시작하였다. 하지만 경쟁의 격화로 80년대 신규로 참여한 약 150개 사의 항공 업체 대부분은 살아남지 못했으며, 기존의 대형업체 11개 사 중 8개 사가 파산 신청을 하는 상황에 이르렀다. 당시 대형 항공회사는 두 도시를 연결할 때, 일단 '허브'로 불리는 큰 공항에 모여 각각의 목적지로 승객을 운송하고 있었다. 이러한 허브화를 위해서는 큰 투자가 필요했음에도 불구하고 업계에서는 허브 방식이 가장 효율적이라 생각했다. 이 가운데 사우스 웨스트 항공은 이런 치열한 경쟁 가운데 살아남기 위해 타 항공사와 차별화된 전략을 내세웠다. 대형 항공사와의 전면전을 피하고 단거리 항로를 중심으로 중소 공항을 사용하여 허브가 아닌 두 도시를 직접 연결하였다. 또한 보잉 737만을 사용해서 저가로 많은 편수를 제공했다. 기내식은 없고 비행기가 늦어도 호텔비나 전화비를 대신 내는 일은 거의 없었다. 이뿐만 아니라 인터넷에 의한 예약을 최초로 도입해서 대리점에 지불하는 수수료를 절약했다. 사원에게 헌신할 것을 요구하며 파일럿의 급여를 5년간 동결하고 이륙시간의 단축을 위해 파일럿이나 객실 승무원을 동원하여 수하물을 내리고 싣는 시간을 단축했다. 이와 같은 전략은 적자가 나거나 도산하는 회사가 많은 와중에도 29년간 흑자를 기록하는 원인이 되었다. 사우스 웨스트의 성공을 보고 모방하는 기업이 많이 나타났다. 하지만 새로운 경쟁자들은 사우스 웨스트가 구축한 성벽을 쉽게 공략하지 못했다.

출처: 시미즈 카츠히코, 전략의 원점, 삼양 미디어, 2007, pp. 81~83.

뿐만 아니라, 상황에 따라서는 집중화가 더욱 효과적일 수 있는 경우가 존재하기도 한다. 다음과 같은 상황에서는 집중화가 더욱 효과적이다.

(1) 이질적인 세분시장이 많은 경우

산업 내에는 이질적인 세분시장이 상당수 존재한다. 한 예로 애완동물의 주인은 특히 강아지를 자신의 가족처럼 생각하는 경향이 있다. 사람이 밥만 먹고 살 수 없듯 강아지도 똑같다는 생각을 가진다. 또한 남성 애완동물 소유자와 다르게 여성 애완동물 소유자는 보다 뚜렷한 욕구가 있어 애완동물 음식시장 내에 뚜렷한 이질시장이 존재한다. 이러한 세분시장을 공략함으로써 집중화 우위를 발휘할 수 있다.

(2) 동네 김씨네 빵집은 뭔가 특별한 것이 있다

빵집, 정육점, 카메라 상점의 경우 고객들은 대형마트보다 자신이 친숙한 곳을 찾게 된다.[14] 특히 이와 같은 제품은 주인과의 인간관계를 중시하고 이를 통해서 신용이 쌓이게 된다. 고객은 자신이 단골고객으로서 판매자가 자신의 기호를 제대로 파악하고 있다는 믿음이 있기에 이를 찾게 된다. 전체 시장을 선도하는 기업은 이러한 세분시장을 파고들기 어렵다.

(3) 틈새시장

가전제품의 경우 이미 대부분의 시장은 대형업체들이 진출해 있기에 공략하기에 많은 어려움이 따른다. 그 가운데 만도는 김치냉장고의 시장잠재력을 예측하고 적극적으로 공략을 했다. 이러한 세분화된 시장의 집중적 공략은 지금은 가전 사업의 하나의 큰 영역이 된 김치냉장고라는 틈새시장에서 선두기업으로 입지를 구축하는 발판이 된다. 기업은 세분시장 중에서 성장 잠재력이 크거나 수익성이 높은 곳을 예측할 줄 알아야 한다. 이러한 세분시장은 초기 사업영역이 협소하기 때문에 시장의 규모는 작을 수밖에 없다. 그러나 성장 잠재력이 크거나 수익성이 높다면 집중화 전략의 가치는 높아질 것이다.[15]

사례 삼성전자와 애플의 위치선점 전략

가치사슬(value chain)을 중심으로 살펴보면, 주 활동은 위치선점의 핵심적 역할을 하고, 보조 활동은 이러한 주 활동을 더욱 견고하게 만든다. 원가우위란 효율적인 규모의 생산시설과 비용감소를 위한 적극적인 노력, 강력한 비용 통제, 그리고 R&D, 서비스, 판매력, 광고 등의 분야에서 비용을 최소화하는 것을 의미한다. 반면에 제품 및 마케팅 차별화 우위는 경쟁사와 차별화된 제품 및 서비스를 만들어 소비자들에게 가격 프리미엄을 받고 제공하는 것을 말한다. 아래 사례는 삼성전자와 애플의 포지셔닝 전략에 대한 것이다.

1. 삼성전자의 포지셔닝

▶ 삼성전자의 가치사슬

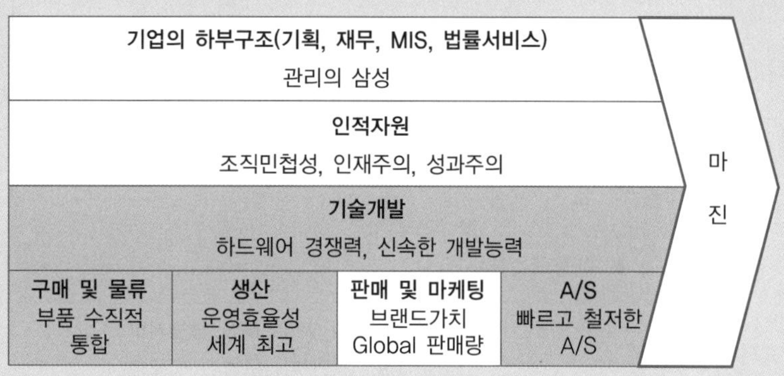

삼성전자의 경우, 부품의 수직적 통합과 운영효율성을 최우선으로 하는 생산 프로세스 구축을 통해 **원가우위를 통한 차별화 전략**을 취하고 있다. 또한, 지속적인 기술개발을 통해 변화하는 소비자의 니즈에 대응하고 있다.

삼성전자는 구매 물류에 있어, 일반적인 수요예측(demand forecast)에 의존한 SCM에서 판매생산계획과 같은 수요계획(demand planning)에 기반을 둔 수요주도(demand-driven) SCM전략으로 발전하고 있다. 이러한 삼성전자의 SCM전략은 세계 순위에서 2009년 8위, 2010년 7위로 지속적으로 성장하고 있으며 구매 및 재고보유 가치활동에 대한 역량이 강화되고 있다.

특히 생산에 있어서, 수직계열화는 삼성전자 특유의 체제라 할 수 있다. 이를 위해 해외 각지에 생산 공장을 보유하고 있다. 특히 최근 삼성전자는 중국에 비해 인건비가 약 40~50% 저렴한 것으로 분석되고 있는 베트남에 집중적인 생산시설 투자를 하고 있으며 2020년까지 베트남에 총 15억 달러를 투자할 계획을 내세웠다.

전반적으로 삼성전자의 가치사슬을 분석해 보면 하드웨어 중심의 기술개발력, 수직적 통합에 의한 구매 및 제조능력, 그리고 빠른 A/S 능력을 중심으로 역량을 구축함으로써 원가우위 포지셔닝을 하고 있다고 할 수 있다.

하지만 기술개발과 디자인에 대해서도 많은 투자를 하고 있다. 2011년엔 연구개발비로 매출액 대비 6.2%에 달하는 10.3조원을 투자했으며 2012년 현재 매달 1조원에 달하는 연구개발비를 투자하며 R&D 활동을 강화하고 있다. 또한 제조업체임에도 R&D인력 비중이 전체 인력 대비 25%에 달하고 있으며 최근 3년간 개발 인력의 증가율은 55.2%로 매우 높은 편이다. 또한, 삼성 디자인 경영센터는 상품 차별화 수준의 디자인이 아닌 상품개발 원류 단계에서 최종 고객 접점까지 포괄적으로 참여하여 브랜드 차원의 종합적인 가치를 창출하는 Total design solution 개념을 목표로 하고 수행되고 있으며, 이러한 활동이 디자인 부문 가치활동 역량을 강화하는 데 기여하고 있다.

2. 애플의 포지셔닝

▶ 애플의 가치사슬

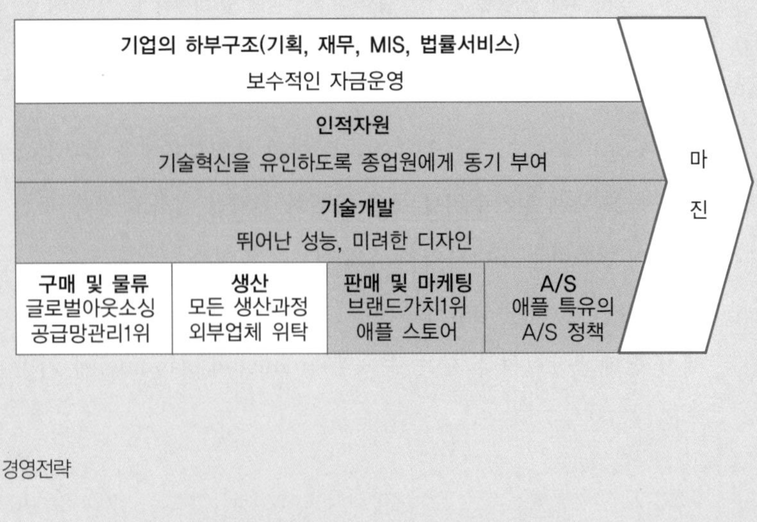

애플의 경우, 구매 및 물류, 생산 등은 아웃소싱 및 위탁을 통해 수행하며 판매 및 마케팅, 디자인 및 기술개발에 전력을 다함으로써, **제품 및 마케팅 차별화**를 달성하고 있다.

기술개발 측면에서 복잡성보다 단순하고 미려한 디자인, 심플한 기능을 강조하였다. 터치스크린 기술력을 바탕으로 감성적이고 직관적인 유저인터페이스를 제공하였으며 포장을 제거하는 사용자 경험까지 통제하는 등 보이지 않는 부분까지 집착하는 완벽성을 가지고 있다. 또한, 제품기술력 측면에서 제품의 제조(HW, SW)부터 유통까지 모든 것을 책임지는 '엔드 투 엔드 전략'에 따라 하드웨어–소프트웨어, 콘텐츠 최적화 능력을 가지고 있다.

마이크로소프트의 소프트웨어, 델과 컴팩의 하드웨어, 소니의 다양한 디지털 기기라는 강점에 비해 애플은 하드웨어, 소프트웨어, 운영체제 등 사용자 경험을 책임질 수 있는 유일한 회사로 평가받고 있다. 이를 통해 애플은 독자적인 운영체제와 애플 앱스토어 등 자신만의 생태계를 구축하는 데 성공했다. 그 결과 2011년 3분기 기준 스마트폰 OS 점유율 16.7%로 3위, 앱스토어의 앱 규모는 현재 55만 개로 앱스토어 중 1위를 달리고 있다. 또한, 2012년 세계 1위 브랜드가 되었으며 브랜드 파워 및 매출규모를 바탕으로 유리한 협상력을 보유하고 있다. 기술과 미학, 열정으로 지은 꿈의 매장 애플스토어를 통한 차별화된 경험을 소비자에게 제공하고 있다.

애플의 가치사슬은 차별화된 디자인과 제품개발력, 브랜드 마케팅, 혁신적 조직구조 등에 역량을 구축함으로써 전형적인 제품차별화의 포지셔닝을 하고 있다.

8장 자원 전략: 자원역량 축적에 의한 경쟁우위 획득

1. 자원기반에 의한 전략수립
2. 자원역량의 흐름을 이해하자
3. 실제 자원평가의 지침

[사례] 삼성전자와 애플의 자원 전략

학습내용

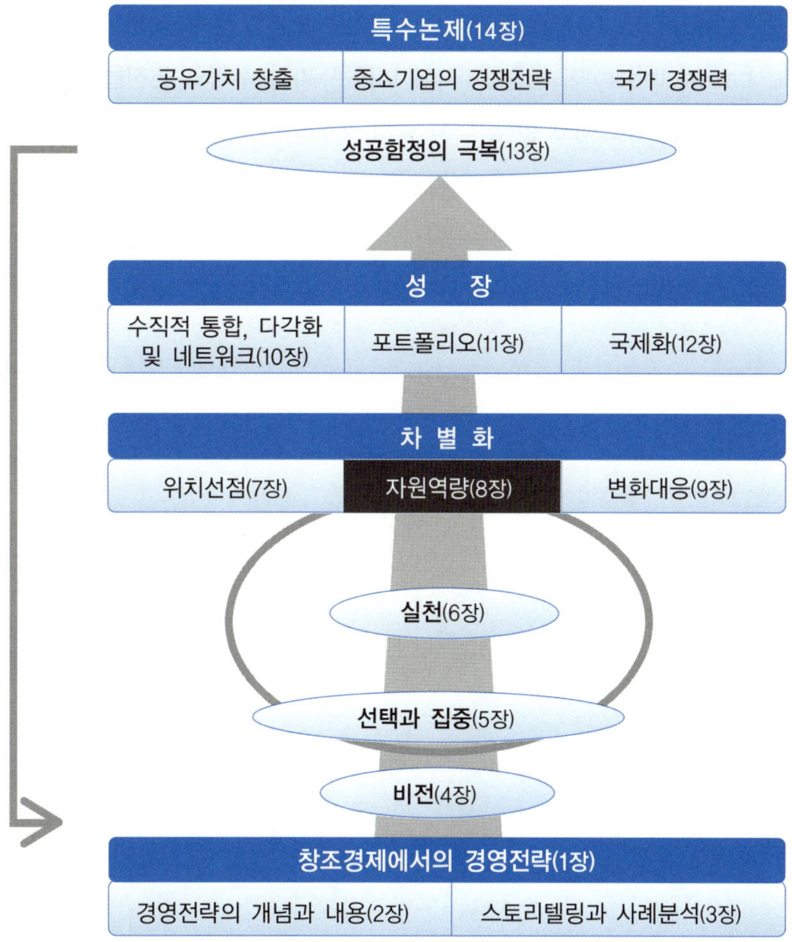

외부환경에서의 위치선점을 중시하는 경쟁전략 이론은 특정 산업환경 안에서 어떤 전략유형을 선택하느냐에 따라 기업의 수익성과 경쟁우위가 결정된다고 주장한다. 그러나 우리는 특정 산업환경에서 기업에 따라 서로 다른 수익을 낸다는 것을 알고 있다. 이러한 현상을 설명하기 위해 1980년대 후반 이후 자원기반 이론(resource based theory)이 등장했다. 이 이론은 기업 수익의 원천을 외부환경이 아닌 내부요인에서 찾으려고 한다. 다시 말해, 기업의 수익률과 경쟁우위의 원천은 궁극적으로 기업이 가지고 있는 경영자원과 핵심역량에서 비롯된다는 것이다. 이 장에서는 기업이 지속적으로 경쟁우위를 유지하기 위한 차별화의 방안으로 핵심역량을 구축하는 방법에 대해 알아보고자 한다.

01 자원기반에 의한 전략수립

기업이 지속적인 경쟁우위를 획득하기 위해서는 기업 내부의 자원과 능력을 파악하고 적절히 활용하는 것이 반드시 필요하다. 따라서 기업이 어떠한 내부자원을 가지고 있고 그러한 자원들을 얼마나 유용하게 이용할 수 있는지를 알아볼 필요가 있다. 자원분석에 기초해 차별화된 전략을 수립하는 과정을 [그림 8-1]과 같이 나타낼 수 있다.[1]

그림 8-1 자원기반에 의한 전략수립 과정

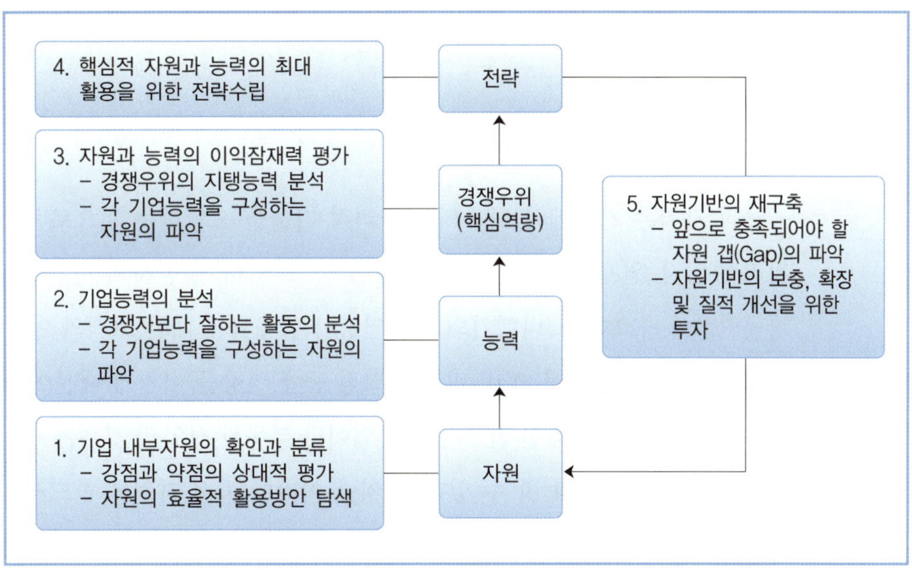

출처: R. M. Grant, "The Resource-Based Theory of Competitive Advantage: Implications for Strategy Formulation", California Management Review, Spring, 1991, p. 115.

1.1 내부자원의 분류

자원은 기업이 보유하고 있거나 기업에 체화되어 있는 물리적 자산, 재무적 자원, 시장 지위, 브랜드, 인적 자산의 질, 구체적인 지식과 노하우, 역량, 경영 프로세스, 기능 수준, 조직 문화 등을 포괄한다. 기존의 경영정보가 대부분 자원의 유형적 정보(ex. 재무제표)만 제공하고 있기 때문에 기업의 자원을 정확하게 분석하는 일은 쉬운 일이 아니다. 이러한 자원은 대체로 재무 자원, 물적 자원, 인적 자원, 조직 자원 등으로 분류할 수 있다.[2)]

바니(Barney)에 의해 제안된 자원 분류 체계를 소개하면 다음과 같다.

(1) 재무 자원

재무 자원은 기업이 전략을 수립하고 실행하기 위해 사용할 수 있는 모든 금전적 자원들을 포함한다. 보유하고 있는 현금, 주식 및 채권 등이 여기에 속한다. 기업의 재무적 성과와 지위에 대한 평가는 대차대조표에 대한 분석과 손익계산서 및 현금흐름에 대한 분석을 통해 이루어진다. 기업의 현재 및 과거 수익성, 유동성, 레버리지 및 활동성 등에 대한 재무비율 분석을 통해 재무적 측면에서의 역량과 문제점을 파악할 수 있다.

(2) 물적 자원

물적 자원은 기업에서 사용되는 물리적 기술을 포함하는 것으로 공장 및 설비, 지리적 입지, 원재료에 대한 접근성 등을 들 수 있다. 항공사의 경우에는 비행기의 평균연령이 중요하다. 비행기의 평균연령이 항공사에 대한 고객의 인식, 항공노선과 운항 스케줄의 결정, 정비 비용의 결정 등에 영향을 미치기 때문이다. 통신서비스 회사의 경우에는 통신 인프라, 유통업이나 부동산 산업의 경우는 지리적 입지가 중요한 물적 자산이라 할 수 있다. 하지만 이러한 물적 자원을 반드시 내부적으로 보유하고 있어야 하는 것은 아니다. 아웃소싱, 리스, 프랜차이즈 혹은 전략적 제휴를 통해 상대적으로 적은 비용으로 물적 자원을 활용할 수 있다.[3)]

(3) 인적 자원

인적 자원은 기업 내 경영자들과 종업원들의 훈련 및 경험의 수준, 경험, 판단력, 관계수준 등을 포함한다. 기업의 가장 중요한 이해관계자로서 특정 조직을 구성하는 사람들은 기업마다 상이하기 마련이다. 따라서 기업 구성원의 생각이나 열정, 능력을 이해하는 것은 기업의 전략적 지위나 대안을 결정하는데 중요하다.

Chief Executive 지의 조사에 의하면, 기업들은 인적 자원을 유치, 개발, 유지하는데 관심이 증가하고 있다. 조사에 응한 CEO 중 43%는 훌륭한 인재를 확보하여 유지하는 것이 가장 중요한 과제이며, 84%는 '인적 자원 관련 이슈'가 과거 어느 때보다도 중요해졌다고 믿고 있었다. 또한 미국의 400개 상장기업을 대상으로 한 American Society for Training and Development의 조사에 따르면, 교육훈련에 관한 예산지출 상위 50% 기업은 하위 50% 기업보다 높은 투자수익률을 기록하고 있었다. 현장 교육 등을 통한 지속적인 역량개발 프로그램은 기업 내 인적 자원의 성장에 중요한 영향을 미친다. 많은 기업들이 사내 교육프로그램을 통해 기업 내부적으로 인재를 육성해 왔다. 예를 들면, 모토로라의 경우 종업원 교육에 투자한 1달러가 기업성과 창출 측면에서 33달러의 효과를 내고 있다고 분석되었다.[4)]

(4) 조직 자원

인적 자원이 개인의 속성인데 반해, 조직 자원은 개인들의 집합적 속성이다. 기업의 조직차원의 자산은 지식이나 지적 자산 기반, 기업의 명성, 기업 특유의 역량 및 프로세스, 스킬 및 조직문화 등을 포함한다. 먼저, 기업의 지식 및 지적 자산은 경쟁우위를 결정하는 중요한 동인이 된다. 기업이 경쟁자보다 더욱 빠르고 효율적인 방식으로 새로운 지식을 지속적으로 창출해 내면 그 기업은 지속가능한 경쟁우위를 향유할 수 있게 된다. 지적 자산의 중요성은 자본시장에서도 찾을 수 있는데 지적 자산의 측정이 힘들기 때문에 기업의 재무제표에 공식적으로 반영되어 있지는 않지만, 기업의 시가총액에 지적 자산의 가치와 그 효율적 활용 정도가 반영되는 비중이 높아지고 있다.

기업들은 이러한 지적 자산을 특허로 보호받기를 원한다. 최근에는 특허 등록이 글로벌화 하는 경향도 두드러지고 있는데 강력한 특허 보호막은 중요한 전략적 가치를 지닐 수 있다. 또한 자사의 특허 기술을 라이센스 해 줌으로써 추가적인 매출을 창출하는 수단으로 활용되고 있다. 하지만, 지적 자원의 상당 부분은 특허 출원이 불가능하다. 구성원 개개인이나 그룹, 조직 단위에서 축적한 고객, 제품, 경영 프로세스에 관한 총체적인 지식이 그러한 예이다. 이러한 지식은 과거경험, 가치, 교육 및 통찰력의 결합으로 구성되어 있기 때문에 학습해 가면서 보다 나은 의사결정을 하게 되며, 궁극적으로 성과를 높여가게 한다.

기업은 내부 자원만을 활용하는 것이 아니라 기업 밖에서 필요한 자원을 획득하여 적절하고 효율적으로 활용함으로써 새로운 가치를 만들어 낸다. 따라서 자원의 통제나 소유권을 주장하기보다는 소비자와 공급자 등과 협력하는 고유한 방식을 통해 자원에 접근하고 활용하는 것이 더욱 중요해지고 있다.[5)] 오늘날, 기업의 경쟁우위를 확립하기 위해서는 모든 영역에서 협력하는 자세가 필요하고, 이는 자원확보 차원에서도 마찬가지이다. 자원에 대한 새로운 시각에서 살펴보면, 협력에 필요한 역량을 구축하는 것 역시 경쟁을 위한 핵심역량의 확보 방안으로 볼 수 있다. 〈표 8-1〉은 자원에 대한 기존의 입장과 새로운 입장의 차이를 정리한 것이다. 자원에 대한 새로운 시각은 전통적 시각보다 더욱 확장된 접근을 요구하고 있다.

전통적으로 자원을 보는 시각은 기업 중심으로 고정되어 있으며, 재정적/물리적 자산을 주요 자원으로 보았다. 그리고 자원에 대한 시각은 장기적인 관점에서만 자

표 8-1 자원에 대한 시각

	전통적 시각	새로운 시각
자원을 보는 시각	고정됨 회사 중심	동태적이고 확장 가능함 필요에 따라 구함 네트워크 중심
주요 자원	재정적/물리적 자산	재능 있는 인재 네트워크 내의 지식 네트워크 내에 상호교류를 위한 인프라스트럭처
자원에 대한 시각	장기적	장기 및 단기적

자료 : 프라할라드 · 벤카트 라마스와미, 경쟁의 미래, 세종서적, 2004, p. 305.

원을 활용하고 구축하려는 입장이었다. 반면에, 새로운 시각에서 자원은 네트워크 중심으로 동태적이며 확장이 가능하며 필요에 따라 구할 수 있는 것으로 본다. 자원을 보는 시각이 달라짐에 따라서 주요 자원도 달라졌는데, 기존의 재정적/물리적 자산 외에 재능있는 인재, 네트워크 내의 지식과 의사소통을 위한 인프라스트럭처 구성 등을 주요 자원으로 본다.

1.2 능력의 평가

기업능력(capability)은 기업이 보유하고 있는 자원을 효과적으로 결합하여 이를 생산적으로 활용할 수 있는 무형적 속성을 의미한다. 기업의 생산활동은 자원들의 상호작용과 협력으로 이루어지는데 자원을 통합하여 생산적으로 활용하게 하는 기술이 능력이다. 다시 말해, 자원은 그 자체만으로는 가치를 창출하기 어렵지만 독특하고 가치있는 자원이 없더라도 경쟁자가 가지고 있지 못한 능력이 있으면 경쟁우위를 획득할 수 있다.

기업능력을 분석하는 것은 경쟁자보다 더 잘 할 수 있는 것을 찾아서 이를 적극적으로 활용할 수 있는 전략을 수립하기 위한 것이다. 그러나 기업능력은 여러 유형의 자원들을 결합하고 이를 활용하는 무형의 능력으로부터 창출되는 것이므로 명확히 정의되기가 쉽지 않다.

1.3 이익잠재력(핵심역량) 평가

경쟁우위를 형성하고 유지하기 위해서는 기업의 핵심역량이 무엇인지 알아내고 그것을 충분히 활용해야 한다. 경쟁우위를 가지고 있으면서도 그것이 무엇인지 알지 못한다면, 영원히 그것을 이용할 수 없고 경쟁에서 질 수밖에 없다. 기업은 적어도 한두 가지의 핵심역량을 가지고 있어야 하며, 이를 단순한 강점이나 전략적 자산과 구분할 줄 알아야 한다.

(1) VRIO 분석

기업의 자원과 능력의 잠재된 이익을 평가하기 위해 VRIO(Value, Rareness, Imitability, Organization) 분석 틀을 이용할 수 있다.[6] 이 틀은 가치, 희소성, 모방가능성, 조직화 등의 네 가지 문제에 대한 평가가 자원과 능력의 이익잠재력을 결정한다는 것이다. <표 8-2>에 제시된 네 가지 질문에 긍정적인 답이 나와야 핵심역량으로서 가치를 지니게 된다.

만약 어느 한 질문에만 긍정적인 답이 나온다면, 그것은 그저 강점일 뿐 핵심역량이 되기 어렵다. 경쟁사에게 빼앗기지 않을 만큼 충성 고객이 많다면 그 기업은 이미 핵심역량을 갖춘 것이다. 왜냐하면 고객들에게 의미 있는 가치를 지속적으로 창출할 수 있는 내부역량이 존재하기 때문이다.

표 8-2 VRIO 분석에 요구되는 질문

가치(Value)의 문제	전략적 가치가 있는가?
희소성(Rareness)의 문제	희소성이 있는가?
모방가능성(Imitability)의 문제	쉽게 모방이 되지는 않는가?
조직화(Organization)의 문제	자원과 능력의 잠재력을 충분히 활용하기 위한 조직화가 되어 있는가?

(2) 핵심역량

핵심역량이란 기업이 경쟁우위 창출을 위해 확보한 차별화된 자신만의 역량을 말한다. 이는 단지 기업이 특별히 잘하는 활동을 의미하는 것은 아니며, 특정 기업이 업계 최고 수준의 독특한 고객 가치를 창출하게 해 주는 스킬이나 시스템의 조합을 말한다. 기업의 핵심역량을 실제 가치, 희소성, 모방가능성의 3가지 기준으로 나누어 자원의 특성과 그에 따른 성과를 알아볼 수도 있다. <표 8-3>는 기업이 보유한 자원의 특성에 따라 기업의 경쟁력과 기업성과를 연결시켜 본 것이다.[7]

기업 능력과 자원이 가치도 없고 희소성도 없으며 모방이 쉽다면 기업은 상대적으로 열위적 위치에 있으며, 낮은 수익을 올릴 것이다. 가치 있는 자원능력은 보유하고 있으나 희소성이 없다면 경쟁적 지위와 성과는 평균 정도의 수준에 머무를 것

표 8-3 자원의 특성의 평가

자원의 특성			경쟁적 시사점	성과
가치	희소성	모방가능성		
No	No	Yes	경쟁열위	낮은 수익
Yes	No	Yes	경쟁등위	평균 수익
Yes	Yes	Yes	한시적 경쟁우위	한시적 고수익
Yes	Yes	No	지속적 경쟁우위	지속적 고수익

출처: 조영복과 정동섭, 경영전략, 2003, p. 176.

이다. 가치 있는 자원능력도 있고 희소성이 있으나 모방이 쉽다면 한시적인 경쟁우위와 한시적인 고수익을 달성할 것이다. 가치 있는 자원능력과 희소성을 가지고 있으며 모방도 어려운 핵심역량을 가지고 있다면 지속적으로 경쟁우위를 유지할 수 있고 성과에 있어서도 지속적으로 고수익을 올릴 수 있다.

1.4 자원기반의 전략수립

앞에서 논의했듯이, 기업의 핵심역량을 객관적이고 정확하게 파악하는 것은 기업의 성과를 높이는 데 중요한 역할을 한다. 따라서 기업의 핵심역량을 정확하게 파악하여 이를 더욱 강화하고 적극적으로 활용하는 것은 경쟁력 유지에 필수적이다. 조직 내부에서 핵심역량을 공유하고 있는지 그리고 새로운 핵심역량에 대해 학습하고 있는지 등을 파악하여 장기적인 관점에서 추가로 확보하여야 하는 핵심역량에 대해서도 고민해야 한다.

이와 같이 자원역량에 대한 파악이 이루어졌으면 자원기반에 기초한 전략분석을 수행할 필요가 있다. 이 때 다음과 같은 사항들에 유의해야 한다.

- 먼저 현재 수행하고 있는 전략을 뒷받침하기에 충분한 자원과 능력을 보유하고 있는지를 분석해야 한다. 전략 수행시 가장 먼저 염두에 두어야 할 사항은 주어진 전략에 필요한 자원과 능력을 실제로 보유하고 있는지 평가하는

일이다.

- 기업이 보유하고 있는 자원과 능력을 효과적으로 활용하고 있는지를 분석해야 한다. 충분한 자원을 확보하기 위해서 무조건 자원을 쌓아만 두어서는 곤란하다. 현재 보유하고 있는 자원 중 충분히 활용되지 못하고 있는 자원을 정확하게 파악하여 활용방안을 찾아야 한다.
- 미래에 필요한 자원과 능력을 효율적으로 축적하고 있는지를 분석해야 한다. 현재의 전략을 수행하는 과정에서 새로운 자원과 능력이 창출될 수 있다. 따라서 기존 보유자원의 효과적 활용 외에도 새로운 자원의 효율적 축적이라는 측면에서도 관심을 가져야 한다.

1.5 자원기반의 재구축

자원기반 전략이란 진부화 속도가 느리고, 잘 파악이 안 되며 이전가능성이 낮고 쉽게 복제가 되지 않으며 확실하게 자기 것으로 통제할 수 있는 자원과 능력이 무엇인지 찾아내어 그 기반 위에 전략을 수립하는 것을 의미한다. 그러나 자원기반은 시간의 흐름에 따라 변화하며, 특히 중소기업이나 약자의 입장에 있는 기업들은 그 기반 자체를 꾸준히 강화하고 축적시켜 나가야 한다. 다시 말해 기업의 자원기반 자체를 확충하고 질적으로 개선시켜야 한다는 것이다. 미래의 바람직한 전략을 수행하기 위해 필요한 자원과 현재 보유하고 있는 자원 간의 격차(Gap)를 줄이는 노력이 필요하다. 자원을 재검토하고 확충하는 작업은 기업 간 경쟁이 치열한 상황 속에서 경쟁우위를 지속시켜 나가기 위하여 반드시 필요하다.

이러한 과정을 성공적으로 수행하기 위해서는 전략과 자원 간의 관계를 동태적으로 파악할 필요가 있다. 이는 현재 시점의 전략이 그 수행과정을 통해 유형 및 무형의 자원과 능력을 만들어내고, 이렇게 축적된 자원과 능력은 다시 미래 시점의 전략 수행에 기반이 되기 때문이다. 따라서 미래 목표하는 경쟁우위를 창출해 나가기 위해 현재의 전략을 미래지향적이고 동태적 관점에서 수립해 나가야 한다.

기업전략이 내부 자원능력과 적합한 관계를 이루어 나가도록 하는 것은 외부환경과의 적합 못지않게 중요하다. 왜냐하면, 기업의 내부자원과 능력 여하에 따라 경쟁우위의 지속성이 결정되기 때문이다. 따라서 기업의 차별화는 환경에 적합한 위치선정(positioning)과 함께 적합한 자원기반의 구축을 통해서 성취될 수 있다고 할 수 있다.

02 자원역량의 흐름을 이해하자

기업은 성공하기 위해 자신에게 유리한 시장을 선택하고 생산과 판매 등의 측면에서 가치 활동(포지셔닝)을 벌인다. 이러한 가치활동의 실행을 위해서 자원역량이 필요해지는 것은 당연하다. 그러나 이 가치활동을 실천하는 과정에서 부산물로서 새로운 자원역량이 창출되기도 한다.

기업을 둘러싸고 있는 환경은 수시로 변화할 수 있으며, 이에 따라 환경변화에 대한 적절한 전략적 대응이 필요하다. 기업의 자원기반도 시간의 흐름에 따라 변화하며, 자원기반의 변화에 대한 전략적 대응이 필요하다. 또한 현재의 가치활동은 미래의 가치활동을 수행하는 데 필요한 새로운 자원과 능력을 창출하며, 미래 바람직한 가치활동은 과거와 현재로부터 축적된 자원에 의하여 뒷받침되어야 한다. 즉, 기업의 자원축적 과정과 가치활동은 서로 밀접한 관계를 가지며, 자원역량과 가치활동이 균형적 관계를 이루어 나가야만 지속적으로 경쟁우위를 유지할 수 있다.

2.1 자원역량과 가치활동(포지셔닝)의 흐름

자원역량과 가치활동의 흐름은 밀접하게 관련되어 있다. 두 흐름이 적합한 관계를 이루어 나가야 지속가능한(sustainable) 경쟁우위를 확보하고 유지할 수 있다. 가치활동 흐름은 기업활동을 통해 비교적 파악이 쉬우나, 자원역량 흐름은 기업 내부에서 주로 이루어지기 때문에 노출이 안 되고, 쉽게 분석할 수 없다.

그림 8-2 자원역량과 가치활동(포지셔닝) 흐름

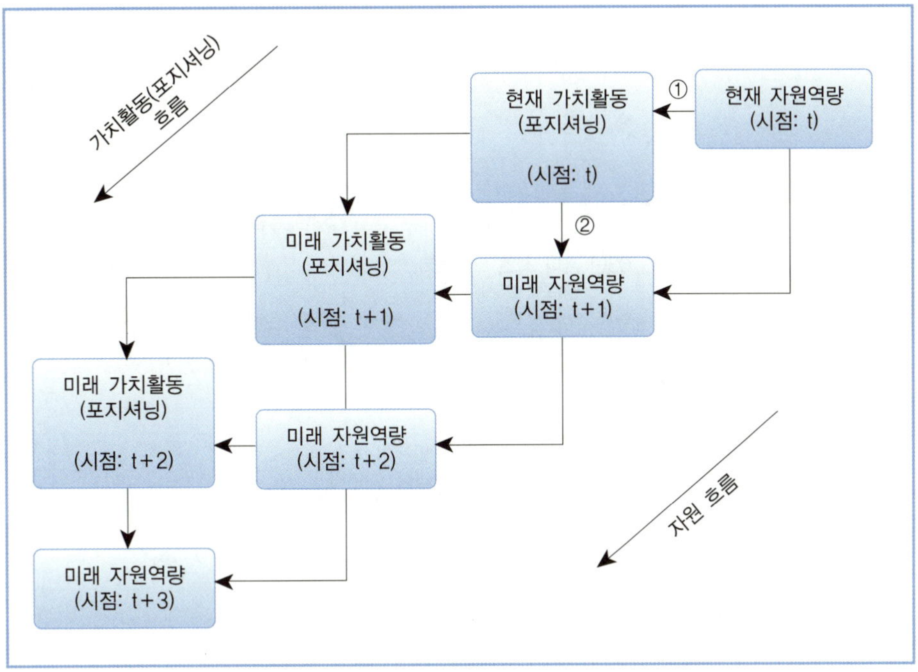

가치활동과 자원의 두 흐름은 장기적 안목에서 전략적으로 관리되어야 한다. 특히, 자원의 흐름을 고려하지 않으면 장기적으로 기업의 경쟁능력을 떨어뜨리는 악순환에 빠지기 쉽다. 미래에 필요한 자원과 능력을 창출하지 못하면, 기업의 자원기반은 취약하게 되고 선택할 수 있는 대안은 자꾸 감소된다. 그 결과 새로운 자원과 능력을 창출할 수 있는 기회가 계속 줄어들며, 기업은 경쟁우위를 점차 상실하게 되는 악순환이 일어난다.

단기적 불균형은 그림의 ①의 불균형 상태에 해당하는데 ①은 현재의 가치활동과 자원역량의 불일치 상태, 즉 불균형 상태를 의미하며, 이 불균형 상태는 역설적으로 ②의 미래 자원축적 과정을 촉진할 수 있다. 왜냐하면 현재 자원역량에 비추어 다소 무리하고 위험한 가치활동을 수행한 결과 오히려 뛰어난 미래 자원역량을 창출할 수 있기 때문이다. 예를 들면, 기업 규모에 비해 다소 무리한 연구개발 활동이 미래 뛰어난 제품개발 능력을 축적시키는 경우가 적지 않다.

[그림 8-3]은 혼다의 가치활동과 엔진기술의 축적과정을 보여주고 있다. 혼다는

그림 8-3 혼다의 자원과 전략 흐름

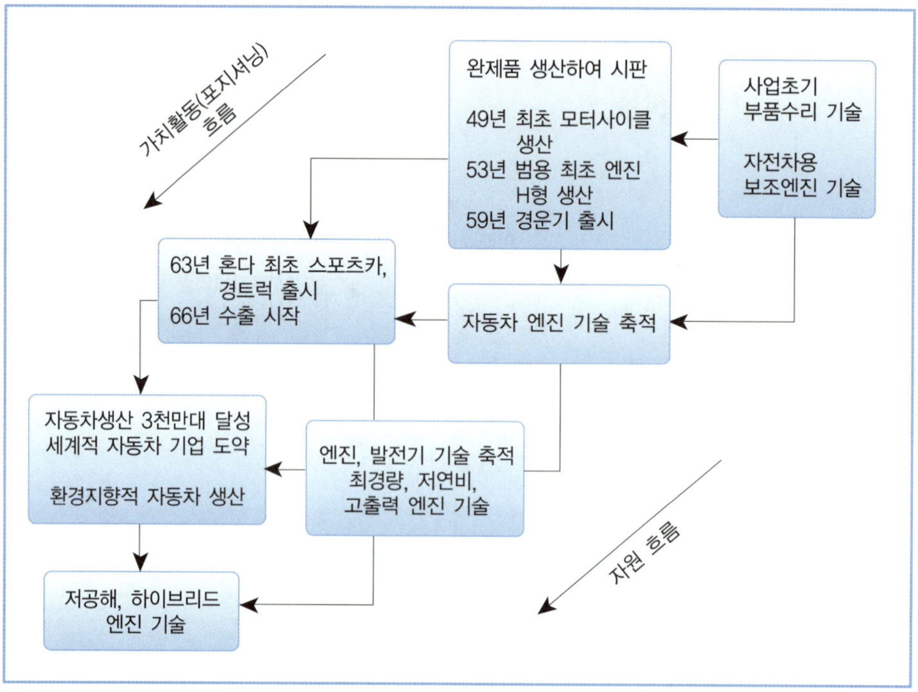

[그림 8-3]에서 보는 바와 같이 사업 초기에 부품 생산으로 사업을 시작하였다. 1947년 자전차용 보조엔진을 생산한 경험을 토대로 완제품을 생산하고자 하는 가치활동에 초점을 맞추어 모터사이클과 경운기 완제품을 생산하게 된다. 그리고 1960년대부터는 범용제품뿐만 아니라 자동차 생산을 목표로 자동차 엔진기술을 축적하게 된다. 그리하여 1963년에는 스포츠카를 출시하고, 1966년부터는 수출을 시작으로 세계화 전략에 힘쓰게 된다. 자동차를 생산한 이후부터는 단순 자동차 엔진기술이 아닌 한 단계 더 발전된 최경량, 저연비, 고출력 엔진기술의 축적에 집중한다. 그 결과 자동차 3천만대를 생산하여 세계적 자동차 기업으로 도약하였다. 그리고 미래지향적 차세대 자동차 기업이 되기 위한 가치활동으로 환경친화적 자동차를 생산함으로써 현재는 저공해, 하이브리드 엔진기술을 축적하고 있다.

혼다는 가치활동과 자원 간 동태적 관계를 효과적으로 관리하였다. 이러한 혼다의 사례는 가치활동과 자원을 장기적 관점에서 활용하는 것이 경쟁우위를 지속하는데 중요한 역할을 한다는 것을 보여준다.

2.2 단기적 불균형의 위험과 성과

자원역량과 가치활동 간의 일시적 불균형이 때로는 경쟁우위의 획득에 필요할 수 있다. 자원역량의 뒷받침 없이는 전략적 실패와 손실을 가져다 줄 수 있지만, 때로는 무리한 전략이 경쟁우위를 획득하는 데 결정적 기여를 할 수 있다. 단기적 불균형이란 단기적으로는 전략수행에 차질을 빚고 손해를 보아도, 장기적으로는 미래에 바람직한 가치활동을 수행하는 데 필요한 자원을 창출할 수 있다는 것이다.

다음은 삼성반도체의 단기적 불균형 사례이다. 삼성이 반도체 사업을 시작하면서 미래의 가치활동을 위해 무리한 전략을 실행하다가 단기적 불균형 위험에 빠졌었다. 그러나 단기적 불균형의 위험을 잘 헤쳐나가 세계 1위의 반도체 기업으로 성장했다.

▶▶ 삼성반도체 사례

삼성의 이병철 회장은 1983년 반도체와 컴퓨터 산업에 진출하여 84년 64K D램을 출시한다. 그러나 1987년까지 적자경영이 계속되었고 그 금액이 1,000억 원을 넘었다. 그러나 이병철 회장은 개발을 계속할 수 있도록 지원하였다. 관련 전문가들은 누적적자의 액수가 크고, 1메가 D램의 공장 착공을 빠른 시일 내에 하지 않으면 또 뒤쳐진다고 반도체 산업을 접을 것을 권유하였다. 그러나 이병철 회장은 1메가 D램의 공장 착공이 늦어지지 않도록 지속적인 투자를 하였다. 그 결과 삼성반도체는 1988년 1,500억 원이 넘는 이익을 내며 꾸준히 성장하였으며, 1995년에는 2조 5천억 원의 이익을 올렸다. 또한 반도체가 우리나라 주요 수출품목이 되었으며, 반도체 부문에서 세계 최고의 위치에 오르게 된다.

03

실제 자원평가의 지침

3.1 내부자원의 평가[8)]

기업의 내부자원을 어떻게 파악할 것인가? 기업의 내부자원을 바니(Barney)의 자원 분류를 통해 나누고, 브래드포드와 던컨(Robert W. Bradford & J. Peter Duncan)의 기업역량 평가서를 참고로 하여 기업의 내부자원 평가서를 작성해 보기로 한다.

내부자원 평가의 예시로 K항공사를 들어 〈표 8-4〉에 작성해 보았다. 각각의 자원을 중요성과 성과라는 두 가지 척도를 이용하여 평가한다. 기업의 내부자원을 파악하면 현재 기업의 위치를 파악하는 데 도움이 된다. 〈표 8-4〉처럼 파악된 내부자원을 바탕으로 전략을 수립할 때는 더 보강되어야 하는 부분과 부족한 부분을 알 수 있다.

중요도와 평가의 점수를 매긴 후 이를 바탕으로 [그림 8-4]와 같이 그래프로 나타낼 수 있다. F3, H2, H3, P2와 같이 중요도가 높고 경쟁사와 비교해 평가결과도 높은 자원들(A군)은 계속적으로 잘 유지해야 할 것이며, O2와 같은 C군은 중요하지 않고 평가결과도 높지 않으므로 큰 문제는 없다고 판단할 수 있다. 그러나 F1, F5와 같이 중요하지만 평가결과가 낮은 B군의 경우는 A군에 진입할 수 있도록 평가치를 높이는데 노력을 해야 할 것이다. 또한, 중요하지 않은데 성과가 높은 F2, F4, P3와 같은 D군의 경우는 C군으로 진입하는 것이 더 효율적이라고 판단된다.

따라서 자원을 구분하고 중요도와 평가치를 표로 작성하여 이를 바탕으로 그래프를 만들어 본다면 기업의 자원이용 정도를 한 눈에 평가해 볼 수 있을 것이다.

표 8-4 기업 내부자원 평가서 예시

	평가내용	중요도	상대적 평가
재무적 자원	유동자산 (F1)	2	-1
	비유동자산 (F2)	-2	0
	유동부채 (F3)	1	2
	비유동부채 (F4)	-2	1
	자본금 (F5)	1	-1
물적 자원	항공기 연식 (P1)	4	0
	항공기 수 (P2)	3	2
	지점 수 (P3)	-1	1
인적 자원	직원 수 (H1)	2	0
	직원 교육 프로그램 (H2)	4	3
	현장 교육 프로그램 (H3)	1	3
조직 자원	명성 (O1)	1	0
	특허 수 (O2)	-2	2

* 중요도와 상대적 평가는 -5~5로 측정하며, 중요도와 상대적 평가는 5에 가까울수록 높다.
출처 : 로버트 브래드 포드와 피터 던컨, 전략기획노트, 비즈니스북스, 2005, p. 127.

그림 8-4 내부자원의 중요도-성과 분석

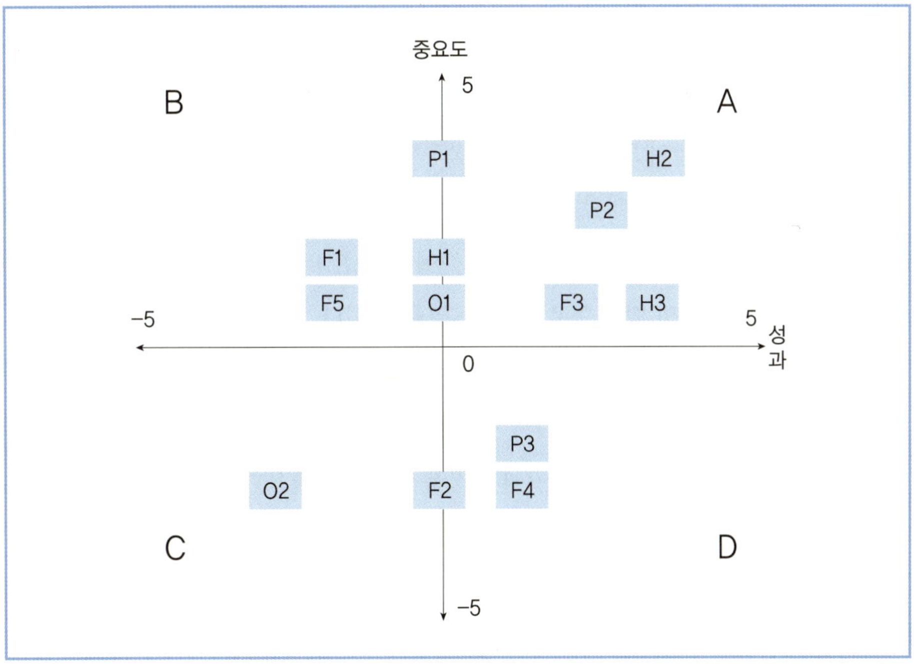

참고: Martilla, J. A., & J. C. James, 1977, Importance-performance Analysis, Journal of Marketing, 1, pp. 77~79.[9]

3.2 핵심역량 분석[10)]

핵심역량을 파악하기 위해서 우선 시장에서의 입지나 이미지에 기여한 주요 자원역량들을 선별해야 한다. 그리고 〈표 8-5〉에서와 같이 안전성, 객실 서비스, 경제적 이익, 네트워크 등과 같은 서너 개로 범주화된 핵심역량 후보군을 도출해 본다.

이를 위해서는 리스트에 열거된 자원역량을 기반으로, 비즈니스의 여러 영역을 아우르는 공통적인 성공요인들이 무엇인지 생각해 보아야 한다. 도출된 핵심역량 후보군에 대해서는 각각을 평가해 본다. 〈표 8-5〉에서 나타나듯이, A 항공사의 경우 고객들이 만족하였던 서비스를 10개 항목으로 나타낸 후, 이 항목들을 4개의 핵심역량 후보군(안전성, 객실서비스, 경제적 이익, 네트워크)으로 재분류하였다. '마일리지 서비스' 와 '폭넓은 업계 간 제휴' 의 경우 '경제적 이익' 과 '네트워크' 핵심역량 후보군 모두에 포함되어 기업성과에 도움을 주는 항목으로 제시되고 있다. 이렇게 나누어진 핵심역량 후보군을 다시 '고객가치 창출', '경쟁사와의 차별화', '모방의 어려움' 에 따라 상, 중, 하로 평가하여 핵심역량을 찾아낸다. 두 항목 이상에서 '상' 의 평가를 받고, '하' 라는 평가가 나온 항목이 없다면 그것이 바로 핵심역량이다. A 항공사의 경우, 경쟁사와의 차별화에서 '하' 의 평가를 받은 경제적 이익 후보군과 고객가치 창출에서만 '상' 의 평가를 받은 객실서비스 후보군을 제외한 안전성, 네트워크가 다른 경쟁사들이 쉽게 흉내낼 수 없는 차별화된 역량으로 나타났다. 그런데 철저한 분석 이후에도 현재 어떤 핵심역량을 지니고 있는지 발견하지 못할 수도 있다. 이 때 조직에 부족한 역량이 있다면 교육 훈련, 경험 축적, 인재 고용 등의 방법으로 채울 수 있을 것이다.

핵심역량이 파악되면 이를 최대한 활용하고 강화하는 방향으로 전략을 수립하는 것이 원칙이다. 그러나 많은 경우, 약점 영역을 보완하는데만 전략의 우선순위를 두는 실수를 범하곤 한다. 경쟁전략에서 중요한 차별화는 핵심역량을 통해서만 성취할 수 있다. 약점 영역의 경우 적은 시간과 비용으로 쉽게 보완이 가능하다면 내부적으로 보완을 해야 하지만, 그렇지 않다면 이 부분에 강점이 있는 외부 기업과의 전략적 제휴나 아웃소싱을 통해서 보완하는 것이 보다 효과적인 경우가 많다.

표 8-5 핵심역량 분석서 예시

자원역량	안전성	객실서비스	경제적 이익	네트워크
비행의 안전도	V			
마일리지 서비스			V	V
폭넓은 업계간 제휴			V	V
기내식의 맛		V		
기내승무원의 친절도		V		
비행기의 연식	V			
조종사의 비행능력	V			
항공요금			V	
노선망의 다양성				V
스케줄				V

핵심역량 후보군	고객가치창출	경쟁사와의 차별화	모방의 어려움
안전성	상	상	중
객실서비스	상	중	중
경제적 이익	상	하	중
네트워크	상	중	상

출처: 로버트 브래드 포드와 피터 던컨, 전략기획노트, 비즈니스북스, 2005, p. 138.

기업은 자신의 핵심역량에 집중하고 그것을 확장하는데 주력해야 한다. 다시 말해, 기업이 수익성을 동반한 성장을 도모하기 위해 가장 중요한 것이 자신의 핵심역량을 잘 파악하고 이를 더욱 강화하는 일이라는 것이다. 기업은 핵심역량을 바탕으로 차별화를 달성하고 관련분야로의 진출을 도모할 수 있다.

사 례

삼성전자와 애플의 자원 전략

1. 삼성전자의 VRIO 분석(핵심역량)

삼 성	가치	희소성	모방가능성	조직화	비 고
	전략적 가치가 있는가?	희소성이 있는가?	쉽게 모방이 되지는 않는가?	자원과 능력을 충분히 활용하기 위한 조직화가 되어 있는가?	
구매/물류	Yes	Yes	Yes	Yes	수직적 통합
생산	Yes	Yes	Yes	Yes	운영효율성 최고
판매/유통	Yes	No	No	Yes	Global 판매
A/S	Yes	No	No	Yes	
인사관리	Yes	Yes	Yes	Yes	조직 민첩성, 인재주의
연구개발 (S/W)	No	No	No	No	독자 OS 부재
연구개발 (H/W)	Yes	Yes	No	Yes	신속한 개발능력
부품	Yes	Yes	Yes	Yes	수직적 통합 및 협력사 관리 우수
디자인	Yes	No	No	Yes	디자인 경영센터
application	No	No	No	No	안드로이드 마켓에 의존

☐ 부분이 VRIO 분석결과, 핵심역량 후보군임.

◆ 삼성전자의 핵심역량

• 구매/물류 → 수직적 통합을 통한 경쟁력

- 수직적 통합을 통해 경영관리의 효율성 및 기업의 유연성 극대화
- 수요예측에 의존한 수요주도 전략

• 생산 → 운영효율성의 극대화

- 부품 표준화와 모듈화를 통해 생산 소요시간을 단축하고 자기 완결형 셀 생산방식을 구축하여 작업의 효율성을 높임

※ 자기 완결형 셀 생산방식 : 컨베이어 라인 없이 처음 공정부터 최종 공정까지 1명의 작업자가 담당하는 생산방식으로 고객 니즈에 따라 팔리는 만큼의 물건을 만드는 것이 필요하고 다품종 소량 생산이 대세가 되어 점차 확대되고 있음

- 인사관리 → 조직 민첩성, 인재주의
  - 스피드에 상시 경계의식과 유연성을 갖춘 조직 민첩성을 통해 기회를 탐색하고 적절한 시기에 신속하게 신사업에 진출 가능
  - 국적을 불문하여 세계 최고 인재를 영업하고 엄격한 성과평가를 통해 보상하는 등 최고의 인재력을 보유
  - 오너중심 경영으로 일사분란하게 움직이는 조직력 또한 급격하게 변화하는 스마트폰 시장에서 경쟁력이 됨
- 연구개발(H/W) → 신속한 개발능력
  - 다양한 H/W 개발로 인한 차별화를 통해 소비자 니즈의 변화를 재빨리 수용함으로써 다양한 계층의 소비자를 공략 가능
- 부품 → 수직적 통합 및 협력사 관리 우수
  - 부품업체 및 협력사를 협성회, 혁기회 등의 조직을 만들어 관리하고 필요에 따라 수직적 통합을 하여 부품-완제품 연계형 구조를 구축

그림 1 Gallaxy S Ⅲ

그림 2 75인치 스마트 TV

2. 애플의 VRIO 분석(핵심역량)

애 플	가치	희소성	모방가능성	조직화	비 고
	전략적 가치가 있는가?	희소성이 있는가?	쉽게 모방이 되지는 않는가?	자원과 능력을 충분히 활용하기 위한 조직화가 되어 있는가?	
구매/물류	Yes	Yes	No	Yes	글로벌 아웃소싱, 공급망 관리
생산	Yes	No	No	Yes	외부업체 위탁
판매/유통	Yes	Yes	Yes	Yes	애플 스토어
A/S	Yes	Yes	Yes	Yes	제품교체(리퍼)
인사관리	Yes	Yes	Yes	Yes	창조/혁신 마인드
연구개발(S/W)	Yes	Yes	Yes	Yes	iTunes 및 iOS 등 독자 S/W 개발
연구개발(H/W)	Yes	No	No	Yes	기술 구매에 의존
부품	Yes	No	No	No	타사 구매에 의존
디자인	Yes	Yes	Yes	Yes	혁신적인 디자인
application	Yes	Yes	Yes	Yes	App store, iTunes 최고 경쟁력

□ 부분이 VRIO 분석결과, 핵심역량 후보군임.

◆ 애플의 핵심역량

- 판매/유통 → 애플 스토어
  - 온 · 오프 라인 애플 스토어를 통해 제품의 판매뿐만 아니라, 체험 마케팅을 실시하고 홍보채널로써 이용
- A/S → 제품 교체
  - 1년 내 고장시 리퍼폰으로 교환하는 AS정책은 폐기비용 절감을 통해 애플의 수익에 기여
- 인사관리 → 창조/혁신 마인드
  - 재능을 우선시하는 파격적인 인사정책을 실시하고 직원들의 복지후생에 많은 투자를 실시
- 연구개발(S/W) → iTunes 및 iOS 등 독자 S/W 개발

- iTunes를 통해 미국 온라인 음원시장의 70%를 장악하고 있으며, 아이폰, 아이팟 터

치, 아이패드에 내장되어 있는 모바일 운영 체제로 iOS를 독자 개발

- 디자인 → 혁신적인 디자인
  - 최근 기술의 발전으로 인해 기술적 차별화 요소가 감소되고 있는 상황에서 점점 혁신적 디자인의 중요성이 부각됨. 이를 위해 애플은 전문가에게 디자인 개발의 전폭적인 재량권을 부여하여 'CDO(최고 디자인 책임자)' 라는 직위까지 두어 전문성과 독립성을 보장함

- Application → App store, iTunes 등을 통한 경쟁력
  - 플랫폼 경쟁에서 애플 앱 스토어가 구글 '개방형' 안드로이드 마켓 대비 품질 및 수익성에서 우위에 있으며, 향후에도 지속될 것으로 판단

구분	애플 앱스토어	안드로이드 마켓
특징	패쇄형 플랫폼 배경 등 변경 제약	개방형 플랫폼 배경 등 변경 가능
운영주체	애플	자율적
어플리케이션 등록	애플의 승인	자율적
수익분배	개발자와 애플이 7:3	개발자와 통신사 7:3 구글은 모바일 광고 수익
장점	앱의 질 상대적 우수 선점효과 → 수익성 高	자유로운 앱 제작 무료배포 앱 다수
단점	10일 이상 소요되는 앱 등록기간, 엄격한 앱 심사	앱의 질 低 바이러스 보안에 취약

그림 3 뉴욕 애플 스토어

그림 4 상해 푸둥 애플 스토어

3. 삼성전자와 애플의 경쟁력 비교

스마트폰 상위 5개社의 경쟁력에 대한 전문기관 평가 결과를 보면, 삼성전자는 Apple에 이어 2위를 차지하고 있다. Apple은 우리나라 휴대폰 업체들이 강점으로 하고 있는 하드웨어 분야의 지적재산권(IPR), 칩셋 효율성 등이 상대적 약점으로 나타나고 있어 부품 영역에서 열위에 있는 것으로 판단되었다.

표 1 스마트폰 상위 5개社의 경쟁력 평가

구분	APPLE	SAMSUNG	HTC	RIM	NOKIA
SW	7.2	5.5	5.9	5.6	5.0
클라우드	8.0	2.0	2.0	1.0	0.0
제품 포트폴리오	8.0	7.0	7.5	4.5	4.5
공급사슬 관리	9.0	8.3	6.5	7.8	8.0
태블릿PC 연계성	9.7	6.0	4.4	4.0	0.0
브랜드 가치	9.0	8.0	4.5	7.0	10.0
IPR	5.0	5.0	2.0	4.0	8.0
칩셋 효율성	5.0	6.0	5.0	4.0	7.0
전체	8.0	6.1	5.4	5.2	5.1
점유율('11. 3Q 누적)	16.8%	18.3%	10.3%	11.4%	17.3%

주: 각 항목은 10점 만점(10점: Best, 1점: Worst), 점유율은 출하량 기준.
자료: Credit Suisse(2011. 11. 21), Strategy Analytics(2011. 11) 일부 수정 재인용.

9장 변화대응 전략: 기회추구를 통한 경쟁우위 획득

1. 기회추구 전략
2. 시나리오 경영
3. 상시 위기상황에서의 전략적 선택

[사례] 극한 위기상황에서의 전략 – 남극점 탐험

학습내용

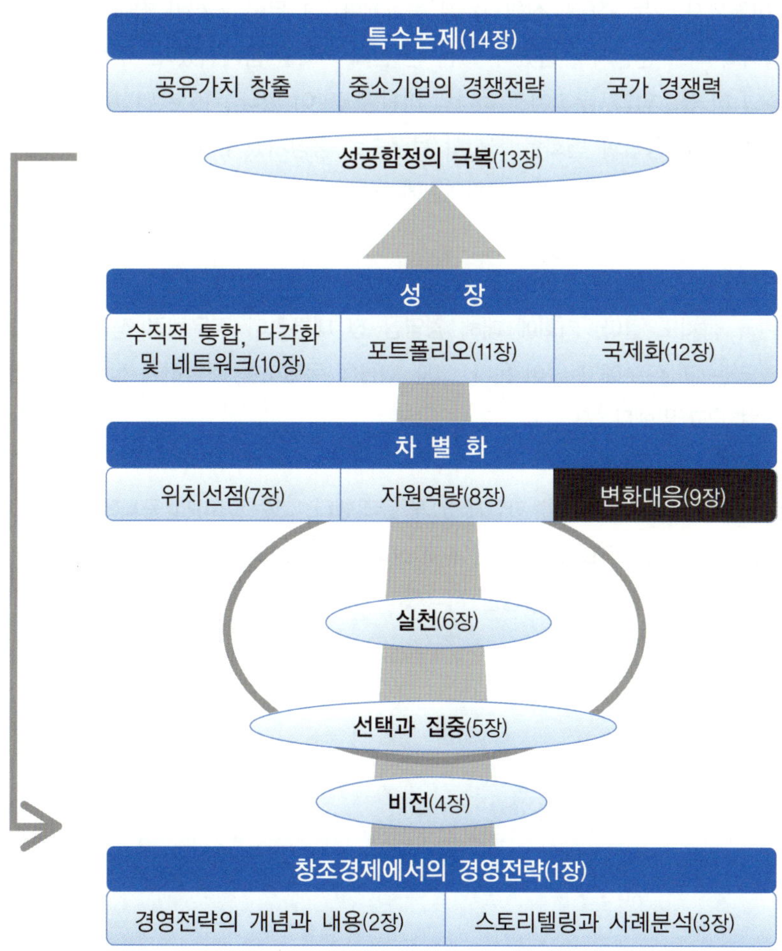

스토리 | 오바마의 기회 포착 리더십

버락 오바마 시대의 개막은 극적인 드라마다. 특이한 삶의 독특한 도전이었다. 흑인 대통령은 아메리칸 드림의 혁명적 진전이다. 기회를 효율적으로 관리하는 리더십의 위력적인 성취다. 오바마의 정치적 감수성은 행운을 낚아챌 때 빛났다. 4년 전 여름까지 그는 주(州) 상원의원에 불과했다. 그 무렵 기회가 찾아왔다. 민주당 전당대회 기조 연설자로 뽑혔다. 그는 한 번의 기회를 움켜쥐었다. "진보의 미국도, 보수의 미국도 없다. 우리에겐 하나의 미합중국만이 있다." 16분 연설은 강렬한 파장을 던졌다. 통합과 변화를 자신의 브랜드로 등장시켰다. 그리고 차기 지도자로 급상승했다. 그 해 11월 연방 상원의원에 처음 당선됐다. 기회 포착은 정치 게임의 우선적 재능이다.

–중략–

한국 정치도 같다. 기회에 대해 김영삼 전 대통령이 주문처럼 정리했다. 그는 "기회라는 괴물은 예고 없이 온다. 그때 괴물의 목덜미를 대담하게 잡아라. 야망은 실현된다"고 말했다.

–중략–

오바마는 포착한 기회를 짜임새 있게 관리했다. 그는 이미지 공세에 나섰다. 먼저 '롤(role, 역할) 모델'을 설정했다. 자신이 내놓은 변화의 시대 정신에 그것을 투영했다. 그리고 유권자의 감성을 자극했다. 에이브러햄 링컨은 그의 롤 모델이다.

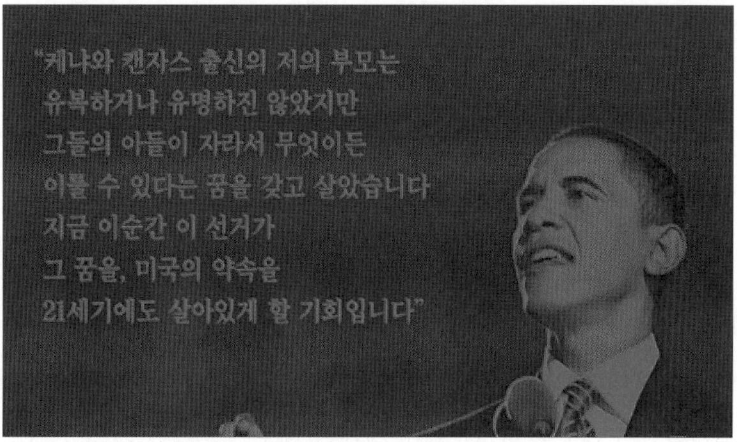

링컨은 미국의 위대한 대통령이다. 링컨과 오바마의 정치적 고향은 일리노이주다. 두 사람은 변호사다. 오바마는 결론을 내렸다. "대통령은 경험보다 변화와 비전, 용기와 신념이 중요하다. 미국을 바꿀 수 있다." 그의 메시지는 상상력을 장악했다.

–이하생략–

– 중앙일보, 2008년 11월 7일 –

01 기회추구 전략

1.1 기회추구 전략이란?

기업이 스스로 감당하기 어려울 정도의 빠르고 위협적인 환경변화가 점차 일반화되고 있다. 세계적인 금융위기와 경기 침체, 기술혁명과 글로벌화의 급속진전 등에 대한 적절한 대응은 기업생존에 필수적 과제가 되고 있다. 이러한 환경변화는 위기적인 모습으로 다가오기도 하지만 때로는 엄청난 기회를 가져다주기도 한다. 이에 관해 게리 하멜교수는 "진화의 시대는 가고 혁명의 시대가 도래했다"고 한다.[1] 21세기에는 경쟁의 규칙(rule)을 바꾸는 혁명적이고 창업가적(entrepreneurial) 전략이 중요하다는 것이다.

경영환경의 변화가 단순하고 어느 정도 예측가능하다면 여기에 대응하는 복잡한 전략을 채택하여 실행에 옮길 수 있다. 그러나 첨단산업과 같이 급속하게 변화하는 경영여건에서는 전략을 오히려 단순화시킬 필요가 있다. 최근 급속히 변화하는 시장 여건 속에서 부족한 자원을 가지고도 성공한 기업들의 경우 오히려 '단순하고 유연한 전략'을 채택하는 경향이 있다. 예컨대, 인터넷 산업에서 야후나 이베이 같은 회사들은 단순한 전략을 통해 시장 기회를 빠르게 포착함으로써 성공을 거두었다.

(1) 이베이(ebay) 스토리[2)]

온라인 경매업체 이베이는 전자상거래 시장에서의 경쟁과 많은 모방자들, 그리고 빠르게 변화하는 인터넷 기술 등으로 인해 어려운 경영여건에 처해 있었다. 이러한 경영환경 속에서 이베이는 '평등주의'와 '커뮤니티'라는 두 가지의 가치로부터 규칙을 도출하였다. 즉, 시간이 지남에 따라 창업자이자 회장인 피에르 오미드야르와 CEO인 메그 휘크먼은 이 두 가지 가치를 명시하는 단순 규칙으로 만들어서 시장에서의 기회를 획득하는 데 지침으로 활용했다.

평등주의는 경매를 위한 두 가지 단순한 규칙으로 발전했다. 첫 번째 규칙은 구매자와 판매자가 균형을 이루어야 한다는 것이었다. 즉, 구매자와 판매자의 힘을 평등하게 하면서 누가 참여할 것인지를 제한하지 않기 때문에 이베이는 모든 사람들에게 열려있다는 규칙이다. 두 번째 규칙은 모든 거래는 가능한 한 투명해야 한다는 것이다. 이 규칙은 모든 참가자들이 동일하게 이용 가능한 많은 정보에 접근할 수 있도록 해 준다. 이러한 규칙은 판매자에 대한 피드백 점수, 고가 물품을 위한 온라인 갤러리, 로이드 오브 런던으로부터의 인증 서비스 등을 가능하게 해주었다.

또한 두 번째인 커뮤니티를 중요시하는 가치는 다음과 같은 세 가지의 단순한 가치를 만들게 한다. 즉, '제품 광고는 하지 않는다', '기본 서비스의 가격은 인상하지 않는다', '높은 안전수칙을 유지한다'라는 것이다. 이런 규칙을 기반으로 이베이는 자주 판매물품을 올려놓는 커뮤니티 멤버들에게 특별 서비스를 제공하는 파워셀러스 프로그램을 만드는 등 새로운 광고기법과 마케팅 방법을 개발하게 되었다.

이러한 단순 규칙들을 만듦으로써 이베이는 1995년 창업한 이후 불과 5~6년 사이에 세계 정상급 기업으로 성장하는 기회를 잡았을 뿐 아니라 유사 닷컴 기업들이 지리멸렬하고 있는 가운데 매년 높은 이익성장률을 기록했다.

갑자기 등장했다 사라지는 위기와 기회에 신속, 정확하게 대응하는 것이 기회 추구 전략의 핵심이라고 할 수 있다.

(2) 전략의 실행

기회추구 전략은 혼돈 속에서 기회를 포착하는 데 초점을 맞춘다. 이 접근 방법은 핵심 프로세스와 이를 지배하는 독특하고 단순한 규칙 또는 의사결정의 틀이 경쟁우위의 원천이라는 입장을 취한다.

이에 반해 마이클 포터의 이론에서 다룬 전략적 위치(positioning)에 의한 접근은 매력적인 시장을 찾아 위치를 선점하고 방어하는 데 주안점을 둔다. 이 접근법은 가치사슬에 기반을 둔 전략적 위치선점 자체가 경쟁우위의 궁극적 원천이라고 본다. 한편, 자원 기반 관점은 비전 수립을 통해 독특한 자원구조와 핵심역량을 구축하는 것에 초점을 둔다. 이러한 자원관점은 독특하고 모방이 어려운 자원이 경쟁우위의 원천이라고 주장한다.

이러한 접근방법들은 차별화를 위해 모두 활용될 필요가 있으며 기업들이 처해 있는 환경조건에 따라 그 유효성이 다른 것으로 판단된다. 따라서 기회추구 전략은 급변하는 혼돈적 상황에서 기회를 포착하고 대응하기 위한 접근으로서 구조화되고 변화가 적은 환경보다는 불확실하고 동태적인 환경조건에서 유용하다.

1.2 규칙은 어떻게 만들어야 하나?

단순하고 유연한 규칙을 만들기 위해서는 다음과 같은 사항들에 유념할 필요가 있다.

(1) 특정 프로세스에 초점을 맞춘다

먼저 기업의 일반적 지도 원칙과 규칙을 구별해야 한다. 예를 들어 '우리는 높은 수준의 업적 성취와 기여도에 초점을 맞춘다' 라는 원칙은 4장의 비전 설정에서 살펴보았듯이 기업의 목적이나 이념에 해당한다. 따라서, 구매부서에서 제품혁신에 이르기까지 기업 내 모든 활동에 적용할 수 있는 지도 원칙이다. 이러한 원칙은 생산적인 조직문화를 만드는 데 도움을 줄 수 있지만 특정 위기나 변화에 대응할 때 구체적인 가이드라인을 제시하지 못한다. 즉, 규칙은 기업의 행동과 관련된 프로세스에 초점이 맞추어져야 한다.

'지속적인 사회공헌과 고객을 최우선으로' 하는 기업신조를 가진 존슨앤존슨의 경우를 보면 1982년 약물 테러범이 타이레놀 용기 속에 수은 화합물을 주입했을 때 '신속하고 단호하게 행동하라' 는 위기대응 규칙을 앞세워 미국 전역의 2,200만 개의 타이레놀 약병을 회수함으로써 회사의 이미지와 브랜드 가치를 회복할 수 있었다.[3)]

Johnson&Johnson

▶ 존슨앤존슨의 대처

- 타이레놀 생산과 광고 중단
- 전국의 모든 타이레놀 회수(총3,100만병, 약 1억달러)
- 모든 언론을 통해 타이레놀 및 타이레놀이 포함된 어떤 것도 섭취 금지
- 포장 및 용기 개발 및 교체

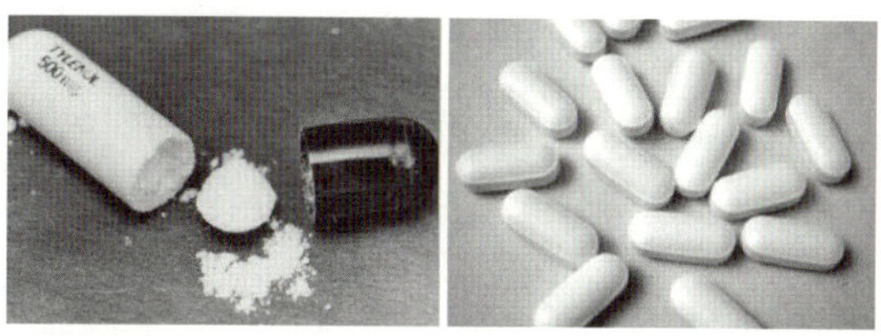

▲ 이물질 투입을 못하게 타이레놀을 캡슐대신 정제로 제조해 다시 시장에 내놓고 신뢰회복을 위해 총력을 다했다.

(2) 분명한 기준이 될 수 있도록 구체적이어야 한다

하나의 프로세스에 초점을 맞춘 규칙이라 할지라도 너무 모호하면 실제적인 가이드라인을 제시해 주지 못한다. 예를 들면 어떤 은행이 '모든 투자대안들은 장기적으로 이익잠재력이 커야 한다' 라는 규칙을 세워서 투자결정을 내린다면 너무 모호한 기준을 제공한 것으로 여겨질 것이다. 이러한 모호성은 오히려 전략을 실행함에 있어 혼동을 줄 수 있다.

(3) 누구나 쉽게 이해하고 적용할 수 있게 만든다

단순한 규칙을 암묵적 형태로 가지고 있는 회사는 사람에 따라 그 해석이 달라짐으로써 오히려 그 규칙으로 인해 가치를 파괴할 수도 있다. 암묵적 형태의 추상적인 규칙은 경영자들을 혼동시킬 수 있다. 따라서, 누구에게나 쉽고 똑같이 인식될 수 있어야 한다.

(4) 늘 점검하고 재정비한다

시장변화가 빠른 경우 기존의 규칙이 부적합해지는 경우가 많다. 이때 기업의 성장속도를 점검해 봄으로써 규칙의 진부화 정도를 파악해 볼 수 있다. 예를 들어, 기업의 주가가 경쟁업체에 비해 상대적으로 더 떨어지거나 산업 전체에서 차지하는 회사의 비중이 줄어들고 성장이 둔화된다면 규칙을 재점검할 필요가 있다.

전략적으로 중요한 핵심 프로세스에 초점을 두고, 모호하지 않으면서 대부분이 동의할 수 있는, 그러면서 시장흐름에 벗어나지 않는 규칙을 만들어 지속적으로 실천하는 것은 복잡하고 역동적인 환경일수록 효과적인 접근방법이 된다. 이와 함께 양적으로도 적절한 수의 규칙을 갖는 것 또한 중요하다. 너무 많은 규칙은 불필요하게 많은 기회들을 추구하게 만들기 때문에 효과적이지 못하다. 대략 2~7개 정도의 개수가 적절하지만 상황에 따라 그 수는 변할 수 있다.

또한 특정 기업에 대한 적절한 수의 규칙은 시간의 흐름에 따라 달라질 수 있다. 시장변화에 대한 예측 가능성이 어느 정도 존재하고 중점적 사업기회를 확보하고 있는 기간에는 효율성을 높이기 위해 보다 많은 규칙을 가질 필요가 있다. 그러나, 사업전망이 불투명하고, 사업기회가 혼란스러울 때는 융통성을 증대시키기 위해 상대적으로 적은 수의 규칙을 갖고 대응할 필요가 있다.

1.3 실제 규칙수립

일반적으로 규칙은 경험을 통해 얻어진다. 특히 실패를 통해 얻어지기도 한다.

교훈을 얻을 만한 경험이 없는 신생 기업들은 다른 기업의 경험을 활용할 수 있다. 또한 많은 경우 규칙의 대략적인 윤곽이 이미 암묵지의 형태로 존재하고 있는데 이것들이 명시적으로 만들어지고 확장되어질 때 비즈니스 기회로 실현될 수 있다. 그러나 규칙에 의한 전략은 기업에 따라 달라질 수 있다. 다시 말해 똑같은 핵심 프로세스에 집중하는 두 기업이 완전히 다른 규칙을 만들어 낼 수 있다는 것이다.

안정된 시장에서는 경영자가 미래를 어느 정도 예측할 수 있기 때문에 오히려 복잡한 전략에 의존할 수 있다. 그러나 복잡하고 빠르게 변화하는 시장에서는 중요한 성장과 부의 창조가 이루어지는 제품일수록 예측불가능성이 지배한다.[4] 이 때에는 간단한 규칙과 몇 가지 중요한 프로세스를 통해 시장기회를 잡아야 한다. 비즈니스가 복잡해질수록 오히려 전략은 단순해야 한다는 것이다. 이러한 기회추구의 접근 방법은 전통적으로 전략이 상호 연계된 가치활동 시스템이나 핵심역량으로부터 나온다는 입장을 취하는 것과는 다소 다르다고 할 수 있다.

▶ 규칙의 종류

- 진행 방법의 규칙
- Go, Stop의 규칙
- 우선순위의 규칙
- 혁신속도의 규칙
- 버릴 시기의 규칙

(1) 진행 방법의 규칙

진행 방법의 규칙이란 특정 프로세스가 어떻게 진행되어야 하는지 그 특징을 상세하게 표현하는 형태이다. 예를 들면, 야후의 경우 초창기 제품혁신 프로세스에 몇 가지 규칙을 수립했다. 즉, 제품개발 시 반드시 그 제품의 사업적 우선순위를 숙지해야 하고, 모든 개발자들은 어느 프로젝트에 상관없이 일할 수 있다는 등의 규칙이다. 이러한 규칙에만 합당하다면 무슨 시간에 어떤 복장으로 일하든 회사에서는 간섭하지 않는다.

(2) Go, Stop의 규칙

경영자들이 어떤 기회를 추구하거나 포기해야 할지에 초점을 맞추는 규칙이다. 이는 특정 고객이나 지역 또는 기술에 집중하도록 해 준다. 예를 들면, 레고는 시장을 확대할 수 있는 많은 기회들이 있기 때문에 제품시장 진입 프로세스가 중요한 전략적 의사결정의 대상이 된다. 이에 대해 레고는 '제안된 제품이 레고 제품처럼 보이는가?', '아이들이 놀면서 무엇인가를 배울 수 있는가?', '그 제품이 창의성을 자극하는가?' 등의 점검표를 가지고 새로운 제품시장의 진입여부를 신중하게 결정한다.

(3) 우선순위의 규칙

경영자들이 수용 가능한 기회를 등급화하도록 하는 것이다. 기업들은 한정된 자원을 가지고 있기 때문에 자원 할당을 위한 우선순위를 책정하는 것이 필요하다. 인텔의 경우, 제조설비의 투자에 엄청난 비용이 소요되기 때문에 오래 전부터 제품들 간의 설비 투자액을 할당할 필요가 있었다. 1980년 중반 한국을 비롯한 아시아 반도체 칩 제조업체들이 가격인하와 가속적인 기술개발로 세계시장을 공략하기 시작했다. 이때 인텔은 제품의 총 마진율에 따라 제조설비 투자액을 할당하는 단순한 규칙을 세워 수익성이 높은 마이크로 프로세스 시장에 집중함으로써 비메모리 반도체 분야를 장악했다.

(4) 혁신속도의 규칙

기업의 혁신속도에 관한 규칙은 떠오르는 새로운 기회의 속도와 회사의 움직임을 일치시키도록 하는 데 목적이 있다. 첨단 분야의 기업들은 종종 중요한 전략적 프로세스의 속도나 리듬을 규정하는 규칙을 가지고 있다. 예를 들면, 통신장비 회사인 노텔 네트웍스(Nortel Networks)의 경우 제품혁신 프로세스에 대해 두 가지 규칙을 적용했다. 즉, 프로젝트 담당 팀들은 항상 선도 고객들에게 경쟁 기업들보다 먼저 제품을 공급해야 하며, 모든 개발기간은 18개월을 넘어서는 안 된다는 것이다.

(5) 버릴 시기의 규칙

특정 사업이나 활동을 중단시키는 규칙은 기업들로 하여금 한물간 과거 기회에서 빠져나오도록 하는 효과가 있다. 예를 들어, 오티콘(Oticon)이라는 덴마크 보청기 회사는 핵심 기술자가 다른 프로젝트로 이동하면 즉시 기존의 개발 프로젝트를 중지시킨다는 규칙을 가지고 있다. 또한 정해진 기간 내에 이익목표와 판매목표를 달성하지 못하면 새로운 사업을 중단한다는 규칙도 이에 해당한다.

1.4 기회획득을 위한 역량

일반적으로 기업의 역량은 '운영 역량(operational capability)' 으로 정의되어 왔다. 이는 제조, 물류, 판매 등 기업의 일상 활동을 효과적으로 실행하기 위한 계획된 능력을 말한다. 이에 대비하여 '동태적 역량(dynamic capability)' 은 환경변화에 대응해 기존의 운영 역량을 효과적으로 변경하는 능력을 말한다.

동태적 역량은 변화에 적응하여 기회를 추구하기 위해 필수적이다. 그런데 최근에는 예측불허의 경영환경이 지속됨에 따라 '즉흥적 역량(improvisational capability)' 이 강조되고 있다.[5] 즉흥적 역량은 '새로운 환경에 보다 적합한 새로운 운영 역량을 확보하기 위해 기존 자원의 구조를 즉흥적으로 변경하는 것을 목표로 하는 학습된 능력' 을 말한다. 마치 재즈 연주처럼 즉흥적으로 수행되는 역량을 의미한다.

최근 들어 이러한 즉흥적 역량이 강조되고 있는 이유는 시장 수요, 소비자의 선호도, 신기술 개발, 기술 혁신 등 환경변화가 점점 예측 불가능해지고 있기 때문이다. 기술혁신, 전략변화, 구조변경 등을 통해 재빠르게 대처하지 않으면 생존하기가 점점 더 어려워지고 있다. 과거 안정적 경영환경에서는 수시로 방침을 바꾸는 것이 문제로 여겨졌지만, 요즘처럼 환경이 급변하는 시대에는 환경변화에 따라 재빠르게 바꾸지 않으면 주어진 기회를 잡아낼 수가 없으며 생존하기도 어렵게 되었다.

대개 즉흥적으로 한 일의 결과가 좋으면 능력보다는 운이 좋았다고 평가한다. 그러나 즉흥적 역량은 단순한 운이 아니라 재즈의 즉흥연주처럼 상황에 따라 조금씩 다르지만 지속적으로 의미 있는 내용을 만들어내는 능력을 말한다. 즉, 즉흥적 역량은 예상치 못한 변화에 즉흥적으로 대응해 자산의 자원을 재배치하는 학습된 능력을 의미한다.

▶▶ 정주영 회장의 사례

"규모는 당신 회사가 클지 몰라도 팔씨름은 내가 당신에게 안 진다."

아산 정주영 현대그룹 창업자(1915~2001)는 상황 대처 능력이 뛰어난 사람이었다. 아산이 현대와 제너럴일렉트릭(GE)의 합작투자법인(joint venture) 설립안을 협의하기 위해 '경영의 신'으로 일컬어지는 GE의 잭 웰치 당시 회장을 만났을 때의 일이다. 웰치 회장은 "GE는 기술이 있다. 현대는 무엇을 제공할 수 있는가"라며 아산을 압박했다. 아산은 "현대는 노동력이 있다"고 답했다. 웰치 회장은 "값싼 노동력은 중국에도 널렸다"고 응수했다. 아산은 땅, 세금 감면 등 현대가 제공할 수 있는 모든 것을 이야기했지만 웰치 회장은 "GE가 현대와 합작법인을 세워야 할 이유를 모르겠다"며 번번이 퇴짜를 놓았다. 화가 난 아산은 자리에서 일어나 "잘 먹고 잘 살아라, ××야"라고 욕을 하고는 방을 나가 버렸다. 웰치 회장은 통역사에게 아산이 한 욕을 정확하게 통역해 달라고 주문한 뒤 황당해하면서 다시 아산을 불렀다.

웰치 회장은 다시 돌아온 아산에게 "왜 욕을 하고 나가버리느냐"고 따졌다. 가만히 있던 아산은 엉뚱하게도 "난 팔씨름을 잘한다. 그러니까 당신 회사(GE)가 우리 회사(현대)보다 클지 모르지만 내가 팔씨름은 당신한테 안 진다"라고 말했다. 웰치 회장은 "그렇게 잘하느냐. 한번 겨루어 보겠는가"라고 응수했다. — 그랬더니 아산이 "내가 이기면 합작투자법인을 세우는 조건이다. 그 대신 당신이 이기면 하자는 대로 다 하겠다"고 말했다. 순식간에 끝난 팔씨름은 아산의 승리였다. 아산은 신이 나서 "우리 조인트 벤처 하는 거다!"라고 말한 뒤 방을 나왔다.

현대와 GE의 합작투자는 어떻게 됐을까. 웰치 회장은 고심 끝에 결국 약속대로 합작투자를 감행하기로 했다. 팔씨름에서 지기도 했지만 다른 이유도 있었다. GE와 비교했을 때 삼성은 반도체를 제외하고는 비즈니스 포트폴리오가 비슷하고 행보가 예측이 가능한 반면, 역시 글로벌 기업으로 커가고 있는 현대는 도대체 어떤 전략을 가지고 있는지, 무엇을 계획하고 있는지 예상하기가 어려웠다. 웰치 회장은 합작투자를 핑계 삼아 현대의 사업 방식을 알아보려는 심산이었다. 그가 경영의 신으로 불리는 데도 그만한 이유가 있었다.

김선우 미래전략연구소 기자, "불리할 땐 판을 뒤집어라", DBR, 2013. 2. 28.

02 시나리오 경영

2004년 정부는 국가적 위기상황에 대처하기 위해 33개의 위기관리 표준매뉴얼과 278개의 위기대응 실무매뉴얼, 2,339개의 현장조치 행동매뉴얼을 완성했다. 이로써 모든 관련기관은 매뉴얼에 따라 즉각적인 조치절차를 취할 수 있게 되었다. 다음 사례는 대설 위기대응에 관한 것이다.[6]

▶▶ 정부의 대설 위기대응 사례

2004년 3월, 폭설로 인하여 11,000여대의 차량이 고속도로에서 최장 37시간 고립되는 사건이 발생했다. 이 사태를 처리하면서 큰 홍역을 치른 건교부와 도로공사는 유관기관과 공동으로 2004년 12월에 대설위기 대응 실무 매뉴얼을 수립하게 되었다. 수립 후, 유관기관은 강설일수가 적어 상황대응에 취약한 영남지역에서 2005년 2월 16일 실무 매뉴얼을 적용한 대응 훈련을 실시하여 대비실태를 점검하고 대응역량의 향상을 꾀했다. 그 직후 2005년 3월 4일 영남지역에 100년 이래 최고의 폭설이 내렸지만 유관기관은 매뉴얼에 따라 신속히 대응하여 피해를 최소화하였다. 또한 2005년 12월 21일 호남고속도로 폭설 및 차량 고립사태(1,000여대, 최장 17시간)시에도 매뉴얼에 의한 신속한 대응을 통해 2004년과 같은 상황의 재발을 방지하고 그 피해를 최소화할 수 있었다.

특히 2005년 12월 호남고속도로 폭설사태 시에는 매뉴얼에 의해 종합상황실 운영(건교부), 군 제설장비 지원(국방부), 진입로 통제 및 고립차량의 반대편 차선 우회조치(경찰청, 도로공사), 핸드폰 문자정보 발송(소방방재청), 기관장의 진두지휘(도공), 인근지자체의 인원 및 구호물품 지원(지자체, 적십자사) 등의 조치가 종합적이고 동시적으로 이루어지는 등 한층 더 체계적인 대응활동이 이루어졌다.[7]

2.1 위기 상황에서의 기회 탐색

맥킨지앤컴퍼니(Mckinsey & Company)가 조사한 보고서에 의하면 경기침체기 이전에 하위 75%에 속하던 기업들 중 14%가 상위그룹으로 부상했다고 한다.[8] 침체기의 위기 상황에서 상위그룹으로 부상할 수 있는 기회가 생긴 것이다. 따라서, 기업들은 특별한 위기상황에 처할수록 기회를 탐색할 필요가 있다.

(1) 위기상황을 인정하고 상황을 분석한다

위기 시 가장 잘못된 초기 대응은 '일단 지켜보자' 또는 '어디 빠져나갈 구멍이 없을까?' 하는 입장을 취하는 것이다. 이는 더 큰 위기상황을 만들 수 있다. 1989년 엑손(Exxon)의 기름유출 사고 시 사고 일주일이 지나도록 아무 대응 없이 상황을 관망하다 소비자를 분노하게 만들어 21억 달러의 손실을 보았다. 씨제이(CJ)의 불량만두 사건 때에는 자체조사 후 "아무 문제가 없다"고 발표했다가 뒤늦게 하청업체로부터 불량만두를 공급받은 사실이 확인되자, "미처 확인하지 못했다"고 말을 바꾸어 시민단체의 불매운동을 불러 일으켰다.[9] 최대한 빨리 위기상황을 인정하고 상황을 분석하는 것이야말로 다시 기회를 잡는 최선의 방법이다.

(2) 예측 가능한 시나리오를 만든다

위기를 벗어나기 위해서는 그 위기의 진행 가능방향을 분석하고 가능한 방향들에 대한 철저한 시나리오 작성이 필요하다. 예측 가능한 시나리오를 미리 만들고 진행상황에 맞추어 적용시킬 수 있을 때 또 다시 혼란에 빠지지 않고 문제를 해결해 나갈 수 있을 것이다.[10]

(3) 최악의 상황까지 대비한다

시나리오 작성 시 반드시 최악의 상황을 고려해야 한다. 물론 일어나면 안될 일이라고 생각하겠지만 그 역시 대비할 수 있어야 위기상황에 제대로 준비했다고 말할 수 있다.[11]

(4) 마지막으로 문제해결을 위해 최선을 다한다. 기회가 보일 것이다

최악의 상황까지 대비를 마쳤다면 이제 남은 건 실천이다. 내부의 의견을 조율하고 위기에 함께 대응해 나아감으로써 새로운 기회를 찾아내도록 한다.

2.2 시나리오 만들기

▶▶ **SK시나리오 경영 사례**[12)]

최태원 SK회장 "거센 변화에 직면한 지금 시나리오 경영으로 맞서라"

최태원 SK그룹 회장은 2008년 CEO세미나에서 "거센 변화에 직면한 지금이야말로 새로운 도약의 계기를 창출할 수 있는 좋은 기회"라며 "각 계열사 CEO들이 도전과 패기의 기업가정신을 갖고 공격적인 경영에 나서 달라"고 주문했다.

그는 이어 "전 세계적인 금융위기 등 경영환경이 악화되고 있지만 각 계열사들이 당초 세운 경영목표 달성에 차질이 빚어져서는 안 된다"며 "글로벌화와 신성장 동력 창출이라는 그룹의 지상과제를 더 빠르고 효과적으로 달성할 수 있도록 CEO들이 앞장서 달라"고 당부했다. 최 회장은 핵심 경영변수들을 감안한 단계별 시나리오 경영의 필요성도 강조했다. 그는 "지금처럼 대내외 변수의 변화가 빠른 때에는 목표를 정하고 도전하는 식의 경영보다 그때그때 상황별 대응 전략을 짬으로써 위기 상황에 맞서는 시나리오 경영이 필요하다"고 강조했다

출처: 한국경제신문, 2008. 10. 29.

(1) 시나리오란?

"시나리오가 무엇인가?"라는 질문을 받으면 일반적으로 영화나 연극의 대본을 말하는 것이 아닌가 생각하게 된다. 그러나 기업경영에 있어서 시나리오란 기업이 미래에 발생할 수 있는 변수들을 감안하여 사전에 대처방안을 마련해 놓음으로써 미래의 불확실성에 대비하기 위한 수단이다. 오늘날 원자재 가격, 환율, 시장변화 등 외부 환경의 변동성이 심해지면서 시나리오 경영의 중요성이 강조되고 있다. 우량한 기업일수록 최악의 상황까지 가정하여 기업의 대응 시나리오를 마련하고 있

으며 이 경우 외부 환경이 악화되더라고 적절한 대처를 통해 기업을 안정적으로 방어하고 경기가 살아날 때 공격적으로 성장하는 시스템을 갖출 수 있게 된다.

시나리오라는 것이 현재의 추세를 미래로 연장시켜 그다지 놀라울 게 없는 미래의 모습을 그려본다는 의미의 '예측'과 바람직한 미래의 모습을 말하는 '비전'과는 분명히 다르다. 시나리오는 "어떤 일이 일어날 수 있다고 생각하는가?" 또는 "만약 ~라면 어떤 일이 일어날까?"라는 질문에 대해 깊이 생각해 본 뒤 내리는 답변이다. 예측이나 비전은 '위험'을 안 보이게 숨기는 경향이 있다. 그러나 시나리오는 오히려 위험관리를 가능하게 해 준다. 시나리오는 실현될 가능성이 있는 미래에 대한 생생한 묘사다. 일반적으로, 미래를 멀리 내다볼수록 그 미래가 실현될 가능성이 높아진다.

미래를 지향하는 기획, 다시 말해 미래계획의 관점에서 말한다면, 우리는 개인 또는 조직의 일원으로서 예측을 해보기도 하고, 시나리오와 비전을 포함하는 미래계획을 부단히 만들어 내기도 한다. 조직도 다양한 유형의 예측이나 전망을 토대로 개인보다는 엄격하게 미래계획을 세운다. 주변의 상황이나 조건이 안정적인 동시에 주어진 시간의 틀이 짧은 경우에는 단순한 예측이 필요하기도 하고 그것이 강력한 효과를 발휘하기도 한다. 어떤 결정을 내리기 위해서는 위험성을 낮추고 확실성을 높여야 할 필요가 있다. 예측은 바로 위험성을 낮추고 확실성을 높여주는 역할을 한다.

실현될 가능성이 있는 모든 미래의 모습들을 다 탐색할 수는 없다. 미래와 관련된 복잡성을 다룰 수 있을 만한 수준까지 낮춰야 한다. 바로 이 지점에서 시나리오 작성이 시작된다. 잘 그려진 몇 개의 시나리오들을 통해 불확실성의 규모와 양을 줄임으로써 현실화 가능성이 있는 소수의 변화방향들을 추려내야 한다. 예측은 보통 예상되는 수치로 표현되지만, 때때로 시나리오 형태로 표현되기도 한다. 시나리오 형태로 표현되는 예측은 앞으로 무슨 일이 닥칠 것인가, 무엇을 받아들이고 무엇에 대처해야 하는가에 관한 좀 더 생생한 묘사를 담게 된다. 비전도 마찬가지로 앞으로 도달하게 될 미래의 모습을 구체적으로 제시하는 형태를 취하는 경우가 많지만, 그 의미는 시나리오나 예측과 다르다. 비전은 그것을 실현하기 위해 노력할 가치가 있는 미래의 모습이다.

(2) 시나리오 작성방법

시나리오를 만들어 가는 방법은 어떠한 것들이 있고 또 어떠한 과정을 거쳐야 할까? 가장 먼저 시나리오의 구조화가 필요하다. 시나리오의 구조화란 새로운 시나리오를 만들기 위해서 자료를 수집하고 이를 분류하고, 추세와 기본적인 인과적 구조를 탐색함으로써 여기에 구조를 부여하고 이 과정을 통해 얻은 통찰력을 반영시킬 수 있는 제한된 수의 시나리오를 만드는 것을 말한다.

시나리오의 작성방법으로는 크게 귀납적 방법과 연역적 방법으로 나누어 볼 수 있는데, 귀납적 방법이란 얻을 수 있는 자료에 대해 차근차근 접근해 시나리오 구조가 스스로 나타나게 하는 것이다. 전체적인 틀은 주어지지 않으며 이야기 줄거리는 자료를 차근차근 획득하는 과정에서 만들어진다. 연역적인 방법은 처음 시작할 때 전체적인 틀을 추론하고 그 틀에 맞추어 자료들을 수집하고 이야기를 전개해 가는 것이다. 이 두 방법의 차이점은 이야기를 만들어 나가는 과정에서 틀이 나타나느냐(연역적) 아니면 첫 단계의 자료로부터 틀을 유추해 내느냐(귀납적) 하는 것이다.

[그림 9-1]은 연역적 방법에 의한 시나리오 작성의 예이다.[13] 이 표에서 보면 불확실성이 두 개 있고 이들이 서로 독립해 있는 경우라면 불확실성이 나타나는 방식

그림 9-1 불확실성이 2개인 경우 시나리오는 4개

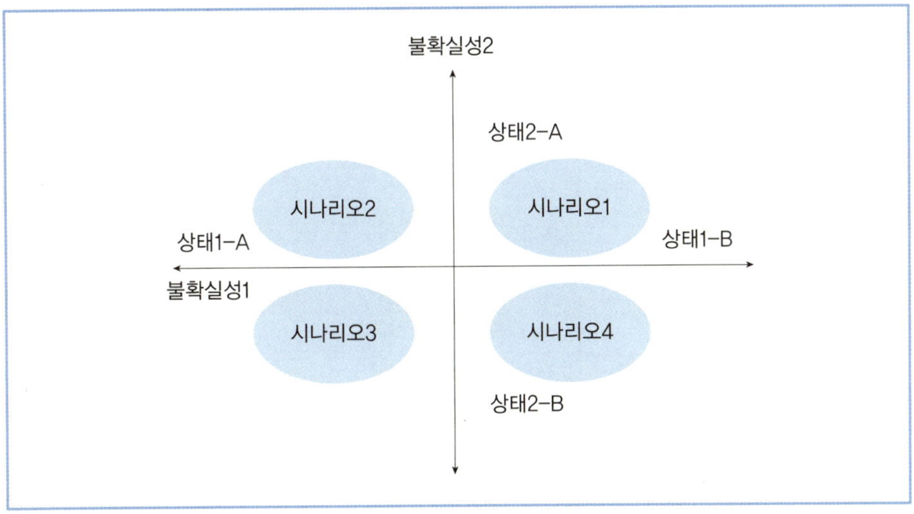

출처: 니시무라 미치나리, 이호석 역, 시나리오 로드맵으로 미래를 설계한다, pp. 152~157.

에 의해 2 * 2로 4개의 시나리오가 만들어 질 수 있다. 4가지로 구성된 틀에 입각해 시나리오를 만들어 본다. 불확실성에 주목해서 불확실성이 나타내는 방식별로 다른 시나리오 패턴을 이해하고 정말로 일어날 것 같은지에 대한 여부를 인과관계를 고려하면서 스토리 형식으로 만들어 본다.

(3) 실제 시나리오 작성의 예(세계경제 패권의 시나리오)

[그림 9-2]는 2009년 이후 세계경제 변화에 대해 매일경제신문이 신년 특집으로 제시한 시나리오의 틀이다. 이 틀은 세계 금융시스템의 변화와 중국 경제의 변화에 따라 4개의 시나리오를 제시한다. 그 구체적 내용에 대해 살펴본다.[14)]

2차 세계대전 이후 처음으로 미국, 일본, 유럽연합(EU)이 일제히 마이너스 성장을 할 것으로 예고되고, 중앙은행들은 전례 없는 '제로(0) 금리' 공조에 매달리고 있다. 각국 정부는 막대한 돈을 쏟아 부으며 제각기 내수 살리기에 전력을 기울이고 있다. 2009년 이후 글로벌 경제패권 시나리오를 네 가지로 구성해 보면 다음과 같다.

① 미국이 주춤하는 가운데 중국이 약진하는 '다극화(Multi Polar)'

그림 9-2 2009~2013 글로벌 경제패권 변화 시나리오

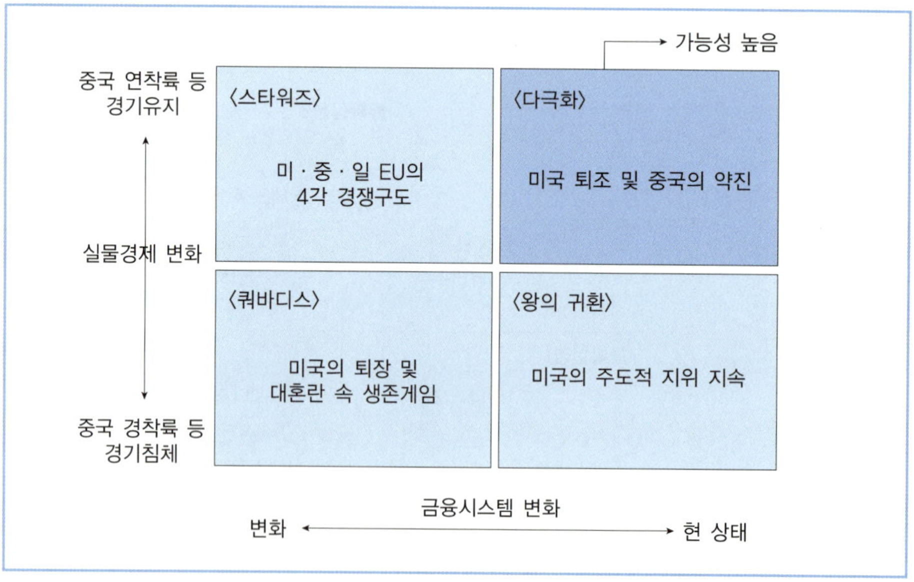

출처: 매일경제신문, 2009. 1. 1.

② 미 · 중 · 일 · EU의 4각 경쟁구도인 ‘스타워즈(Star Wars)’

③ 미국의 지위가 유지되는 ‘왕의 귀환(Return of the King)’

④ 미국 퇴조 속에서 생존경쟁이 벌어지는 ‘쿼바디스(Quo Vadis)’

세계경제가 단기적으로 ‘쿼바디스’ 상태를 거치겠지만 중장기적으로는 ‘중국의 약진’ 으로 요약되는 다극화 시나리오가 될 가능성이 높다. 중국은 미국의 위안화 절상 압력에도 불구하고 독자적으로 수출 진흥책을 추진하는 것이 가능하며, 수년간 지속된 재정흑자를 내수경기 진작에 투입할 수도 있다. 미국의 적극적인 경기부양 노력과 함께 중국 경제의 연착륙 등으로 글로벌 실물부문이 서서히 안정을 되찾을 것이며, 달러 중심의 금융체계도 상당기간 유지될 것이다.

이 같은 경제 질서 재편이 한국에는 어떤 영향을 미칠 것인가. 가장 가능성이 높은 다극화 시나리오를 적용해 보면 일부 보호무역주의 압력에도 불구하고 전 세계적인 공감대에 의해 자유무역체제가 유지되고, 글로벌 시장이 극단적인 소비침체를 피하게 된다면 한국으로서는 큰 고비를 넘길 것이다. 그런데 가능성이 다음으로 높은 시나리오는 미 · 중 · 일 · EU가 글로벌 시장을 놓고 각축하는 ‘스타워즈’ 시나리오다. 하지만 스타워즈 시나리오가 현실화되더라도 거대 소비시장 등장 및 시장 확대에 따른 기회 확대, 자유무역체제 유지에 따른 수출 활성화로 인해 한국의 이익은 그대로 유지될 것으로 기대해 볼 수 있다. 그러나 금융시스템이 크게 변화하고 중국경제가 경착륙하는 대혼란의 위기상황에 대해서는 대응 시나리오의 작성을 통해 면밀한 검토와 대비가 필요하다.

표 9-1 시나리오별 상황

〈스타워즈〉	- 달러 금융시스템 붕괴로 기축통화 다원화 - 미국 소비시장 · 자본수지규모 일부 축소	가능성 높음
〈다극화〉	- 미국 · 중국의 금융 · 실물 분야 양분 - 미국 · 중국의 자본흐름 불균형 점진적 완화	
〈쿼바디스〉	- 글로벌 소비시장의 급격한 위축, 유동성 악화 - 달러화 · 자본수지 기반의 미국 경제 추락	
〈왕의 귀환〉	- 글로벌 경제침체로 도전세력 부재 - 미국의 자본수지 · 자국산업 보호 및 중국의 저성장	

출처 : 매일경제신문, 2009. 1. 1.

03

상시 위기상황에서의 전략적 선택

3.1 위기(危機)란 무엇인가?

위기란 위험(Risk)과 기회(Opportunity)를 의미한다.

시장평균보다 최소 10배 이상의 성과를 낸 회사(10배 성과그룹)와 동종업계의 유사한 시장 환경에서 활동했던 비교대상 기업들을 비교한 짐 콜린스(Jim Collins)의 연구를 살펴보면, 10배 성과그룹 기업의 리더들은 뛰어난 비전가나 모험가가 아니었다고 한다.[15] 다른 기업보다 더 운이 좋았던 것이 아니며, 오히려 어려운 상황 속에서도 좋은 성과를 냈다. 즉, 운의 유무가 중요한 것이 아니라 그 운을 통해서 어떤 성과를 얻느냐가 중요한 것이다. 위기를 위험이자 기회로서 이용했다고 할 수 있다. 지금의 시대는 상시 위기의 시대라 할 수 있다. 따라서, 어떻게 위기를 잘 이용하느냐에 따라 기업의 성패가 결정된다.

▶▶ 상시(常時) 위기의 시대

2008년에 터진 글로벌 금융위기에 이어 곧바로 유럽에서 재정위기가 들불처럼 번졌고, 급기야 재정위기의 진원지인 그리스가 결국 국가부도의 위기에 몰렸다. 그 사이 세계경제는 경기가 살아날 만하면 새로운 악재가 불거졌고, 침체의 골은 깊어만 갔다. 경제의 대외의존도가 높은 한국은 밖에서 수시로 터지는 위기에 속수무책으로 휘둘렸고, 그때마다 위기의 불길이 국내로 옮겨 붙지 못하도록 막는 데 급급했다.

이제 경제위기는 어쩌다 터지는 돌발변수가 아니다. 2008년 미국 발 글로벌 금융

위기는 1997년 아시아 외환위기 이후 11년 만에 불거졌으나 그에 뒤이은 유럽 발 재정위기는 불과 2년을 채 넘기지 못하고 터졌다. 위기의 발생 주기가 짧아진 것은 물론 이젠 위기 상태가 장기화하는 양상이다. 유럽의 재정위기는 깔끔하게 해소되질 못하고 오늘날 그리스의 부도 위기까지 지지부진한 모습으로 세계경제를 짓눌러 왔다. 그리스가 국가부도를 내든 안 내든 유럽의 재정위기는 당분간 계속될 전망이다. 그리스 다음으로 포르투갈과 스페인, 이탈리아가 다음번 위기의 주인공으로 줄줄이 대기 중이기 때문이다. 이쯤 되면 위기는 더 이상 위기가 아니다. 이제 위기는 세계경제를 구성하는 상수로 간주하는 편이 오히려 속이 편할 판이다. 상시(常時) 위기의 시대인 셈이다.

출처: 김종수, 중앙일보 「세상읽기」, 2012. 5. 23.

3.2 위기관리 전략

미래의 불확실성과 혼란 속에서 어떤 회사는 번창하고 어떤 회사는 실패하는가? 기업들은 통제 불가능한 예측할 수 없는 운의 바다에서 헤엄을 치고 살고 있다고 할 수 있다. 그들은 가진 운을 최대한 활용하여 생존하고 목표달성을 해야 한다. 성공한 기업이나 실패한 기업 모두 동일하게 좋은 운과 나쁜 운이 주어지기 마련이다. 이때 좋은 운을 잘 이용하여, 사업을 번성하게 하고 나쁜 운에는 대처를 잘 하여 순조롭게 넘기는 기업이 성공을 거둔다. 반면에 좋은 운이 주어졌을 때 그 운을 잘 활용하지 못하고, 나쁜 운을 잘 극복하지 못한 기업은 실패를 거두게 된다. 짐 콜린스의 연구를 살펴보면 예측불가능한 상시위기 상황에 대해 다음과 같은 전략을 제시하고 있다

(1) 일정한 전진의 규칙

10배 성과그룹의 기업들은 일정한 목표를 세우고 일관된 실천을 수행하는 경향이 있다고 한다. 즉, 주변 환경에 관계없이 매일매일 정해진 목표를 향해서 전진하는 것을 의미한다. 남극점 탐험에 대한 사례를 살펴보면, 아문센 탐험대의 경우 변화무쌍한 남극의 기후조건에서도 평균 15.5마일을 꾸준하게 전진하였다. 반면, 스

콧 탐험대의 경우 날씨가 좋을 때는 많이 가고 날씨가 변덕스러우면 기다리며 일관성 없는 탐험을 하였다. 그 결과 아문센 탐험대는 성공을 거두었으나, 스콧 탐험대는 실패하였다.

(2) 효과 검증 후 집중투자

10배 성과그룹의 기업들은 대포를 쏘기 전 소총을 쏘아보는 것과 같이 저비용, 저위험의 실험을 통하여 많은 기회를 탐색 후 어떤 것이 효과가 있는지 검증한 다음, 실증적 타당성 하에서 투자를 집중한다. 일단 효과가 검증되었다고 판단되면 대포를 발사하기 위해 그들의 역량을 집중한다. 즉, 10배 성과그룹의 기업들은 미래를 더 잘 예상하거나 선견지명이 있는 게 아니라 실증적 창의성과 규칙준수를 통해 일관성 있게 혁신을 이루어간다. 애플의 사례를 살펴보면, 애플 스토어를 열기 전, 회사에 견본모형을 구축하여 끊임없이 개선했다. 또한, 스티븐 잡스의 복귀 후 회사에 광신적인 규율을 재구축한 후 iPod, iTunes 등 실증적 창의성을 바탕으로 놀라운 실적을 거두었다.

(3) 생존권 우선 확보

어떤 기업에게나 위험은 존재하지만, 그에 대한 대처에 따라 성공한 기업과 실패한 기업으로 나뉘어지게 된다. 기업에게는 세 가지 위험이 존재한다. 첫째, 기업을 망하게 하거나 심각한 타격을 주는 치명적 위험(Death Line Risk), 둘째, 불리한 상황이 유리한 상황보다 큰 비대칭 위험(Asymmetric Risk), 셋째, 통제 및 관리 불가능한 위험인 통제불가능 위험(Uncontrollable Risk)이다. 기업들은 이러한 위험들을 회피하면서 생존권을 지켜나가야 한다. 특히 모든 기업 활동들이 치명적 위험에서 벗어난 상태에서 이루어지도록 평소에 관리해야 한다.

10배 성과그룹의 기업들은 평소 목표달성을 위해 철저하게 집중(Zoom in)한다. 하지만 환경에 위험이 지각될 때, 그 위험이 얼마나 빨리 다가오는지, 목표를 변경할 필요가 있는지에 대해 재빨리 초점을 확대(Zoom out)한다. 즉, 생존권의 우선적 확보를 위해 성급한 결정을 하기보다는 사안의 긴급성에 따라 신중하고 숙고된 결정을 한다.

(4) 확고한 경영원칙

10배 성과그룹의 기업들은 일관적인 성공방식을 만들어내는 일련의 확고부동한 경영원칙을 마련하고 이를 고수하는 경향이 있다고 한다.

이 기업들은 구체적(Specific)이고, 체계적(Methodical)이고, 일관성(Consistent) 있는 행동 규칙을 가지고 있다. 예를 들어, SouthWest Airlines의 경영원칙은 이러한 행동규칙을 잘 표현하고 있다.

- 단거리, 2시간 이내에서 운항하는 항공 기업으로 남는다.
- 보잉 737기종을 주 비행기로 삼아 10~12년 동안 운영한다.
- 싼 운임과 높은 서비스를 제공한다.

사례 극한 위기상황에서의 전략

▶ 남극점 탐험 - 펠컨 스콧(1868-1912)과 로얄 아문센(1872-1928)

1911년 영국과 노르웨이는 국가적 자존심을 걸고 인류 최초의 남극점 탐험의 경쟁을 벌였다.

영국에서는 군인인 스콧이 탐험대장으로 선정되어 국가적 지지를 받으며 남극점 탐험에 나서게 되고, 노르웨이에서는 아문센이 개인적인 야망을 불태우며 남극을 향하여 나아가게 된다.

▲ 남극 탐험에 도전한 스콧(좌)과 아문센(우)

결과적으로, 아문센은 1911년 12월 15일 인류역사상 최초로 남극점에 도착하여 깃발을 꽂게 된다. 스콧이 남극점에 도달했을 때는 이미, 아문센이 한 달 전에 남극점에 도달한 후였다. 아문센은 정해진 지점에 식량을 저장해두고 기후 파악을 철저히 했기 때문에 살아서 돌아올 수 있었다. 하지만, 스콧의 탐험대는 남극점에서 돌아오는 길에 폭풍으로 인해 더 나아가지 못하고 식량을 묻어둔 곳에 도달하지 못한 채 목숨을 잃게 된다. 남극점을 향해 출발할 때 아문센이 철저하게 계획적으로 정해진 지점에 식량을 저장하며 나아가지만, 스콧은 계획된 지점에 도착하지 못하고 식량 저장이나 기후 파악에서도 미숙했다는 평가를 받았다.

아문센이 한 달이나 먼저 남극점에 도달하고 무사히 살아서 돌아올 수 있었던 것은 스콧보다 운이 좋아서도, 리더십이 뛰어나서도 아니었다. **철저한 사전 준비와 치밀한**

▲ 아문센의 남극탐험대

▲ 스콧의 남극탐험대

계획, 그것이 아문센이 남극점에 발을 디딘 최초의 인간이 될 수 있었던 이유였다. 스콧의 도전정신과 인간적인 리더십은 굉장히 높게 평가되고 있지만, 결국 영광은 살아남은 아문센의 것이었다.

"승리는 모든 것을 갖춘 자를 기다린다. 우리는 그걸 성공이라고 부른다. 필요한 절차를 등한시 한 자에게 시간이 지난 후에 반드시 실패가 찾아온다. 그리고 우리는 이것을 불행이라 부른다."

– 아문센 –

10장 기업의 성장전략

1. 수직적 통합과 다각화
2. 네트워크 전략

[사례] 삼성전자의 수직적 통합

학습내용

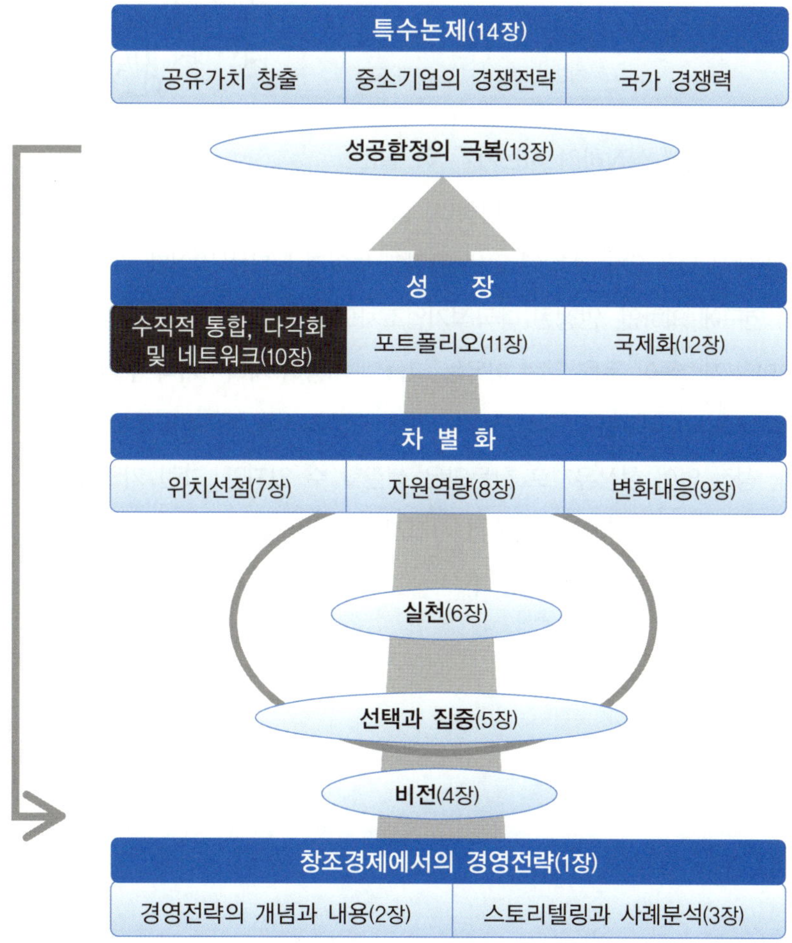

“만약 기업들에게 원초적인 충동이 있다면, 그것은 바로 수익성 있는 성장을 위한 욕구일 것이다. 성장에 실패하고도 계속 우수한 기업으로 남은 사례는 없다. 이것은 항상 진실이었고 아마 앞으로도 항상 그럴 것이다.”

출처 : 크리스 주크, 핵심을 확장하라 -머리말 중에서- 청림출판

“기업이 왜 성장하려 하는가?” 이 질문에 대한 대답은 생각보다 간단하다. 성장을 하지 못하면 망하기 때문이다. 즉, 시장에서 퇴출 당할 수밖에 없는 환경에 놓이게 된다는 말이다. 〈이코노미스트〉의 연구에 의하면, 안정된 다국적기업조차도 40년 정도면 그 수명이 다한다고 한다.[1] 기업들이 문을 닫는 이유는 그들의 시장이 사라지거나 수익성이 없어져서가 아니라 대부분이 경쟁자들에 의해 시장에서의 경쟁력을 상실하기 때문이다. 성장 없이 현상유지로 한동안은 생존할 수 있지만, 그런 기업들은 결국에는 경쟁기업들에 의해 시장에서 사라지기 쉽다. 그렇기 때문에 성장이란 기업들에게는 생존의 의미를 갖는다.

▶▶ 모토로라 사례(무성장병에 걸린 기업)

모토로라에서 캘빈 가는 3세대, 약 75년 동안 회사를 경영하면서 소규모 전자회사에서 수십 억 달러를 벌어들이는 기업으로 변신시켰다. 그러나 1997년 모토로라 창업주의 손자인 크리스 캘빈이 경영을 맡았을 때 주가는 85%나 급락했고 매출은 연평균 2.5% 줄어 대규모 손실을 입었다. 무선통신 분야에서 혁신을 이루었던 이 회사가 어떻게 그처럼 처참한 지경에 이르게 된 것일까? 모토로라가 어려워진 원인을 해당 산업의 쇠퇴로만 돌려서는 안 된다. 모토로라가 1997~2002년 누적손실을 겪고 있을 때 이 회사의 가장 가까운 경쟁사인 노키아는 같은 기간 동안 140억 달러의 순익을 올리면서 연평균 17%씩 성장했다. 역시 같은 기간에 모토로라의 매출은 하향세를 걷고 있었지만 노키아는 연평균 27%의 매출신장률을 기록했다. 무선통신 분야는 여전히 괜찮은 시장이었다. 핸드폰이 아날로그에서 디지털 기술로 전환했을 때 모토로라는 이에 늦장 대응하면서 노키아와 에릭슨에 시장 주도권을 내주었다. 1998년 디지털 핸드폰 판매가 아날로그 핸드폰 판매를 앞질렀으며, 핸드폰 시장에서 모토로라의 시장점유율은 11.5%에 불과했다. 한편, 노키아의 시장점유율은 40%, 에릭슨의 시장점유율은 20%였다. 현재 모토로라는 아직도 시장점유율을 회복하지 못하고 있다.

출처: 마이클 트레이시, 고성장 엔진을 가동하라, 한스미디어 2005, pp. 25~28.

01 수직적 통합과 다각화

기업은 어떤 과정을 거쳐 규모를 키우고 성장하는가? 특이한 성장유형을 보이는 기업들도 있겠지만, 일반적으로 기업은 한 가지는 잘 할 수 있다는 자신감에서 '한 가지 제품 혹은 한 가지 사업만을 운영하는 단일사업' 으로 시작한다. 하지만, 기업이 시작부터 모든 것을 갖춘 경우는 매우 드물다. 사업초기에는 생산 라인, 자본 기반 등 제반 여건을 갖추고 있다고 하더라도 시장에서의 경쟁적 위치는 상대적으로 취약한 경우가 대부분이다.

그래서 신생기업들의 우선적인 전략적인 목표는 매출과 시장점유율의 증대 그리고 충성도 높은 고객의 확보에 있다. 그 다음 단계로는 공급선 또는 유통으로 영역을 확대해 나가는, 즉 수직적 계열화를 통해 기업을 성장시킨다. 하지만, 그럼에도 불구하고 기업은 또 다른 성장의 한계에 직면하게 되고 지속적으로 성장할 새로운 방법을 찾게 되는데 이 단계에서 다각화 전략을 통해 기업은 성장하고 발전하게 된다. 또한 기업의 다각화는 현재 사업의 핵심적인 역량을 확장하여 관련 사업부문으로 다각화하는 방법을 먼저 채택하고 이후 비(非)관련 사업부문으로 확대해 나가는 방법으로 기업규모를 키우고 성장한다.

기업은 성장전략에 의해 가치를 창출할 수 있고, 이를 통해 지속적인 성장을 한다. 하지만, 대부분의 기업은 가장 좋은 기회를 활용하는 것으로부터 성장전략을 추진하기 때문에 성장전략에 의한 기업의 가치창출은 초기에 비해 점차 감소하는 경향을 보인다. 또한 기업의 성장은 사업의 규모와 범위의 확대와 관리운영의 복잡

그림 10-1 기업성장의 단계

단계 1 : 단일국가 내에서 단일사업 부문에 집중

↓

단계 2 : 핵심사업 부문의 위치를 강화하기 위하여 수직적 통합과 해외확장 추진

↓

단계 3 : 초과자원을 새로운 사업분야에 투자하는 다각화 전략

출처: Hill and Jones, Strategic Management Theory, 2nd eds, Houghton Mifflin Co., 1992, p. 40.

성을 동반하게 된다. 그래서 어린아이가 성장통을 극복하며 잘 자라는 것과 같이 기업도 성장에 따른 상호협력과 통제 등의 어려움을 극복해야 하며, 경우에 따라서는 많은 비용을 치러야 할 때도 있다.

1.1 단일사업 집중

속담에 "한 우물만 파라"라는 의미는 수박 겉핥기 식으로 여러 가지를 하지 말고 한 가지에 집중하라는 뜻으로 풀이된다. 기업에도 이렇게 한 가지 사업에 집중하는 기업이 있는데 이를 단일사업 기업이라 부른다.

예를 들면 사업을 시작하는 벤처기업은 시장에서 경쟁우위를 가지기 위해 기술력에 많은 것을 집중하게 된다. 왜냐하면, 시장에서 경쟁우위를 차지할 만큼의 자원을 풍족하게 갖고 있지 않기 때문에 특정 부문에 모든 자원을 집중하려는 것이다. 국내시장을 기반으로 단일사업을 영위하는 기업은 이익을 극대화하기 위해 가격우위, 차별화 또는 집중 전략을 활용한다. 이 때에는 일반적으로 최고경영자가 사업에 대한 내용을 깊이 있고 광범위하게 잘 알고 있는 경우이다. 사업에 대해 최고경영자가 잘 알고 있다는 것은 빠른 의사결정을 필요로 하는 성장기 산업에서 큰 장점으로 작용될 수 있다. 단일사업 집중전략은 자원의 집중으로 시장경쟁에 필수적인 경쟁우위 창출이 가능하고 최고경영자가 사업내용을 잘 알 수 있는 이점이 있다는 것으로 요약할 수 있다. 대표적인 단일기업으로는 맥도날드, 도미노피자, 코카콜라, 월마

▶▶ 전통예산옹기 사례

황충길 전통예산옹기 대표는 지난 1998년 대한민국 도자기 공예부문에서 국내 최초, 국내 유일의 옹기명장이 되던 날 목놓아 울었다. 할아버지 밑에서 고생하며 평생을 옹기장이로 지낸 아버지가 생각났기 때문이다. 황 대표의 아버지는 1958년 재래식 가마에 불을 때다 심장마비로 돌아가셨다. 그때 황 대표는 아버지를 붙잡고 울면서 다시는 옹기를 만들지 않겠다고 결심했다. 지긋지긋한 가난, 하루도 편할 날 없는 팔과 다리, 그리고 주변의 천대가 싫었기 때문이다.

40년이 지난 지금 황 대표는 아직도 흙을 만지고 있고 막내 아들인 진영씨까지 4대째 가업을 잇고 있다. 전통예산옹기는 4대에 걸쳐 150년 동안 전통옹기를 만들어 온 장수기업이다. 1996년에는 냉장고용 김칫독 옹기를 만들어 국무총리상을 받기도 했으며 지금까지 전국 유명 백화점 등에서 큰 인기를 끌고 있다.

황 대표는 "젊을 때 워낙 고생을 많이 해 자식에게는 물려주고 싶지 않았는데 결국 막내아들이 뒤를 잇게 됐다."며 "아들 내외와 함께 옹기의 대중화와 더불어 도자기처럼 소장가치를 갖는 명품 옹기를 만들 계획"이라고 포부를 밝혔다. 중소기업청과 중소기업중앙회는 30일 대를 이은 한 우물 경영으로 금자탑을 이룬 18개 기업을 '아름다운 바통터치, 성공하는 장수기업'으로 선정 발표했다. 이번에 선보인 전통예산옹기는 1855년 설립된 후 3대째 가업이 승계됐으며 4대째 가업승계를 준비 중이다.

성공적인 가업승계를 통해 '100년 기업'을 넘나드는 장수기업에는 전통예산옹기를 비롯해 1) 고려기와(55년간 기와생산이라는 외길을 걷고 있으며 현재 시장의 40%를 점유하고 있는 명실공히 국내 1위 점토기와 생산업체) 2) 성남기업(나무로 만든 문, 창문, 창문틀 등 목재창호 제조의 외길을 73년째 걷고 있는 기업) 3) 말표산업(1967년 생산된 국내 최초 구두약인 말표구두약으로 유명한 기업) 4) 진미식품(1980년대까지 '진미'가 붙은 제품은 모두 시장점유율 1위를 기록할 정도로 유명한 장류제조기업) 등 모두 18개사가 선정됐다. 이들 장수기업은 창업 이후 온갖 난관을 극복하고 생존은 물론 사세 확장에 이르기까지 험난한 과정을 거쳐왔다. 황 대표는 그만의 생존전략에 대해 "나는 절대 친분이 있는 사람과는 거래를 안 해. 가격도 정당하게 매길 수 없고 수금도 힘들거든. 그리고 고정고객에 만족하지 않았어. 끊임없이 새로운 거래처를 발굴해야 나중에 안정적으로 매출을 이끌 수 있거든"이라며 마케팅 비결을 가르쳐 준다. 중기청 관계자는 "젊은 사람들에게 기업 경영의 도전정신을 일깨우기 위해 장수기업을 선정하게 됐다"며 "가업승계가 단순히 부의 대물림이 아니라 일자리 창출, 높은 경영성과 달성 등을 통해 국가 경제에 기여해야 한다"는 책임의 계승이라는 올바른 인식이 사회전반에 형성되기를 기대한다.

출처: 서울경제, 2008. 10. 31.

그림 10-2 외부환경에 따른 제품의 변화

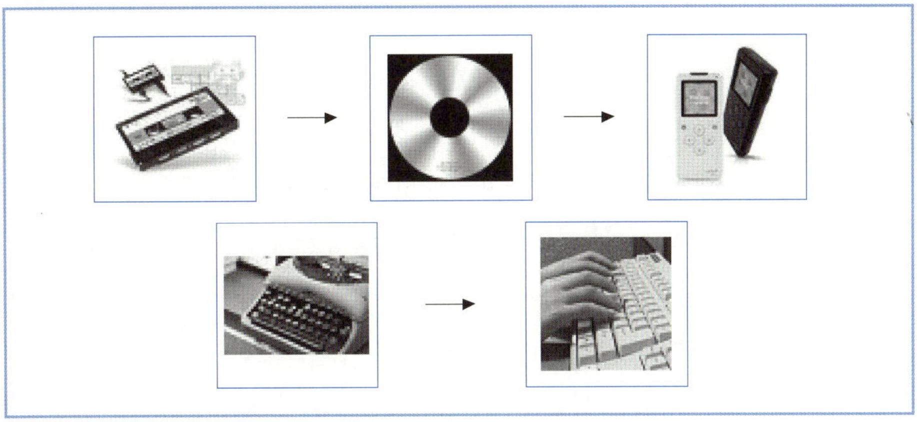

트 등이 있다.

그렇다면 장인정신을 가지고 한 가지 사업에만 몰두한다면 모두 다 성공할 수 있을까? 산업이 항상 성장기일 수는 없다. 단일사업만을 고집하다가는 산업이 성장기를 지나 성숙기로 접어들면 기존에 제공하던 제품은 시장에서 점차 외면당하고 새로운 것에 대한 요구가 증가하게 된다. 또한 산업환경이 빠른 속도로 변하는 상황 속에서 경쟁우위를 지속적으로 유지한다는 것은 상당히 어려울 뿐만 아니라 많은 비용을 필요로 한다. 단일사업을 추구하는 집중전략은 사업이 성장하는 과정에서는 보다 많은 이익을 실현하기 위한 투자 확대를 위해 매번 현금부족을 느끼게 되고 점차 사업이 성숙하게 되어 자금이 풍족해 지더라도 현재의 단일사업 내에서는 성장기와 같은 수익성 있는 투자기회를 확보하기가 어려운 경우가 많다.

이처럼 한 가지 사업에만 집중하는 단일사업 기업은 현재의 사업이 성장을 멈추거나 매력도가 떨어지면 수익을 얻기 힘들어지고 때로는 급변하는 외부환경 때문에 시장에서 퇴출당하기도 한다. 이에 관해 워드프로세서의 출현으로 시장에서 사라진 전동타자기의 사례나, 카세트테이프와 레코드판이 CD나 MP3로 대체된 사례를 들 수 있다. 또한 지금의 지식과 기술 등을 다른 영역에 적용할 수 있는 기회를 놓치기도 한다. 이런 단일사업 집중전략의 약점을 극복하기 위해서 기업은 수직적 통합이나 다각화를 시도하게 된다.

1.2 수직적 통합

"북치고 장구치고 혼자 다한다"라는 말처럼 제품의 생산 · 판매에서부터 애프터서비스까지 모든 과정을 직접 다하는 기업들을 종종 볼 수 있다. 이렇듯 수직적 통합이란 공급업자와 구매자들에 의해 수행되는 활동들을 직접 소유하기 위해 가치사슬을 확대하는 것을 말한다. 즉, 원료공급에서 판매유통까지의 전 과정을 통합하는 것을 말한다. 자동차를 조립 생산하는 회사가 직접 대리점을 열어 차를 판매한다면 수직적 통합에서 전방통합을 한다고 표현된다. 만약 부품공장을 만들어 직접 자동차 부품을 생산하고 공급한다면 이를 수직적 통합에서 후방통합이라 표현한다. 경우에 따라서는 전방통합과 후방통합을 같이 할 수도 있다. 이와 같은 예는 현대 · 기아자동차, GM대우자동차 등 자동차 산업에서 찾아볼 수 있다.

그렇다면 왜 많은 기업들이 수직적 통합을 할까? 기업이 수직적 통합을 하는 가장 큰 이유는 필요자원을 직접 소유함으로써 불확실성을 줄이고, 가치사슬 간 거래비용을 최소화함으로써 핵심사업의 경쟁적 지위를 강화할 수 있기 때문이다. 성공적인 수직적 통합을 이룬 도넛회사 크리스피 크림의 사례는 수직적 통합의 장점을 잘 대변해 주고 있다.

▶▶ 크리스피 크림 사례

우리나라에 처음 소개 되었을 때 최소 1시간은 기다려야 살 수 있었던 도넛가게 체인 크리스피 크림(Krispy Kreme)은 높은 수준의 수직 계열화를 이룬 대표적인 사례이다. 회사가 처음 시작하던 1937년 당시에는 개별 스토어에서 원재료부터 도넛을 각자 만드는 시스템이었다. 그러나 회사가 확장을 하면서 맛과 모양에서 프랜차이즈

마다의 일관성과 효율성에 문제가 발생했다. 크리스피 크림은 1948년 믹스 부서를 신설하고 모든 재료들을 미리 배합해 놓은 믹스를 생산하여 공급하기 시작했다. 각 스토어에서는 포장을 뜯고 몇 가지 재료들만 첨가하면 되도록 하면서 프랜차이즈 상점들은 로열티 지급 외에 본사에서 믹스도 구매해야 했다. 1949년에는 엔지니어들과 기계전문가를 고용하여 장비담당 부서를 신설하고 도넛 제조기계 개발, 튀김장비, 컨베이어 벨트 등을 포함한 장비담당 제조장비의 자동화가 시작되었다. 커피뿐 아니라 냅킨, 컵, 유니폼, 잼, 커피에 타 먹는 설탕이나 인공감미료, 주스, 간판, 진열장 등까지도 본사에서 미국 내 3군데에 퍼져있는 유통센터를 통해 공급한다. 이런 수직 계열화를 통해 크리스피 크림이 거둔 효과는 다음과 같다.

1. 원재료와 장비까지도 직접 만들어 공급함으로써 제품의 질을 꼼꼼하게 통제하고 고객들이 원하는 높은 기준에 부합할 수 있게 되었다.
2. 대량구매의 구매력을 이용, 전체 물품구매 비용을 절감할 수 있었다.
3. 믹스와 장비담당 부서의 매출 자체가 2003년 당시 회사 전체 매출의 31%에 달함으로써 회사 전체의 수익창출에도 기여하였다.
4. 도넛 제작기계를 자체 제작하여 공급함으로써 장비혁신 및 원가절감을 하였다.
5. 새로운 스토어를 개점할 때에 맞추어 기계를 제작 공급함으로써 매장 오픈 시 모든 준비를 효율적으로 하였다.

출처: 김언수, top을 위한 전략경영, 박영사.

수직적 통합은 생산원가 절감, 시장비용 감소, 품질의 향상 그리고 특허기술의 보호 등과 같은 이점이 있다. 하지만, 수직적 통합 중 후방 통합된 부품이나 원료 제조사업이 다른 경쟁사에 비해 비효율적이라면 생산비용이 오히려 상승하는 부작용을 초래할 수 있고, 기술이 빠른 속도로 변화할 때 수직적 통합으로 인해 원료에서 중간 생산업자와 조립생산 및 유통에 이르기까지 결속된 기존 질서로 인해 기술

그림 10-3 가치사슬 상의 원료에서 소비까지의 단계

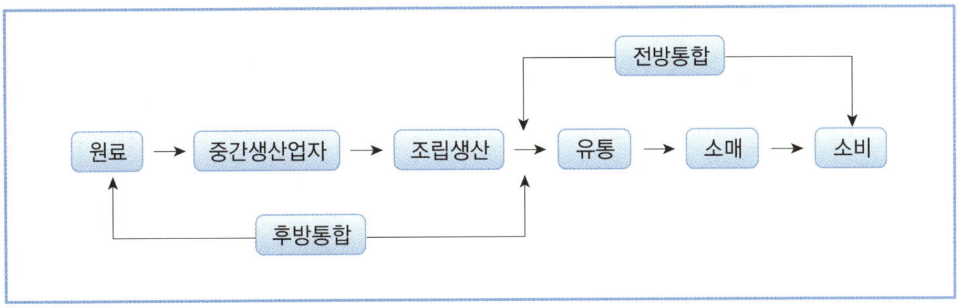

변화 대응이 늦어져 위험에 직면하거나 기술개발 속도에 신속하게 대응하지 못하는 경우가 발생할 수 있다. 또한 수요가 불안정하거나 예측이 불가능한 경우에는 관료적 비용과 투자위험을 증가시킬 수 있다. 그렇기 때문에 일반적으로 수직적 통합은 비교적 안정되고 예측이 가능한 환경일 때 효과를 발휘한다.

기업은 어느 정도 수직적 통합을 해야 할까? 그것은 수직적 통합이 장기적인 전략과 목표에 얼마나 적합한지, 산업 내에서 기업의 입지를 강화해 줄 수 있는지를 고려해야 할 것이다. 기업이 수직적 통합을 하기 위해서는 통합의 대상과 강도를 고려해야 한다. 어떤 부문을 누구와 어떻게 통합할 것인가를 선택하는 것은 기업이 수직적 통합을 통해 지속적인 성장을 하기 위한 장기적인 전략 아래에서 판단하는 것이다. 최근의 대 · 중소기업 상생전략에 대한 연구보고에 의하면 100%의 수직적 통합보다는 상호협조적인 장기계약 관계를 유지하는 보완적 수직적 통합이 더 효율적이라고 한다.[2)]

결과적으로 수직적 통합은 기업이 갖고 있는 경쟁우위에 중요한 영향을 끼치는 자원을 직접 소유하고 강화하기 위해 전 · 후방을 통합하는 것이다. 특히 시장환경이 급변하는 상황에서는 거래비용(transaction cost)을 최소화하기 위해서도 수직적 통합이 필요하다. 따라서 거래비용이 수직적 통합에 의한 관리비용보다 클 것으로 예상되거나 원재료의 안정적인 공급원을 확보하는 것이 어려울 경우는 완전한 후방

▶▶ 자동차 회사 사례

TOYOTA와 같은 일본의 자동차회사는 부품공급업자들과의 협조적인 장기계약 관계를 유지했다. 즉, 부품의 20%는 자기가 생산하는 후방통합을 실시하였고 나머지 80%는 협력기업과 장기계약 관계를 유지하였다. 반면, 미국의 자동차회사는 30%~70%의 후방통합(GM 70%, 포드 50%, 크라이슬러 30%)으로 인해 수직적 통합의 효익보다는 막대한 관료적 비용을 초래하게 되어 원가상의 불이익을 경험하였다. 또한 장기계약의 체결도 협조적인 관계 형성보다는 갑과 을의 관계로 계약보다 낮은 가격을 요구하는 경우가 많이 발생하여 계약자간 적의와 불신이 팽배했다.

출처 : 이장우, 전략경영, 2008, 법문사, p. 377.

통합을 해야 할 것이다. 그러나 장기적으로 관리비용이 커지거나 다양한 원재료의 공급원이 발현할 가능성이 있을 경우에는 일본 자동차회사의 예와 같이 협력관계를 위한 장기적인 계약을 맺는 부분적 통합(partial integration)이 바람직할 것이다. 전방 통합에서도 안정적인 고객확보와 판매가 가능하거나 거래비용의 최소화를 통해 가치창출이 극대화될 수 있다면 완전한 수직적 통합(full integration)을 하는 것이 바람직하나 그렇지 않을 경우에는 역시 부분적 통합을 고려하는 것이 바람직하다.

1.3 다각화

다각화란 제품을 생산하거나 서비스 활동을 영위하던 기존의 산업에서 새로운 산업이나 시장으로 진출하는 것을 말한다. 더 간단히 말하면 복수의 사업 영역에서 여러 사업들을 운영하는 것이다. 그렇다면 기업들이 다각화를 하는 이유는 무엇일까? 다음의 삼성 사례를 살펴보자.

▶▶ 삼성 사례

10년 뒤에는 뭘 해 먹고 살 수 있을지 항상 걱정하던 이병철은 다각화를 통한 미래 수익창출에 눈을 돌리게 된다. 1970년대 오일쇼크 후, 이병철은 자원이 부족한 나라가 살 길은 무역밖에 없고, 선진국의 보호무역으로 저가상품은 경쟁력에 한계가 있기 때문에 고부가가치형 하이테크 산업으로 변화를 모색하는 것이 살 길이라 생각했다. "철강 1톤 생산하면 그 부가가치는 20만원이지만 반도체 1톤을 생산하면 무려 13억의 부가가치가 생긴다" 라는 말로 다각화에 대한 자신의 의지를 나타냈다.

반도체 중 메모리 분야가 진출하기 용이하다고 판단한 이병철은 이 제품의 미래가치를 조사하게 한다. 조사결과 1982년 세계시장 규모가 30억 달러로 반도체 총 규모의 20%를 상회하고 향후 88년까지 연평균 28% 성장할 것이며 첨단 반도체 제품 중 유일하게 일본이 미국을 능가하고 있으며 회로설계 등 원천 기술 못지않게 생산기술이 큰 비중을 차지해 우리나라 같은 후발 반도체 산업국도 공정기술만 어느 정도 확보하면 충분히 경쟁력이 있다고 판단했다. 그래서 외국 기업들의 비웃음과 막대한 투자비용에도 과감히 반도체 시장에 뛰어들게 된다. 이렇게 시작한 삼성의 반도체 사업은 92년 메모리 분야에서 1위에 오른 뒤 현재까지 세계 1위를 고수하며 삼성이 세계적인 그룹으로 성장하는 견인차 역할을 하였다.

출처: 이상원, 이병철 3만원으로 삼성을 시작하다, 거송미디어, 2004.

삼성의 스토리처럼 기업은 지속적 성장과 위험을 분산시킬 목적에서 다각화를 추진한다. 일반적으로 다각화는 기존의 산업에서 새로운 산업이나 시장으로 진출하는 것을 말한다고 볼 수 있는데, 이 때 다각화를 통해 범위의 경제(economies of scope)를 달성할 수 있는 조직역량을 갖춘 기업이 성공할 가능성이 높다고 할 수 있다. 범위의 경제란 기업이 생산하는 재화나 서비스를 다양화 시킬 때 생산비가 하락하는 현상을 말한다.

▶▶ 사업확대 매트릭스

제품과 시장 매트릭스로 사업확대 매트릭스(H. I. Ansoff)를 기업과 사업의 성장을 구분하여 볼 수 있다. 제품 · 시장 매트릭스는 두 가지 질문의 대답이 된다. "같은 제품을 다른 시장에서 팔 수 없을까?" 그리고 "같은 시장에서 다른 제품을 팔 수 없을까?" 현재의 제품을 다른 시장에 파는 것은 신규시장 개척의 시장개발로 성장을 실현하는 것이며 기존 시장에서 다른 제품을 파는 것은 신제품 개발로 사업의 성장을 이루는 전략으로 설명된다.

제품과 시장의 두 가지 측면에 비즈니스 시스템을 결합하여 사업확대 매트릭스를 세 축으로도 설명하고 있다. 새로운 조달방법과 생산시스템, 새로운 유통시스템과 기술과 마케팅 등 비즈니스 시스템이 결합된 사업확대 매트릭스이다. 에이커(Aaker)는 시장과 소비자를 통한 사업확대를 위해 "어떤 분야에서 경쟁할 것인가?" 에 대한 대답으로 설명하고 있으며 "무엇을 제공할 것인가?"를 하나의 축으로 제품을 통한 사업확대를 설명하고 있다. 특히 "어떻게 사업할 것인가?"라는 질문은 비즈니스 시스템을 고려한 수직적 통합 또는 비관련 다각화 등의 사업확대를 설명할 수 있다.

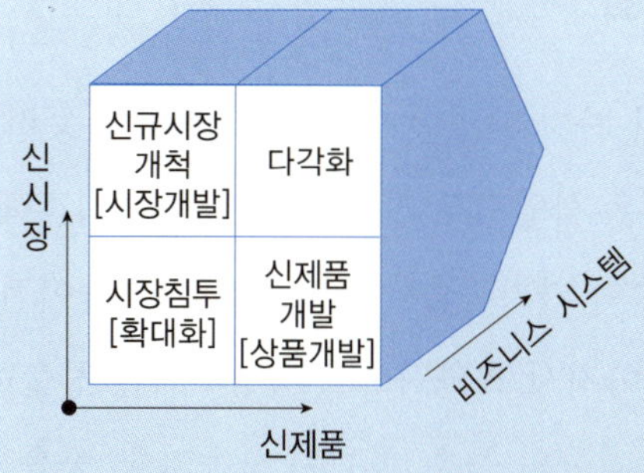

출처 : 그로비스 매니지먼트 인스티튜트, 전략기획, 북21, 2005, p. 111.

기업의 경쟁우위는 다각화를 통해 가치창출로 이어질 수 있다. 기업이 다각화를 꾀하는 첫 번째 이유는 기업이 가진 자원을 공유하고 이를 통해 가치를 창출하고자 하는 것에서 비롯된다. 기업의 자원을 서로 다른 부문에서 공유함으로써 원가가 감소되어 경쟁우위를 높일 수 있다. 이것을 '범위의 경제' 효과라고 할 수 있다.

범위의 경제성이 예측되는 경우에만 다각화를 추진하는 것인가? 그것은 아니다. 직접적인 자원의 공유가 아니라도 자원의 활용에 수반되는 비용 즉, 거래비용을 최소화하기 위해 다각화를 하는 경우도 있다. 기업 내에 내부 자본시장을 만들어 사업부문 간 자본이동을 통해 외부 금융시장에 대한 의존도를 낮추는 것이나 사업부문 간 인력교류를 통해 전문인력을 탄력적으로 공급할 수 있는 효과가 있을 수 있다. 기업이 갖고 있는 경영능력과 재무적 · 기술적 자원을 경영이 부실한 사업에 직간접적으로 투입하여 사업을 재구축함으로써 기업전체의 가치를 증대시키기 위해 다각화 전략을 사용할 수 있다. 두산중공업이 한국중공업을 인수하여 세계적인 공작기계회사인 두산인프라코어로 성장하고 이를 기반으로 조선산업에 기여한 사례가 여기에 해당한다.

대부분의 사업 다각화는 기업이 보유하고 있는 기술과 관련된 사업으로 다각화하는 경향이 많다. 기업이 개발한 기술을 이전하여 가치를 창출하는 방법으로 다각화하는 경우도 있지만, 타기업을 자본으로 합병하고 그 기업의 기술을 활용하여 원가절감과 차별화 등 기업의 경쟁우위 요소를 확보하는 목적으로 다각화하는 경우도 있다.

(1) 관련 다각화 vs 비관련 다각화

관련 다각화는 기존의 사업에서 가지고 있던 기술, 생산시설과 능력, 마케팅 노하우 등을 적용시킬 수 있는 새로운 사업으로 진출하는 것이다. 기존에 있던 사업과 신규 사업간의 관련성이 높을수록 가치사슬상의 비용절감, 기술이전, 지식의 공유 등을 통해 생기는 이익들이 많아져서 효과적으로 경쟁우위를 창출할 가능성이 높아진다. 이 때 사업 관련성이란 기술의 공유, 공통된 노동기술, 공통된 공급자와 원재료, 부품의 합동 생산, 유통망의 통합 등의 관련성을 의미한다.

이와 같은 성장 전략은 기업의 경쟁력은 높은 수준이지만 현재 사업의 매력도가 낮은 경우에 적합하다. 다양한 사업 속에서도 기업의 일체성을 유지할 수 있고 범위의 경제를 누릴 수 있는 장점이 있다. 우리나라 기업들 중 이런 관련 다각화의 대표적인 성공 사례로 CJ그룹으로 사명을 바꾼 제일제당그룹의 예를 들 수 있다.

▶▶ CJ그룹 사례

1953년 8월 제일제당공업주식회사를 설립하고 제당사업을 시작하였다. 이후 설탕수요가 감소되고 경쟁이 심화되자 제당업과 영업상 상호보완 관계를 갖는 제분업에 진출하게 되면서 제조간접비와 인건비 절감이 가능해져 원가경쟁에서 우위를 점할 수 있게 되었다. 또한 대부분의 설탕소비업체는 밀가루를 소비하고 있으므로 동일 유통경로를 사용할 수 있다는 장점도 가지고 있었다. 60년대 초 제당업이 부진하게 되자 1963년 조미료 산업에 진출하게 된다. 당시 제당부문에서 MSG생산기술의 핵심이라고 할 수 있는 발효, 정제 기술을 이미 축적하고 있었고, 조미료의 생산원료인 글루텐과 당밀의 일부를 자체 조달할 수 있는 이점을 지니고 있었다. 제일제당은 1970년 대두 가공산업에 진출한 후 1973년 11월에는 사료생산 사업에, 또 1979년에는 식용유 생산 사업에 각각 진출하게 된다. 이는 대두를 가공하고 남는 대두박에 제분, 제당과정에서 생산되는 부산물을 적절히 배합하면 영양을 고루 갖춘 사료의 생산이 가능하다는 장점을 이용한 결과였다. 즉 기존 사업과 대두가공 사업, 사료 사업, 식용유 사업 간의 상관관계를 잘 활용했다고 할 수 있다.

출처: 이장우, 전략경영, 법문사, 2008, pp. 386~7.

비관련 다각화는 기존에 종사하는 사업과 관련이 적거나 전혀 새로운 사업으로 진출하는 것을 말한다. 이런 비관련 다각화는 한 사업의 침체가 다른 사업부에 미치는 영향이 작기 때문에 재무적 위험을 분산할 수 있는 장점이 있다. 또한 성장 기회가 높은 곳으로 재무적 자원을 집중할 수가 있다. 즉, 수익 전망이 낮은 사업의 자금을 성장 가능성이 높은 사업에 투자할 수 있다.

하지만 비관련 다각화는 여러 개의 사업들을 동시에 효과적으로 관리하기 어렵다는 약점을 가지고 있다. 특히 사업의 종류가 다양할수록 각 사업부에 대한 통제가 힘들어지고 사업부 수준에서 만들어진 전략적 결정과 계획의 합리성을 최고경영자가 판단하기 어려워진다. 또한 사업부 간 연관성이 적기 때문에 관련 다각화처럼 비용절감, 지식과 기술의 공유 및 이전의 효과를 얻기가 어렵다. 그렇기 때문에 사업 간 시너지 효과보다는 기업의 전반적 수익성에 더 관심을 기울이는 복합기업의 형태를 가진다. 한국의 재벌 그룹들에게서 쉽게 볼 수 있는 형태이기도 하다.

▶▶ 필립 모리스 사례

필립 모리스(Philip Morris)사는 1960년대 중반 이래로 폭넓은 다각화를 시도했다. 1950년까지 담배회사 중 가장 작은 시장점유율을 갖고 있었다. 1930년대에 이 회사는 '베이직(Basic)' 이라는 저가 담배 브랜드를 처음 내놓았다. 또한 말보로(Marlboro)라는 브랜드로 여성을 겨냥한 필터 담배를 시장에 처음 내놓았다. 또한 메릿(Merit)이나 말보로라이트(Marlboro Light)란 브랜드로 저타르 담배를 시장에 처음 내놓기도 했다. 하지만 흡연과 폐암의 관련성이 처음 보고된 1950년에 담배 산업은 중요한 환경변화를 맞이하게 되었다. 필립 모리스는 이러한 위협에 대응해서 다각화를 선택했다. 1950년대에 이 회사는 종이, 면도기, 병원 소모품, 껌, 부동산 개발 등 관련성이 없는 사업들로 다양하고 조그마한 규모로 다각화하기 시작했다. 1969년에는 고급

맥주라는 틈새 시장에서 사업을 해오던 밀러사(Miller Brewing Companiy)를 인수해서 필립 모리스가 가지고 있던 마케팅과 유통기술을 활용하여 7년 뒤에는 초기 손실을 만회하고 밀러를 맥주 업계 2위의 위치에 올려 놓았다. 필립 모리스는 밀러에서 얻은 성공을 발판으로 1978년에 세븐업(7-up), 1985년에 제너럴푸드(General Food), 1988년에는 크라프트(Kraft)를 인수했다. 현재는 전기면도기 같은 전자제품까지 그 사업 영역을 넓혔다. 필립모리스의 주식은 이 기간 동안에 지속적으로 높은 가격을 유지함으로써, 30개의 세계적 제조회사들로 구성된 다우존스지수(Dow-Jones Index)에 포함되어 있다.

출처: D. Besanko, D. Dranove, M. Shanley, S. Schaefer, 전략경제학, 시그마프레스, 2005, p. 243.

하지만 실제적으로 기업이 다각화를 성공시키기는 쉬운 일이 아니다. 마이클 포터(Michael Porter)는 다각화 전략이 성공하려면 산업의 매력도 테스트(attractiveness test), 진입비용 테스트(cost of entry test), 개선도 테스트(better-off test)를 통과하여야 한다고 하였다.[3)]

다각화 성공을 위한 3가지 테스트(마이클 포터)

1. 산업의 매력도 테스트(attractiveness test)
   진입하기로 결정한 산업이 구조적으로 유리한 조건에 있으며 앞으로의 전망이 좋아야 한다.
2. 진입비용 테스트(cost of entry test)
   산업의 매력도 테스트를 통과하더라도 진입비용이 진입 후 얻을 수 있는 수익보다 높으면 신규사업 진출은 결국 손해를 보게 된다.
3. 개선도 테스트(better-off test)
   새로이 진입한 사업분야에서 그 기업의 다른 사업분야와의 범위의 경제성을 창출함으로써 경쟁기업에 비해 경쟁우위를 갖지 않으면 안 된다.

출처: 장세진, 글로벌 경쟁시대의 경영전략, 박영사, p. 412.

그렇다면 어떻게 다각화하는 것이 좋을까? 알프레드 챈들러(Alfred D. Chandler)는 미국의 듀폰(Du Pont), GM(General Motors), 시어스(Sears)와 같은 대기업들이 역사적으로 어떻게 다각화를 하여 왔는가를 경영사적인 입장에서 연구하였다. 그의 연구에 의하면 미국기업들은 다음과 같은 단계별 전략유형을 보였다고 한다. 첫 번째 단계는 한정된 시장에 전념하는 단일품목 생산기업에서 출발하였다. 두 번째 단계에서는 통신과 운송수단이 발전함에 따라서 기업들이 본래의 작은 지방시장에서부터 점차 전국적인 시장으로 자신의 판매망을 확대하여 나갔다. 세 번째 단계로서 기업들은 마케팅과 유통부문으로 수직적 통합을 하는 형태로 나타났다. 네 번째 단계로는 기업들이 마케팅과 유통부문의 자원을 활용하기 위하여 점차 다양한 제품으로 다각화를 시도하였다.[4)]

다각화에 성공한 대부분의 기업들은 핵심역량을 구축한 다음 단계적으로 사업을 다각화하는 형태를 보였다. 스탠퍼드 경영대학원 교수인 짐 콜린스는 단계적으로 다각화를 실행하는 기업들은 목표를 달성할 때까지 한 사업에 전력을 기울인 다음 다른 사업으로 옮겨 가기 때문에 성공할 확률이 높다고 말한다.[5)] [그림 10-4]를 보면 쉽게 이해할 수 있다.

조앤 패브릭스(Joanne Fabrics) 같은 회사는 실내 장식용 직물을 생산하면서 얻은 경쟁력을 바탕으로 자동차 실내 장식용 직물과 비행기 실내 장식용 직물로 사업을 단계적으로 다변화시켜 나갔다. 이와 같이 핵심사업에서 경쟁력을 갖춘 다음 성공적으로 다각화를 한 사례로 캐논(Canon)의 예를 들 수 있다. 캐논은 처음에 광학기술이란 핵심역량으로 신규사업 분야를 개척하여 나갔다. 그러나 광학기술을 활용하면서 카메라 사업으로 진출한 이후, 카메라 사업에서 확보한 정밀기기 제조기술을 활용할 수 있는 새로운 사업분야, 즉 복사기 사업분야로 진출하였다. 점차, 복사기 사업분야에서 얻은 전자기술을 발판으로, 레이저 프린터 그리고 반도체 제작기계를 만드는 사업까지 진출을 하였다. 이와 같은 캐논의 다각화 과정은 기존의 핵심역량을 활용하면서 동시에 새로운 핵심역량을 찾아서 근접 사업을 찾아나가는 것으로 설명할 수 있다.[6)]

그림 10-4 사업다각화의 단계

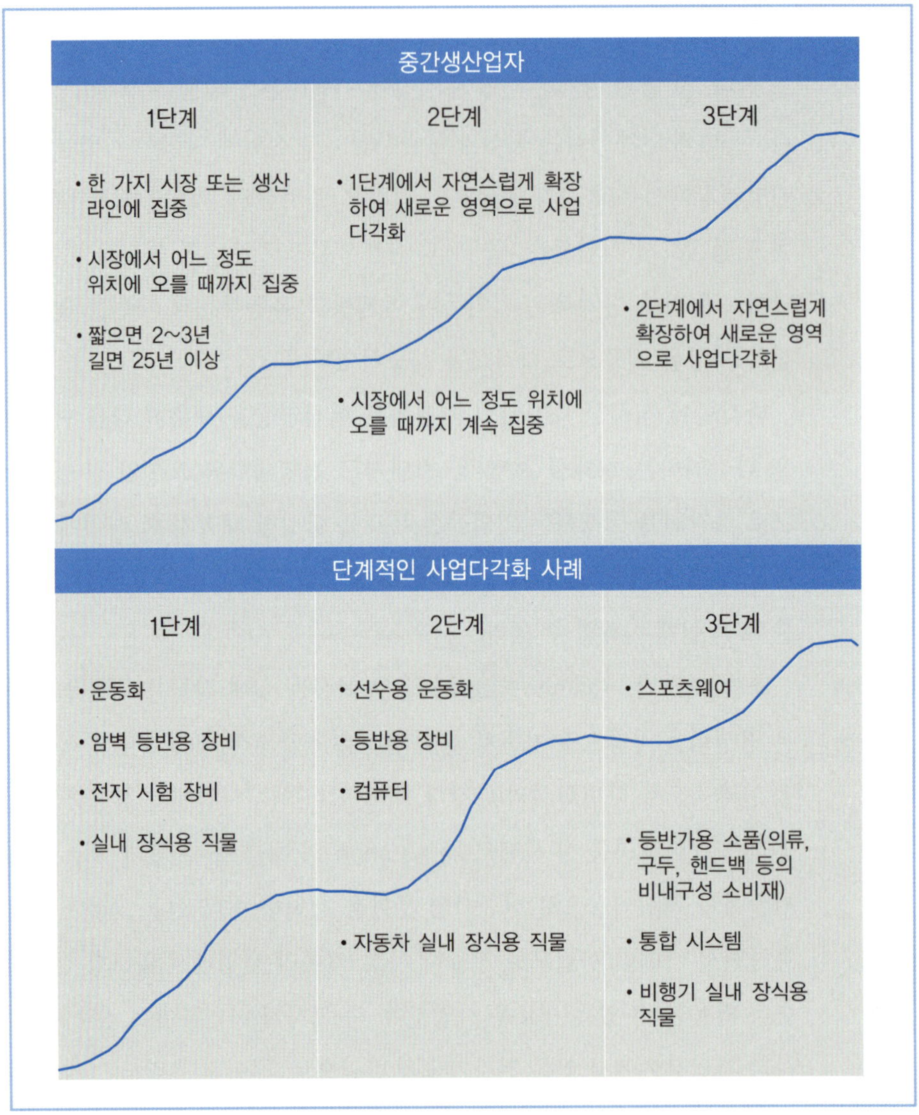

출처 : 짐 콜린스 · 윌리엄 레지어, 짐 콜린스의 경영전략, 위즈덤하우스, 2004, p. 183.

(2) 기업인수 및 합병, 합작투자, 사내창업

기업인수 및 합병은 다른 산업으로 다각화하는 가장 보편적인 방법이다. 무엇보다 초기의 진입장벽을 극복하고 목표시장으로 빠르게 진입할 수 있다. 즉, 기업이

다각화를 할 때 발생하는 기술, 공급자 확보, 브랜드 인지도, 기존 경쟁자 등과 같은 문제들을 인수 · 합병을 통해서 효과적으로 극복할 수 있다. 특히 목표시장에 빠르게 진출해야 할 필요성이 있을 때에는 기존에 있는 사업체를 인수하는 것이 진입시간을 줄이고 핵심역량을 단기간에 구축할 수 있는 좋은 방법이다. 그리고 인수 · 합병을 통해 규모의 경제와 범위의 경제를 실현할 수 있다. 업계 2~3위권의 회사들이 인수 · 합병을 통해 업계 1위로 대형화하는 것을 종종 볼 수 있다. 그 예로 얼마 전 E-마트에 대응하기 위해 홈에버를 인수한 홈플러스의 경우는 규모의 경제를 활용하려는 의도로 볼 수 있다.

하지만 인수 · 합병에는 두 가지 단점이 있다. 첫째, 기업인수에 따른 비용이다. 특히, 진출하고자 하는 산업이 매력적일수록 사업체 인수를 위해 더 많은 프리미엄을 지불해야 한다. 둘째, 기업인수 후의 이질적 조직의 통합문제이다. 특히 인수기업과 피인수 기업의 문화가 많이 다를 경우, 이를 극복하기 위해 추가적인 시간과 비용이 발생할 수 있다.

기업의 인수합병과 달리, 합작투자는(조인트 벤처라고도 함) 일반적으로 두 기업이 공동으로 새로운 회사를 만드는 것이다. 사업개발에 필요한 자본비용을 줄이고 위험을 분산할 수 있다. 그리고 각 회사의 단점을 보완하고 장점을 활용하는 것이 가능하다. 특히 외국기업과의 합작투자는 수입규제, 관세, 정치적 위험이나 문화적 갈등 등을 회피할 수 있어 적극적인 해외진출을 촉진할 수 있다. 하지만 업무 스타일이 다른 두 기업을 통제하기 어렵고 특히 기업이 가지고 있는 기술적 노하우의 유출 가능성 있다. 그렇기 때문에 합작투자는 서로의 전략적 약점을 보완하는 일시적인 방법으로 사용되는 경우가 많다.

한편 기업 내 자원능력이 높다면, 내부개발로도 불리는 사내창업도 다각화 전략의 한 방법이 된다. 사내창업은 기업이 스스로 사업부나 기업을 만드는 것을 말한다. 이런 내부개발 또는 사내창업은 새로운 산업이 가지고 있는 진입장벽을 극복해야 하고 새로운 생산설비 투자, 공급원 개발, 그 산업에 맞는 인력의 확보와 훈련, 유통망 구축, 고객기반 형성 등 모든 영역에 투자가 필요하다는 단점이 있다. 즉, 개발비용이 기업인수에 비해 높을 수 있다. 하지만 인수 · 합병 시 큰 문제가 되는 이질적 조직과의 통합 문제가 없다는 장점이 있다. 진출하려는 사업의 제품이나 서비스에 필요한 기술, 지식, 인력을 이미 가지고 있고 새로운 산업 진입시에 나타나는 문제들을 충분히 감당할 수 있을 때는 전체적인 비용이 기업인수에 비해 오히려 적게 드는 경우가 많다. 이럴 경우 기업은 인수 · 합병을 통하지 않고 사내창업을 하게 된다.

02 네트워크 전략

기업들은 지속적 성장을 위해 수직적 통합이나 다각화, 국제적 확장 등의 전략들을 통해 회사의 규모를 키운다. 하지만 이같은 성장전략들은 항상 성공하는 것이 아니며, 모든 기업들이 실행에 옮길 수 있는 여건이 되는 것도 아니다. IBM사는 대형컴퓨터 사업으로 많은 이익을 창출하다가 과도한 사업확장으로 적자를 기록하였다. Federal Express사는 자국 내 사업성공을 발판 삼아 국제 운송사업으로 진출하였지만 확장에만 몰두한 나머지 자사의 핵심 서비스였던 '오버나잇 서비스' (야간 긴급배송)의 이미지를 잃고 이를 만회할 다른 새로운 이미지 창출에 실패하고 말았다. 미국의 33개 주요 기업의 다각화에 대한 연구에 따르면, 다각화가 실제로는 실패하는 경우가 더 많다고 한다.[7] 이러한 사업확장 전략들이 실패하는 중에도 나이키는 네트워크 전략을 통해 자사의 핵심역량에 집중함으로써 해외시장 진출에 따른 위기들을 슬기롭게 넘겨왔다. 기업의 성장과 발전 단계에 따른 사업확장 전략들이 한계에 부딪혔을 때, 또는 자사의 역량만으로는 경쟁우위를 점하기 어려울 때, 네트워크 전략을 생각해 볼 필요가 있다.

▶▶ **나이키 사례**

나이키사(NIKE, 이하 나이키)는 세계 최대의 스포츠 의류 및 용품 회사로 전 세계 110개국을 대상으로 연간 60억 달러 이상의 매출을 기록하고 있다. 하지만 놀랍게도 본사가 있는 미국에는 자사 소유의 신발 공장이 하나도 없다. 제품의 전량을 아시아의 현지 생산 파트너들과의 아웃소싱 네트워크를 통해 생산하고 있기 때문이다. 이러한 나이키의 네트워크 전략은, 세계에서 임금이 가장 비싼 미국 회사가 노동집약적 제품인 운동화 시장을 석권하는 역설을 가능하게 한 원동력이 되었다. 네트워크 구축을 통한 제품생산 전략은 나이키의 최대성공 요인 중 하나로 작용하여 오늘날까지 이어지고 있다.

출처: 네이버 블로그
http://cafe.naver.com/h3t.cafe?iframe_url=/ArticleRead.nhn%3Farticleid=11

2.1 네트워크 전략의 중요성

네트워크 전략이란 간단히 말해 '자사의 핵심역량 이외의 주변역량을 외부로부터 조달함으로써 자사의 핵심역량을 극대화하는 전략' 이라고 할 수 있다. 모든 기업은 소속된 사업분야의 가치사슬 상에서 특정 부분을 차지한다. 어떤 기업은 모든 가치사슬을 자사에 통합하여 성장을 꾀하기도 하고(수직적 통합), 어떤 회사는 특정 부분을 외부에 맡기기도 한다. 네트워크 전략은 자사가 가지고 있는 역량들 중 경쟁력 있는 부분을 제외한 나머지 부분들을 외부에서 조달하여 경쟁력을 높이려는 전략이다.[8)]

나이키의 핵심역량은 무엇일까? 그것은 바로 독창적인 디자인과 기술, 그리고 뛰어난 마케팅 능력이라고 할 수 있다. 이는 나이키의 가장 큰 자산인 'NIKE' 라는 강력한 브랜드 이미지 창출로 이어졌다. 세계 최대의 브랜드 컨설팅 업체 '인터브랜드'의 최근 조사결과 1968년 한 대학원생에 의해 단돈 35달러의 헐값에 디자인된 나이키의 로고의 브랜드 가치는 무려 120억 달러를 상회하는 것으로 나타났다.[9)] 나이키는 네트워크 전략을 통해 그들의 핵심역량인 브랜드 가치에 집중했다고 할 수 있다.

기업들은 자국 내 단일사업에서 시작, 해외로 진출하여 몸집을 불리고, 또 다른 성장기회를 찾아 사업확장을 시도한다. 이러한 과정에서 기업들은 관리비용 증가, 기술 진부화, 지나치게 많은 사업 수에 따른 복잡성 증대 및 사업부 간 비협조와 같은 문제들에 부딪히게 된다. 특히 글로벌 경쟁의 압력이 가중되고 일반화 되어가고 있는 상황에서, 자사의 핵심능력 하나만 가지고는 경쟁에서 우위를 차지하기가 어려워졌다.[10)]

또한 최근 들어 네트워크 전략은 정보기술의 발달로 인해 이전에 없던 기회를 맞이하고 있다. 디지털 정보기술의 발달은 정보 이동의 시 · 공간적 제약과 물류비용의 문제를 획기적으로 극복할 수 있게 하였고, 기존의 가치사슬을 해체하여 외부 네트워크를 전략적으로 활용하는데 용이한 환경을 제공했다. 네트워크 전략은 네트워크 내의 기업들과 위험을 공유함으로써 급변하는 환경에 유연하게 대응할 수 있고 핵심역량을 더욱 견고히 하며, 나아가 새로운 가치를 창출할 수 있는 기회를 획득할 수 있는 수단이 된다.[11)]

2.2 네트워크 구축방법

시스코사의 챔버스 회장이 난독증을 극복하는 과정에서 다른 사람들의 도움을 받아 이를 극복했듯이, 기업이 자신의 부족한 역량을 극복하는 일에 있어 다른 기업의 도움을 받는 것은 어찌 보면 당연한 일이다. 다만 개인과 기업의 다른 점이 있다면 기업은 결코 무상으로 도움을 주지 않는다는 것이다. 네트워크에 참여한 기업들은 각각 자사가 필요로 하거나 부족한 부분들을 네트워크 내에서 강화 또는 보완한다. 다음은 네트워크를 구축하기 위해 일반적으로 사용되는 방법들이다.

▶▶ 시스코 사례

시스코 시스템즈사(이하 시스코)는 세계 통신장비 업계에서 1위를 달리고 있는 업체이다. 시스코는 인터넷 정보기술을 가치사슬 전반에 활용함으로써 통신산업의 역사에 새로운 장을 연 회사로 한 해 매출액이 120억 달러에 이른다. 이러한 회사를 이끌어 가는 경영자에게 장애가 있다고 하면 믿기지 않을지 모르겠지만, 시스코의 CEO 존 챔버스에게는 난독증이라는 장애가 있었다. 그는 초등학교 시절 학습진도를 따라가기 위해 2년간 따로 개인교습을 받았고, 고등학교 시절 또한 주위의 도움을 받으며 피나는 노력을 하여 난독증을 극복하고 졸업을 할 수 있었다고 한다. 이러한 과정에서 존 챔버스는, '자신의 부족한 부분을 메우기 위해서 적극적으로 남의 도움을 구하는 것이 좋은 방법이 될 수 있다' 라는 교훈을 깊이 새기게 되었다고 한다(존 챔버스의 부인은 난독증 극복에 도움을 준 사람 중 한 명이라고 한다).

이러한 교훈은 챔버스의 경영방식에 그대로 적용되었다. 시스코는 신제품 개발과 혁신에 있어 새로운 경쟁우위를 창출하기 위해 첨단기술을 가진 기업들에 대해 '인수와 투자' 를 병행하였다. 93년 시스코는 연 수입이 1000만 달러도 안되는 소규모 벤처기업 크레센도를 1억 달러라는 높은 가격에 인수하기도 하였는데, 이러한 시스코의 기행은 당시 많은 투자사와 애널리스트들에게 '최악의 수' 라는 평을 들었고 시스코의 투자등급의 하향 조정되기도 하였다. 하지만 크레센도는 96년 한 해에만 5억 달러 이상을 벌어들이면서 그러한 기행이 최악의 수가 아닌 '최상의 수' 임을 입증하였다. 그 이후로도 언뜻 보기에 이해하기 힘든 파격적인 조건의 인수 · 제휴는 계속 되었지만, 시스코는 매년 30~40%의 성장률을 기록하면 현재까지 세계 통신장비업계를 리드하고 있다.

출처 : 월간중앙 2001년 5월호

(1) 아웃소싱

사례에서 본 나이키의 경우 생산 네트워크 구축을 위해 아웃소싱을 이용하였다. 아웃소싱의 개념은 그 범위나 의미에 있어서 매우 다양하게 이해될 수 있다. 아웃소싱은 제조업 분야에서 먼저 활용되기 시작하였다. 초기에는 비핵심적이고 반복적 프로세스에 대한 외주를 통해 비용을 절감하는 것이 주된 목표였지만, 최근의 아웃소싱은 핵심역량 집중이라는 전략적인 측면이 강하다. 나이키의 공동설립자인 필 나이트(Pill Knight)와 빌 바우어만(Bill Bowerman)은 1957년 오레곤 대학의 육상선수와 코치로 처음 만나게 된다. 두 사람은 당시 미국의 운동화 시장이 아디다스나 퓨마와 같은 독일 기업들에 의해 독점되고 있다는 사실에 많은 안타까움을 느끼고 있었다. 필 나이트의 안타까움은 졸업 후 스탠퍼드대 비즈니스 스쿨에 진학한 후에도 계속되었다. 그러던 중 일본 기업들이 카메라 시장에서 값싸고 질 좋은 제품으로 독일 기업의 아성을 무너뜨리고 있는 것에 강한 인상을 받고, 이를 '운동화 산업에도 적용해 보면 어떨까?' 라는 생각을 갖게 되었다(이는 이후 필 나이트의 졸업논문 주제가 되었다). 그리고 그는 아디다스와 퓨마의 제품들이 대부분 임금이 비싼 유럽에서 생산되고 있다는 점에 착안, 아시아의 저렴하고 우수한 노동력을 이용한다면 독일 제품의 지배에서 벗어날 수 있겠다는 확신을 갖게 된다. 이후 나이키는 일본의 신발 제조업체 오니츠카(Onitsuka Tiger Company)를 시작으로 전 세계 생산공장이 625개에 달하는 세계 최대의 스포츠용품 기업으로 성장하였다. 여기서 우리가 주목해야 할 것은 나이키가 아웃소싱을 단순한 비용절감의 차원에 그치지 않고, 글로벌 생산네트워크 구축을 통해 자신의 핵심역량을 강화하는 기회로 활용했다는 사실이다. 나이키에 있어 비용절감은 자신들의 핵심역량인 기술개발과 마케팅 그리고 브랜드에 집중하기 위한 전략이었다. 그런 의미에서 아웃소싱을 실행하기 위해서는, 아웃소싱 자체가 목적이 아닌 하나의 수단이 되어야 할 것이고, 미래지향적 관점에서 자사의 핵심역량을 정확히 파악하는 것이 필수적인 과제이다.[12)]

(2) 전략적 제휴

인터넷 포털 업체 Daum은 전략적 제휴를 활용하여 네트워크를 구축하였다. 포털사업의 성공은 누가 먼저 초기에 독특하고 창의적인 컨텐츠와 서비스를 통해 광범위하고 안정적이며 충성도 높은 사용자 기반을 창출해내고 이를 바탕으로 온라인 광고, 전자상거래 등 다른 사업으로 성공적인 확장을 하느냐에 달려 있다. Daum의 창업주 이재웅 사장은 이러한 사실을 일찍이 감지하고 전략적 제휴를 적극적으로 활용하였다. Daum은 사업 초기인 1997년부터 1999년까지는 외자유치와 솔루션 판매를 목적으로 인터넷 업체들과, 그리고 가입자 수가 600만이 넘어서고 매월 가입자 수가 100만 명 이상씩 증가했던 성장기에는 전자랜드21, YES24, LG홈쇼핑 등 전문쇼핑몰 업체들과의 제휴를 대폭 늘렸다. 당시 회원 가입자수는 폭발적으로 증가했지만 상대적으로 상거래 비즈니스에 대한 경험이 적었

그림 10-5 Daum의 제휴업체와 회원 수 변화

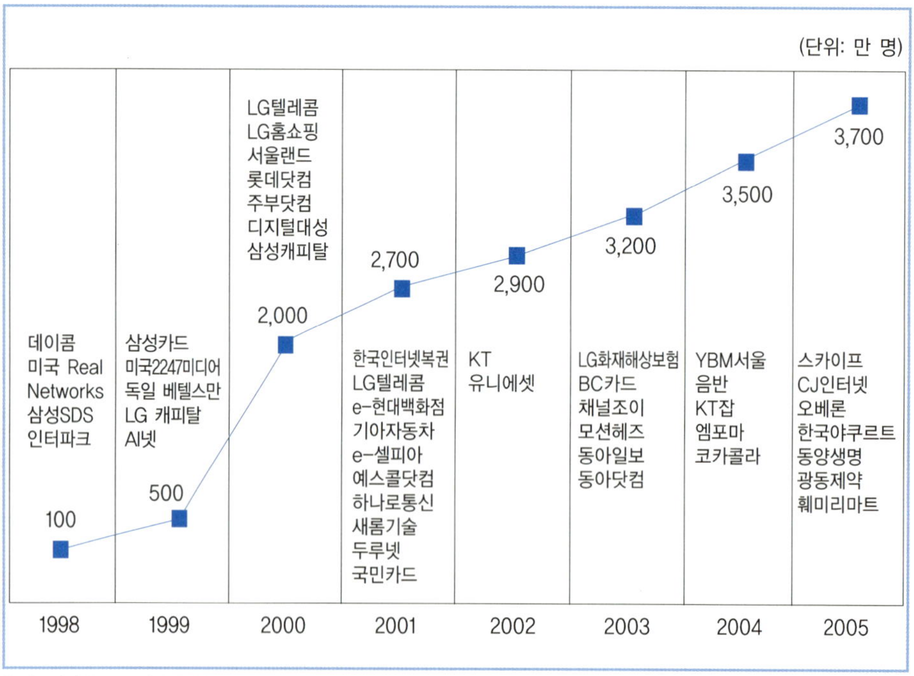

출처 : 장세진, 글로벌경쟁시대의 경영전략, 박영사, 2007, p. 530.

던 Daum은 더 많은 고객들이 자신의 사이트를 방문해 주길 바라는 전문 쇼핑몰업체들의 이해와 맞아 떨어져 서로의 약점을 보완하는 동시에 각자의 핵심역량을 더욱 견고히 하기 위해 적극적으로 전략적 제휴를 했다.

Daum의 전략적 제휴는 사업이 새로운 성장의 시기를 맞이할 때마다 적절히 이루어져 엄청난 시너지 효과를 이루어 내었다. [그림 10-5]는 1998년부터 2005년까지 Daum의 제휴업체들과 회원 수의 변화를 나타낸다.

누가 먼저 독특하고 창의적인 컨텐츠와 서비스를 들고 진입하느냐가 관건이었던 포털사업에서, 전략적 제휴를 통한 네트워크 구축은 중요한 전략적 선택이었다고 할 수 있다. 현재 Daum은 새로운 경쟁업체들의 급속성장에 위협을 받고 있으나, 뉴미디어 국내부문, 뉴미디어 해외부문 등 4개의 핵심부문을 중심으로 새로운 전략적 제휴를 모색하고 있다.[13)]

(3) 벤처투자 및 인수

CMGI는 주로 벤처투자를 통해 네트워크를 구축하였다. CMGI는 인터넷 기업에 대한 투자를 전문으로 하는 기업으로, 창업단계의 인터넷 기업에 대해 투자하고 투자업체의 성장을 지원하였다. 또한 CMGI는 성장 가능성이 높은 기존 인터넷 업체의 인수를 추진하여 자신들의 네트워크 내에 영입한 기업들과의 시너지를 얻으려 했다. 1995년 CMGI는 200만 달러를 투자해 인터넷 포털사이트 라이코스의 지분 80%를 인수하였다. 2000년에는 지분의 17%만을 소유하고 있으나 시가 총액은 무려 9억 달러에 달하였다. 이러한 일이 가능했던 것은 CMGI가 막연히 인터넷 기업에 투자를 한 것이 아니라, 마케팅/광고, e-commerce, 컨텐츠 및 커뮤니티, 기반기술 등 4가지의 사업영역에 맞추어 전략적으로 투자를 함으로써 이들의 시너지를 극대화하였기 때문이다. CMGI는 2000년까지 약 70여 개의 기업들을 자신의 네트워크 내에 포함시켰다.[14)]

그런데 CMGI는 앞서 이야기한 나이키나 Daum과는 다른 점이 있다. 그것은 CMGI가 투자를 전문으로 하는 기업이라는 것이다. 좀 더 자세히 말하면, CMGI는 자신이 네트워크 내에 존재하는 것이 아닌, 자신들의 네트워크 구축능력을 통해 시너지를 창출한다는 점이 앞서 언급한 기업들과 다른 점이다. 거기다가 CMGI는 피투자기업 간의 시너지를 극대화하는 네트워크 구축 능력을 핵심역량으로 하고 있다는 점에서 기존의 투자기업들과도 다르다.

디지털 정보기술의 발달함에 따라 기존 기업활동의 가치사슬이 해체 또는 파괴되는 현상이 일어나고 있다. 하루가 다르게 심화되고 있는 경쟁상황에서, 네트워크 전략은 외부의 다양한 경제주체들과 힘을 합쳐 새로운 가치를 창출할 수 있는 기회로 작용하기도 한다.

기존의 가치사슬에서 벗어나 자사를 둘러싸고 있는 가치무리들 간의 관계를 새로이 설정하고 재구성할 필요가 있다. 이를 통한 가치창조 시스템의 구축은 확장전략의 한계들을 극복할 수 있는 하나의 대안이 될 수 있을 것이다.[15)]

사 례

삼성전자의 수직적 통합

1. 삼성전자의 성장

삼성전자는 반도체, 통신, 디지털 미디어와 디지털 컨버전스 기술을 보유한 글로벌 리더로, 2011년 165조원의 매출과 16.25조원의 영업이익을 달성했다. 전 세계에서 12만8천명의 직원을 고용하고 있으며 세계 51개국에 90개가 넘는 오피스를 열고 있다. 삼성전자는 디지털 어플라이언스 부문, 디지털 미디어 부문, LCD부분, 반도체 부분, 통신 네트워크 부분 등 5개 부문으로 이루어져 있다. 세계에서 가장 빠르게 성장하는 브랜드인 삼성전자는 디지털 TV, 메모리 반도체, 휴대폰, TFT-LCD 분야에서 세계 선두 주자이다.

매출액과 영업이익의 변동 추이를 살펴보면, 지속적인 성장세를 나타내고 있다.

그림 1 삼성전자의 매출 및 영업이익 추이 (단위 : 조원)

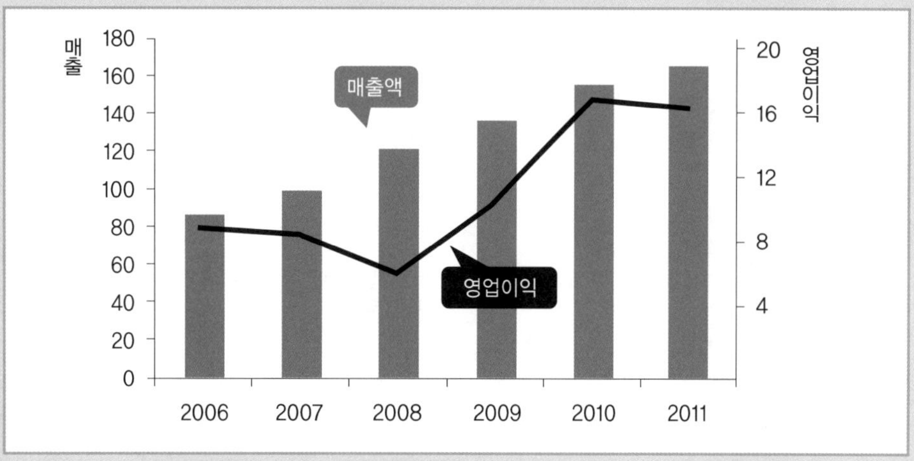

자료 : 삼성전자 2010, 2011년 사업보고서.

2. 삼성전자의 수직적 통합

삼성전자는 완제품과 부품을 모두 생산하는 회사로 비용절감과 생산성 향상을 위하여 부품공급 협력업체와의 긴밀한 협조관계가 필요했으며 이러한 이유 때문에 적극적으로 수직적 통합을 수행했다.

수직적 통합을 적용하면 부품부터 자체 생산하기 때문에 초기부터 원가를 절감할 수 있고 부품의 안정적인 공급이 가능해 생산시스템의 안정성이 높아지는 반면 매출이 부진할 경우엔 그만큼 부담이 많다. 하지만 전자 · 부품 산업의 경우 불확실한 상황에서 소재 · 부품 기업들의 소극적인 투자로 인해 주요 부품의 공급 부족 현상을 겪게 되면 핵심 부품들에 대한 불안정한 확보로 자칫 경쟁력을 잃을 수도 있기 때문에, 삼성전자는 수직적 통합에 힘썼다. 삼성그룹계열사 현황을 살펴보면 상장사 17개사, 비상장사 61개사로 총 78개사이다. 또한, 삼성전자는 160개사의 1차 협력업체를 관리하는 협력사 협의회를 운영하고 있다.

표 1 삼성전자의 수직적 통합 및 협력사 관리

기간	'98	'98~'03	'04~'10	'11
주요 추진조직	구매전략팀	구매전략팀	상생협력실 신설('08)	상생협력센터
추진 방향	– 제조 생산성 및 향상 지원	– 협력사 경영혁신 활동 정착	– 중장기 종합 지원책 시행 – 협력사와 파트너십 구축을 위한 상생추진 시작	– 삼성전자식 동반성장 모델의 구축 – 지속성장 가능한 파트너십 경영 정착
주요 활동	– 제조현장 개선활동 • 낭비제거 – 품질인증 취득 지원 • ISO 9000, 100PPM – 기술력 향상 지원 • 설비 국산화 지원 • 사출 · 프레스 등 업종 일본 기술고문 지도 – 금융지원 • 설비투자, 국산화 등 • 운영자금 금융기관 자금보증	– 삼성전자 혁신기법 전수 • 프로세스 혁신 활동 • 6시그마 기법 교육 • 혁신 우수사례 선정 – 협력사 해외진출지원 • 현지 공동조사 및 단지조성 • 공장 설립 및 초기 안정화 지원 · 지도 – IT인프라 구축 지원 • 3D-CAD 인프라구축 • ERP 구축 지원	– 금융지원 • 무이자 대여 • 인력육성, 혁신 지도 – 공장 선진화 지원 • 품질, 생산성, IT 인프라 – 국산화 지원 • 설비 · 부품 국산화 기술력 확보 지원 • 신기술 · 신공법 • 미래기술확보 – 핵심인력 양성 지원 • 직무 전문교육 • 2세 경영자 교육	– 협력사 지원강화 • 경영안정화 • 기술역량 강화 • 인적 역량 강화 – 정도구매 • 공정거래 운영체계 • 원자재가 변동분 반영 • 기술자료 임치제 – 동반성장 문화 구축 • 동반성장 Day • 협력사 간담회 • Cyber 신문고 제도

출처 : 이장우 · 곽수근(2012), 삼성전자 동반성장 모델의 현황과 분석.

한편 단가 결정이나 교섭 과정에서 상대적으로 협력업체의 교섭력이 떨어지며, 모기업에 의해 일방적으로 끌려가는 경우가 많다. 이는 결과적으로 부품업체의 경쟁력을 약화시키고 나아가 모기업의 경쟁력을 약화시키게 된다. 이를 방지하기 위해 삼성전자는 1998년 이전까지는 제조현장 개선활동 및 기술력 향상 지원, 품질인증 취득 지원, 금융지원 등을 중심으로 지원해 왔다. 1998년부터 2003년까지는 삼성전자의 혁신기법을 협력업체에 전수하고 협력사의 해외진출을 도움으로써 협력사 경영혁신 활동의 정착을 위해 힘썼다. 2004년부터 2010년까지는 금융지원, 공장 선진화 지원, 부품의 국산화 지원, 핵심인력 양성 지원 등을 통해 중장기 종합 지원정책을 시행하고 협력사와의 파트너십 구축을 위한 상생을 추진하기 시작하였다. 2011년부터는 상생협력센터를 신설하고 지속성장 가능한 파트너십을 구축하기 위해 동반성장 활동들을 진행 중이다.

3. 삼성전자의 동반성장

삼성전자의 동반성장 프로그램은 크게 세 부분으로 나눌 수 있다.

첫째, **협력사 지원**은 경영안정화(동반성장 펀드, 신기술 개발자금 지원, 해외판로 지원 등)와 기술역량 강화(협력사 GVE 과제 지도, 생산성/품질 향상 지도, 협력사 경영 자문단 등), 인적 역량 강화(미래 경영자, 협력사 임직원 교육 등)로 구성되어 있다.

그림 2 삼성전자의 동반성장 프로그램

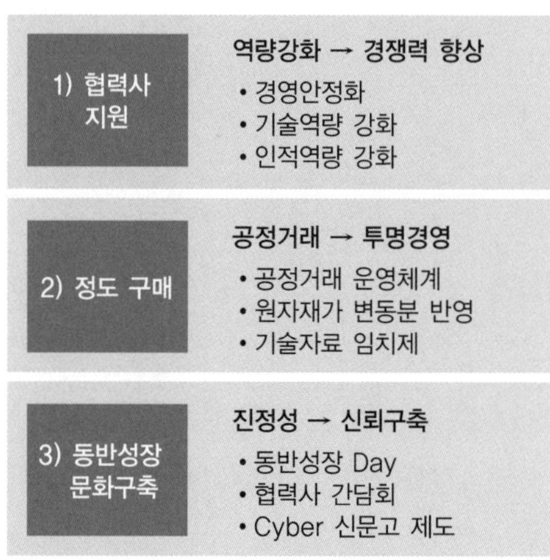

출처 : 이장우 · 곽수근(2012), 삼성전자 동반성장 모델의 현황과 분석.

둘째, **정도구매**는 공정거래 운영체계를 확립하고 원자재 가격의 변동분을 반영하며 기술자료 임치제 등을 시행하고 있다. 이를 통해 협력사와의 장기적인 협력 관계를 구축하고자 한다.

셋째, **동반성장 문화구축**은 동반성장 Day, 협력사 간담회, Cyber 신문고 제도 등을 통해 협력사와의 신뢰를 구축하고 조직문화를 동반성장에 적합하도록 변화시키는 것이 목적이다.

11장 비즈니스 포트폴리오

1. 포트폴리오 분석의 목적
2. 포트폴리오 분석의 방법
3. 포트폴리오 분석의 한계점

[사례] 삼성전자의 비즈니스 포트폴리오

학습내용

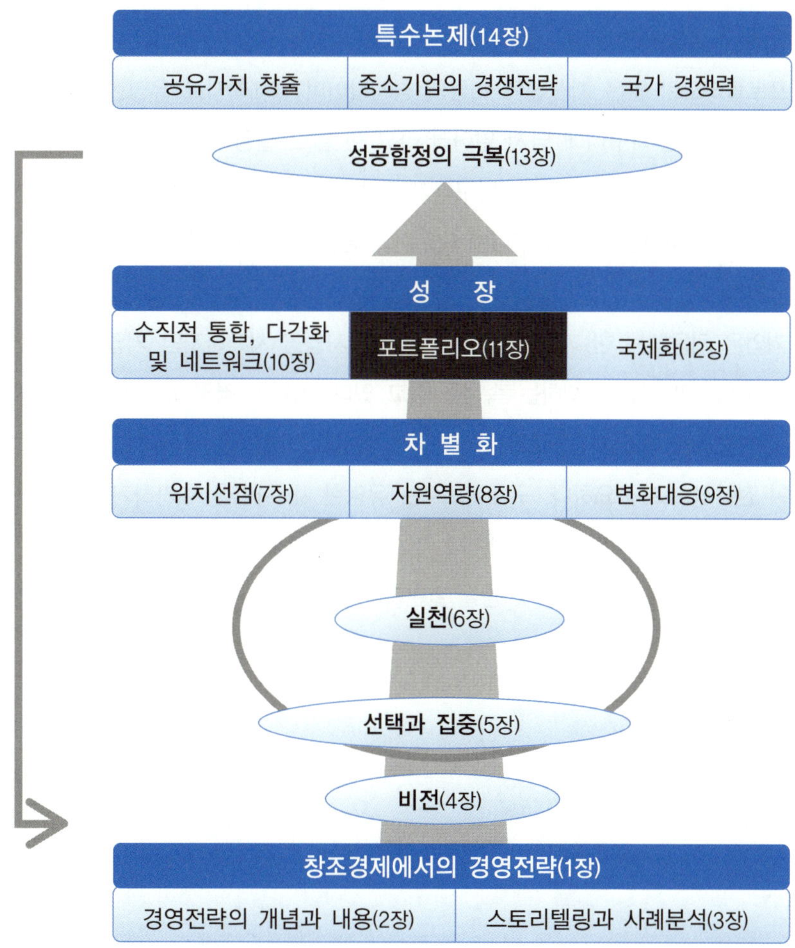

인터넷 포탈 사이트에서 '포트폴리오' 란 말을 치고 검색을 해 보자. 거기서 나타난 검색 결과 중 아마 대부분은 금융 비즈니스(보험, 증권 등)와 관련된 내용이 나타날 것이다. 포트폴리오란 말은 원래 금융 분야에서 위험을 분산하기 위한 투자기법으로 개발된 용어이다. 즉, 불확실한 미래환경을 사전에 예측해 투자자들이 어떻게 대처할 것인가를 연구해 투자기회의 집합을 규명하는 이론이며 이는 증권 투자로 인해서 유명해졌다.

포트폴리오란 말은 자산선택 이론의 창시자이며 경제학자로 유명한 토빈이 '당신의 계란을 한 바구니에 담지 말아라' 라고 한 말로 설명이 가능하다. 이 말은 계란을 한 바구니에 담았는데 그 바구니가 땅에 떨어지면 계란이 모두 다 깨지게 되는 것처럼 투자금을 여러 바구니에 나누어서 담듯 여러 계좌에 '분산 투자' 를 하라는 것이다.

기업은 처음에는 한 가지 분야를 기반으로 사업을 시작하지만 기업이 성장함에 따라 사업영역 확장을 꾀하는 속성을 갖고 있다. 기업이 경영하고 있는 여러 사업의 구성을 비즈니스(사업) 포트폴리오라고 하는데, 이를 시의 적절하게 재구성하는 것이 전략적으로 중요하다. 구체적으로는 유망한 새 사업을 추가하거나, 가치창출이 점차 떨어지는 사업을 정리하거나, 다른 기업이 자신보다 더 매력적으로 평가하는 사업부문을 비싸게 파는 것 등을 말한다.

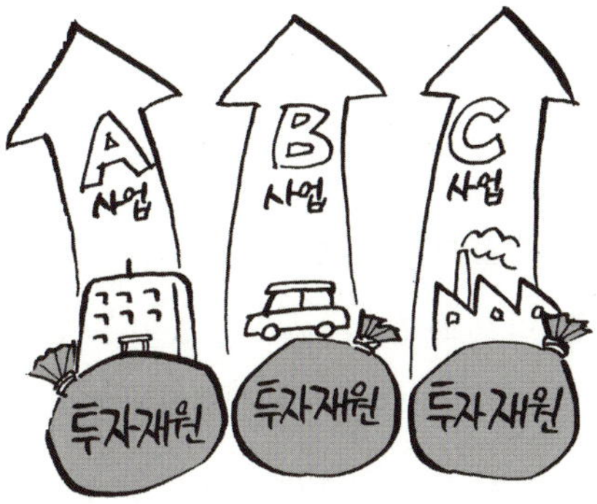

현재 남들이 부러워하는 아주 매력적인 사업도 시장이 포화상태가 된다든지, 이익을 보고 달려드는 경쟁자가 너무 많아진다든지, 고객 취향이 예기치 않게 갑자기 바뀐다든지 하는 경우가 생기면 하루아침에 전혀 매력적이지 않은 사업으로 전락할 수 있다. 즉, 경영환경이 변하면 '사업매력'도 변한다.

일반적으로 기업은 여러 제품들과 그에 따른 사업부들을 가지고 있다. 이렇게 많은 사업부들을 관리하기란 쉽지 않은 일이다. 과연 이 사업부들을 어떤 기준으로 관리하여야 할까? 단순히 매출비중이 높다고 많은 자원을 투입하고 매출비중이 적다고 적은 자원을 투입하여야 하는가? 아니면 소비자의 평가가 좋다고 많은 자원을 투입하고 평가가 낮으면 적은 자원을 투입하여야 하는가? 물론 그런 방법도 아주 틀린 것은 아니다. 그러나 그것만으로는 부족하다. 비즈니스 포트폴리오는 사업별로 전략 방향성을 수립하고, 이에 따른 투자 재원을 효율적으로 분배하기 위한 방법으로 이용한다. 그리고 그 목적은 최적의 수익을 위해 다수의 사업부를 상호 충돌 없이 전략적으로 그리고 효율적으로 관리하자는 데 있다.

01 포트폴리오 분석의 목적

포트폴리오 분석을 위해 우선 전략사업단위(SBU)를 설정해야 한다. 이를 위해 다음과 같은 세 가지 요인을 고려해야 한다. 첫째, 기업 전체 차원에서 볼 때 각 전략사업단위는 기업의 전사적인 목표와 상호 보완적이어야 한다. 둘째, 너무 세분화되어서는 안 된다. 셋째, 기업의 조직구조나 능력과 관련하여 효율적인 운영이 가능한 정도의 단위여야 한다.

포트폴리오 분석을 하는 궁극적인 이유는 균형있는 포트폴리오를 구성하기 위함이다. 즉, 포트폴리오 분석을 통해 사업부들이 불균형을 이루고 있는 정도를 파악하기 위함이다. 이러한 관리기법은 각 사업부의 수익을 극대화하면서 사업부 간 관계나 역할을 분석하여 효과적인 포트폴리오를 구성하게 한다. 포트폴리오 분석의 목적은 다음의 세 가지로 축약된다.

- 기업의 현재 사업포트폴리오를 분석하고, 어떠한 전략 사업단위에 더 많거나 더 적은 투자를 해야 하는지를 결정한다.
- 포트폴리오에 새로운 제품과 사업을 추가하기 위한 성장전략을 개발한다.
- 어떤 사업 또는 제품을 더 이상 보유하지 않을 것인지를 결정한다.

포트폴리오가 불균형일 경우 기업은 진입(합병, 사내창업, 합작투자)과 퇴출(투자환수, 수확, 매각)전략을 이용하여 포트폴리오를 조정해 나가야 한다. 균형 있는 포트폴리오가 구성이 되면 자원의 효율적인 분배와 이용이 가능하게 되고, 이로써 각 사업부의 효율이 증대되는 것은 물론 사업부 간 시너지도 기대해 볼 수 있다.

포트폴리오를 분석하기에 앞서 가장 먼저 해야 할 일은 먼저 전략사업단위(Strategic Business Unit, SBU)를 정의하는 것이다. 왜냐하면 포트폴리오 분석은 전략사업단위별로 이루어지기 때문이다. 전략을 수행할 범위가 구체화되면 사업전략을 통해 경쟁우위 확보방안을 마련하게 되는데 이를 실행하고 전략상황의 변화에 따라 효율적으로 관리하는 역할을 전략사업부 단위에서 맡게 된다. 전략사업부 단위는 상호관련이 있는 사업부들을 하나의 사업단위로 묶고, 전략계획을 최고경영자와 조정하거나 결정함으로써 각 사업부 사이의 통합성을 확보하고 동시에 업무수행상의 유연성을 높이려는 조직유형이다. 원래 이 개념은 GE社가 1960년대 기존의 사업체제에 문제가 있음을 발견하고, 업무효율화를 위한 170여 개의 제품부문을 43개의 SBU로 조직개편을 시도한 것에서 비롯되었다. 독립적으로 계획이 이루어질 수 있는 사업단위를 의미하는 SBU는 거대해진 기업을 위한 새로운 조직설계의 방법으로 등장했다.

[그림 11-1]은 전략사업부제를 보여주고 있다.

그림 11-1 전략사업부제

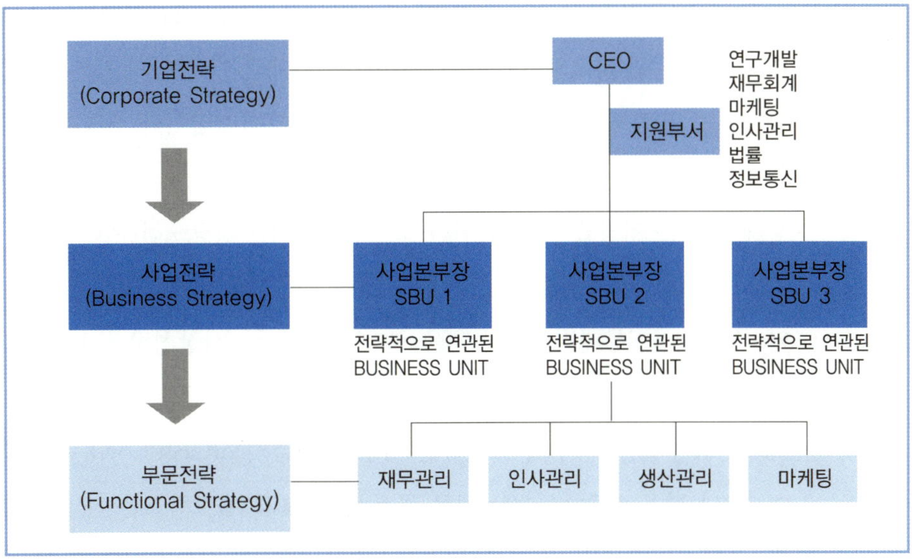

출처: 전략경영시대의 경영학(7판), 오준석, 송원식 공저, 2005. p. 89.

02 포트폴리오 분석의 방법

기업이 여러 사업을 관리할 때 어떤 사업은 유지해 나가고, 어떤 사업은 포기할 것인 것인가를 결정해야 한다. 이와 관련된 결정을 내리기 위해 기업들은 그 동안 많은 고민을 해 왔으며, 그에 따라 포트폴리오 분석기법이 발전되었다.

2.1 BCG 매트릭스

'BCG 매트릭스' 는 보스턴컨설팅그룹(Boston Consulting Group)에 의해 1970년대 초반 개발된 것으로, 기업의 경영전략 수립에 있어 하나의 기본적인 분석도구로 활용되는 사업포트폴리오(Business Portfolio)분석기법이다. BCG매트릭스는 자금의 투입, 산출 측면에서 사업(전략사업단위)이 현재 처해 있는 상황을 파악하여 상황에 알맞은 처방을 내리기 위한 분석도구이다. '성장 – 점유율 매트릭스(growth-share matrix)' 라고도 불리며, 산업을 점유율과 성장성으로 구분해 4가지로 분류한다. 즉, X축을 '상대적 시장점유율' 로 하고, Y축을 '시장성장률' 로 하여, 미래가 불투명한 사업을 의문표(Question Mark), 점유율과 성장성이 모두 좋은 사업을 별(Star), 투자에 비해 수익이 월등한 사업을 자금젖소(Cash Cow), 점유율과 성장률이 둘 다 낮은 사업을 개(Dog)로 구분했다. BCG 매트릭스는 사업의 성격을 단순화, 유형화하여 어떤 방향으로 의사결정을 해야 할지를 명쾌하게 얘기해 주지만, 사업의 평가요소가 상대적 시장점유율과 시장성장률에 국한함으로써 지나친 단순화의 오류에 빠지기 쉽다는 단점이 있다.

BCG 매트릭스는 상대적 시장점유율과 시장성장률을 기초로 하여 만들어진다. [그림 11-2] 위에 원형들로 표시를 하는데 그 크기는 사업의 크기를 나타낸다. 상대적 시장점유율은 시장 주도기업과의 시장점유율을 비교해서 1.0을 기준으로 이보다 크면 좌측으로 표시해 나간다. BCG 매트릭스는 네 가지 유형의 전략사업단위로 구분된다. 이 네 가지 유형의 전략사업단위는 서로 다른 전략적 의미와 자금흐름을 가진다.

- [그림 11-2]에서 '별' 의 사업단위는 높은 상대적 시장점유율과 높은 시장성장률을 가지고 있다. 이것은 '별' 의 사업단위가 경쟁적인 강점과 확장을 위한 기회를 동시에 가지고 있는 것을 의미한다. 따라서 '별' 의 전략사업단위는 높은 시장점유율을 유지하면서 높은 성장률이 주는 장점을 활용하기 위해 적극적인 투자가 요구되는 사업단위이다. 따라서 벌어들이는 수익이 큰 만큼 많은 자금이 소요되는 사업단위이다. 그리고 장기적으로 시장성장률이 떨어짐에 따라 '자금젖소' 가 된다.

그림 11-2 기업 내부의 이상적인 자금 배분

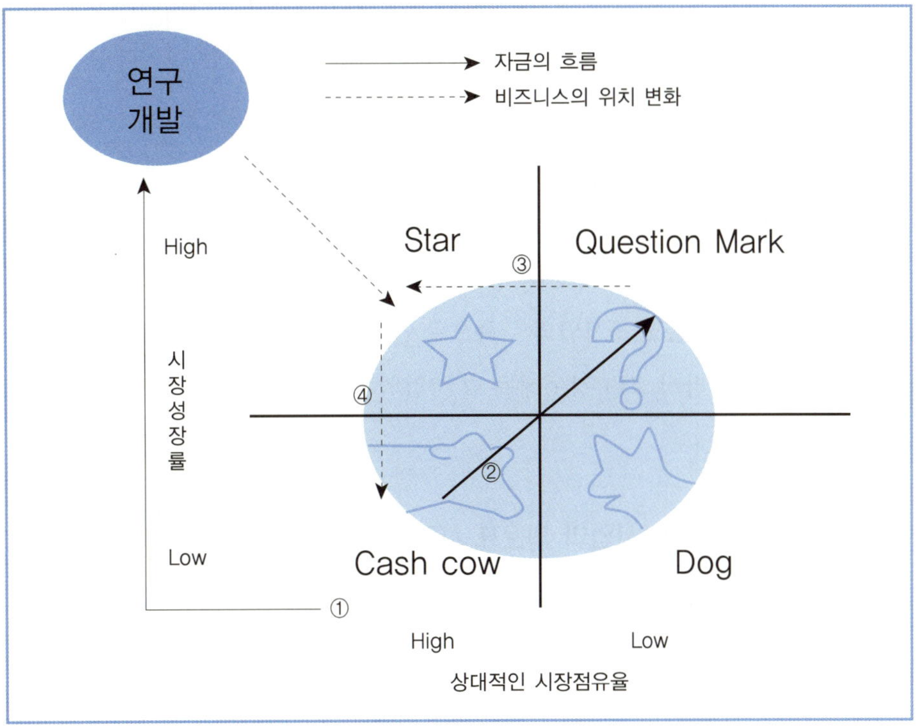

출처 : 미츠코시 유타카, 세계 일류 기업들이 채택한 BCG의 6가지 성공전략, 이지북, 2005, p. 211.
서기만, 경쟁에서 승리하는 경영전략 이렇게 세워라, 청림출판, 2002, p. 101.

- '의문표' 의 사업단위는 낮은 상대적 시장점유율과 높은 시장성장률을 가지므로 경쟁적 위치는 약하지만, 확장을 위한 기회는 좋다. '의문표' 의 전략사업단위는 장차 '별' 이 될 수 있는 잠재력이 있다. 그러나 그렇게 하기 위해서는 많은 자본투자가 요구된다. 따라서 최고경영층의 신중한 선택이 요구된다.
- '자금젖소' 의 사업단위는 높은 상대적 시장점유율과 낮은 시장성장률을 가진다. 따라서 타 기업과의 경쟁에 있어 강점을 가지는 사업단위이기는 하나, 확장기회는 적고 시장기회가 줄어듦에 따라 위험이 따른다. 그러나 '자금젖소' 의 전략사업단위는 높은 시장점유율에 의해 많은 이윤을 창출하므로 '별' 이나 '의문표' 사업을 지원할 수 있는 중요한 자금원천이 된다.
- '개' 로 분류된 전략사업단위는 낮은 점유율과 낮은 성장률을 가지므로 경쟁적 위치도 약하고 산업의 매력도 별로 없다. 이것은 시장성장률이 낮기 때문에 별도의 대규모 자금수요는 없으나 수익이 저조하여 현금흐름이 좋지 않은 편이다.[1]

BCG 매트릭스의 해석은 각 위치에 속한 사업의 사명을 이해하는 것으로 끝나지 않는다. 중요한 점은 자사 성장전략의 방향을 설정하는 것이다.

(1) 별 사업의 크기 파악

BCG 매트릭스 해석의 첫 번째 포인트는 전체 사업에서 별 사업의 크기가 어느 정도인지 파악하는 것이다. 만약 별 사업의 크기가 자금젖소 사업보다 적다면, 미래에는 자금젖소 사업의 부족으로 인해 신규 사업에 투자할 여력이 부족하게 될 수 있다. 따라서 그런 경우에는 별 사업의 추가 확보라는 성장전략의 방향이 도출되어야 한다.

(2) 자금젖소 사업과 의문표 사업의 자금력 비교

BCG 매트릭스 해석의 두 번째 포인트는 자금젖소 사업에서 벌어들일 수 있는 자금과 의문표 사업이 필요로 하는 자금을 비교하는 것이다. 만약 자금젖소 사업의 자금력이 의문표 사업의 필요 자금에 비해 월등히 크다면, 그만큼 능력을 허비하고 있는 것이다. 그러므로 앞으로 새로운 사업 기회를 발굴하여 성장 기회를 확보해야 한다는 성장전략을 적극적으로 발굴할 필요가 있다. 반면 자금젖소 사업의 자금력이 의문표 사업의 필요자금을 조달할 수 없다면, 능력에 비해 과도한 사업을 하고 있는 것이다. 따라서 문제가 커지기 전에 의문표 사업의 규모를 줄이거나 철수해야 한다.

(3) 개 사업의 크기 파악

BCG 매트릭스 해석의 세 번째 포인트는 개 사업의 크기를 파악하는 것이다. 개 사업 자체로는 아무런 이득이 없지만, 기업 전체로 볼 때 개 사업이 많은 기업은 규모에 비해 성장성이 낮다고 평가할 수 있다. 이것은 곧 기업에 대한 평가를 나쁘게 하여 간접적으로 다른 사업에 해가 될 수 있다. 따라서 성장을 위해서는 개 사업을 빠른 시일 내에 정리할 것을 고려할 필요가 있다.[2)]

[그림 11-2]은 기업 내부의 이상적인 자금 배분을 보여주고 있다. 그리고 BCG 매트릭스의 전략적 의미를 되새겨 보면 다음과 같이 요약할 수 있다.

- 자금젖소 사업은 돈을 번다.
- 벌어들인 돈으로 의문표 사업을 지원한다.
- 지원받은 돈으로 경쟁력을 높여 별 사업이 된다.
- 시장성장이 멈추면 새로운 자금젖소 사업이 된다.

BCG 매트릭스 기법의 장점으로는 다음의 몇 가지를 들 수 있다.

- 현금흐름의 관점에서 사업단위들을 유형화하고 분석함으로써 균형된 사업포트폴리오를 구성할 수 있는 자금사용 방법을 제시해 준다.
- 언제 새로운 사업에 투자하고, 언제 기존 사업에서 손을 떼야 할지를 알 수 있게 해준다.

그러나 BCG 매트릭스는 다음과 같은 한계점을 가지고 있다.

- 전략사업단위를 단지 상대적 시장점유율과 시장성장률만을 이용하여 평가함으로써 지나친 단순화의 오류에 빠지기 쉽다. 이에 따라 사업 잠재력에 중요한 영향을 미치고 있는 다른 요인들을 무시하기 쉽다.
- 상대적 시장점유율이 높을수록 원가우위를 가진다고 했는데 항상 그런 것은

아니라는 점이다. 즉, 개의 위치에 있는 전략사업단위들도 현실적으로 원가우위를 나타내는 경우가 적지 않다고 한다.

- 시장성장률은 산업 전체의 매력도를 나타내는 지표로서는 불충분하다. 예컨대, 어떤 산업에서 수요증가율이 크다 하더라도 경쟁기업들에 의한 공급증가율이 보다 더 클 경우에는 충분한 이익을 올릴 수 없어 매력적이지 못하다.

2.2 매킨지 매트릭스

매킨지 매트릭스는 기업 외적 요인으로 시장매력도를 이용하고, 기업내적 요인으로 경쟁적 우위를 사용하여 사업부를 평가 분석한다. 앞에서 서술한 BCG 매트릭스는 시장성장률과 상대적 시장점유율만을 기초로 하였기 때문에 너무 단순하다는 비판이 대두되었고 이를 보완하기 위하여 다양한 평가요인을 포함한 포트폴리오 분석방법인 매킨지 매트릭스가 개발되었다. 매킨지 매트릭스는 BCG 매트릭스보다 정교하다. 예를 들면 시장매력도는 단순한 시장성장률보다 더 넓은 범위의 요인들을 포함하고 있고, 경쟁적 강점은 각각의 전략적 사업단위의 경쟁적 포지션을 종합적으로 평가함으로써 시장점유율을 대체할 수 있다. 이러한 경쟁적 강점은 시장점유율만이 아닌 더 넓은 범위의 요인들을 포함하게 한다. 결국 매킨지 매트릭스는 3×3 형태의 매트릭스가 되고 BCG 매트릭스는 2×2 형태이다. 따라서 좀 더 정교한 분석이 가능하다.

우선 매킨지 매트릭스 실행을 위한 방법을 살펴보도록 하자.

(1) 산업매력도 평가

산업매력도는 다음과 같은 4가지 절차를 통해 결정된다. 첫째, 산업의 매력도를 결정하는 지표(요인)를 확인한다. 이러한 지표에는 시장규모, 시장성장률, 시장의 수익성, 자본집약도, 기술적 안정성, 경쟁도, 순환적 변동성 등이 있다. 둘째, 회사의 입장에 따라 각각의 지표에 대해 가중치를 부가한다. 이때 가중치의 합계는 1이 되어야 한다. 셋째, 각 지표의 매력도를 결정한다. 이 때 사용되는 매력도는 1에서 5

표 11-1 전략사업단위의 산업매력도 평가(예)

산업매력도 지표	가중치	매력도	가중 점수
시장의 규모	0.1	3	0.3
시장의 성장률	0.3	5	1.5
시장의 수익률	0.2	4	0.8
자본 집약도	0.05	5	0.25
기술적 안정성	0.1	5	0.5
경쟁도	0.2	3	0.6
순환적 변동성	0.05	2	0.1
합 계	1.0		4.05

출처: Hill and Jones, p. 281.

사이의 값을 가진다. 1은 회사의 목적과 관련하여 지표가 매력적이지 못함을 의미하고 반대로 5는 매력적임을 의미한다. 넷째, 각 지표에 할당된 가중치와 지표의 매력도를 서로 곱함으로써 산업의 매력도를 가중점수로 나타낸다. 산업매력도를 나타내는 가중점수는 1과 5 사이에서 결정되며 평균점수는 3이 되게 된다. 따라서 3 이상의 가중점수는 산업의 매력도가 높음을 의미한다.

위에서 기술한 내용을 하나의 표로 예시하면 다음 〈표 11-1〉과 같다.

(2) 강점(경쟁력)의 평가

산업매력도의 평가와 유사한 절차를 밟아서 전략사업단위의 경쟁력을 평가한다.

첫째, 시장점유율, 기술적 노하우, 품질, 애프터서비스, 가격경쟁력, 낮은 영업비용, 생산성 등 강점(경쟁력)이 될 수 있는 요인들이 무엇인가를 정의한다. 둘째, 위의 요인들에 대하여 가중치를 부가한다. 이 때 가중치의 합계는 1이 되어야 한다. 셋째, 전략사업단위의 강점(경쟁력)과 할당된 가중치와 곱함으로써 가중점수를 구한다. 이 가중점수의 합계로 각 전략사업단위의 강점을 평가할 수 있다. 총 가중점수는 5(매우 강한 경쟁위치)와 1(매우 약한 경쟁위치) 사이의 점수를 가지게 된다. 따라서 평균점수가 3 이상의 점수를 가질 경우 강한 경쟁력을 가지는 사업단위임을 나타낸다. 이러한 전략사업단위의 경쟁적 강점을 평가한 것이 〈표 11-2〉이다.

매킨지 매트릭스 실행을 위한 방법을 살펴보았으면 실제 분석사례를 살펴보자.

표 11-2 | 전략사업단위의 경쟁력 평가(예)

성공요인	가중치	강점(경쟁력)	가중 점수
시장점유율	0.15	5	0.75
기술적 노하우	0.25	5	1.25
품 질	0.15	4	0.60
애프터 서비스	0.20	5	1.00
가격경쟁력	0.05	2	0.10
낮은 영업비용	0.10	3	0.30
생산성	0.10	3	0.30
합 계	1.00		4.30

출처: Hill and Jones, p. 282.

그림 11-3 매킨지 매트릭스

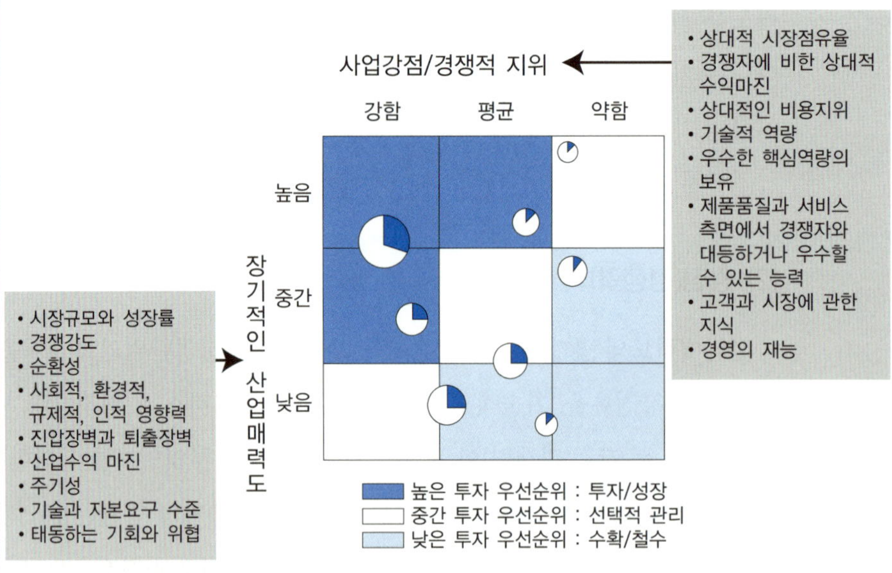

• 원은 전략사업단위를 나타냄
• 원의 크기는 산업전체규모를 나타냄
• 색칠된 부분은 그 산업에서 특정 전략사업단위가 차지하고 있는 비중(시장점유율)을 의미

• 요인평가
• 가중치를 부과 합계는 1이 되어야
• 각 지표의 매력도 1에서 5까지
• 서로 곱해서 매력도를 가중점수로 나타냄

출처: 코넬리스 클뤼퍼, 전략이란 무엇인가?, 2007.

표 11-3 불균형 포트폴리오의 4가지 기본 형태

구성형태	전형적인 현상	전 략
너무 많은 수의 패배자 사업을 가지는 경우	부적절한 자금흐름 부적절한 이익 부적절한 성장	패배자 사업에 대한 투자환수/청산/수확 전략 이익 창출자 사업의 합병전략 승리자 사업의 합병 전략
너무 많은 수의 의문표 사업을 가지는 경우	부적절한 자금흐름 부적절한 이익	의문표 사업에 대한 투자 환수/청산/수확 전략
너무 많은 수의 이익 창출자 사업을 가지는 경우	부적절한 성장 초과자금 흐름발생	승리자 사업의 합병 의문표 사업의 선택적 육성
너무 많은 수의 승리자 사업을 육성하는 경우	자금의 초과수요 발생 불안정한 성장	선택적인 투자 환수 이익 창출자 사업의 합병 전략

출처: Hofer, C. W. and Davoust, M. J. Successful Strategic Management, p.52; Hill and Jones, p. 285에서 간접 인용.

[그림 11-3]의 매킨지 매트릭스는 9개의 영역으로 나타난다. 이는 크게 다시 세 가지 영역으로 구분하여 살펴볼 수 있다. 상위 3개 부분은 '승리자'로 표현되며 성장/투자를 계속해야 하는 사업부를 나타낸다. 하위 3개 부분은 '패배자'로 전반적인 매력도가 낮은 사업부의 영역으로서 수확 또는 철수 전략을 신중히 고려해야 한다. 대각선 영역의 3개 부분은 전반적인 매력도가 중간인 사업부(이익 창출자, 평균사업, 의문표)를 나타낸다. 또한 관리자는 동태적인 포트폴리오 분석을 통해 사업부의 현재 위치 분석뿐만 아니라 각 사업부의 예상되는 위치도 예측하고 대응하는 전략을 마련해야 한다.

현실적으로 대부분의 기업은 균형보다는 불균형 포트폴리오를 갖게 된다. 〈표 11-3〉은 불균형 포트폴리오의 4가지 기본 형태와 그에 따라 취할 수 있는 전략을 설명한다.

매킨지 매트릭스의 장점은 복수의 사업단위가 서로 다른 성공요인을 갖는다는 것을 인식하게 하는 데 있다. 따라서 기업은 환경으로부터의 기회와 위협에 보다 유연하게 대처할 수 있는 포트폴리오를 구성할 수 있다. 그리고 BCG매트릭스와 비교하여 다양한 요인들을 고려함으로써 단순화의 오류를 피할 수 있다.

그러나, 매킨지 매트릭스 역시 완전한 것은 아니다. 매킨지 매트릭스의 주된 단점 중의 하나는 산업 매력도와 경쟁력을 평가하는 데 있어 관련 변수의 가중치를 어떻게 택할 것인가의 문제이다. 이러한 문제는 전략관리자의 주관이 지나치게 개입될 소지가 있다. 따라서 전략관리자는 가능한 한 신중하고도 객관적인 분석을 하

도록 힘써야 한다. 매킨지 매트릭스가 갖는 다른 단점은 정적인 분석에 그친다는 것이다. 즉, 전략사업단위의 현재 상태만을 살피고, 산업진화에 따라 전략사업단위의 미래 상황이 어떻게 달라지는지를 고려하지 못한다는 것이다.[3)]

2.3 산업진화 매트릭스

산업진화 매트릭스는 앞에서 살펴본 매킨지 매트릭스와 유사하면서 산업진화에 따라 SBU들이 직면하는 전략적 상황을 분석함으로써 매킨지 매트릭스의 약점을 해소할 수 있다. [그림 11-4]는 산업진화 매트릭스를 보여주고 있다. [그림 11-4]에서와 같이 15개 영역으로 SBU를 분류한다. 그림의 수평축은 SBU의 강점을 나타내고 수직축은 산업진화의 단계(도입기, 성장기, 과도기, 성숙기, 쇠퇴기)를 나타낸다. 각 원의 크기는 관련 산업의 규모를 표시하고 원 내부의 검은색 부분은 사업단위의 시장점유율을 의미한다.

시장 자체에 대한 평가는 산업의 수명이라는 관점에서 평가하고 자사에 대한 평가는 시장에 대한 지배력, 추구할 수 있는 전략의 패턴 등을 감안해 지배적 사업자인지, 아니면 취약한 사업자인지를 구분한다. 매킨지 매트릭스가 다양한 평가에도

그림 11-4 산업진화 매트릭스

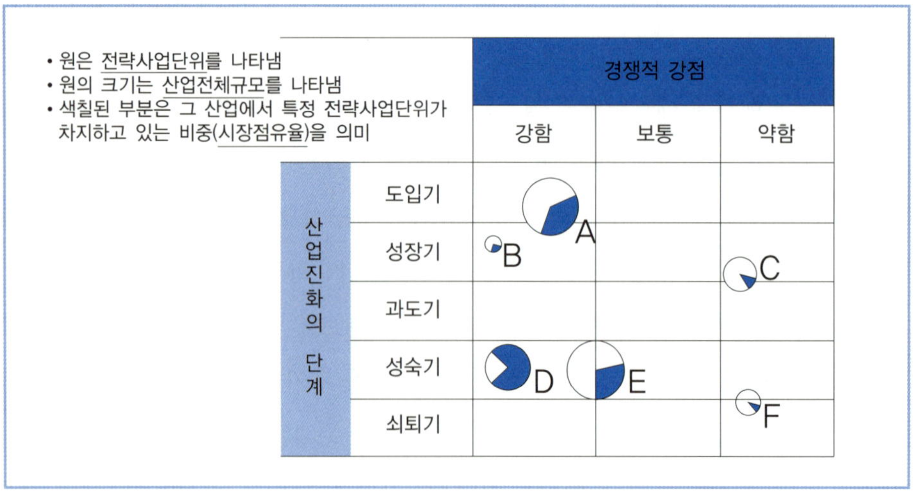

불구하고 최종적으로는 숫자나 등급을 통해 해당 사업의 포지션을 평가함으로써 직관적인 평가가 어려움에 비해 산업진화 매트릭스는 개별 사업의 포지션을 '도입기 사업인데 잘하는 사업', '잘하는 사업인데 쇠퇴기 사업'과 같이 평가함으로써 보다 직관적인 평가에 도달할 수 있는 장점이 있다. 이러한 산업진화 매트릭스의 목적은 매킨지 매트릭스 등과 비슷하지만, 현재의 포트폴리오가 산업의 진화에 따라 변화해 나가는 모습을 반영할 수 있다는 점에서 차별성을 가진다. 하지만, 제품수명주기라는 것이 모든 제품에 항상 존재하는 것은 아니기 때문에 이 기법 역시 한계성을 지닌다.

[그림 11-4]로 산업진화 매트릭스를 설명해 보자. 그림의 A사업단위는 산업진화의 도입기이면서 높은 강점과 높은 시장점유율을 보이고 있다. 이는 GE 매트릭스의 승리자로 육성할 수 있는 사업단위를 나타낸다. 강한 경쟁력을 가지고 있으므로 확장을 위해 자본을 투자할 수 있는 좋은 기회를 가진다고 할 수 있다. 이와는 대비적으로 C사업단위와 같이 성장기에 속해 있기는 하나 경쟁력이 약하기 때문에 장기적으로 과도기 단계의 위협으로부터 벗어나기 어려워 보일 때는 GE의 패배자 사업이 가지는 특성을 나타낸다고 할 수 있다. D와 E는 이익창출자 사업단위로 보이며, F사업은 패배자 사업단위라고 할 수 있다.

산업진화 매트릭스는 산업수명주기의 각 단계에서 기업이 균형포트폴리오를 구성하기 위해 어떠한 전략을 가져야 하는지를 가르쳐 준다. 즉, 산업진화 매트릭스는 기업의 현재 사업포트폴리오가 산업의 진화단계에 따라 어떻게 변화되어야 하는지에 대한 정보를 제공한다. 그리하여 회사로 하여금 보다 안정된 균형포트폴리오를 구성하도록 하는 장점을 갖는다. 산업진화 매트릭스가 갖는 또 다른 장점은 산업진화 과정을 통해 각 사업부에 요구되는 전략이 무엇인지를 전체 조직구성원들이 알 수 있다는 것이다. 예컨대, 그림의 B사업부의 경우, 승리자 사업으로 육성되기 위하여 학습효과를 이용한 비용절감 전략이 중요하다는 것을 조직구성원들이 납득하게 된다. 한편, 산업진화 매트릭스가 갖는 약점은 산업 매력도와 같은 요인들을 고려하지 못한다는 것이다.

03 포트폴리오 분석의 한계점

포트폴리오 분석을 함으로써 얻을 수 있는 이점은 사업들을 전사적 관점에서 잘 이해할 수 있고, 이로 인해 보다 나은 전략적 의사결정을 내릴 수 있게 도와주며, 특히 자원배분에 관한 의사결정에 도움을 준다. 이러한 포트폴리오 분석은 기업의 다양한 사업단위들을 하나의 매트릭스상에 표시해 줌으로써 사업부들의 전체 균형과 응집력, 그리고 성장잠재력을 나타내 준다. 이 때 포트폴리오의 전체 균형이란 현금흐름, 영속성, 위험 등과 같은 차원에서의 균형을 의미한다. 예컨대 현금흐름 면에서 균형된 포트폴리오가 구성되어 있을 경우, 외부 자본시장에서 자금을 조달할 필요가 없게 된다. 이는 성숙기의 사업단위에서 창출되는 잉여현금을 필요로 하는 성장기 사업단위에 투자함으로써 가능하다. 또한 기업의 영속성을 유지하기 위해서는 제품수명주기상 다른 단계에 있는 사업들로 포트폴리오를 구성하여야 할 것이다. 그리고 기업 전체의 위험관리라는 측면에서 보면, 이익 면에서 상관관계가 낮은 사업에 분산시킴으로써 위험을 감소시킬 수 있다.[4]

그러나 포트폴리오 분석은 적지 않은 한계점을 갖는다. 그 중 하나가 평가항목을 다양화하는 것만으로 시장의 본질적 특성을 평가할 수 없다는 점이다. 이런 측면에서 BCG 매트릭스나 산업진화 매트릭스는 한계를 내포하고 있다고 볼 수 있다. 매력적인 시장은 몇 가지 지표로 정의하기가 어렵다. 이른바 성숙기 사업의 경우 대부분 매력적이지 않은 시장으로 분류되는 것이 일반적이나 성숙화된 원인이나 경쟁의 양상에 따라 성장은 정체되어 있지만 많은 수익을 창출하는 경우도 많으며 산업별로는 성숙화의 속도가 틀려 성숙기 사업이라기보다는 안정화된 사업이라고 분류되는 것이 보다 적합한 경우도 많다. 이와 반대로 빠른 성장 산업임에도 불구하고 기업의 수익성을 보호할 수 없어 근본적으로 가치 창출력이 낮은 사업도 존재한다. 또한 어떻게 기업의 전반적인 수익을 증가시킬 수 있을까? 포트폴리오에 추가되어야 하는 신규사업은 무엇인가? 등에 대한 답을 구하기가 쉽지 않다. 그러나 포트폴리오 분석은 균형적인 포트폴리오 구성을 위하여 완벽하진 않지만 도움을 주고 있다.

다음은 앞에서 서술한 BCG, 매킨지, 산업진화 매트릭스의 장점과 한계점을 표로 정리한 것이다.

표 11-4 BCG, GE, 산업진화 매트릭스의 장점과 한계점

	장 점	한계점
BCG 매트릭스	• 현금흐름의 관점에서 사업단위들을 유형화하고 분석함으로써 균형된 사업포트폴리오를 구성할 수 있는 자금 사용방법을 제시해줌 • 언제 새로운 사업에 투자하고, 언제 기존 사업에서 손을 떼야 할지를 알 수 있게 해줌	• 시장점유율과 시장성장률에 의한 4개분면에 대한 단순한 판단이 오류를 초래할 가능성이 높음 • 상대적 시장점유율이 높을수록 원가우위를 가진다고 했는데 항상 그런 것은 아니라는 점
GE 매트릭스	• 복수의 사업단위가 서로 다른 성공요인을 가진다는 것을 고려함 • BCG 매트릭스보다는 Mapping을 정교히 함	• 산업 매력도와 경쟁력을 평가하는데 있어 관련변수의 가중치를 어떻게 택할 것인가의 문제(전략관리자의 주관이 지나치게 개입될 소지가 있음) • BCG 매트릭스보다는 정교하나 역시 2가지 관점(시장의 매력도, 자사의 경쟁력) 에서 측정한다는 한계를 가짐
산업진화 매트릭스	• 산업수명주기의 각 단계에서 기업이 균형 포트폴리오를 구성하기 위해 어떠한 전략을 가져야 하는지를 가르쳐줌	• 산업 매력도와 같은 요인들을 고려하지 못함

출처: 이장우, 전략경영, 법문사; 코넬리스 클뤼퍼, 전략이란 무엇인가?, 쓰리메카닷컴, 2007.

사 례 삼성전자의 비즈니스 포트폴리오

삼성전자의 포트폴리오를 BCG Matrix를 이용해서 분석해 볼 수 있다. 먼저 삼성전자의 기본 조직도를 바탕으로 매출액 1조 이상의 핵심 사업부문의 제품영역을 SBU로 설정하였다.

1. 삼성전자의 SBU

삼성전자의 사업부는 크게 네 가지로 분류된다. 첫째, IM은 스마트폰, 피처폰, 태블릿 등을 포함한다. 둘째, 반도체는 DRAM, NAND, AP 등을 포함한다. 셋째, 디스플레이는 LCD, OLED 등을 포함한다. 넷째, 가전은 TV, 모니터, 기타 가전 등을 포함한다.

그림 1 삼성전자의 SBU

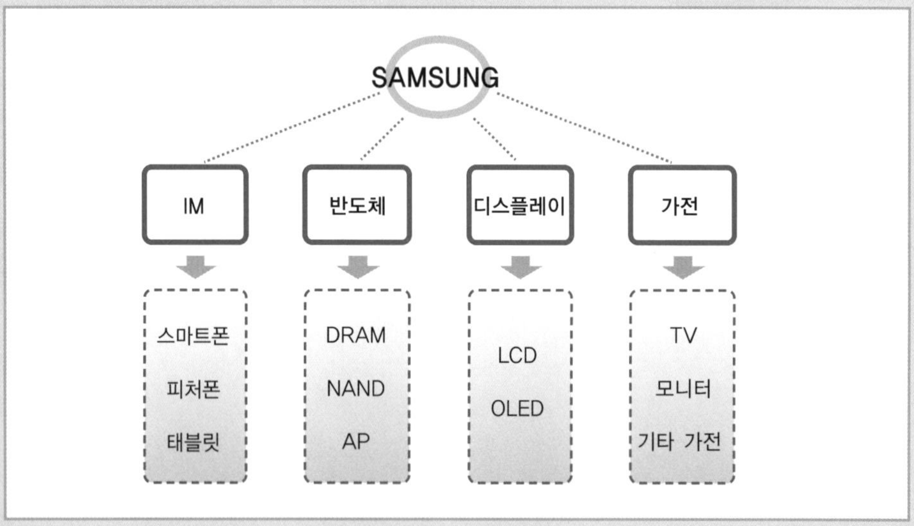

2. 삼성전자의 BCG Matrix

시장성장률은 삼성전자 2009년~2011년의 기업성장률인 9%를 기준으로 고 · 저의 기준점을 설정하였다. 상대적 시장점유율의 기준은 다음과 같다.

$$- \text{자사가 시장의 선두 기업일 경우} : \frac{\text{자사 점유율}}{\text{2위 기업의 점유율}} > 1 = \text{高}$$

$$- \text{자사가 시장의 선두 기업이 아닌 경우} : \frac{\text{자사 점유율}}{\text{1위 기업의 점유율}} < 1 = \text{低}$$

그림 2 삼성전자의 포트폴리오

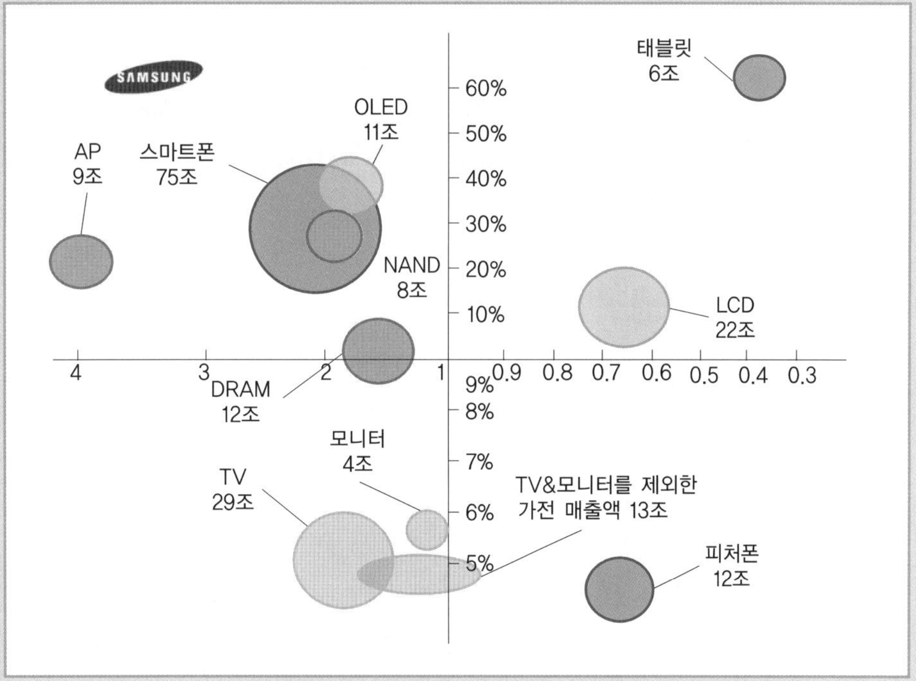

삼성전자의 BCG Matrix를 살펴보면, 스마트폰과 OLED 등의 제품군에서 높은 상대적 시장점유율과 높은 시장성장률을 가지는 Star에 위치하고 있다. 이는 곧 경쟁우위와 확장의 기회를 동시에 가지고 있다는 것을 의미하며, 적극적인 투자가 요구되는 사업단위이다.

TV와 모니터 등의 제품군은 높은 상대적 시장점유율과 낮은 시장성장률을 가진 Cash Cow에 속한다. 따라서 타 기업과의 경쟁에 있어 강점을 가지는 사업단위이기는 하나 확장 기회가 적고 시장기회가 줄어듦에 따라 위험이 따를 수 있다. 하지만, TV, 모니터 등의 사업단위는 삼성전자가 스마트폰이나 LCD 등의 사업을 지원할 수 있는 중요한 자금원천이라고 볼 수 있다.

LCD 제품군과 태블릿 PC는 낮은 상대적 시장점유율과 높은 시장성장률을 가지는 Question Mark에 속한다. 이는 경쟁적 위치는 약하지만 확장을 위한 기회가 많다고 볼 수 있다. 하지만, 이를 위해서는 많은 자본투자가 요구된다.

3. 삼성전자의 포트폴리오 분석

표 1 삼성전자 분기별 실적 추이 (단위: 조원)

구 분		2009				2010			
		1Q	2Q	3Q	4Q	1Q	2Q	3Q	4Q
매출	반도체	5.22	6.14	7.46	8	8.2	9.53	10.66	9.25
	LCD	4.11	5.10	6.73	7.29	6.85	7.76	8.1	7.2
	통신	9.77	10.04	10.71	10.17	9.18	8.78	11.12	12.11
	DM	10.07	11.77	12.37	15.54	12.61	14.54	14.13	15.97
	계	**28.67**	**32.51**	**35.87**	**39.25**	**34.64**	**37.89**	**40.23**	**41.87**
영업이익	반도체	−0.67	0.24	1.15	1.34	1.96	2.94	3.42	1.8
	LCD	−0.31	0.15	1.01	0.53	0.49	0.88	0.52	0.1
	통신	1.12	1	1.03	1.05	1.1	0.63	1.13	1.44
	DM	0.38	1.06	0.94	0.48	0.52	0.36	−0.23	−0.17
	계	**0.47**	**2.52**	**4.23**	**3.44**	**4.41**	**5.01**	**4.86**	**3.01**

출처 : 삼성전자 홈페이지(www.samsung.com).

삼성전자의 경우 완제품 사업 부문이 부진하면 부품 사업 쪽이 받쳐주고, 부품이 부진하면 완제품이 밀어주는 식으로의 포트폴리오가 구성되어 있다 삼성전자는 2010년 반도체로만 10조원 이상을 벌었다. 반도체는 시황 호조에 힘입어 전년 대비 매출은 40% 늘어난 37조 6400억원, 영업이익은 무려 391% 늘어난 10조 1100억원을 기록했다. 특히 D램 가격이 고점을 찍었던 지난해 상반기에는 나머지 사업 부문들의 부진을 반도체가 상쇄하는 역할을 담당했다. 하반기 들어 D램 가격이 하락세로 접어들었으나 낸드 플래시는 모바일 기기의 수요 확대에 따라 안정적인 시황을 나타내며 D램 부문의 부진을 다소 만회했다. 삼성전자는 "반도체는 D램 가격 하락에도 불구하고 고부가가치 제품 판매와 미세 공정 도입으로 이익이 증가했다"며 "LCD 부문도 시황 악화 속에도 업계 최고 수준의 수익 달성했다"고 평가했다.[1)]

하지만 2010년 하반기에 반도체 사업 부문 실적 증가세가 주춤해지자 이를 대신한 것은 휴대폰 사업 부문이다. 2010년 통신 부문은 매출 41조 200억원, 영업이익 4조 3000억원을 달성하며 두 자릿수 영업이익률(10.4%)을 기록했다. 전략 스마트폰 '갤럭시S'는 삼성전자 스마트폰 중에서 처음으로 1000만대를 돌파했고 '갤럭시탭'은 150만대가 판매되며 호실적을 이끌었다.

삼성전자의 BCG Matrix를 보면, 스마트 폰에 치중된 불균형적인 포트폴리오를 가지고 있다. 삼성전자는 이러한 포트폴리오의 개선을 위해 신성장 사업인 바이오 사업과 관련된 중소기업을 인수하고, 지속적인 투자를 하고 있다. 또한, 태블릿 PC와 같은 스타 사업을 육성하고, 적극적인 R&D 투자를 통한 차세대 IT 사업을 준비하고 있다. 그 예로 프로젝트 글라스가 있다. Google은 AR(증강 현실)기술을 이용한 Project Glass를 발표했는데 이 프로젝트는 AR 안경으로 여러 가지 정보를 얻고, 커뮤니케이션 등에 활용하는 것을 상정한 것이다. AR 안경은 작은 투과 디스플레이를 탑재하여, 전방의 풍경과 함께 여러 가지 정보를 취득할 수 있게 되어있다.

그림 3 생명공학기술

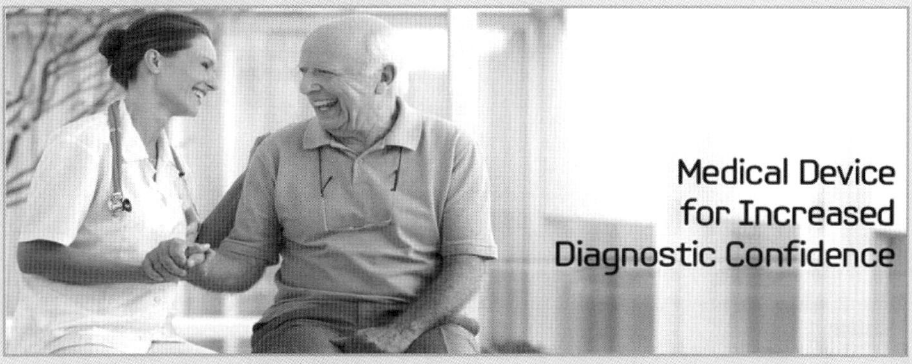

그림 4 프로젝트 글라스

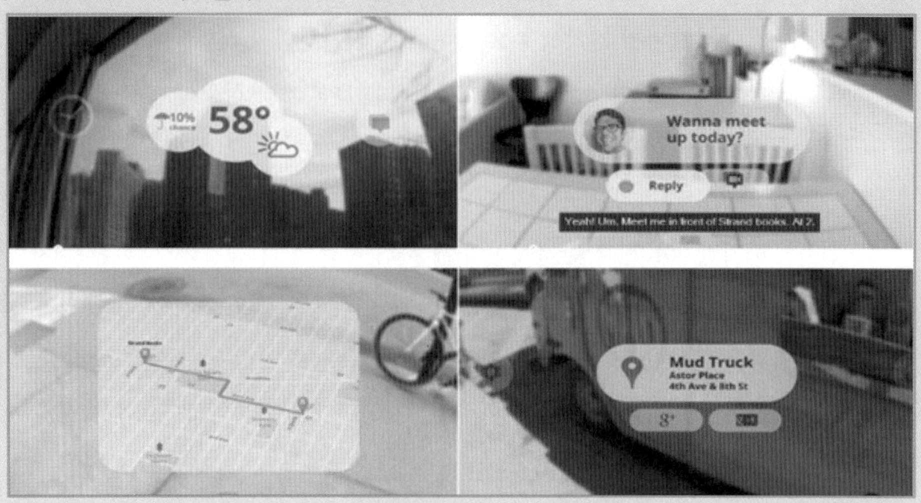

그림 5 태블릿 PC 시장의 기업별 점유율

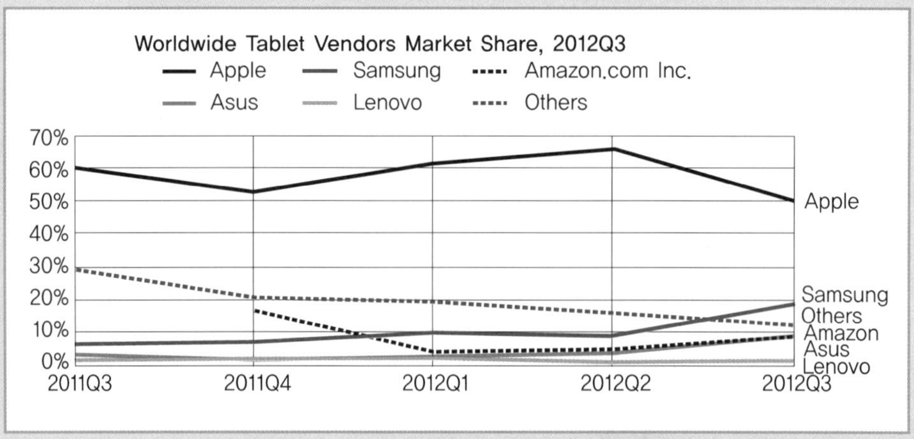

참고문헌

1) 이데일리 뉴스 2011. 01. 23. "150조원, 말이 쉽지" 삼성전자 '포트폴리오의 힘'!

12장 국제화

1. 기업 글로벌화의 추진동력
2. 어떤 국가로 진출할 것인가?
3. 해외시장 진입방법
4. 국제화 전략

[사례] SM엔터테인먼트의 국제화 전략

학습내용

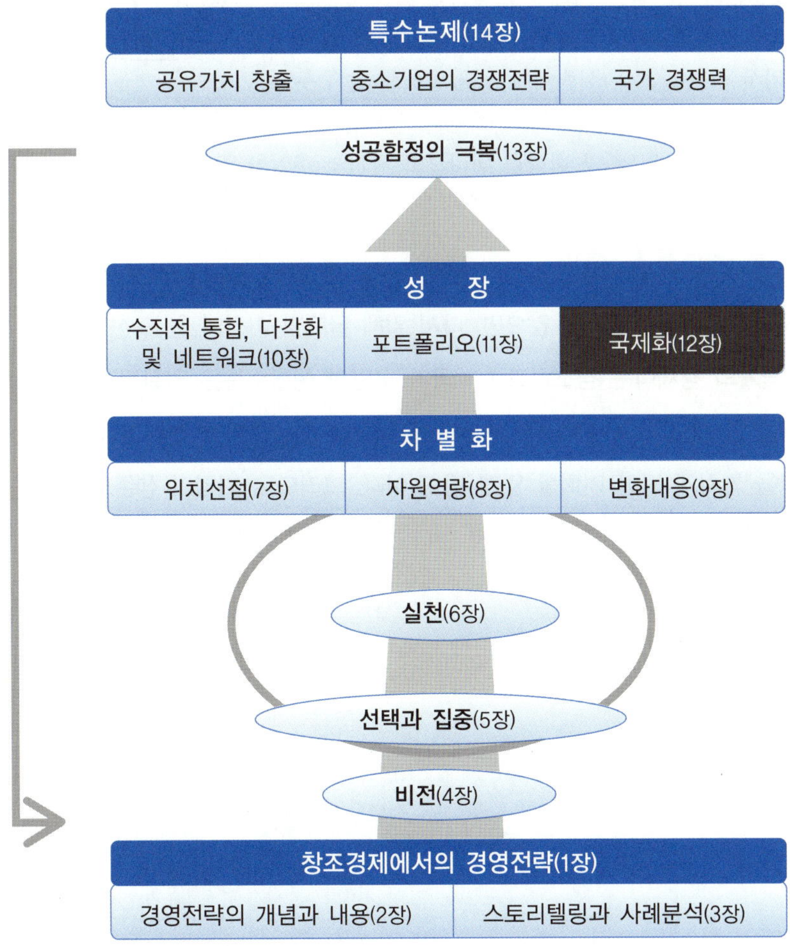

“황허의 신 하백이 물의 흐름을 따라 처음 바다에 나왔다. 그는 북해에까지 가서 동해를 바라보면서 그 끝이 없음에 놀라 탄식하였다. 그러자 북해의 신 약이 말하기를 우물 안에서 살고 있는 개구리에게 바다를 이야기해도 알지 못하는 것은 그들이 좁은 장소에서 살고 있기 때문이다. 또 여름 벌레에게 얼음을 말해도 알지 못하는 것은, 그들이 여름만을 굳게 믿고 있기 때문이다. 따라서 식견이 좁은 사람에게 도를 말해도 알지 못하거니와, 그것은 그들이 상식의 가르침에 구속되어 있기 때문이다. 그러나 당신은 지금 좁은 개울에서 나와 큰 바다를 바라보고 자기의 추함을 알았기 때문에, 이제 더불어 큰 진리에 대하여 말할 수 있을 것이다.”

오늘날 어떤 국가도 다른 나라와 경제적 거래를 하지 않는 나라는 없다. 만약 어떤 나라가 교역에 참여하지 않으면, 다시 말해 글로벌 시장의 한 구성원이 되지 못하면, 국가의 경제력은 감소하고, 그 국가 국민의 생활수준은 악화될 것이다. 기업도 ‘우물 안 개구리’와 같이 국내시장만을 목표로 경영활동을 전개한다면 더 큰 세계시장을 놓치게 되어 기회를 잃게 될 것이다. 그러므로 기업이 생존의 기반을 확대하고 더 큰 성장의 기회를 얻고자 한다면 ‘우물 밖 개구리’가 된다는 것은 선택이 아니라 필수다.

01 기업 글로벌화의 추진동력

기업을 글로벌 시장으로 진출하게 만드는 요인들로는 규모의 경제, 국가 간 자유무역, 국가 간 차이의 감소, 교통과 통신의 발달 등을 제시할 수 있다.[1)]

(1) 규모의 경제

세계 시장에서 경쟁하기 위해 규모의 경제성 확보가 더욱 중요해지고 있다. 특히 개별 국가의 시장만으로는 경제성 있는 최적규모를 확보할 수 없는 경우 글로벌화에 의한 규모의 경제는 중요한 경쟁요소가 된다. 또한 생산, 유통, 구매 혹은 연구개

그림 12-1 글로벌화 촉진요인

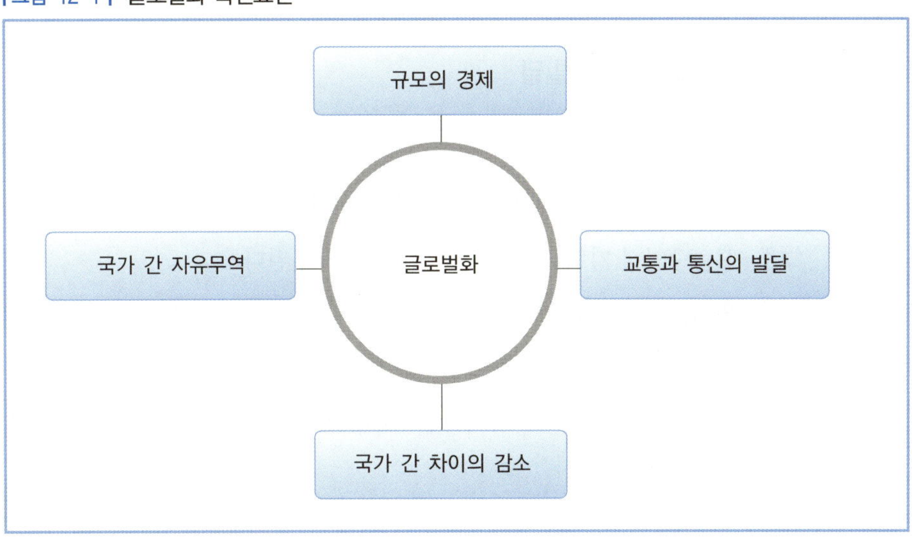

발 측면에서 규모의 경제에 의한 효과를 증대시켜 주는 기술발전으로 인해 산업의 글로벌화가 촉진되고 있다.

(2) 국가 간 자유무역

최근까지 지속되어 온 세계의 자유무역 추세가 글로벌화의 촉진 역할을 하고 있다. 각국 정부는 쿼터를 해제하고, 관세장벽을 낮추고, 국제적 기술협력을 촉진시키는 등 산업의 글로벌화를 증대시키고 있다. 80년대 후반 이후 보호무역 추세로 회귀하는 경향도 무시할 수는 없으나 UR협상의 타결 이후 모든 분야에서 개방이 더욱 촉진될 것으로 예상된다.

(3) 국가 간 차이의 감소

기업들이 제품, 마케팅 활동, 현지 유통경로의 확보에 있어서 지역시장마다 다르게 접근하는 것은 근본적으로 지역시장들마다 경제, 사회, 문화적 배경에서 차이가 있기 때문이다. 최근 국가 간 경제, 문화적 환경이 점점 더 비슷해짐에 따라서 글로벌화가 촉진되고 있다. 즉, 국가 간 문화와 의식구조의 차이가 점차 줄어들고 전세계 소비자들의 공통적 욕구가 증가하고 있다는 것이다. 이러한 경우 기업은 적은 종류의 제품만으로도 여러 시장에 진출할 수 있다.

(4) 교통과 통신의 발달

국가 간 사회문화적 차이를 축소시키는 데 커다란 역할을 하는 것이 커뮤니케이션과 수송수단의 발달이다. 이로 인해 세계 모든 사람들의 공통된 욕구가 등장하며, 이는 당연히 기업을 글로벌화로 유도하게 된다.

이와 같은 세계시장의 변화에 적응하지 못하고 과거의 기업전략만을 고집하는 기업은 글로벌화를 추구하고 있는 경쟁기업들에게 시장을 잠식당하게 된다. 따라서, 기업의 글로벌화는 환경적응을 위해 전략적 측면에서 반드시 고려해야 한다.

02 어떤 국가로 진출할 것인가?

해외시장의 환경은 관점에 따라 여러 가지로 분류할 수 있다. 일반적으로 경제적 환경, 사회 · 문화적 환경, 정치 · 법적 환경, 물리적 · 자연적 환경, 기술적 환경 등의 5가지 차원으로 구분할 수 있다.

2.1 경제적 환경

해외 환경의 구성요소 가운데 가장 핵심적인 요소이며 흔히 과업환경이라고도 일컬어지는데 기업의 활동에 직접적으로 영향을 미치는 환경이다. 이는 국제 경제적 환경과 개별 경제적 환경으로 나누어 볼 수 있다.[2]

개별 경제적 환경도 거시적 관점과 미시적 관점에서 볼 수 있는데 거시적 관점에서는 사람들의 요구와 욕구 및 국가의 경제정책에 관한 요인들이 중시되며 이는 시장 잠재력의 크기 및 범위, 그리고 향후 경제전망의 분석에 도움을 준다. 거시경제적 차원의 요인으로 중요한 것들에는 인구, 소득(GNP 및 개인소득), 경제발전 정도, 소비구조, 경제체제, 경제의 대외의존성 정도, 철강 · 자동차 · 원유 · 합판 생산량 등의 생산관계지표, 광석 · 곡물 · 식료품가격 등의 가격관계지표, 국가의 재정, 금융상태 등이 포함된다. 한편, 미시경제적 차원의 환경은 기업이 관심을 가진 제품 또는 시장을 둘러싼 환경을 말한다. 이는 기업이 해당국 시장에 성공적으로 진입할 수 있는가의 여부와 관계되며 따라서 경쟁차원의 분석을 위해 필요하다. 즉,

기업이 과연 그 시장에 들어갈 수 있는가의 여부와 효과적으로 경쟁할 수 있는 능력에 대한 평가가 이루어지게 된다.[3)]

진출국의 경제적 환경을 종합적이면서도 체계적으로 분석, 서술하는 것은 쉬운 일이 아니다. 왜냐하면 국제적 경영활동의 유형에 따라(예를 들면, 수출을 하는 경우, 직접투자를 하는 경우) 파악해야 할 경제적 환경의 중점대상이 상이하기 때문이다. 예를 들면 수출의 경우 주된 관심사항은 진출국의 시장규모와 잠재고객의 특성, 즉 시장가치에 있을 것이다. 현지에 생산공장을 설립하고자 할 경우에는 진출국의 근로자의 질, 인건비, 물류, 교통, 통신 등 인프라 등이 주된 관심이 될 것이다.

2.2 문화적 환경

개인의 행동에 많은 영향을 주는 문화에 대한 정의는 매우 다양하다. 문화인류학자인 호프스테드(Hofstede)는 문화를 한 그룹의 구성원과 다른 그룹의 구성원을 구별짓는 마음의 집단적 프로그램이라고 정의였다. 터프스트라(Terpstra)와 데이비드(David)는 보다 경영지향적인 정의를 하고 있다. 이들은 문화를 한 사회의 구성원들에게 일련의 방향성을 제시해 주는 의미를 지닌 학습되고, 공유되며, 강제적이고 상호 연관된 상징들의 집합체라고 보고 있다.

문화에 대한 다양한 정의에도 불구하고, 다음과 같은 공통적인 요소들이 있다. 첫째, 문화는 사람들에 의해 학습된다는 것이다. 즉 유전자를 통해 저절로 전해지는 것이 아니라는 것이다. 한 사회의 문화는 가정이나 학교 등과 같은 동료그룹에 의해 한 세대에서 다음 세대로 전해지는 것이다. 두 번째 요소는 모두 서로 관련되어 있는 많은 상이한 부문들로 구성되어 있다는 것이다. 예를 들면, 한 사람의 사회적 지위는 그 사람이 사용하는 언어에 영향을 미친다. 따라서 사람의 문화적 마음상태는 행동의 우연한 집합이 아니고 모든 조각들이 서로 얽혀있는 퍼즐게임과 같은 것이다. 마지막으로 문화란 그 사회의 구성원들인 개인들에 의해 공유되고 있다. 이들 3가지 면이 문화의 요점을 정확히 설명하고 있다.

문화는 국경에 의해 정의될 수도 있다. 특히, 자연 장벽에 의해 고립되어 있을 때 더욱 확연하게 구분된다. 예를 들면, 섬나라인 일본이나 아일랜드, 대만과 반도인 우리나라가 그 예이다. 그러나 대부분의 국가는 그들의 국경 내에 상이한 하위그룹(하위문화)을 가지고 있다. 이들 하위그룹은 언어(예 : 벨기에의 Walloons와 Flemish)나 종교(예 : 스리랑카의 불교와 힌두교)에 의해 구별될 수 있다. 동질적인 문화는 거의 없으며, 문화는 서로 공통점이 거의 없는 하위문화를 가지고 있다.[4)]

기업이 외국에서의 활동을 수행함에 있어 적응해야 할 세 가지 기본적 영역은 제품의 적응, 기업차원의 적응, 개인적 차원의 적응이다. 제품은 외국의 기후, 공업규격, 색채선호 등에 맞도록 수정될 수도 있으며 혹은 현지 요구조항에 맞도록 완전히 재조정될 수도 있다. 기업의 적응에는 상대국의 관점에 부응하기 위한 조직 및 사업적 수정이 포함된다. 나아가, 개인적 적응은 해당 국가의 사회와 문화적 규범을 이해하고 이에 적응해가는 노력을 의미한다. 국가들 간에는 태도, 신념, 의미, 모티베이션, 지각, 도덕성, 진실, 미신 등 무수히 많은 문화적 특성의 차이들이 존재한다. 이러한 사회, 문화적 차이점들은 기업의 시장행위에 깊게 영향을 미친다. 나아가 일국의 문화는 개인의 생활 스타일을 조화시키고 형성한다. 즉, 문화는 사회와 생활을 위한 설계와 관련되므로 국제경영 계획을 개발할 때 반드시 연구되어야 한다. 경험이 없는 경영자는 문화의 일부 속성이 동일한 경우 여타 문화적 측면도 유사하리라는 환상을 가질 수 있다. 그러나 일부 문화적 특성이 동일하거나 또는 유사하다는 것이 문화적 환경에 대한 분석의 중요성을 감소시키는 것은 결코 아니다. 즉, 언어, 가치관 및 기타 다른 문화적 차이를 고려하지 않을 경우 경영활동의 성과가 제대로 실현되지 못한다.

이러한 문화의 특성에 의해 새로운 사업기회가 창출되기도 한다. 특정 사회와 문화에 한 시점에선 도입될 수 없는 제품/서비스가 사회 · 문화적 변화에 의해 일정 기간이 경과한 후에는 애용될 수도 있다. 사회 · 문화적 환경의 주요 요인들에는 물질적 생활, 사회적 관계, 교육, 언어, 미적 감각, 종교 및 신념, 관습, 논리, 도덕, 책임과 자부심, 편견 등이 포함된다.

문화적 환경의 예로 인도의 인디언 타임이 있다. 인도에선 '노 프라블럼' 이란 말을 많이 사용한다. 인도에 몇 년 생활한 한국인들은 이를 '50% 프라블럼' 으로 깎아

해석한다. 이처럼 인도의 문화와 언어 생활, 사고의 특성에 대해 우리와의 차이를 잘 이해해야 인도시장에 제대로 파고들 수 있다. 인도인들은 자신들의 표준시(Indian Standard Time)를 제멋대로 늘어진 'Indian Stretch Time' 이라고 농담하며 약속시간에 늦는 걸 합리화한다. 예를 들면 결혼식이 오전 7시부터라고 통보했다면 실제로 손님들은 8시부터 서서히 오기 시작해 8시 30분이 되어야 시작한다. 교통이나 통신수단이 열악해 시간약속을 하고서 지키지 못하는 측면도 있다. 약속한 기일 내에 자료를 보내지 못하는 일 또한 다반사다. 시간을 다투는 중요한 업무는 되풀이해서 확인하고 독촉해야 정해진 시간 내에 맞출 수 있다. 또 어떤 제품의 견적을 받고 싶다고 전화하면 한국에선 즉시 달려와 제품소개를 한다. 그러나 인도에선 편지로 그 내용을 통보해 주면 자신들이 해답을 보내겠다는 식이다. 시간에 관한 개념이 우리와는 전혀 다르다. 인도에서는 관련 부서 간 의견을 통일해 이를 단 한번의 공문서로 발송하지않고 각 부서에서 연락이 오는 대로 외부에 전해준다. 어떤 부서의 담당자가 휴가나 출장을 갈 경우 한 달 후에 정반대의 내용을 알려오는 경우도 있다. 특히 프로젝트의 경우 조급하게 서두르면 안 된다.

2.3 정치 · 법적 환경

현지국의 정치적 환경은 기업의 글로벌 경영활동에 중요한 영향을 준다. 훌륭한 경영자는 그 기업이 활동하고 있는 국가의 현존하는 환경에 대한 이해뿐만 아니라, 향후 일어날 수 있는 변화를 예측하여 계획을 수립할 수 있어야 한다. 기업은 보통 안정적이고 우호적인 정부를 가진 국가에서 경영하기를 원하지만, 그러한 정부를 발견하는 것이 쉬운 것은 아니다. 모든 나라에 정치적 위험이 있지만, 위험의 범위는 나라마다 다르다. 또한 모든 해외진출에도 위험이 따르지만, 그 정도는 진출방법에 따라 다르다. 해외 직접투자는 수출이나 라이선싱 등에 비해, 그 위험의 정도가 매우 크다. 이 때문에 직접투자에 있어서는 투입하는 경영자원과 그 결과로서 기대할 수 있는 성과 및 발생 가능한 손해를 신중히 검토하게 된다. 즉 수출보다도 상세하고 많은 종류의 정보를 대량으로 수집하여 분석할 필요가 있다.[5)]

정치적 위험은 여러 면에서 분석될 수 있으나, 여기서는 해외 직접투자와 관련하여 고려될 수 있는 정치적 위험을 중심으로 살펴보기로 한다. 정치적 위험은 위험이 발생할 때에 손해가 큰 것부터 순차적으로 다음과 같이 분류할 수 있다.[6]

(1) 전쟁위험

전쟁, 혁명, 내란 등에 의해 현지정부가 국내의 질서를 유지할 수 없게 되고, 그 결과로서 자산에 대한 손해, 업무정지 등에 빠지는 위험이다. 이것은 현지국의 정치시스템이 예측을 초월하여 급격히 변화하기 때문에 일어난다.

(2) 소유나 지배와 관련된 위험

소유권과 관련된 위험으로서는 몰수(confiscation)와 수용(expropriation) 그리고 내국화(domestication) 등을 들 수 있겠다. 수용과 몰수는 외국기업으로부터 현지국가로 소유권이 이전된다는 점에서는 비슷하다. 상이한 점은 수용은 기업에 보상이 이루어지지만, 몰수는 보상 없이 기업의 자산을 빼앗는다는 것이다. 그러나, 수용의 경우에도 현재 소유자에게 현지국 정부가 보상을 해주지만, 보상협상은 소유자에게 불만족스러운 형태로 끝난다. 이러한 수용이나 몰수의 위험은 에너지, 금융 등과 같이 현지국 경제에 중요한 산업에서 더 높다.

(3) 운영상의 위험

운영상의 위험으로는 수입제한, 가격통제, 노동문제 등이 있다. 첫째, 수입제한은 원료, 기계 등의 수입에 대한 선별적인 제한으로 이들을 현지국에서 충당해야 하며, 이는 결과적으로 현지국 산업을 보호하게 된다. 현지국 산업의 보호목적으로 이루어지는 수입제한은 현지국에 적절한 공급원이 없을 때에는 현지국에 진출한 외국기업에게는 중대한 문제가 될 수 있다. 둘째, 의약품, 식료품, 가솔린 등과 같은 공익과 관련이 많은 상품에 대해 종종 가격통제가 이루어진다. 인플레 기간 동안 이루어지는 이런 통제는 물가를 통제하기 위해 사용될 수 있다. 셋째, 노동문제는 많은 국가에서 민감한 문제이다. 특히 노동조합은 기업으로부터 특별한 양보를 효과적으로 얻기 위해 정부의 강력한 지원을 받기도 한다.

(4) 이전위험

이전위험이란 투자한 원금, 배당금, 로얄티 등을 국외로 송금할 수 없거나 또는 송금을 지연시키지 않을 수 없는 사태 등을 의미한다. 결국, 현지국의 통화를 외국 통화로 교환할 수 없는 리스크이다. 또한 현지국 정부의 정책에 의해 현지통화의 평가가 절하되어 그 가치가 감소하는 리스크를 포함하는 경우도 있다.

해외에서 경영활동을 할 때에, 경영자는 상이한 법적 시스템에 주의를 하지 않으면 안 된다. 이 문제는 공통된 하나의 경영계획으로 여러 나라에서 실행하려는 경영자에게는 특히 어려운 일이다. 각국은 상이한 법률로 제품개발, 라벨, 가격 및 유통 등의 경영활동을 규제한다. 경영활동을 촉진하기 위해 사업규제의 조화를 이루고자 노력하고 있는 EU 내에서도 각국은 광고금지에 대해 상이한 법률체계를 가지고 있다.

한편, 어떤 나라에서는 단지 몇 개의 법률만 있으며, 그 집행도 엄격하지 않는 반면에, 어떤 나라에서는 상세하고 복잡한 규칙을 가지고 엄격히 집행한다. 동일한 활동을 다루는 법률을 가진 국가 간에 그 시행과 해석에는 상당한 차이가 있을 수 있다. 예를 들면, 오스트리아에서는 경품이나 쿠폰은 현금할인으로 취급되어 금지되지만, 핀란드에서는 공짜라는 단어가 사용되지 않고 또한 소비자가 상품을 구매하도록 강요받지 않는 한 허용되고 있다. 프랑스에서 다른 상품의 구매조건으로 고객에게 경품이나 선물을 제공하는 것은 불법이다. 불공정 경쟁에 대비하여 법령을 제정한 독일은 고객을 유혹하는 모든 종류의 인센티브 제공을 금지하였다.

한편 국가마다 법률은 물론 분쟁과 갈등해결에 대한 접근방법도 상이하다. 미국은 세계 어떤 국가들보다도 변호사가 많으며, 가장 소송을 좋아하는 나라이다. 미국에서는 명시적인 계약의 사용에 강한 신념이 있으며, 사업상의 문제를 해결하기 위해 법적 시스템에 의존한다. 일본이나 중국에서는 계약서에 향후 일어날 모든 문제나 사태를 명기하려는 사업가는 신뢰할 수 없는 사람으로 인식될 수도 있다.

2.4 물리적 · 자연적 환경

한 나라의 경제상태는 그 나라의 경제력뿐만 아니라 물리적 · 자연적 환경에도 큰 영향을 받는다. 이는 자연자원과 에너지의 공급과 가격의 동향, 공해나 환경오염 및 공해규제 등의 요인을 포함하는 환경으로서 생태적 환경으로 불리기도 한다. 자연적 · 물리적 환경의 중요성은 경제적, 문화적, 정치적 환경들이 이것의 영향을 폭넓게 받는다는 데 있다. 따라서, 세계적인 수준에서 투자를 행하려는 경영자는 이러한 요소들을 주의깊게 고려하여야 한다.

한편 자연적 환경의 한 요소로서의 지리적 측면도 기후와 토양에 영향을 줌으로써 동 · 식물계 등 생태계의 형성에 중요하게 작용하며 문화적, 경제적 관계에도 중요한 영향을 미치기 때문에 시장을 평가함에 있어 주요한 고려요인이 됨을 유념하여야 한다.[7)]

2.5 기술적 환경

기술적 환경은 기업에 영향을 미치는 특정 국가의 기술수준 또는 상태를 말한다. 여기서 기술은 산업에 영향을 미치는 새로운 제품, 원료, 공정 등과 관련되는 요인을 말한다. 이러한 기술은 연구개발(R&D) 활동에 의해 변화되어 보다 개선된 기술이 생길 수 있는데 모든 신기술은 산업의 잠재적 성장원천이 되기도 하며 특정 산업을 쇠퇴시키기도 한다. 따라서 신기술은 시장기회의 원천이자 창조적 파괴라는 양면성을 갖는다. 기업의 국제적 사업활동에 있어 경영자는 기술적 환경의 동향들을 잘 파악하고 적절한 대응수단을 강구할 필요가 있다.[8)]

03 해외시장 진입방법

3.1 수출에 의한 진입(간접수출, 직접수출)

간접수출(indirect export)이란 국내의 종합무역상사, 무역대리인, 수출중개인을 통한 방법으로 외국과 거래경험이 없는 기업의 경우에 유용하다. 간접수출은 기업들이 고정자본을 투자할 필요가 없고, 해외사업을 운영하는 데 드는 비용이나 위험이 크지 않은 장점이 있다. 간접수출의 예로 나이키는 해외 바이어의 입장에서 한국에 있는 여러 업체에 접근하여 매년 일정 물량의 운동화를 일정 가격에 구매할 것을 계약한다. 한국의 운동화 생산업체들은 자신들이 해외시장에 대한 마케팅 지식을 축적하지 못했기 때문에 나이키와 같은 대형 바이어에 의존해서 OEM 방식으로 생산하는 간접수출 방식을 이용한다.

직접수출(direct export)이란 중간상을 거치지 않고 상대국의 대리점이나 유통업자를 통해 수출을 하거나 자사의 지점이나 현지 자회사를 통해 수출하는 방법이다. 크게 두 가지 경로에 의해서 이루어 지는데 해외판매 대리인이나 유통업자를 활용하는 방법과 제조업체가 판매 자회사나 판매 지사를 설립하여 운영하는 방법이 있다. 직접수출을 선택하여 얻는 이점은 여러 가지가 있다. 첫째, 제조업체가 해외시장에 대한 마케팅 계획을 자신이 직접 수행할 수 있는 통제권을 가질 수 있다. 둘째, 각 제품의 특성에 맞는 마케팅 활동을 할 수 있다. 셋째, 현지로부터 빠른 정보를 얻을 수 있다. 넷째, 제조업체가 갖고 있는 상표권과 특허권과 같은 무형자산에 대해

보다 확실한 보호가 가능하다. 직접수출의 예를 들면 BMW는 독일 현지에서 생산하여 국내기업인 ㈜코오롱상사를 통해 유통시키고 있다. 다른 예로 현대자동차는 미국 앨라배마에 공장(HMMA)을 세워 소나타, 산타페를 직접 생산하고 판매한다.[9)]

3.2 계약에 의한 진출(라이센스, 프랜차이즈, 계약)

라이센스(license)란 외국의 라이센스 획득자(licensee)가 라이센스 제공자(licensor)에게 일정한 대가를 지불하고 자국에서 제품을 제조하는 권한을 획득하기 위한 계약을 말한다. 해외진출 방법으로 라이센스를 선택하는 경우는 첫째, 진출예정국에 수출이나 직접투자에 대한 무역장벽이 존재할 경우, 둘째, 수송비가 비싸거나 국가 간 이동하는 데 많은 비용이 소요되는 경우, 셋째, 기술과 서비스와 같은 무형자산을 이용하고자 하는 경우, 넷째 투자국의 정치적 위험이 큰 경우 등이다. 라이센스의 대표적인 예로 국내기업 ㈜유니스코와 프랑스 디자이너의 브랜드인 피에르가르뎅이 라이센싱한 경우를 들 수 있다. 이러한 라이센스에 의해 현재 국내에 우산, 속옷, 침구류, 지갑, 벨트, 머플러, 안경 등 수많은 OEM 제품들이 만들어 졌으나, 너무 많은 분야의 라이센싱 계약으로 인해 브랜드 가치가 하락하는 단점도 가지게 되었다.

▶▶ 라이센싱 사례

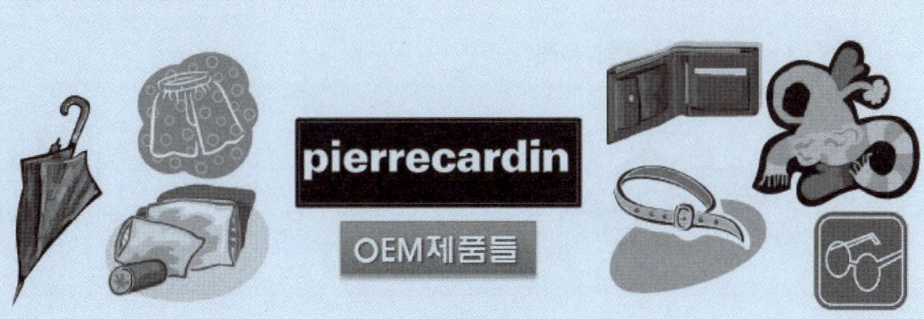

▶▶ 프랜차이징 사례

프랜차이즈란 프랜차이즈 제공자(franchisor)가 프랜차이즈 획득자(franchisee)의 이익 중 일정 몫이나 그 밖의 대가를 받고 자신의 브랜드를 사용할 수 있는 권한을 판매하는 것을 말한다. 프렌차이징의 특징으로, 첫째, 적은 자본으로 해외시장 확대가 가능하고, 둘째, 표준화된 마케팅을 할 수 있으며, 셋째, 프랜차이즈 가맹업체는 일정한 수수료만 지불하고 나머지 영업수입은 모두 자사의 수익이 되므로 자발적인 노력을 하게 된다는 것이다.

기타 계약에는 하청생산 계약, 서비스 계약, 턴키 프로젝트와 같은 방식이 있다. 먼저 하청생산 계약은 하청업자에게 일정한 품질과 가격에 상품을 납품하도록 계약을 체결하고 이것에 기초해 국제적 경영활동을 수행하는 방식이다. 이러한 방식은 나이키와 리복과 같은 회사가 한국의 하청업자에게 일정한 품질과 가격에 운동화를 납품하도록 계약을 체결하고 이에 기초해 거래하는 방법이다.

▶▶ 하청생산 계약 사례

나이키와 리복은 한국의 하청업자와 생산계약을 함

서비스 계약은 자사가 직접 운영하지 않고 계약을 통해서 서비스를 제공받는 형태이다. 항공사의 경우, 기내 음식물의 공급과 항공기 정비를 자사가 직접 운영하지 않고 계약을 통해서 서비스를 제공 받는 형태를 취한다.

▶▶ **서비스 계약 사례**

턴키 프로젝트 계약은 계약자(contractor)가 해외 고객에게 운영직원의 훈련을 포함한 해당 프로젝트의 모든 사항을 취급하는 것에 동의하는 것이다. 계약의 완성 시에 가동을 위해 준비가 완료된 공장의 키를 해외고객에게 넘겨준다는 의미에서 턴키라는 용어를 사용한다. 이것은 공정기술을 다른 나라에 수출할 때 주로 사용된다. 화학, 제약, 정유산업과 같이 복잡하고 값이 비싼 생산기술에서 자주 사용된다.

▶▶ **턴키 프로젝트 사례**

턴키 프로젝트는 화학, 제약, 정유산업에 흔히 사용되며, 복잡하고 값이 비싼 생산기술에 주로 적용됨

3.3 직접투자 방식(합작투자, 자회사 신설, 해외 M&A)

직접투자 방식은 합작투자, 자회사 신설, 해외 M&A 등을 포함한다. 먼저 합작투자란 현지 기업이나 정부기관 등과 공동으로 투자하여 해외에서 생산을 하는 것을 말한다. 합작투자를 선택하는 것은 합작 파트너로부터 현지상황에 대한 정보를 빨리 파악할 수 있고, 현지의 네트워크 형성에 유리하기 때문이다. 합작투자의 성공적인 예로 SONY의 미국진출을 들 수 있다. SONY는 TV나 오디오 분야에만 강한

기업으로 알고 있지만, 1972년부터 미국 시장에 진입하여 오랜 기간 동안 점진적으로 해외 직접투자를 계속하여 현재까지 컴퓨터, 무선통신, 반도체, 게임, 음악, 영화 등 다양한 사업부문에 진출해 있다.

▶▶ 합작투자 사례

자회사 신설이란 현지에서 신규로 회사를 설립하는 것이다. 자회사 신설을 선택하는 이유는 유망한 기업의 경우 이미 경쟁자에 의해 인수되었거나 새로운 회사의 설립보다 인수비용이 너무 높기 때문이다. 해외 M&A란 한 기업이 다른 기업을 흡수하여 한 개의 기업이 되는 것이다. 해외 M&A를 선택하는 이유는 신규 회사 설립과 비교할 때 현지시장에 접근하기 빠르기 때문이다. 또한 후발주자 입장에서 잘 구축된 상표를 얻는 데 유용하며 신규로 종업원을 모집하거나 판매망을 구축할 필

▶▶ 해외 M&A 사례

요가 없다는 장점이 있다. 한국 기업인 LG전자가 Zenith를 인수한 경우와 삼성이 컴퓨터 메이커인 AST를 인수한 것이 M&A를 통한 해외진출의 대표적인 사례이다.

3.4 해외진출 방식의 선택

흔히 기업의 국제화 과정은 몇 단계를 거치면서 해외시장에의 몰입 정도를 점차로 높여가는 진화론적 관점으로 설명할 수 있다. 기업의 국제적 경영활동이 확대되어 감에 따라 기업의 국제화는 간접수출, 직접수출, 라이센스, 판매법인, 합작투자, 직접투자 순으로 그 규모와 몰입이 점진적으로 확대된다.[10) .

러그만(A. M. Rugman)은 기업이 국제화를 추진하면서 선택할 수 있는 전략유형을 수출, 라이센싱, 해외 직접투자 등 세 가지로 나누고 이들의 선택과정을 모형으

그림 12-2 해외시장진입의 전개과정 (루트의 모형)

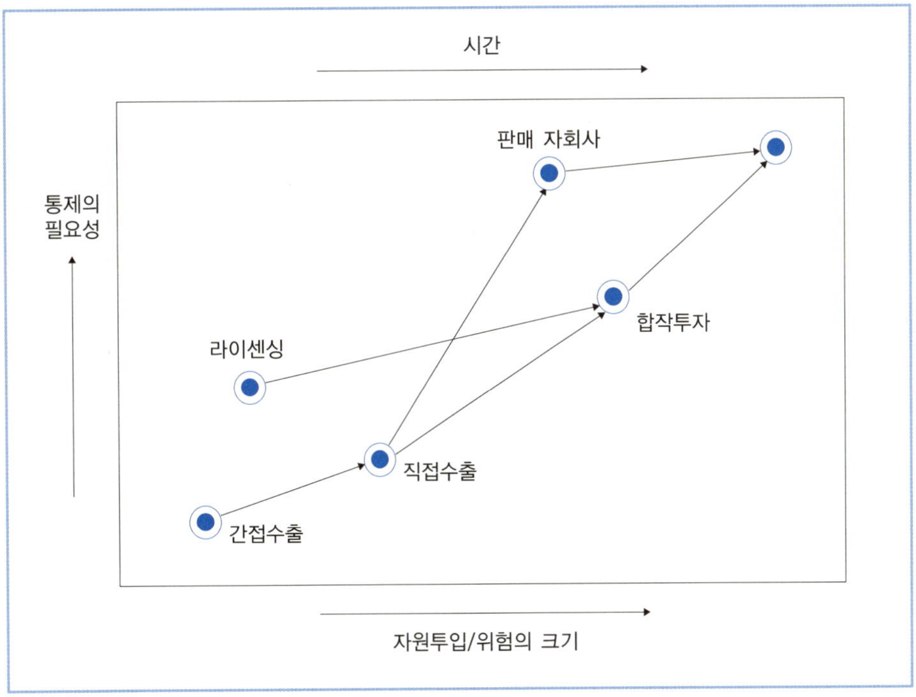

출처: Franklin Root, Entry Strategies for International Markets, Lexington, 1994; 이신모, 해외시장과 문화경영, 다성출판사, 2002, p. 116에서 발췌.

그림 12-3 러그만의 단순모형

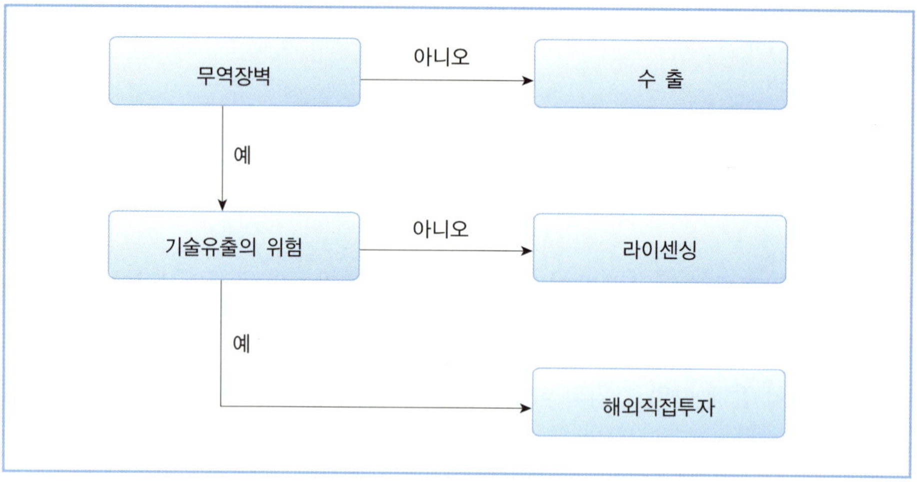

출처: Rugman., A. M. Lecraw D. J. and Booth, L. D. International Business; Firm and Environment, McGraw-Hill, 1985, New York, p. 130; 이신모, 해외시장과 문화경영, 다성출판사, 2002, p. 118에서 발췌.

로 단순하게 설명하고 있다. 이 모형에 따르면 국제기업들은 먼저 위험수준이 낮고 자원투입이 많이 요구되지 않는 수출방식으로 해외시장에 진입하는 것을 선호한다. 그러다가 기업들은 높은 무역장벽 때문에 수출이 불가능하게 되면 어쩔 수 없이 라이센싱이나 해외직접투자 등 활용 가능한 다른 대안을 모색한다.[11]

04 국제화 전략

글로벌화란 넓게는 세계경제가 더욱 통합되고 의존적으로 되어가는 변화를 말하며, 시장의 관점에서는 개별국 시장이 하나의 거대한 단일시장으로 바뀌는 것을 의미한다. 이러한 글로벌화는 앞으로 더욱 촉진될 것이다. 글로벌화 이전의 환경에서 기업은 국가별로 현지 소비자의 욕구에 적합한 제품을 개발, 생산, 판매하는데 초점을 맞춘, 이른바 다국가별 경영전략을 활용하고 각국에 있는 자회사는 하나의 독립된 이익센터로 사업을 한다. 각 국가별 경영전략에서는 국가 간 활동의 조정이 거의 없는 국가마다 상이한 경영전략이 사용된다. 그러나 각국 시장이 점점 비슷해지고 규모의 경제가 더욱 중요해짐에 따라, 국가별 제품개발로 인한 비효율성은 더욱 명확해졌고 국가 간 활동의 조정이 절실하게 되었다. 이러한 환경의 변화로 인해 세계시장을 단일체로 보는 글로벌 시각에서 경영전략을 수립하는 이른바 글로벌 경영전략이 중요한 과제로 등장하고 있다.

4.1 표준화 전략

표준화 전략이란 표적시장에 제품을 공급함에 있어서 이미 개발된 제품을 그대로 사용하는 전략이다. 예를 들면, Coca-Cola, Levi's 청바지, 그리고 Colgate 치약 등이 이 전략을 사용하고 있다. 또한 자전거의 경우, 사용용도가 다르기 때문에 촉진전략은 현지에 맞도록 변경하지만, 제품 자체는 본국 제품을 그대로 해외에서 사용한다. 제품분류 면에서 보면, 소비재보다 문화적 영향을 덜 받는 철강, 화학, 농기계와 같은 산업재는 제품의 조정이 덜 이루어지며, 과학 기자재나 의료기구와 같은 기술집약적인 산업재도 동일한 제품이 세계시장에서 수용되고 있다.

표준화 전략의 장점으로는 첫째, 비용절감을 통해 경쟁우위를 달성하는 것이다. 전 세계적으로 표준화된 제품을 개발하여 생산하면 연구개발과 생산 측면에서 규모의 경제를 달성할 수 있다. 특히 연구개발비가 많이 드는 자동차산업이나 제약산업에서는 모든 국가에 통용되는 표준화된 제품의 개발이 매우 중요하다. 둘째, 품질향상을 통한 경쟁우위를 달성할 수 있다. 표준화된 제품을 전 세계적으로 판매할 때에는 제품의 품목 수를 줄일 수 있기 때문에 기업은 자신의 경영자원을 집중할 수 있다. 또한, 소수의 하청업체를 집중 관리할 수 있고, 생산 라인을 효율적으로 관리할 수 있어 결과적으로 불량률을 줄이게 되고, 비용절감뿐만 아니라 제품의 품질도 향상할 수 있다. 셋째, 제품 인지도를 높여 경쟁우위를 달성할 수 있다. 제품의 표준화는 현지시장의 다양한 욕구를 만족시키기 못한다는 비판이 있을 수도 있으나, 오히려 소비자의 만족도를 증가시킬 가능성도 존재한다. 빅맥이나 코카콜라 같은 제품은 전세계적인 표준화로 인해 소비자들이 세계 어디서나 믿고 구매할 수 있다. VISA, Master Card와 같은 신용카드, Hertz, Avis와 같은 자동차 대여업체는 글로벌한 서비스를 제공함으로써 소비자의 신뢰와 만족도를 향상시킨다.

반면에 다음과 같은 단점도 가지고 있다. 첫째, 표준화된 제품을 생산하기 때문에 특정 국가의 상황에 정확히 대응하는 데 불리하다. 하나의 예로써 미국의 프록터 앤 갬블사의 세척제를 들 수 있다. 프록터 앤 갬블사는 미국시장에서 성공한 세척제를 일본시장에 판매하려 했으나 실패하였다. 그 이유는 그 제품을 일본시장에 적합하도록 제품 혹은 마케팅 개념을 변경하지 않았기 때문이었다. 둘째, 중앙에서 전략을 결정하고 지시하기 때문에 각국의 자회사들을 전체적인 관점에서 조정할 때 갈등이 발생할 수 있다. 셋째, 불안정한 환율 등으로 인해 각기 다른 나라에 자리를 잡고 있는 자회사들 사이에 재화와 용역을 이전할 때 가격결정이 어려운 문제로 대두될 수 있다.[12)]

4.2 현지화 전략

현지화 전략이란 본국의 제품을 표적시장 조건에 적합하도록 변경시키는 전략이다. 제품의 현지화에는 현지의 법규 등에 의해 반드시 제품을 변경해야 하는 강제적 현지화와 소비자의 선호도나 현지 유통시스템을 고려하여 경영자가 자발적으로 하는 임의적 현지화가 있다. 강제적 현지화의 예로, 스킨 · 헤어 제품을 생산하는 미국의 DEP사는 미국에서는 이 제품의 생산에 보통 사용되는 방부 · 소독제를 일본에서는 불법이기 때문에 일본 수출용에는 포함되지 않도록 하였다. 또한 음식요리에 사용되는 동물성 지방은 이슬람 국가에서는 식물성 쇼트닝과 같은 성분으로 대체하여야 한다. 한편, 임의적 현지화의 예로는 한국의 진로소주는 소주를 칵테일하여 담백하고 순수한 맛을 즐기는 일본 애주가들의 취향에 맞추기 위해 한국에서 판매되는 소주와는 달리 당분을 빼고 주조하여 일본으로 수출하고 있다.[13)]

현지화 전략의 장점을 알아보면 다음과 같다. 첫째, 국가 간 차이를 정확히 인식하여 각 나라의 독특한 상황에 따라 제품 및 사업전략을 수행할 수 있다. 둘째, 표준화 전략을 행하는 것보다 본사와 지사와의 관계로 인해 발생하는 조직내의 문제가 훨씬 적다. 그러나 다음과 같은 단점을 고려하지 않으면 안 된다. 첫째, 생산설비 집중화와 제품의 표준화를 통한 규모의 경제 실현이 어렵기 때문에 상대적으로 제조비용이 많이 든다. 둘째, 기업활동을 가치창조면에서 가장 유리한 지역에서 수행하게 하는 등의 적극적인 가치창출 활동을 기대할 수 없다. 셋째, 경영전략이 각 국가의 자회사 수준에서 분산되어 결정되기 때문에 전 세계를 대상으로 한 경쟁에 효과적으로 대응하기 어렵다.

4.3 혼합형 전략

기업들은 종종 범세계적 통합과 지역별 대응의 필요성을 모두 느끼는 경우가 많다. 이러한 경우 순수 표준화 전략도 아니고 순수 현지화 전략도 아닌 양 전략을 혼합한 전략이 필요하게 된다. 실제 기업에서는 글로벌 전략을 혼합하여 사용하고 있

그림 12-4 혼합형 전략

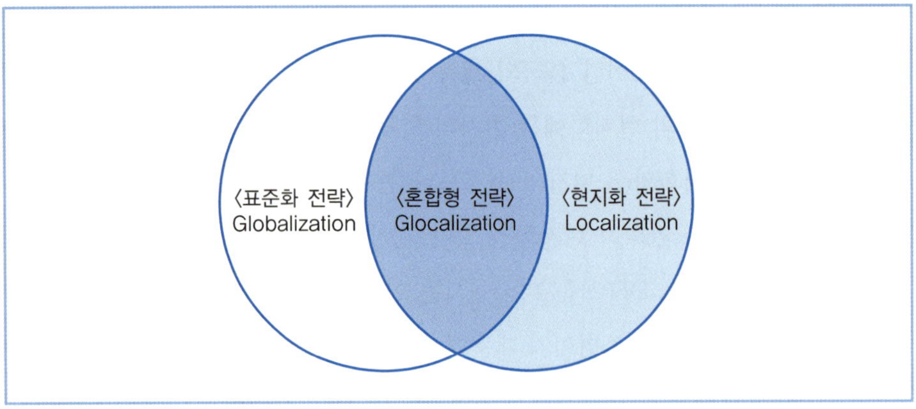

다. 예를 들자면, 캐터필러의 트랙터 사례를 들 수 있다. 캐터필러는 고마쓰와 같은 회사와 가격경쟁을 하기 위해 생산을 범세계적으로 통합시킬 필요가 있었다. 동시에 국가 간 건설공사 관행상의 차이와 정부규제 정도의 차이를 고려하여 지역적 요구에 신속히 반응해야 하였다. 이에 대해 캐터필러는 되도록 표준화된 부분품을 사용하도록 제품을 디자인하고 대규모의 부분품 제조시설을 구축함으로써 규모의 경제를 실현했다. 동시에 지역별 제품 특성을 맞추기 위해 세계의 주요시장에 부분품 제조를 위한 조립공장을 설치하였다. 전형적인 표준화 제품과 표준화 브랜드로 잘 알려진 Coca-Cola도 현지인의 음료선호를 맞추기 위해 세계적으로 표준화된 제품 이외에 현지인용 청량음료를 200여종 이상을 만들고 있다. 또한 고객이 더 단 맛이 있는 드링크를 선호하는 중동에서는 당분을 많이 사용하고 있다. 그리고 McDonald's는 러시아에서 기본적인 미국 메뉴를 제공하여 표준화 전략을 취하고 있지만, 프랑스 시장의 경우, 음료로서 와인을 제공하고, 일본에서는 메뉴에 쌀을 재료로 만든 것을 추가하는 등 현지화 전략을 따르고 있다.

그러나 여기서 지적하지 않을 수 없는 것은 범세계적 통합의 요구와 지역별 대응의 요구 사이에서 균형을 이루는 것이 결코 쉽지 않다는 사실이다. 즉 적절한 조직구조의 개발과 창의력 있는 경영자 없이는 실현하기 힘든 문제라는 것이다. 여기에서 제시한 혼합형 전략이란 궁극적으로 앞에서 언급한 범세계적 통합(글로벌화)과 지역적 전략분산(현지화)을 동시에 강화하는 것을 말한다. 즉, 현지화를 중점적으

그림 12-5 우리나라 기업의 국제화 전략 방향

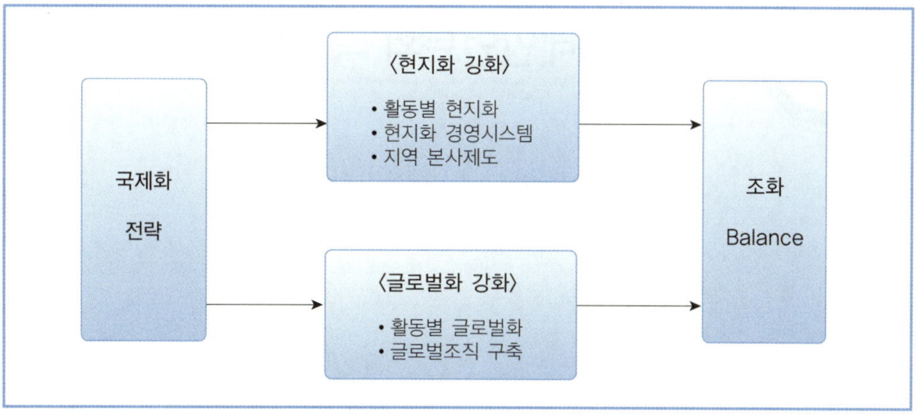

로 추구하던 기업이나 글로벌화만을 수행하던 기업 모두 '글로벌로컬' 기업을 향하여 전략방향을 수정해 나가는 것을 의미한다.

예를 들자면 일본기업들에서 많이 찾아볼 수 있는 순수 글로벌 기업은 글로벌화를 지속적으로 유지하는 가운데 현지화를 강화시키는 방향, 소위 글로컬리제이션(glocalization)으로 나가고 있으며, 서구의 다국적 기업들에서 많이 찾아볼 수 있는 다국가 기업들은 현지화를 바탕으로 글로벌화를 강화시키는 방향을 추구하고 있다.

한편, 우리나라 기업들의 국제화 현황을 보면 많은 경우 '수출기업' 형태에 머물러 있고, 일부 대기업들이 '순수 글로벌기업'의 형태에 속한다고 조사되고 있다. 즉 표준화된 제품의 대량생산에 기초한 원가우위를 바탕으로 국제화를 시도하고 있다는 것이다. 그러나 글로벌화가 심화되고 있는 환경에 대응하기 위하여 우리 기업들은 앞에서 제시하였듯이 '글로벌로컬 기업'을 추구하여야 한다. 이에 관한 구체적 방법으로서 제시되고 있는 것은 서구기업과는 달리 글로벌화보다는 현지화에 초점을 두어야 한다는 사실이다. 즉 기존에 추구했던 글로벌화를 강화시키면서 동시에 현지화와 조화를 이루는 방향에서 국제화 전략을 추구해야 한다는 것이다. 이 때 현지화의 방법으로는 크게 세 가지 측면을 제시할 수 있다. 첫째, 생산, 인사, 마케팅, 연구개발 등 경영활동을 현지화한다. 둘째, 현지경영을 토착화시키기 위하여 현지화 경영시스템을 체계적으로 도입한다. 셋째, 해외 자회사의 자율권을 강화하고 각 지역에 본사기능을 부여한다.[14)]

사례 SM엔터테인먼트의 국제화 전략

S.M. Entertainment
The Future of Culture Technology

1995년 설립된 SM엔터테인먼트는 H.O.T, 보아, 동방신기, 소녀시대, 샤이니, 슈퍼주니어 등 수많은 스타를 배출해 온 한국을 대표하는 엔터테인먼트 기업이다. SM은 캐스팅(오디션), 트레이닝, 프로듀싱 시스템을 기반으로 초기에는 TV프로그램 제작물을 공중파 및 케이블 방송에 납품하는 외주 프로그램 제작과 함께 신인 발굴 및 음반기획을 병행하는 연예 엔터테인먼트 사업을 주력으로 하였다. 2000년 4월에는 국내 엔터테인먼트 기업 최초로 KOSDAQ에 등록했다.

현재는 해외 자회사 신설, 전략적 제휴 등으로 사업영역을 지속적으로 확대하며 아시아, 그리고 전세계로 뻗어 나가고 있다. 1998년 H.O.T.의 중국 진출로 시작된 해외진출 사업은 13년이 지난 2012년 현재 '신한류'로 불리는 전세계의 K-pop 열풍을 주도하고 있다.

1. 사업영역

SM엔터테인먼트는 2007년부터 신규 사업을 확장하며 사업 다각화를 추진하였다. 기존의 사업 분야로는 ① 가수나 연기자를 발굴하여 훈련 및 교육시키는 캐스팅 및 트레이닝, ② 가수나 그룹의 이미지를 정하고 음악의 컨셉을 결정하여 음반이 나오기까지 녹음과 음악 작업을 총괄하는 프로듀싱, ③ 가수와 연기자를 홍보하고 각종 매체에 프로모션을 담당하는 매니지먼트, ④ 음반 홍보와 CF, 공연, 이벤트, 행사 등을 담당하는 마케팅 및 에이전시, ⑤ 디지털 음반 및 콘텐츠를 관리하는 온라인 콘텐츠 사업 등이 있다. 그리고 해외지사(일본, 미국)를 설립하여 글로벌화를 주도하고 있다.

이러한 SM엔터테인먼트의 사업 유형을 살펴보면, 관련 및 비관련 사업이 혼합되어 다각화가 이루어지는 것을 알 수 있다.

2. 경영성과

2003년 190억의 매출액을 시작으로 2011년 1,099억 원에 이르기까지 지속적인 성장을 하고 있다. SM이 2011년도에 기록한 지역별 매출은 국내 619억 원, 일본 336억 원, 기타 143억 원 순이다. 국내 매출은 전년에 비해 173억이 올라 27.9%의 상승률을 기록했으며 일본 매출은 약 30억 원 가까이 감소했다. 반면 기타 지역(유럽, 북미 등)에서 92억 원이 늘어 64.3%의 증가를 기록하였다.

주목할 만한 것은, 해외시장에서의 매출이 전체 매출의 30~45%를 차지하며 거의 절

그림 1 SM엔터테인먼트 매출추이 현황 (단위: 억 원)

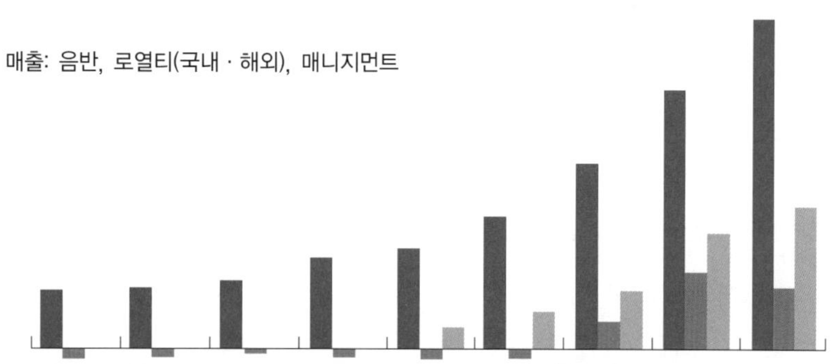

	2003	2004	2005	2006	2007	2008	2009	2010	2011
총매출	190	200	221	299	332	435	618	864	1099
영업이익	−37	−23	−12	−23	−37	−17	93	256	208
해외매출	–	–	–	–	75	120	190	393	480

자료: SM사업보고서, 음악산업백서(2011), 한국콘텐츠진흥원 참고.

반에 가까운 수치를 나타내고 있다는 사실이다. 영업이익 또한 2003년부터 2008년까지 점차적으로 마이너스 영업이익률을 줄여 오다가 2009년도에 흑자로 전환하게 된다. 이는 2009년부터 본격적으로 해외활동을 시작한 동방신기의 활약에 기인한다. 2010년 1분기 국외 로열티 매출만 130억 원에 이르렀고, 그 후 소녀시대의 성공으로 꾸준히 해외매출을 이끌어내며 영업이익 또한 상승세를 보이게 되었다.

3. SM엔터테인먼트의 해외진출 전략

SM엔터테인먼트는 해외시장의 입지를 분석하고, 진입 시점을 결정하며, 효과적인 방법으로 해외시장을 공략함으로써 성공적인 글로벌화를 진행할 수 있었다. 환경변화에 유연하게 대처하며 현지화 및 표준화 전략을 적절히 혼합한 전략은 SM엔터테인먼트가 해외시장에 진출하는 데 효과적으로 작용했다고 할 수 있다.

(1) 현지화 전략

SM엔터테인먼트는 2000년대 초반 해외시장에 진출하면서 회사의 낮은 인지도와 진입장벽을 최소화하기 위해 현지화 전략을 썼다. 대표적인 예가 보아 프로젝트다.

보아는 과거 S.E.S가 한국에서의 스타성과 흥행성을 검증받고 일본 시장에 진출한 것과는 달리 시작부터 '일본 신인가수' 라는 개념으로 출발했다. 이것은 S.E.S의 일본시장 실패를 통한 SM의 해외진출 전략의 변화이자 도전이었다. 보아는 캐스팅 단계부터 일본진출을 염두에 둔 해외진출용 콘셉트에 맞게 섭외되어, 11세 때부터 춤과 노래는 물론 현지 아나운서에게 직접 일본어 교육을 받았다. 데뷔 후에도 한국인이라는 사실을 일부러 부각시키지 않았고, 인지도가 높아진 후 점차 한국인이라는 사실을 드러냈는데, 이것은 일본 대중들에게 거부감을 주지 않기 위한 전략이었다. 결국 보아는 한국인도

일본인도 아닌 아시아인으로서 받아들여지게 하였다.

데뷔 과정에도 일본 유명 음반회사인 AVEX, 일본 최고의 TV프로덕션인 요시모토와 함께 현지법인 SM Japan을 설립하여 보아를 데뷔시켰다. 일본 최대 규모의 음반 기획사인 AVEX와의 라이센스 협정 체결을 통해 SM에서 라이센스를 취득하여 발매되는 음반은 일본에서 'AVEX 연예인'으로 소속되어 AVEX 제휴사를 통해 자유롭게 음반을 낼 수 있게 했다. AVEX에 소속된 연예인도 한국에서 앨범을 발매할 때 'SM엔터테인먼트 연예인'으로 소속되어 자유롭게 음반 발매를 할 수 있게 했다.

진출 시기 또한 시장조사 후에 진행했다. 보아가 일본에 진출한 2001년은 일본 현지에서 아무로 나미에, 우타다 히카루, 하마자키 아유미 이후 특별한 거물급 여가수가 배출되지 않은 공백기였다. 다른 일본 현지 음반기획사들도 슈퍼스타급 여성 가수의 재목을 찾기 위해 노력을 기울이고 있었다. SM엔터테인먼트는 이 시기를 잘 공략하여 AVEX와 파트너십을 체결한 뒤 AVEX가 보아에 집중하도록 유도했다.

2004년 3월까지 보아가 일본에서 출시한 음반은 총 15장이다. 싱글 음반은 2001년 5월부터 2003년 12월까지 모두 9장을 냈고, 이 싱글들은 모두 10만장 이상 팔려나갔다. 최고의 판매를 기록한 'Valenti'는 싱글로만 31만장을 판매했다. 정규 앨범의 판매규모는 훨씬 컸다. 정규 앨범 1, 2집에서 각각 130만장씩 모두 260만장의 판매고를 올리며 780억 원의 매출을 올렸다(2004년 1월 발매된 3집은 일부만 집계). 이 외에 외부 활동과 한국에서 발매된 'ID: Peace B' 등 일본에서 라이센스로 판매한 3장의 앨범을 모두 합산하면 총 472만장에 1,000억 원이 넘는다. 이 수치는 국내 내수시장에서는 달성하기 어려운 규모이다.

표 1 보아의 일본 활동 총 매출액(2001.03~2004.03)

	발매량	판매량	매출액
싱글음반	9장	188만장	192억 원
정규앨범	3장	273만장	780억 원
라이센스앨범	3장	11만장	30억 원
CF	–	–	15억 원
콘서트	–	–	26억 원
계	15장	472만장	1,043억 원

자료 : 일본음반협회, smtown.com

보아의 성공에 힘입어 동방신기도 같은 현지화 전략으로 일본에 진출했고 성공을 거두게 된다. 동방신기는 일본에서 한국 연예인으로는 최고의 인기를 자랑했던 배용준의 인기를 넘어서며 가장 영향력 있는 한류 스타로 군림하게 되었다. 2009년 동방신기의 활약에 힘입어 2010년 1분기 국외 로열티 매출이 130억 원에 이르고, 2008년 5명의 멤버 가운데 3명이 탈퇴해 유노윤호와 최강창민 등 2명으로 팀이 재편되는 우여곡절을 겪은 후에도 2012년 1월 18일 요코하마 아레나 공연을 시작으로 일본 투어 공연을 통해서 55만 명의 관객을 동원하며 960억 원의 매출액을 기록했다(TVN enews, 2012).

(2) 표준화 전략

보아의 성공 후 국내 · 외 문화산업의 환경은 스마트폰의 보급과 SNS의 발달로 지각변동이 일어나게 된다. 문화콘텐츠를 교류하는데 물리적 거리가 장애가 되지 않는 이른바 IT 정보화 시대가 도래한 것이다.

이러한 변화로 인해 전 세계의 팬들은 시공간을 초월하여 정보를 교환하고 자신이 원하는 문화를 접할 수 있게 되었다. 자신이 좋아하는 스타의 정보를 뜻이 맞는 사람들과 공유하며 강한 응집력을 형성하고, 이들이 조직화되어 문화 트렌드를 리드하는 것이다. 이제는 개별적 정체성을 갖고 프로슈머(prosumer)로서 문화를 창조하는, '팬' 의 개념이 아닌 소통을 통한, '가상조직' 의 개념이 형성되고 있다.

SM은 소녀시대를 일본 시장으로 진출시킬 때 이러한 변화를 적극적으로 활용하였다. 일체 기존 매스미디어에 노출시키지 않으면서 SNS나 유튜브와 같은 뉴미디어에 집중하여 음원을 홍보하고 팬들과 소통했다. 그리고 바로 2010년 8월 25일에 일본 도쿄 아리아케 콜로세움(Ariake Colosseum)에서 쇼케이스를 개최했다.

> "소녀시대의 일본 진출 전략은 유튜브와 같은 뉴미디어를 이용한 표준화 전략이었습니다. 일체 기존 매스미디어에는 노출하지 않고 바로 일본 현지 쇼케이스를 열었습니다. DVD 구매자만이 참석할 수 있는 쇼케이스였는데, 수용 가능 관람객의 3배 이상이 몰렸고 NHK에서 관심을 갖고 취재했습니다. 소녀시대는 일본에서 데뷔도 하기 전에 이미 막강한 뉴스거리가 되었습니다."
>
> (SM엔터테인먼트 김영민 대표, 2012 한류미래전략포럼 1차 워크샵 인터뷰 中)

쇼케이스를 위해 소녀시대가 일본에 입국하는 과정에서 이미 공항에는 수천 명의 팬들이 찾아와 환호하며 마중했고, 이 모습을 본 소녀시대 멤버들이 더 놀라워하는 진풍경이 연출되었다. 도쿄에서 쇼케이스가 진행되는 약 30여분 동안 소녀시대는 다섯 곡의 노래를 불렀고, 아리아케 콜로세움을 가득 메운 2만여 명의 팬들은 한 곡도 빠지지 않고 한국어로 따라 불렀다. 천 명 이상의 현지 기자들과 특파원들도 이 현상에 놀라워했다. 이날 찾아 온 팬의 70% 이상이 여성 팬들이었다. 일본은 음반시장에서 10 · 20대 여성들이 가장 큰 소비자로 군림하고 있는 구조를 가지고 있다. 이날 쇼케이스의 성공은 바로 음반 구매로 이어졌고, 소녀시대는 어렵지 않게 안정적으로 일본 활동을 시작하게 되었다. 그리고 이런 현상은 중앙아시아를 넘어 유럽에까지 나타나게 된다. 제작단계부터 세계 시장을 겨냥해 북유럽 출신의 유명 작곡가가 제작한 소녀시대의 멜로디 라인은 유럽인들에게 그대로 흡수되었고, 간단하고 반복적 후렴구를 사용한 '후크송'은 유럽인들도 한국어로 소녀시대의 노래를 따라 부르게 만들었다.

SM엔터테인먼트는 국외 로열티 매출의 80% 이상이 일본에서 발생하고 있지만 꾸준한 투자로 유럽시장을 공략하며 새로운 수익원을 개척하고 있다. 2011년 6월 10일, 11일 이틀간 열렸던 프랑스 파리 투어에서 거둔 매출 중 운영비 등을 빼고 나면 수익은 거의 발생되지 않았지만, 이 공연은 SM의 인지도를 높이는 브랜딩을 목적으로 한 투자의 개념이었다. 공연 이후 SM 소속 가수들의 음원 다운로드 횟수가 폭발적으로 늘어났고, 각종 현지 매체에서 비중 있게 다룸으로써 큰 홍보효과를 볼 수 있었다.

4. SM엔터테인먼트의 조직역량과 해외진출 성과

SM엔터테인먼트는 캐스팅, 트레이닝, 프로듀싱, 마케팅의 4단계로 이루어진 전문 프로듀서 방식의 경영을 한다. 이수만 회장이 프로듀서의 최고 책임자로서 그룹의 네이밍, 스타일 기획, 콘셉트 및 음악 장르 등을 기획하고, 그 밑의 전문 프로듀서들이 단계별로 프로듀싱을 하며 한 회사에서 콘텐츠 기획에서 매니지먼트까지 원스톱으로 담당한다. 예를 들면, 글로벌 오디션과 온라인 오디션을 통해 스타를 발굴하고 노래부터 안무, 연기, 작곡, 외국어까지 집중적으로 교육시킨다. 이어서 스타에게 맞는 음악과 뮤직비디오를 제작하고, 광고와 콘서트 · 영화 · 뮤지컬 등에 출연시키기까지 모든 역할을 SM에서 담당하고 있다.

그림 2 SM엔터테인먼트의 조직역량과 해외진출 성과의 관계

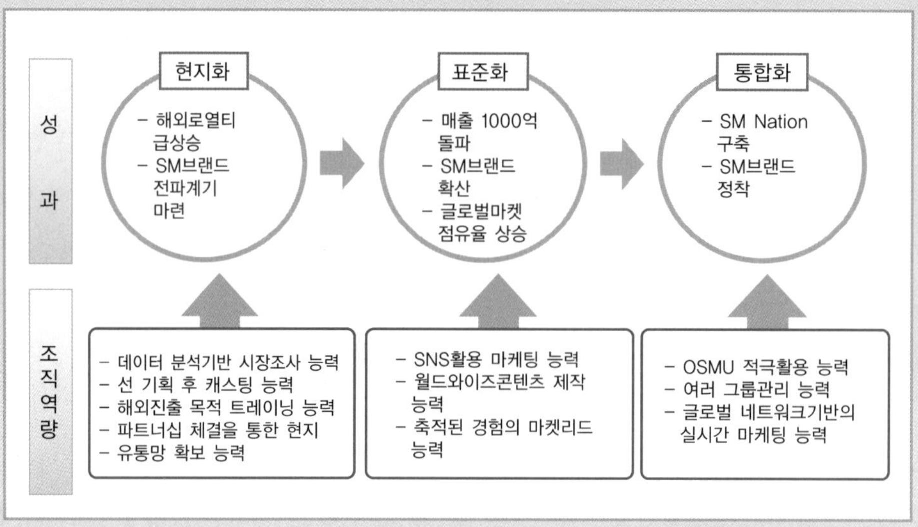

출처 : 이장우와 허재원(2013), "리더십과 조직역량이 해외진출 전략에 미치는 영향 : 한류 음악시장에서 SM엔터테인먼트의 사례", Korea Business Review, 17(1), pp. 243~266.

13장 성공함정

1. 성공의 네 가지 유형
2. 성공함정의 네 가지 유형
3. 성공함정의 극복방법

[사례] 메디슨의 성공함정

학습내용

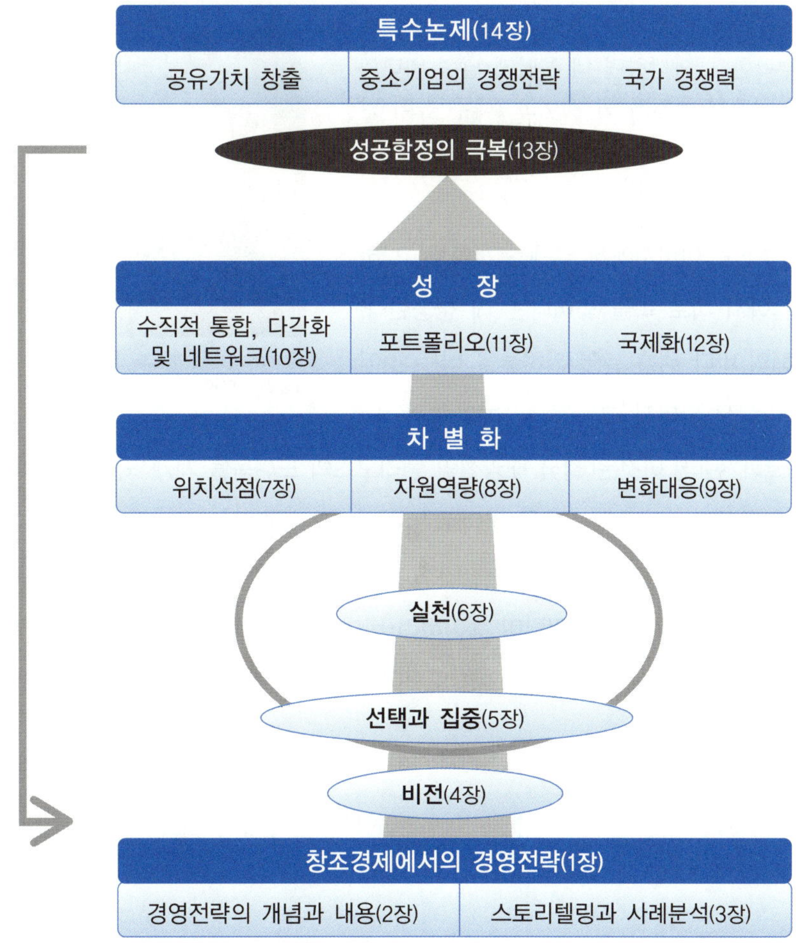

크레테 섬의 명장 다이달로스는 왕의 노여움을 받아 그의 아들 이카루스와 함께 그가 만든 미로 속에 감금된다. 허나 우연하게 한 뭉치의 깃털과 밀랍을 숨겨 가게 되었고 미로 속을 빠져나가기 위해 깃털과 밀랍으로 두 쌍의 날개를 만들게 된다.

다이달로스는 아들 이카루스에게 날개를 건내며 주의를 주었다.

"이카루스야. 나는 네가 적당한 높이를 유지하기를 부탁한다. 왜냐하면 너무 낮게 날면 바다의 습기가 날개를 무겁게 할 것이고, 너무 높이 날면 태양의 열이 날개를 녹일 테니까. 내 곁에만 따라오면 안전할 것이다."

Charles Paul Landon, 〈Daedalus and Icarus〉, 1799.

이카루스는 아버지에게 얻은 날개를 달고 하늘을 날아서 미로 속을 벗어나는 데 성공한다. 에게 해의 바다 위를 날면서 하늘을 나는 것에 의기양양해진 나머지 그는 하늘 높이 더욱 더 날아오르게 된다. 이것은 결국 태양신인 헬리오스의 노여움을 사게 되어 밀랍이 태양의 열에 의해 녹아내려 결국은 바다로 떨어져 죽게 된다.

그리스 신화에 나오는 이카루스는 인조 날개로 하늘을 날다가 너무 태양에 가까이 간 나머지 날개에 붙인 밀랍이 녹아버려 바다에 빠져 목숨을 잃었다. 그의 날개는 하늘을 날 수 있도록 해준 중요한 도구이었음에도 불구하고 역설적이게도 목숨을 빼앗아가는 끔찍한 도구로 전락하고 말았다. 이처럼 과거에 성공한 기업들이 그들의 성공경험으로 인해 오히려 함정에 빠져 쇠퇴하는 기업의 모습을 경영학자 대니 밀러는 이카루스의 역설에 빗대어 표현했다.[1)]

대니 밀러는 이카루스 역설에서 성공한 기업이 오히려 실패하기 쉬운 원인들을 설명하였다.

첫째, 성공 그 자체가 실패를 이끄는 원인이 될 수 있다. 아마 하늘을 날게 된 이카루스도 처음엔 아버지의 충고대로 적당한 높이에서 훌륭히 날았을 것이다. 하지만 여기서 더 높은 곳을 향하고 싶다는 욕심은 그를 한없이 높게 날게끔 만들게 된다. 이처럼 성공으로 인한 과신, 나태함, 자만과 같은 나쁜 습성들이 나타나는 과정에서 성공은 지나친 과도함을 산출해낸다.

둘째, 성공을 이끌어낸 바로 그 원인들이 지나치면 실패의 원인으로 돌아선다는 사실이다. 이카루스의 날개와 그의 용기는 하늘을 날게 했지만, 그를 죽음으로 이끈 원인도 날개와 지나친 용기였다는 것이다. 결국 이카루스의 역설을 통해 기업에게 "오늘의 강점은 내일의 약점이 될 수 있다"는 교훈을 준다. 대니 밀러는 '실패가 성공의 어머니' 이듯이 '성공은 실패의 아버지' 란 말로 성공의 위험성을 말해주고 있다.

01 성공의 네 가지 유형

1.1 기업의 창업 동인

기업의 창업 과정을 조사한 결과, 다음과 같은 세 가지 핵심동인(Key Drives)에 기초해서 생존의 발판을 마련했음을 알 수 있었다.[2)]

첫째, **기술 드라이브(Technology-Drive)형**이다. 기술 드라이브형 창업은 혁신적인 제품을 개발하거나 보다 효율적으로 생산 공정을 운영하게 만드는 기술능력을 기반으로 사업을 시작한다. 기술창업을 하는 대부분의 벤처기업들이 여기에 속한다. 이들은 대기업 연구소나 개발부서에서 기술능력을 축적한 후에 이를 기반으로 독립해 사업을 시작하거나 대학원에서 배운 과학적 지식을 구현하기 위해 기업을 설립하는 경우가 대부분이다. 즉, 자신이 가지고 있는 기술능력이나 기술 아이디어를 활용해 사업기회를 실현시키는 유형이다.

둘째, **비전 드라이브(Vision-Drive)형**이다. 이 창업 유형은 명확한 사업비전과 비즈니스 모델에 대한 뛰어난 설계능력에 기초해 생존기반을 확보하는 유형이다. 사업의 출발 시 어떤 구체적 사업기회를 실현하기 위해서보다는 명확한 미래 비전을 수립하고 이를 실천하기 위해서 창업을 감행하는 경우이다.

이러한 비전 드라이브형은 스스로 열정을 불러일으키고 주변을 설득해 지원을 얻어내는데 뛰어난 능력을 발휘한다. 과거 벤처신화를 만들어 낸 기업들 중 메디슨은 기술로 국가에 이바지하겠다는 강력한 비전을 가지고 주변으로부터 많은 관심과 지원을 받았다. 하지만 창업 당시부터 비전을 가지고 출발하지 못한 경우도 많다. 처음에는 별다른 생각 없이 닥치는 대로 사업을 하다가 많은 시행착오 속에서 미래 비전과 사업 목적을 발견하기도 한다.

셋째, **마케팅 드라이브(Marketing-Drive)형**이다. 이 유형은 마케팅 노하우를 가지고 있거나 시장정보를 선점함으로써 시장에서 기회를 확보하는 유형이다. 강소기업 중에는 창업이전부터 그 분야의 시장상황을 잘 알거나 영업경험이 풍부한 경우가 적지 않다. 예를 들면 이전 직장에서 기술뿐만 아니라 영업측면에서 충분한 경험을 축적한 후 새로운 마케팅 기법을 고안해서 독립적으로 사업을 운영하는 경우가 여기에 속한다. 해당 분야에서 오랜 동안 사업기획을 담당하거나 컨설팅을 하다가 본인이 직접 사업에 뛰어드는 경우도 있다. 즉, 기술적 능력이나 철학적 바탕보다는 마케팅 노하우나 영업 능력을 토대로 창업을 시도한다.

1.2 기업의 성장 패턴

성공한 기업들을 살펴보면, 지속가능한 경쟁력(sustainable advantage)을 확보함으로써 경쟁력을 유지한다. 이러한 지속가능한 경쟁력은 기업들에게 시장 확장의 추세를 타고 빠른 성장을 할 수 있는 기회를 가져다준다. 그런데 이들의 성장과정을 조사해 보면 몇 가지 패턴이 존재한다. 이 성장 패턴을 결정하는 것은 주로 바로 앞에서 설명한 세 가지 창업 동인이다. 창업의 핵심 동인에 따라 성장 패턴과 성공유형이 달라진다는 이야기다. 그 이유는 기업들이 처음 사업을 출발시킨 동인을 기초로 차별화를 시도하며 자신들이 가장 잘 할 수 있는 유형의 길을 걷게 되기 때문이다. 결론적으로 기업들은 창업의 기반이 되는 핵심 동인에 따라 각기 장인 기업, 기술개척자 기업, 마케팅 기업, 또는 건설가 기업 등으로 성장한다. 이러한 성장패턴은 대니 밀러(Danny Miller) 교수가 그의 저서 〈Icarus Paradox〉에서 제안한 기업의 성공유형과 일치한다. 그는 장인 기업을 Craftsmen, 기술개척자 기업을 Pioneers, 마케팅 기업을 Salesmen, 건설가 기업을 Builders로 제시했다.

그림 13-1 강소기업의 핵심 동인과 성장 패턴

성공동인	성공유형	성공함정	유전적 질병
T(기술)	기술개척자	Inventing(발명추락)	• 내부R&D의 맹신 • 시장요구 무시
T(기술)	기술장인	Focusing(집중화추락)	• 편협한 집중
V(비전)	비전건설가	Venturing(모험추락)	• 열정적 다각화
M(마케팅)	마케팅기업	Decoupling(유리화추락)	• 시장따라가기에 의한 본업 망각

출처 : 이장우, Small Giants 대한민국 강소기업, 미래인, 2011.

(1) 기술 드라이브 동인

자신의 기술적 역량을 토대로 장인 기업 또는 기술개척자 기업으로 성장한다.

■ 기술개척자 기업

기술개척자 기업이란 뛰어난 기술적 아이디어와 혁신역량을 기반으로 누구보다도 기술적으로 앞선 신제품을 개발하고 새로운 시장을 개척하는 데 앞장 서는 기업을 말한다. 이들은 기술개발 능력을 차별화의 원천으로 삼으며 제품설계 능력이나 관련 분야의 다양한 기술들을 결합하고 융합하는 기술적 역량으로부터 경쟁력을 만들어 낸다. 이러한 기술 역량을 기반으로 새로운 틈새시장을 개척하는 데 혼신의 노력을 다한다. 기술혁신에 의한 차별화를 통해 경쟁우위를 확보하려 하기 때문에 기술개발 부서에 예산과 권한을 집중시키며 세세한 관리 보다는 유연하고 혁신적인 조직문화를 유지하려 한다. 기술변화의 프론티어로서 항상 선두를 지향하며 기술혁신의 성공을 가장 중요한 경영목표로 삼는 경우가 많다.

■ 장인기업

장인기업이란 특정 분야에서 장기적 안목으로 기술을 축적하고 안정적 품질의 제품을 공급함으로써 전문성을 인정받는 기업을 말한다. 이러한 기업은 창업자가 특정 분야에서 기술적 능력이나 아이디어를 기반으로 창업한 이후 사업의 범위를 특정 분야로 한정하고 그 분야에 집중해서 최고가 되기 위한 기술개선 노력을 지속적으로 한다. 특히 내부적으로 효율적인 학습체계를 구축함으로써 수시로 발생하는 기술적, 관리적 문제점들을 재빨리 파악하고 개선해 나가며 높은 품질수준에 비해 합리적인 가격을 유지하는 능력이 뛰어나다. 이러한 장인 기업들은 국내 시장의 협소함을 극복하기 위해 세계시장을 상대로 일찍부터 글로벌 수준의 품질을 유지하기 위한 노력을 체계적으로 하는 경우가 적지 않다. 이렇게 글로벌 시장에서 성공한 기업은 독일형 히든챔피언으로 성장할 가능성이 크다.

(2) 비전 드라이브 동인

원대한 비전과 설득력 있는 사업계획을 기반으로 적극적으로 미래 사업을 설계하는 동인에 의해 건설가 기업이 성장한다. 건설가 기업은 마치 설계도에 따라 건물을 짓듯이 대규모 사업을 완성해 나가는 특성을 가지고 있다.

■ 건설가 기업

건설가 기업이란 원대한 비전과 설득력 있는 비즈니스 모델을 토대로 사업에 관한 치밀한 마스터 플랜에 따라 적극적으로 사업을 전개하는 기업을 말한다. 이들은 명확한 비전과 독특한 경영철학을 차별화의 원천으로 삼으며 남들이 보지 못하거나 감히 도전하지 못한 사업영역에 과감하게 진입해 창조적인 방법으로 외부로부터 필요 자원을 조달해 낸다. 이들은 생소한 분야에서도 명확한 사업계획을 제시함으로써 주위 이해관계자들을 설득하고 자금조달은 물론 시장기회를 동시에 얻어낸다. 그리고는 시장수요의 폭발에 힘입어 급속한 매출성장을 이루며 시장을 장악한다. 또한 사업의 마스터 플랜에 기초해 새로운 사업기회를 적극적으로 찾으며 우수한 재무관리 능력을 기반으로 M&A를 활용해 빠른 속도로 사업규모를 확대시키기도 한다. 기업규모의 확장을 위해 해외시장 진출이나 비관련 업종으로의 진출에 망설임이 적은 편이다.

(3) 마케팅 드라이브 동인

고객과의 소통을 중시하고 유통과 브랜드 이미지 구축에 역점을 두는 마케팅 기업(Marketing Enterprise)으로 성장시킨다.

■ 마케팅 기업

마케팅 기업은 기회포착 능력, 영업기술, 마케팅 노하우 등을 기반으로 새로운 틈새시장을 발굴하거나 급속히 성장하는 시장에서 브랜드 이미지를 잘 활용한다. 독점적인 시장정보를 이용해 짧은 시간 안에 시장을 장악하는 경향이 있다. 이들은 마케팅 노하우와 비즈니스 모델을 차별화의 원천으로 삼으며 변화하는 시장니즈를 파악해 재빠르게 기회를 포착하고 이 기회를 실현시키기 위해 창조적으로 문제해결을 시도함으로써 경쟁력을 만들어 간다. 기술적 우수성보다는 시장기회의 획득 가능성을 더 중요시 하며 안정적 사업기반을 확보한 이후 지역이나 분야별로 사업을 확장하려 한다. 비관련 분야로의 진출에도 적극적이며, 합작이나 유명 브랜드의 수입도 적극 추진하는 편이다.

결론적으로, [그림 13-1]에서 보는 바와 같이 기업들은 장인 기업, 기술개척자 기업, 마케팅 기업, 건설가 기업이라는 네 가지 성공유형으로 발전한다. 이러한 성공유형은 창업 시 기술역량(T), 비전(V), 마케팅능력(M) 중 어느 핵심동인을 활용하느냐에 따라 결정된다. 즉, 기업은 창업 이후 자신의 핵심동인에 따라 네 가지 성장패턴 중 하나를 따르게 된다. 기술역량에 핵심적으로 의존한 기업은 장인 기업이나 기술개척자 기업으로, 마케팅능력에 핵심적으로 의존한 기업은 마케팅 기업으로, 비전에 핵심적으로 의존한 기업은 건설가 기업으로 성장의 길을 달리한다고 할 수 있다.

02 성공함정의 네 가지 유형

"복락이여! 재앙이 그 안에 숨어 있구나."

– 노자

2.1 집중형 쇠퇴(Focusing Trajectory)

▶▶ 가정용 영화 틀을 벗어나지 못한 월트 디즈니사

신데렐라, 미키 마우스, 미녀와 야수, 라이온 킹...

어린 시절 우리는 디즈니의 캐릭터들과 함께 성장해왔고 디즈니는 여전히 우리들의 추억을 자극하는 코드이다. 디즈니는 늘 우리에게 때 묻지 않은 순수함과 아름다움이 있는 훌륭한 만화영화와 가족용 영화를 제공했고 80년대 당시 우수 기업으로 찬양받을 정도로 상당히 성공한 기업이었다. 하지만 관객들의 취향은 E.T나 스타워즈와 같은 참신하면서도 자극적인 소재의 영화를 원하기 시작했고 이러한 변화에도 디즈니는 그들의 성공보증 수표였던 건전한 가족영화만을 고집하며 제작하기 바빴다. 결국 디즈니의 가정용 영화에 대한 집념은 관객들의 외면으로 그들에게 참담한 결과를 주게된다. 그러는 동안에도 당시 회장이었던 워커는 자사의 문제점을 인식하기보다 오히려 대중들의 입맛만을 탓했다. 좋게 말하면 그들의 작품에 자신감이 넘쳤지만 '너무나 건전하고 진부하다, 유치하다' 라고 생각하는 관객의 소리에는 정작 '귀를 막고 있었다'.

출처: '디즈니의 미국식 가족 전략', 한겨레 신문, 2002. 6. 21.

(1) 장인형 기업(Craftsmen) → 수선공형 기업(Tinkerers)

특정 분야에서 특출나게 뛰어나거나 몰두하여 최고가 되는 장인과 같이, 업계에서도 어느 하나를 거의 완벽하게 하기 위해 열의를 쏟는 장인형 기업이 있다. 예를 들자면 앞에 제시된 사례의 디즈니사는 가족형 영화를 만드는 장인형 기업이라 할 수 있다. 이러한 장인형 기업은 원가를 아끼는 데 열의를 쏟아 가격경쟁에서 성공한 기업이거나 제품에 대해 열의를 쏟아 고품질로 인정을 받는 기업이다. 하지만 이렇게 어느 하나의 목표에 대한 지나친 몰두는 정작 소비자들이 원하는 것에는 관심이 없고 오로지 목표를 달성하기 위해 애를 쓰려한다. 결국 자질구레하고 사소한 사항에 집착하거나 틀에 갇혀 기존 제품에만 매달려 수선하기에 이르면서 결국 시간의 흐름에 따라 시대에 뒤떨어진 제품을 생산하게 되는 수선공 기업의 형태로 전락하게 된다. 수선공형 기업은 매우 선택적인 판매와 함께 기술혁신마저도 등한시하기 쉽다. 최초에 기업을 성공하게 했던 목표들도 이를 맹목적으로 집중하다 점차 한쪽으로 치우치면서 쇠퇴하게 된다. 즉, 장인형 기업의 극단적 집중 성향은 수선공형 기업으로의 변화를 의미하는 '집중형 쇠퇴' 를 일으키기 쉽다.

(2) 집중형 쇠퇴로 이르게 하는 전략상의 변화를 살펴보자

원가를 아끼자라는 목표에 대한 몰두는 구두쇠의 마음처럼 극도로 아끼게 되어

그림 13-2 집중형 쇠퇴로 가는 전략의 변화

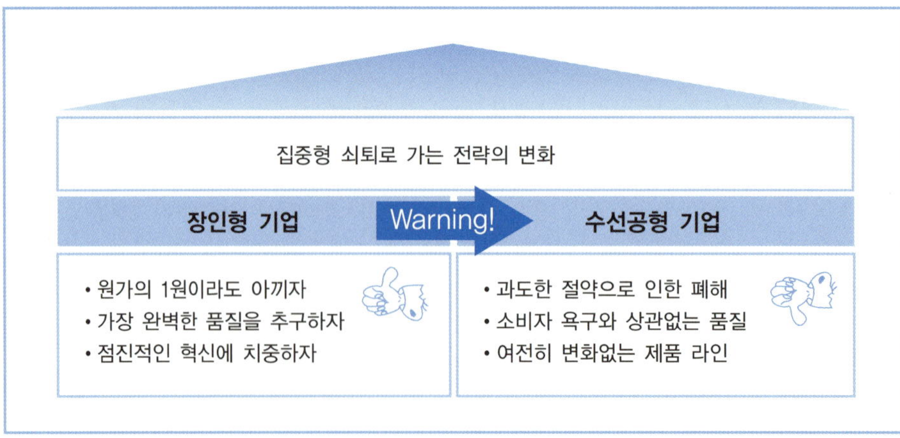

점차 싸구려 제품을 만드는 데 이른다. 또한 완벽한 품질을 만들어내자는 목표에 대한 몰두는 어느덧 소비자가 원하는 품질과 상관없는 수준에까지 이르게 한다. 장인형 기업은 이미 품질로 인정받아 성공한 기업이기 때문에 오로지 품질만 좋으면 과거의 성공을 보장해줄 것이다라는 착각을 하지만 그러한 몰두는 제품을 시대에 떨어지는 구닥다리로 만들어 오히려 실패를 불러오는 요인이 된다.

2.2 모험형 쇠퇴(Venturing Trajectory)

▶▶ 공룡이 되어버린 거대제국 ITT

헤럴드 제닌이 ITT의 최고경영자로 취임했을 때 그 회사는 보통 수준의 통신 회사에 불과했다. 헤럴드 제닌은 총명한 분석가였기에 취약한 라인을 제거하고 강한 라인은 더욱 강화시켜 2, 3년만에 수익을 두 배나 껑충 올리는 성과를 이룬다. 제닌은 기업인수만이 새로운 분야로 들어설 수 있는 유일한 방법이라 믿었고 서서히 기회를 엿보아 더욱 과감하게 새로운 분야로 확대해 나갔다. 하지만 그의 다각화에 대한 지나친 열망은 회사를 너무나 광범위하게 확장하도록 만들었다. 거의 무차별적인 기업 쇼핑으로 제닌이 퇴임하였을 때 ITT는 이미 여러 사업들로 뒤죽박죽 되어 있었다. 10여년에 걸쳐 사들인 기업 수가 무려 350개에 달했으니 아마도 기네스북 감이다. 눈부신 성장으로 찬사를 받던 이 거대한 공룡그룹은 70년대 말 제닌의 퇴임과 함께 급격히 쇠약해지더니 결국 다른 기업에 흡수되고 말았다.

출처: 한국일보, 2002. 1. 30, 사설.

(1) 건축가형 기업(Builders) → 제국주의자형 기업(Imperialists)

기업가적 재능과 재무 능력을 지닌 기업은 다른 어느 문제보다 그들의 회계문제에 관심을 가진다. 이러한 기업은 자본을 늘리기 위해 저돌적인 추진력으로 자신을 팽창시키려 한다. 이렇게 기업을 건축하는 데 성공한 건축가형 기업은 계속해서

그림 13-3 모험형 쇠퇴로 가는 전략의 변화

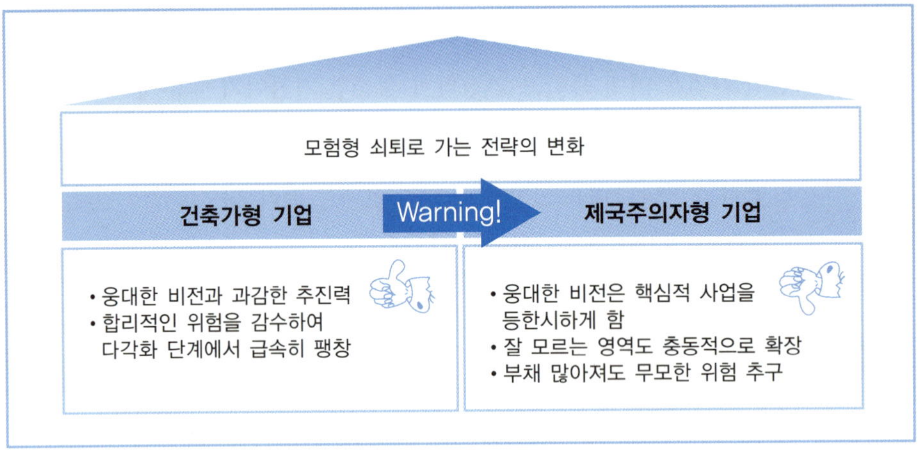

M&A와 확장의 기회를 포착하려 한다. 하지만 성공은 그들을 감당할 수 없을 만큼 과감하게 만들어 어느덧 고삐 풀린 무차별적인 확장을 추진하게 된다. 그 뒤의 결과는 ITT의 참담한 실패에서 보는 것과 같다. 너무 과도하게 팽창한 기업은 마치 제국주의자와 같은 모습으로 변질되어 혼돈스럽고 통제가 전혀 되지 않는 기업으로 전락하게 된다. 건축가형 기업에서 제국주의자형 기업으로 변화하여 쇠퇴하는 유형이 모험형 쇠퇴이다. 결국 그들은 감수할 수 없을 만큼의 위험한 모험을 하다 쇠퇴한 셈이다.

(2) 모험형 쇠퇴로 이르게 하는 전략상의 변화를 살펴보자

처음에 웅대한 비전과 함께 과감한 추진력을 기반으로 한 전략은 정작 근원적인 업무를 등한시하게 되는 성향으로 변질된다. 합리적인 위험을 감수하여 적절한 기회를 포착해 나가던 다각화 전략은 점차 과감해져 잘 모르는 영역에도 충동적으로 확장하는 등 무모한 위험을 추구하게 된다. 결국 그들을 거대한 제국으로 성공하게 해 준 다각화의 전략은 오히려 실패를 불러오는 원인이 된다.

2.3 발명형 쇠퇴(Inventing Trajectory)

▶▶ 참신성에 대한 강한 집착증 APPLE

애플의 초기 창립자 스티브 잡스는 이노베이션의 귀재로 정평이 나 있는 인물이기도 하다. 초기에 그는 개인을 위한 컴퓨터를 지향하면서 애플2를 개발했고 이는 매출뿐만 아니라 당시 컴퓨터 업계에 엄청난 영향을 주었다. 인기 있던 애플2 컴퓨터의 성공을 주도한 스티브 잡스는 그것으로 만족하지 않고, 1984년에는 모든 기술력과 자금을 무리하게 동원하여 매킨토시를 발표하게 된다. 하지만 매킨토시는 다른 소프트웨어와의 호환성에서 IBM에 밀려 판매에 성공하지 못한다. 매킨토시의 실패와 그의 오만하고 독선적인 경영방식이 원인이 되어 이사회에서는 스티브 잡스를 애플에서 내몰게 된다. 그의 후임자로 이사회에서 선정한 CEO는 바로 스티브 잡스가 자신의 임원으로 고용했던 존 스컬리였다.

출처: 윌리엄 사이먼, "icon 스티브잡스", 민음사, 2005, pp. 84~135.

(1) 개척자형 기업(Pioneers) → 현실도피주의자형 기업(Escapists)

개척자형 기업은 새로운 제품과 기술면에 있어서 최고가 되고자 하는 목표로 성공한 기업으로 그들에게 있어 '혁신'은 생활의 일부분이다. 이러한 기업들은 새로운 시장을 개척하거나 새로운 기술을 창출하는 능력을 통해 시장에서 선두적 위치를 확보하게 된다. 그러나 초기의 적절한 수준의 혁신이 점차 실현 가능성 없는 웅대한 발명을 추구하게 되면서 기업은 소비자의 욕구를 무시하고 비현실적인 발명을 위해 많은 비용을 투자하는 현실도피주의자형으로 전락하게 된다. 현실도피주의자형 기업은 오로지 혁신 또는 발명에만 혈안이 되어있어 신제품 개발에만 관심을 두기 때문에 제품에 대한 마케팅이나 제조원가에 대해선 관심이 없다. 이로 인해 관리적인 문제점들이 생기고 기업은 개척자형 기업에서 현실도피주의자형 기업으로 쇠퇴하게 된다.

그림 13-4 발명형 쇠퇴로 가는 전략의 변화

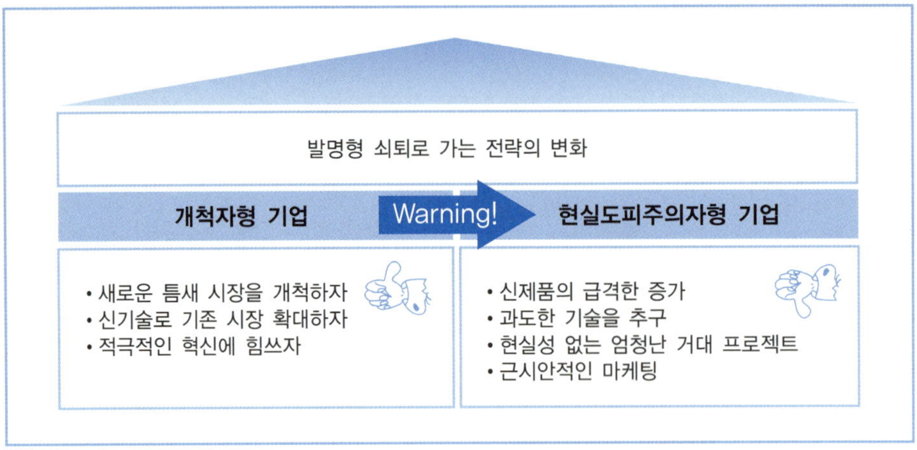

(2) 발명형 쇠퇴로 이르게 하는 전략상의 변화를 살펴보자.

기술혁신으로 새로운 틈새시장을 개척하는 것이 주 전략이였던 개척자형 기업은 점차 탐욕적으로 발명을 추구하게 되고 거기에 필요한 기술과 비용이 과도하게 지출되어 감당하기 힘든 프로젝트들을 추진하게 된다.

2.4 이완형 쇠퇴(Decoupling Trajectory)

▶▶ **밀려난 빅 브랜드, P&G 크레스트 치약**

P&G는 신제품 도입을 언제나 고객 위주로 진행했고 늘 고객의 취향에 맞추면서 고객에게 좋은 이미지를 주는 데 성공한 기업이다. 하지만 고객에 대한 P&G의 마케팅은 점차 편집광적으로 변해갔다. 대표적으로 P&G에서는 기적처럼 충치를 예방해준다는 최초 불소 함유의 치약인 크레스트를 내놓아 선두에 올랐지만 얼마 지나지 않아 다양한 치약들이 쏟아져 나오면서 점유율에 밀리기 시작했다. P&G는 소비자들을 다시 그들에게로 끌어 들이기 위해 사업전략을 변경했다. 그것은 기본은 같지만 약간

씩 변형된 다양한 제품을 내놓는 것이었으며 그렇게 52개나 되는 브랜드를 만들어낸 것이다. 하지만 동일 제품군 내에 무분별한 브랜드 확장은 제살 깎아먹기 식의 불필요한 경쟁을 유발시켰고 오히려 시장점유율 축소를 초래하여 참담한 결과를 가져왔다. 너무 많은 브랜드는 크레스트 본래의 정체성을 망각하게 했고, 소비자뿐만 아니라 기업들도 그들의 정체성과 나아가야 할 방향을 잃고서 헤매게 되는 상황을 만들었다.

(1) 영업사원형 기업(Salesmen) → 표류자형(Drifters) 기업

영업사원형 기업은 누구와도 견줄 수 없는 마케팅 기술과 상표, 넓은 시장의 확보로 유명한 기업을 말한다. 이러한 기업은 다양한 상품과 서비스뿐만 아니라 광고와 매혹적인 포장들을 가지고 타 기업들과의 경쟁에서 승리한 기업이다. 하지만 이 기업이 점차 과거의 성공경험으로 인해 어떠한 상품이라도 팔 수 있을 것이라 자만하게 되면서 상품의 내용보다 고객에게 하나라도 더 판매를 하고자 하는 데에 초점을 맞추려 한다. 따라서 비슷한 상품들을 홍수처럼 만들어 내어 별 이익을 보지도 못하고, 너무 많은 시장에 진입하거나 너무 많은 매장을 설치하는 표류자형 기업으로 변하게 된다. 즉 영업사원형 기업은 제품을 생산할 때 제품의 내용보다 제품의 모양에 의한 차별화 전략을 사용하여 오히려 무차별적인 제품을 생산함으로써 리

그림 13-5 이완형 쇠퇴로 가는 전략의 변화

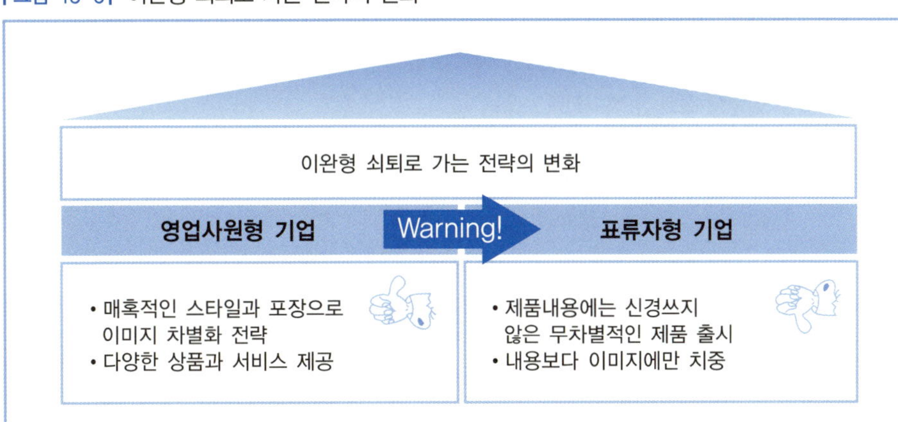

더십을 상실하고 관료제 조직구조로 결국 쇠퇴하게 된다. 영업사원형 기업에서 표류자형으로 변하면서 쇠퇴하는 유형을 이완형 쇠퇴라 한다.

(2) 이완형 쇠퇴로 이르게 하는 전략상의 변화를 살펴보자

영업사원형의 이미지 차별화 전략은 점차 겉만 번지르르하고 다양하지만 정작 제품의 내용은 별로 변함이 없는 제품들을 많이 생산하게 이르며, 내용보다는 이미지에만 치중하는 성향을 갖게 된다.

지금까지 설명한 4가지 성공함정의 전략상 변화를 간단히 정리하면, 세부항목에 대한 세심한 관심이 조잡한 항목에 집착하는 태도로 바뀌는 집중형 쇠퇴, 신중한 성장이 고삐 풀려버린 확장으로 가는 모험형 쇠퇴, 가치 있게 혁신되던 것이 황당한 발명으로 가는 발명형 쇠퇴, 쓸만한 마케팅 기술이나 시장전략이 겉만 요란한 계획과 무기력한 판촉활동으로 변질되는 이완형 쇠퇴로 전락해 버리는 시나리오

표 13-1 4가지 기업쇠퇴 유형의 전략 요약

1. 집중형 쇠퇴 유형의 전략

	장인형 기업 → 수선공형기업	
전략	품질/원가주도형	기술적 수선공형

2. 모험형 쇠퇴 유형의 전략

	건축가형 기업 → 제국주의자형 기업	
전략	팽창	극단적 팽창

3. 발명형 쇠퇴 유형의 전략

	개척자형 기업 → 현실도피주의자형 기업	
전략	기술혁신	고기술 추구 현실도피주의

4. 이완형 쇠퇴 유형의 전략

	영업사원형 기업 → 표류자형 기업	
전략	현란한 판매기법	무분별한 제품생산

출처: 김인수, 거시조직이론, 무역경영사, 2003, p. 600.

라고 할 수 있다.

이와 같은 4가지 성공함정 유형에 대한 우리나라 기업의 과거 사례를 보면 다음과 같다.

첫째, 가전산업에서 구 시대적인 제품, 원가와 품질 중심의 성장전략, 지나친 관료주의 등에 빠진 집중형 쇠퇴를 관찰할 수 있다.

둘째, 제세산업이나 율산 등 건설회사들에서 무모한 경영자에 의한 과도한 팽창과 문어발식 비관련 다각화 등과 관련한 모험형 쇠퇴가 나타났다.

셋째, 벤처회사 등의 경우 기술 개발력을 바탕으로 지나치게 기술에 집착하여 변화에 부응하지 못하는 발명형 쇠퇴에 종종 빠진다.

넷째, 상품의 내용보다는 이미지에 지나치게 치중한 나머지 후발자에게 시장을 내준 판매중심 기업들의 이완형 쇠퇴를 적지 않게 관찰할 수 있다.

03 성공함정의 극복방법

▶▶ **최고경영자가 전하는 성공의 위험성**

- 성공은 그 자체의 또 다른 문제를 야기시킨다. "그 후로 그들은 영원히 행복하게 살았다"는 결말은 동화에나 나올법한 이야기이다. – 피터 드러커
- 성공은 형편없는 선생이다. 성공은 똑똑한 사람들을 현혹하여 자신들은 실패할리가 없다라고 생각하게 만든다. – 빌게이츠
- 성공만큼 잘 사라지는 것도 없다. – 월터 윈첼

출처: 로버트 J. 허볼드, 성공을 경영하라, 한국맥그로힐 출판사, 2007.

성공함정에서 탈출하는 방법은 먼저 그 함정의 존재를 정확히 인식하고 인정하는 데서 시작된다. 실패 속에서 성공을 찾아보아라. 모든 실패는 성공을 감추고 있다는 사실을 발견하게 된다. 성공 함정에 빠져 허우적 되던 4가지 스토리의 주인공 기업들은 과연 어떤 전략적 변화를 통해 함정에서 탈출하였는지 그들의 스토리를 통해 알아보자.

3.1 집중형 쇠퇴에 빠진 디즈니 영화사의 성공함정 탈출 스토리

디즈니사는 창조적 재능을 가진 사람을 외부로부터 영입해 와야만 했고 그 사람이 바로 아이스너였다. 그는 마르지 않는 아이디어로 가득 찬 경영자로서 좋은 스토리를 한 눈에 알아보고 영화화해서 성공할 수 있는지 여부를 판단해내는 사람이었다. 아이스너는 탈진 상태에 빠진 디즈니사를 회생시키기 위해 '새로운 가치관에 눈을 뜨고 좀 더 복잡해지고 쉽게 싫증 내는' 관객들의 관심사에 집중하였다. 그는 재능있는 인재들을 영화사로 영입하여 독창적인 작품을 만들었고 이렇게 해서 탄생한 〈죽은 시인의 사회〉, 〈누가 로저 래빗을 모함했는가?〉, 〈아이들이 줄었어요〉와 같은 독특하고 재미있는 영화로 대단한 성공을 거두었다. 디즈니사의 트레이드 마크인 고상함을 잃지 않으면서도 자극적이고 광범위한 호소력을 함께 유지했다.[3]

3.2 모험형 쇠퇴에 빠진 ITT사의 성공함정 탈출 스토리

ITT 제닌 회장의 후임자인 애러스 코그는 제닌 회장이 꾸려왔던 수많은 사업체들과 회사들의 매각에 나섰고 부채정리 계획도 추진하였다. 최종적으로 ITT는 보험, 금융 서비스, 전화 통신, 자동화 제품, 호텔 등 9개의 기본 사업체로 이루어진 보다 말쑥하고, 포괄적이고, 서비스 지향적인 기업으로 남게 되었다. ITT사의 경우 핵심 사업체를 회생시키는 일이 매우 중요했다. 애러스 코그는 전화통신 부문을 합작투자 업체로 바꿔버렸다. 그리고 허약한 운영체들을 통합 정리하였다. 지지부진하고 예산만 잡아먹는 전화스위치 사업에서 손을 떼고 자동화와 방위산업 부문의 품질 향상과 총 수익증대에 집중하면서 운영상의 효율성을 기했다.[4]

3.3 발명형 쇠퇴에 빠진 애플의 성공함정 탈출 스토리

스티브 잡스가 해고되고 새롭게 취임한 존 스컬리는 오히려 애플의 기업가치를 단기간에 수렁에 빠트린 CEO였다. 그 뒤 계속 CEO가 바뀌지만 계속되는 위기상황의 애플을 다시 우뚝 세운건 아이러니하게 스티브 잡스였다. 스티브 잡스가 재취임되면서 그는 새로운 개혁에 나섰다. 우선 애플만의 창의성을 유지하면서도 디자인, 가격, 서비스에 집중하여 좀 더 고객의 니즈를 만족시키고자 했다. 그리고 다른 소프트웨어와의 호환성 문제에 대한 해결을 위해 오랜 라이벌 관계였던 마이크로소프트와의 계약을 통해 Mac용 Office 제품의 개발을 약속 받는다. 이후 스티브 잡스는 이러한 전략적 조정으로 iMac, iBook, iPod 등 시장지향적 기술혁신에 성공함으로써 애플을 다시 일으켜 세우게 된다.[5)]

3.4 이완형 쇠퇴에 빠진 P&G의 성공함정 탈출 스토리

P&G사의 최고경영자인 존 스메일은 자사가 표류하고 있음을 깨닫고 변화하는 시장에 대응하기 위해 부문별 브랜드들을 포괄하는 경영팀을 만들어서 이들에게 모든 권한을 위임했다. 얼마 지나지 않아 이들은 경쟁업체와 비교해서 경쟁우위를 가질 수 있는 제품들을 개발해 내었다. 또한 상당 기간 등한시 해 온 유통업체와 소매업체의 요구에도 주의를 기울이고 마케팅, 제조, 유통, 엔지니어링 전문가들로 구성된 팀을 구성하여 주요 고객들에게 직접 봉사할 수 있게 했다. 그 결과 매출이 증가하고 재무상태가 개선되는 성과를 얻게 되었다.[6)]

표 13-2 성공함정 극복 전략

① 집중형 쇠퇴 극복방안

새로운 아이디어 및 인재의 유입. 참여적 · 포용적인 문화창출.

◆ 극복을 위한 전략

- 품질 혹은 원가추구 전략의 재확립
- 판매활동의 강화
- 기술혁신의 강화
- 상품영역의 확장

② 모험형 쇠퇴 극복방안

관리적 부담과 재정적 부담을 줄이기 위해 가장 전망이 없거나 관련성 없는 사업을 과감히 매각함. 경쟁우위가 높은 핵심사업에 집중하는 전략이 필요.

◆ 극복을 위한 전략

- 지혈전략
- 핵심사업 부분의 재확립

③ 발명형 쇠퇴 극복방안

목표시장의 욕구나 취향을 충분히 분석한 뒤 제품을 설계할 것. 적극적인 판촉활동 필요, 과도한 기술투자는 삼가 함.

◆ 극복을 위한 전략

- 소비자 욕구에 부응하는 상품개발
- 시장의 다변화
- 적극적인 판촉활동
- 경제적인 기술혁신 추구

④ 이완형 쇠퇴 극복방안

고객의 욕구에 진솔하게 접근함. 이미지보다는 내용으로 차별화 함.

◆ 극복을 위한 전략

- 상품품질의 향상
- 시장의 요구에 기민하게 대처하는 판매활동

사 례 메디슨의 성공함정

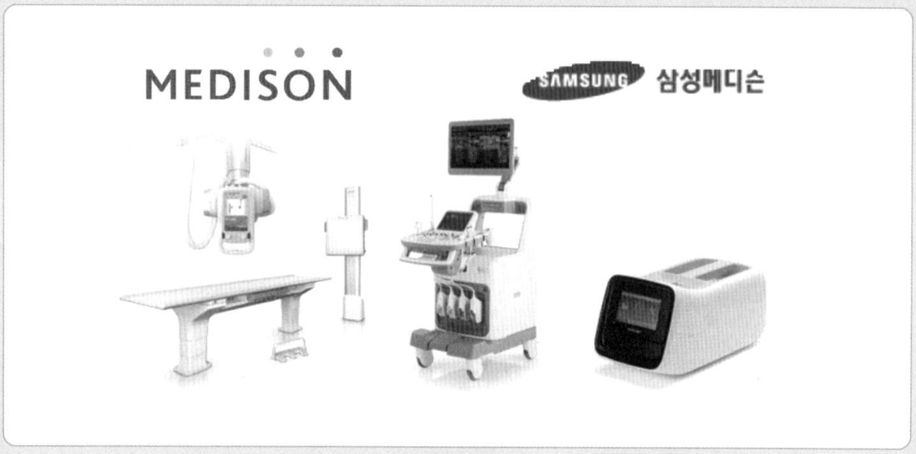

1. 메디슨 기업 요약

메디슨은 한국과학기술원에서 초음파에 관한 연구로 박사학위를 취득한 이민화 사장에 의해 시작되었다. 그는 1983년부터 의료기기 제조업체인 남북의료기의 초음파 진단기 개발 프로젝트에 참여하던 중 우연히 사업을 시작하게 되었다. 사업 시작 후, 1986년 매출 5억원을 시작으로 매년 50% 이상의 높은 신장세로 1994년에는 매출 470억원을 기록하는 급성장을 이루었다. 이 회사는 창업 3년만인 1988년에는 국내진출 외국기업들을 누르고 국내시장 1위를 차지하였으며, 1993년 국내시장의 85%(수량기준)를 점유하였다.

메디슨은 전형적인 건설가 기업으로, 원대한 비전과 설득력 있는 비즈니스 모델을 토대로 사업에 관한 치밀한 마스터 플랜에 따라 적극적으로 사업을 전개하는 기업이라고 볼 수 있다. 이들은 명확한 비전과 독특한 경영철학을 차별화의 원천으로 삼으며 남들이 보지 못하거나 감히 도전하지 못한 사업영역에 과감하게 진입해 창조적인 방법으로 외부로부터 필요 자원을 조달해냈다.

2. 메디슨의 성장 과정

메디슨은 초기에는 저개발국에 소형제품을 개발해 진출을 시도하였으나 결과적으로 실패하였다. 그러나 이러한 실패경험을 토대로 해외시장에 대한 경험을 축적하였으며 초소형 저가격 제품에 관한 기술적 아이디어와 능력을 갖게 되었다. 이러한 경험과 능력을 토대로 포터블 시장을 공략하였으며 동남아시아, 중남미, 중국 등 개발도상국으로 시장범위를 넓혀 나갔다. 또한 제품의 고기능화를 위한 연구개발 투자를 적극적으로 해 나갔다. 그 결과 개발도상국 시장에 대한 마케팅 경험과 해외 유통망을 확보할 수 있었으며 중형급 제품의 개발을 위한 기술력을 축적하였다.

메디슨은 축적된 기술과 능력을 바탕으로 1992년 이후에는 중형급 제품을 공략하였으며 시장도 선진국을 대상으로 하기 시작하였다. 또한 자원 축적 전략으로서 차세대 기술에 대한 연구개발 투자와 브랜드 이미지 구축을 위한 해외광고 활동을 적극적으로 시도하였다. 그 결과 차세대 기술인 칼라 영상 및 3차원 영상과 관련된 핵심기술을 보유하게 되었으며 독자적인 브랜드 이미지를 해외시장에 구축하는데 성공하였다.

이 회사는 이렇게 축적된 기술과 능력을 바탕으로 부가가치가 높은 중대형 제품을 개발하고 핵심전략국인 미국과 일본 시장을 공략하는 등의 미래전략을 구상하였다.

그림 1 메디슨의 매출 변동 추이

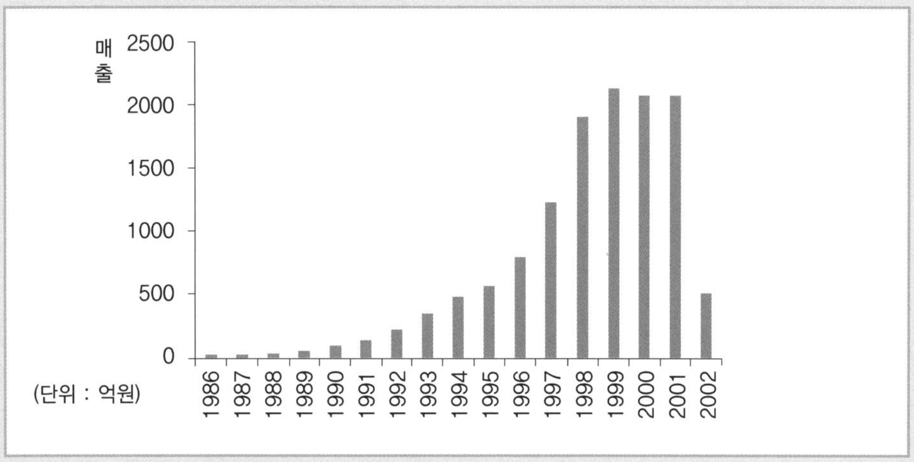

출처: 이장우, 전략경영, 법문사, 2008.

그림 2 메디슨의 지역별 수출현황

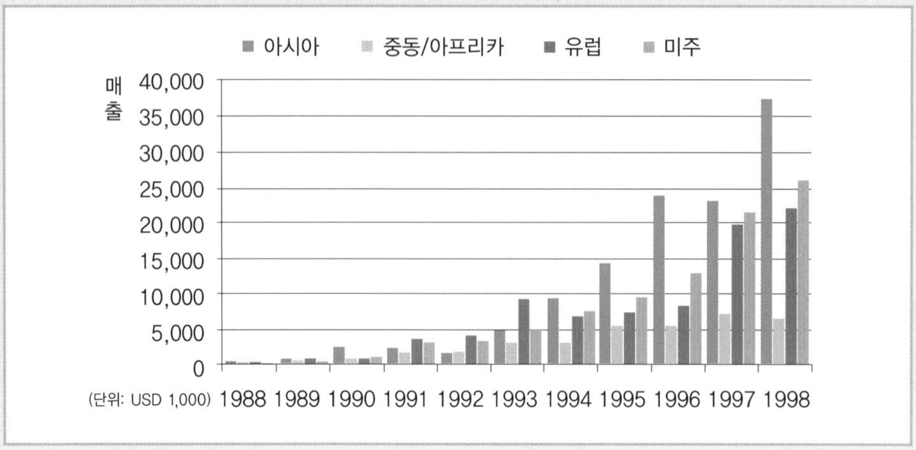

출처: (주) 메디슨 해외영업부.

3. 메디슨의 성공 함정

메디슨은 초창기부터 최고경영자의 남다른 비전과 의욕적인 사업계획에 기반해 사업을 전개했다. 이 회사는 창업 때부터 '기술에 의한 세계도전' 이란 야심찬 목표를 세우고 도시바나 지멘스 등과 겨룰 수 있는 기술력을 보유하고자 하였다. 이에 따라 일찍부터 기술개발과 국제화와 관련된 전략에 역점을 두었다.

그러나 이러한 야심찬 전략은 기존 자원과 능력이 제대로 뒷받침되지 않아 추진과정에서 많은 시행착오와 문제를 일으켰다. 예를 들자면 이 회사의 신제품 개발은 실패의 역사라고 할 만큼 많은 기술적 문제들을 노출시켰다. 첫 시제품은 물론 SA3000 및 SA1000 등 초기 제품들은 빈번한 수리는 물론 전량 교체했을 정도로 불완전하였다. 그 이유는 기술적 경험과 능력에 비해 무리한 저가격/고성능화를 시도하였기 때문이다. 이러한 '전략적 무리' 는 양적 측면에서도 나타나는데, 매출액대비 연구개발 비중과 연구개발 인력이 총인원에 차지하는 비중이 모두 20%에 육박하는 등 중소기업으로서는 감내하기 어려운 투자를 하였다.

또한, 이 회사는 세계도전이란 야망에 따라 해외활동에 대한 경험이나 능력이 없는 상태에서 창업 이듬해에 곧바로 수출을 시도하였다. 그리고 계속하여 독점 대리점들을 확보해 나갔다. 메디슨의 경우 해외시장 개척이란 대리점을 확보하고 이를 통해 시장

침투를 해 나가는 과정으로 요약되는데, 이 과정은 경험과 자원이 부족한 중소기업으로서 커다란 부담이 아닐 수 없다.

특히, 제품의 기술적 안정성을 확보하지 못한 상태에서의 시장개척이란 고장수리, 불량품 교환, 추가 부품의 공급 등 막대한 인력과 비용을 발생시켰다. 이와 함께 전문임상지의 무료배포, 각종 전시회 및 학회의 참여 등도 창업한 지 얼마 안된 중소기업에게 적지 않은 비용을 발생시켰다.

메디슨은 최고경영자의 야심찬 목표와 전략으로 항상 내부자원의 빈곤을 느꼈다. 이에 따라 부족한 자원능력을 외부로부터 효과적으로 차용하는 전략을 자주 사용하였다. 예를 들자면 매출액의 20%에 육박하는 연구개발 투자비에도 불구하고 외국의 대기업과 경쟁하기 위해서는 기술능력이 절대적으로 부족하였다. 이를 보완하기 위해 외부 기술고문들을 적극 활용하는 한편, 한국과학기술원, 서울대, 인하대 등 대학 연구진과 여러 가지 공동 프로젝트를 수행하였다.

자원과 전략 간의 불균형은 창업이래로 메디슨에게 계속해서 도전과제를 부여했다. 1999년까지 혁신적인 전략과 외부자원의 효율적 활용 등으로 이러한 불균형을 잘 극복해 왔다고 할 수 있다. 그러나 세계수준의 디지털 영상기술을 보유하고 코스닥 열풍으로 인한 투자이익 시현으로 대규모 재무자원을 확보하게 된 2000년 이후 오히려 유동성 위기에 몰리게 되었다. 그 원인은 1999년 말부터 더욱 공격적으로 진행해 온 다각화와 메디슨 패밀리 구축에 소요된 투자자원이 내부 자금여력에 비해 과중했기 때문으로 풀이된다. 투자재원의 대부분을 부채에 의존했으며 코스닥 시장의 갑작스런 침체로 불안해진 채권자들의 원금상환 압박이 가중되었다. 이러한 유동성 위기에 따라 2001년 7월 오스트리아 자회사이며 3차원 초음파 진단기의 독보적인 기술을 가진 Kretztecknik을 미국의 GE에게 1억 유로에 매각하게 되었다. 하지만, 이러한 노력에도 불구하고 결국 2002년 2월 법정관리를 신청하게 되었고 회사정리 절차에 들어갔다. 이후 2010년 삼성전자에 인수되어 현재 삼성메디슨이 되었다.

이러한 실패는 전형적으로 건설가 기업이 빠지기 쉬운 성공함정으로서 모험형 위험이라 볼 수 있다. 건설가 기업의 경우 일단 사업의 기초를 잡는데 성공하면 계속해서 인수 합병이나 사업 확장의 기회를 꾀하려 한다. 즉, 고삐 풀린 확장으로 일시에 회사 전체가 위험해 질 수 있다.

14장 특수 논제

1. 공유가치 창출(CSV)
[사례] 네슬레의 공유가치 창출(CSV)
2. 중소기업의 경쟁전략
[사례] 우리나라 강소기업의 네 가지 유형
3. 국가 경쟁력
[사례] 우리나라 드라마 산업의 경쟁력

학습내용

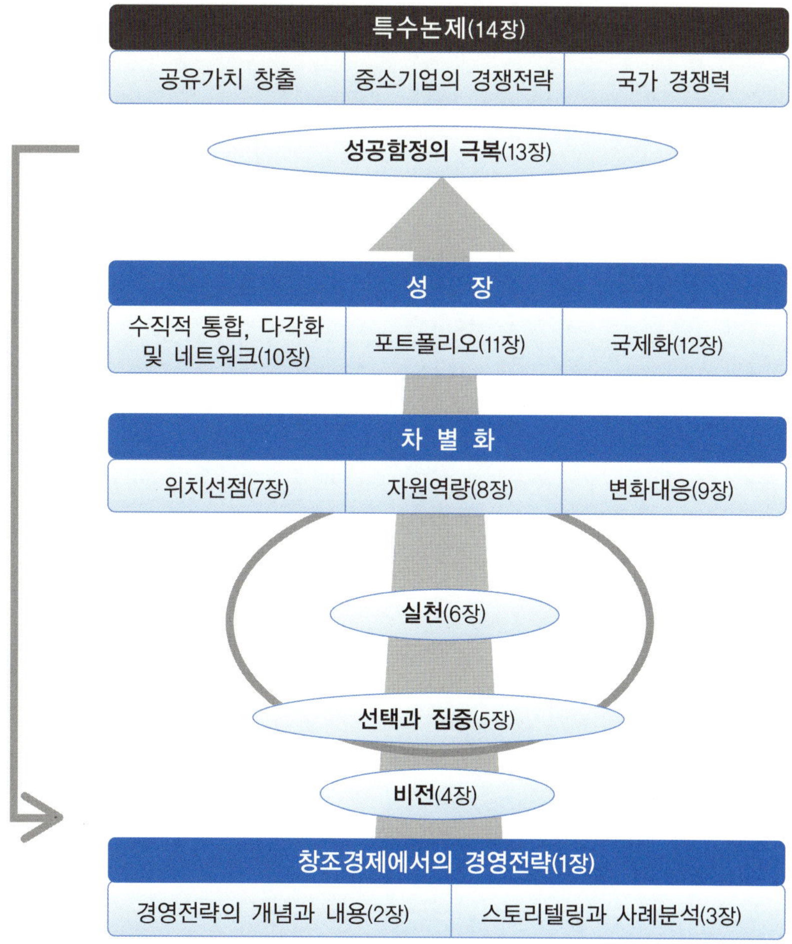

01 공유가치 창출 (CSV: Creating Shared Value)

1.1 CSV의 개념과 필요성

공유가치 창출은 경제적, 사회적 여건을 개선시키면서 동시에 기업의 경쟁력을 제고시키는 기업 활동을 의미한다.[1] CSV 활동은 기업의 경쟁력과 사회 공동체의 번영이 상호 의존적이라는 새로운 인식에 기반한다. 전통적으로 기업의 가치추구는 투자비용 대비 수익, 즉 경제적 가치에 국한하였다. 그러나 CSV는 기업의 이익과 사회적 문제를 동시에 해결함으로써 경제적 가치와 사회적 가치를 함께 추구한다. 기존의 기업 활동이 시장과 고객 니즈를 공략하여 수익을 창출하였다면, CSV 활동은 빈곤, 건강, 환경 등 사회적 문제 영역에도 도전함으로써 사회적 가치와 경제적 가치를 동시에 창출한다.

CSV는 기업의 사회적 책임(CSR: Corporate Social Responsibility) 활동과는 다르다. CSR은 기업이 창출한 이익 중 일부를 사회에 재분배하여 사회적 문제해결에 도움을 주는 개념으로, 선행을 목적으로 하며 기업이미지 제고의 필요성으로 주로 이루어진다. 활동의 특성도 일방적인 시민의식의 실천이나 자선활동이 대부분이며 매년 책정되는 CSR 전용예산에 국한한다. 기업의 사회적 책임 활동은 기업이 투명하고 윤리적인 사회 구성원이 되는 데 도움을 준다. 하지만 사회적 문제해결의 궁극적인 해답이 될 수 없기 때문에, 새로운 접근방법으로 공유가치 창출이 주목을 받고 있다.[2]

표 14-1 CSR과의 개념적 차이

	CSR(사회적 책임)	CSV(공유가치 창출)
목적	선행	사회 · 경제적 가치의 창출
필요성	기업이미지 제고	기업 경쟁력 강화
활동 방향	일방적	쌍방향
활동 내용	자선활동, 시민의식	기업과 공동체 모두를 위한 가치창출
예산 집행	CSR 예산에 한정	전사적 차원의 예산 반영

CSV는 일방적인 자선 행위가 아니라 기업 자신의 이익을 위한 활동이며, 기업의 모든 분야를 포괄하는 새로운 경영방식이다. 따라서 CSV는 특정 부서에서 전담해 이루어지기 보다는, 최고경영자의 확고한 신념과 전사적인 공감대 아래에서 전략적인 차원으로 실행되어야 한다. 물론 CSV가 모든 사회 문제를 해결할 수는 없다. 하지만 기업은 이를 통해 정부나 공공기관이 할 수 없는 일을 해냄으로써, 사회에서 자신의 위치를 공고히 할 수 있는 기회를 가질 수 있다.

1.2 실천방법

(1) 새로운 시장과 상품의 제안

기존의 시장과 상품은 주로 경제적 요구에 의해 형성되기 때문에 사회적 요구를 충족시키지 못하는 경우가 많다. 사회적 요구나 문제를 잘 알아내어 이를 상품에

그림 14-1 보다폰의 'M-PESA'

그림 14-2 M-PESA의 성과

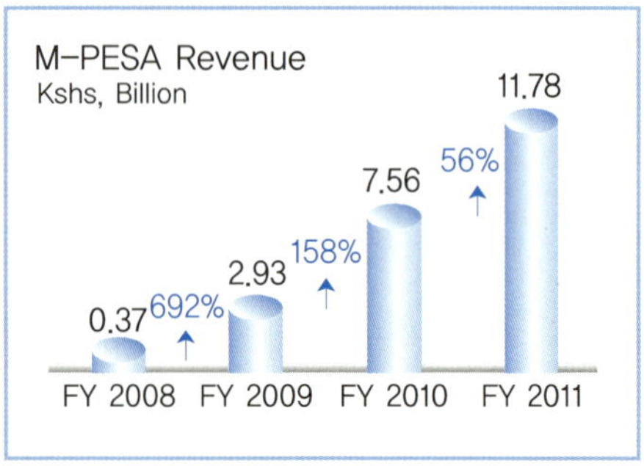

그림 14-3 우체국 택배 홈페이지

반영하거나 새로운 시장을 형성할 필요가 있다. 복지, 보건, 주택문제, 건강증진, 환경보호, 교육 등 다양한 사회적 환경으로부터 새로운 시장과 상품을 만들어낼 수 있다. 즉, 기업 입장에서 공유가치를 창출하기 위한 출발점은 상품에 반영할 수 있는 사회적 요구나 혜택, 문제 등을 알아내는 것이다. 그 예로, 보다폰(Vodafone)이 케냐에서 출시한 모바일 뱅킹 서비스 M-PESA는 3년 만에 1000만 명의 고객을 모집했으며, 케냐 GDP의 11%에 달하는 매출을 달성했다.[3] 또한, 인도에서는 톰슨로이터(Thomson Reuters)가 연간 평균 소득 2000달러 미만의 농부를 겨냥한 정보서비스를 출시하여, 현재 200만 명의 농부가 이 서비스를 이용하고 있으며 서비스 이후 농가의 수입이 3배로 증가한 사례도 있다.[4]

국내 사례로는 우체국 택배를 들 수 있다. 착한 기업 종합 2위에 오른 우체국 택배는 특산물 판매 사업에서 높은 평가를 받고 있다. 과거 영세 과수농가들은 15kg들이 상자에 사과를 담아 도매상에 팔았다. 우체국 택배는 이를 개선하여 도시가구가 소비하기 편하게 포장을 5kg 단위로 바꾸고 동네마다 브랜드도 만들었다. 이렇게 판매 방식을 바꾸자 농가가 손에 쥐는 돈은 갑절로 늘어났다. 이 과정에서 우체국택배의 사업 규모도 증가했다. 1987년 7억 원에 그쳤던 특산물 판매액이 2011년 1967억 원으로 늘어났다. 농가와 우체국 택배 모두 성장한 것이다.

(2) 가치사슬의 생산성 제고

기업은 사회에 둘러싸여 있다. 육아 문제, 교통, 교육, 보건 및 안전, 근로 조건, 직장 내 차별 등 다양한 사회적 문제는 기업의 가치사슬 활동 자체에 문제를 일으키거나 경제적 비용을 증가시킨다. 따라서 이러한 사회적 문제를 해결함으로써 기업은 생산성을 향상시킬 수 있다. 즉 가치사슬의 생산성과 사회문제를 동시에 해결함으로써 공유가치를 창출할 수 있다. 그 예로, 코카콜라는 환경에 대한 인식의 개선과 기술발전에 따라 자원활용 방식을 개선했다. 그 결과 전 세계 지사의 수자원 사용량을 2004년보다 9% 감축하는 큰 성과를 거두었다. 또한, 힌두스탄 유니레버(Hindustan Unilever)는 소외계층 여성들을 시스템 운영자로 하여 집까지 배달해주는 유통 시스템을 구축하였다. '삭티 프로젝트(Project Shakti)' 로 불리는 이 유통 시스템은 가계 소득을 2배로 늘려줄 뿐만 아니라, 유니레버의 인도 매출의 5%를 차지하고 있으며 브랜드 인지도를 제고하는 효과까지 냄으로써 기업에 적지 않은 경제 가치를 안겨주었다.[5]

그림 14-4 힌두스탄 유니레버

Hindustan Unilever Limited

그림 14-5 프로젝트 샥티

(3) 지역 클러스터 개발

기업이 성공하기 위해서는 협력업체의 지원과 기반 시설이 필수적이며 지역적 인프라가 필요하다. 기업이 주요 활동 지역에서 클러스터를 구축할 경우 지리적 이점을 기반으로 사업 성공의 가능성을 높일 수 있다. 이는 곧 지역 사회의 발전으로 이어진다. 이러한 클러스터의 구축을 위해서는 기업뿐만 아니라 대학, 정부, 지자체, NGO 등 다양한 조직들 간 협력이 이루어져야 한다. 노스캐롤라이나주에 위치한 클러스터인 리서치트라이앵글 파크(Research Triangle Park; RTP)는 IT와 생명과학 분야에서 클러스터를 구축해 공유가치를 창출하는 대표적 민·관 협동 사례이다.[6] 민간 부문과 주정부의 지속적인 투자를 통해 노스캐롤라이나의 고용과 수입, 기업 성과 지표가 크게 상승했고 지역 경제는 불경기에도 양호한 성적을 보였다.[7]

그림 14-6 RTP 일자리수의 증가

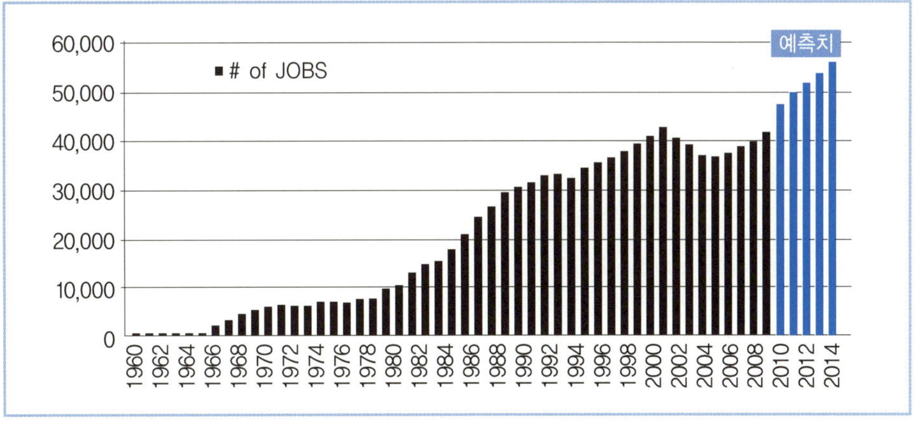

그림 14-7 1인당 소득 증가

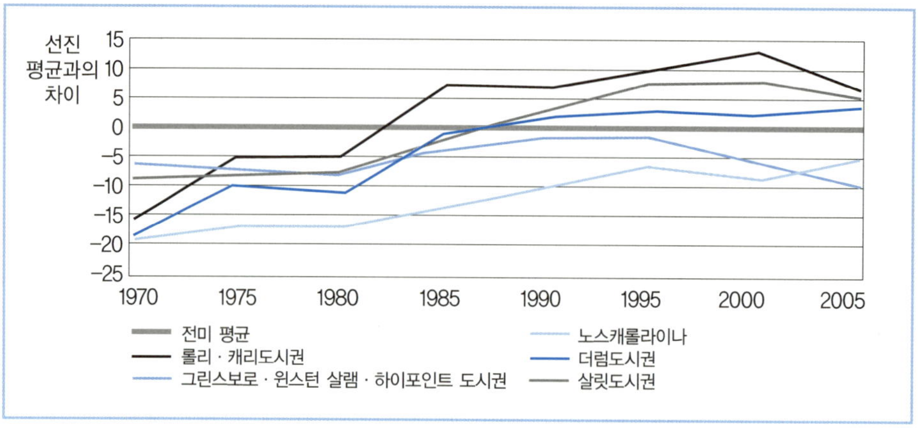

그림 14-8 RTP 지역 내의 도시성장

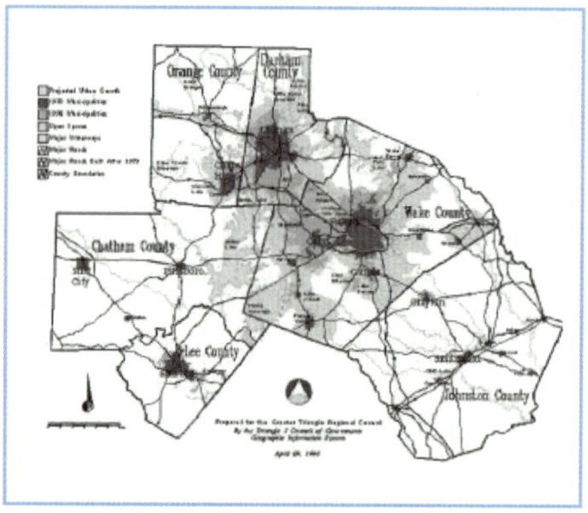

그림 14-9 RTP 주변지역

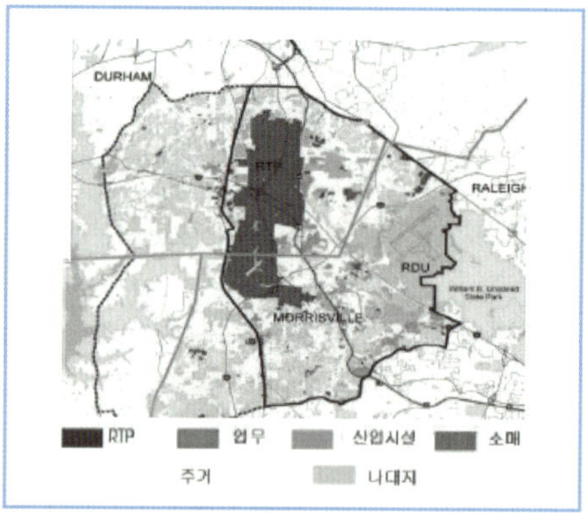

출처: www.tjcog.dst.nc.us

1.3 기대 효과

공유가치의 창출은 창조경제에서 기업들이 새로운 비즈니스 기회를 파악함으로써 창조적인 경쟁도구를 발굴하고 그에 따른 성장 기회를 얻게 한다. 또한 상생의 경제 생태계를 형성함으로써 사회적 리더십을 획득할 수 있게 한다. 특히 자본주의의 새로운 진화와 기업의 사회적 역할 변화에 능동적으로 대처하게 한다.

사례 네슬레의 공유가치 창출(CSV)

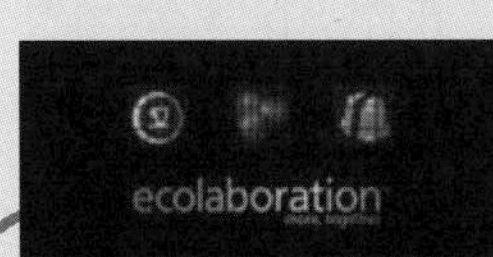

Creating Shared Value

새로운 시장과 상품의 제안

에스프레소 커피의 단점: 로스팅, 그라인딩, 보관의 과정에 따라 커피맛이 달라짐

▼

캡슐 커피 제조: 에스프레소 커피의 단점을 보완하지만, 인스턴트적인 특성에 따른 퀄리티의 문제 발생

▼

커피 농가의 생산역량 강화: 원두의 씨를 뿌리는 과정에서 수확과정까지 관리

가치사슬의 생산성 제고

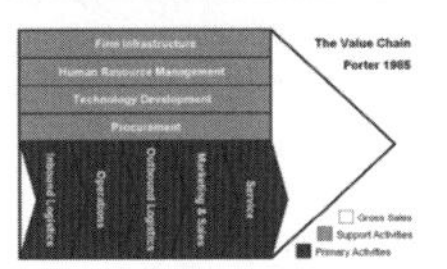

커피 생산 농가의 생산 역량을 높이는 전략 추구(커피의 퀄리티를 높이는 방향으로 가치사슬 재구성)

▼

- 커피 생산 환경을 친환경적, 효율적 개선
- 농가 역량 강화 및 자금 지원
- 수확한 원두 퀄리티 모니터링
- 농가에게 유리한 이익 분배
- 적절한 소득이 고급 커피 생산 원동력으로 작용

▼

가치사슬 생산성 = 비즈니스 가치 + 지역사회 가치

지역 클러스터 개발

- 농업 산업 시설, 농업 기술 및 기계 시설, 유통 채널, 금융 기관 등을 하나의 클러스터 내에 입주
- 클러스터를 통한 구매 원두 조달
  - 삼륜 오토바이를 이용한 영세 자영업자 지원
  - 바퀴를 타고 달리는 비즈니스

▼

- 생산 경험을 공유
- 생산역량을 높이는 교육적 효과
- Rainforest Alliance(NGO)의 커피생산 교육

▼

강한 진입 장벽

1. 네슬레의 새로운 시장과 상품의 제안

네슬레는 에스프레소 커피의 단점을 보완하기 위해 캡슐 커피를 제조하기 시작하였다. 하지만 인스턴트적인 특성에 따른 퀄리티의 문제가 발생하게 되었고, 이를 해결하

기 위해 커피 농가의 생산역량을 강화하였다. 즉, 원두의 씨를 뿌리는 과정에서 수확과정까지 철저히 관리함으로써, 일정 수준이상의 퀄리티를 확보하였다.

2. 네슬레의 가치사슬의 생산성 제고[8)]

스위스 네슬레 사(社)는 가치사슬 중 구매 활동의 개선을 통해 공유가치를 창출하였다. 세계 각지의 커피 원두 재배 농가는 낮은 생산성과 품질, 환경오염 등으로 수확량에 한계가 있었다. 네슬레는 커피 농가에 농작법을 전수하고 각종 시설과 기기를 지원하여 품질과 수확량을 향상시켰다. 이를 통해 네슬레는 자사의 프리미엄 인스턴트 커피 '네스프레소(Nespresso)' 의 원료를 안정적으로 확보할 수 있었고, 원두 재배 농가는 수확량 증대를 통해 소득을 높일 수 있었다. 가치사슬의 생산성 향상뿐만 아니라 원두 재배 농가의 소득 향상이라는 공유가치를 창출한 것이다.

3. 네슬레의 지역 클러스터 구축 사례[9)]

그림 1 네슬레의 커피농가 지원

네슬레는 지역 클러스터 구축을 통해 구매 체계의 효율성을 크게 개선하였다. 이 회사는 커피 재배지마다 농업기술의 개발, 재무 및 물류 기능 등을 수행하는 업체의 설립을 지원하는 한편, 커피 종자나 비료, 관개 장비 등 중요 자원에 대한 접근성을 확대하여 지리적 이점을 얻을 수 있도록 했다. 또한 국제 NGO인 열대우림동맹(Rainforest Alliance)과 파트너십을 체결하고 친환경 농법을 전수함으로써 농부들의 안정적인 커피 재배를 도왔다. 이러한 클러스터 구축 과정을 통해 네슬레의 생산성은 크게 향상되었다. 네슬레는 콜럼비아 쟈뎅(Jardin)지역의 커피재배 농가와 협동조합, NGO 와의 파트너십을 통해 클러스터를 형성, 좋은 품질의 커피를 효율적으로 공급함과 동시에 지역 농가 소득을 크게 향상시켰다.

02 중소기업의 경쟁전략

2.1 중소기업의 전략적 특성

(1) 전통적 견해

전통적으로 대기업이 경쟁우위의 획득에 유리한 여러 가지 메카니즘을 소유하고 있음이 강조되어 왔다. 따라서 대기업은 중소기업과의 경쟁에 있어 구조적으로 유리한 위치에 있다는 관점이 지배적이다. 대기업이 구조적으로 유리한 경쟁우위와 높은 수익성을 확보하리라는 주장은 규모의 경제, 경험곡선의 효과, 시장지배력, 자원동원력 등에서 대기업이 유리하다는 이론에 기초하고 있다.

이와 같은 전통적 견해는 낮은 시장점유율을 가지고 있는 중소기업은 시장점유율을 높이기 위해 경쟁하든지, 아니면 그 산업에서 철수해야 한다는 전략적 선택만이 존재하는 추론을 하게 만든다. 또한 대기업에 대한 중소기업의 구조적 약점 때문에 중소기업은 대기업과의 직접적인 경쟁을 회피하여야 한다는 소극적 주장을 내세우게 한다. 예를 들자면, 대기업과 관련한 중소기업의 전략을 다룬 대부분의 문헌들은 중소기업이 틈새(niche)시장을 찾아야 한다고 주장하고 있다. 이때 틈새시장은 중소기업에게는 전망이 좋고 충분히 큰 시장이지만 대기업에게는 매력적이지 않은 시장을 말한다. 이러한 틈새시장에서 중소기업은 제한된 자원을 활용할 수 있으며 대기업과의 직접적인 경쟁을 피할 수 있다는 것이다.

그러나 대기업이 규모의 경제[10], 경험곡선의 효과[11], 시장지배력[12], 자원동원력 등의 관점에서 구조적으로 높은 경쟁우위에 있다는 전통적 주장은 주로 비용의 효율성이라는 제한된 시각에 기초하고 있다. 실제로 대기업이 모든 조건과 환경에서 유리한 위치에 있다고는 할 수 없다. 특정 시장 환경에서는 대기업이 도리어 불리한 위치에 있을 수 있으며, 기업규모가 커짐에 따라 조직의 경직화 등 여러 가지 약점들을 가질 수 있다. 이러한 제약된 환경요건과 대기업의 약점은 중소기업에게 전략적으로 유리한 위치를 제공할 수 있다.

(2) 환경과 강 · 약점

1) 대기업과 중소기업의 환경

일반적으로 중소기업과 대기업은 선호하는 환경특성이 서로 다르다고 할 수 있다. 대기업은 환경의 변화가 심하지 않고, 제품특성상 수명주기가 길고 표준화가 잘된 경우에 유리하다. 반면에 중소기업은 환경의 변화가 심하고 제품특성상 수명주기가 짧고 차별화의 여지가 많은 전문품이나 주문품의 경우에 유리하다. 또한 시장이 이질적이어서 규모의 경제와 경험곡선의 효과가 중요하지 않은 경우에 유리하다.[13)]

이와 관련하여 對 대기업 경쟁에서 성공한 중소기업들을 사례 조사한 연구의 결과를 보면, 중소기업은 다음과 같은 환경조건에서 유리하다고 한다.[14)] 첫째, 잦은 신기술의 출현과 고객선호도의 변화 등으로 환경조건이 자주 변화해야 한다. 왜냐하면 그래야 도전자 입장에 있는 중소기업에게 기회가 생기기 때문이다. 둘째, 시장여건상 차별화의 기회가 많아야 한다. 셋째, 규모의 경제와 경험곡선의 효과가 중요하게 작용하지 않아야 한다. 즉, 소규모 생산과 적은 경험 때문에 원가상 커다란 불이익이 발생하지 않아야 한다는 것이다.

결론적으로, 중소기업에게 상대적으로 유리한 환경은 동태적이고, 제품특성상 차별화 여지가 많으며, 규모의 경제나 경험곡선의 효과가 중요하게 작용하지 않을 정도로 시장특성이 이질적이어야 한다는 것이다.

2) 대기업과 중소기업의 강점과 약점

일반적으로 규모가 큰 대기업들은 규모의 경제와 풍부한 투자재원과 같은 이점을 누릴 수 있는 반면에 불이익도 있다고 지적되고 있다. 예를 들면 기업규모가 커질수록 높은 고정비용과 손익분기점의 문제가 발생하며 수요변화에 대한 탄력성이 저하될 수 있다.[15] 그리고, 지나친 전문화로 인하여 노동자의 사기가 저하되고 공정의 변화에 대한 기술적인 유연성이 저하되는 문제점이 있다. 또한, 정부규제나 증가하는 사회적 책임으로 인하여 대규모 사업의 이점을 상쇄할 수도 있다고 한다. 즉, 회사규모가 커질수록 사회적인 책임의 요구와 비판이 높아지고 대기업을 규제하는 각종 법률에 의해 불이익을 당할 수 있다는 것이다.

한편, 상대적으로 규모가 작은 중소기업이 실현할 수 있는 경쟁우위의 원천으로 다음과 같은 강점들을 제시할 수 있다.

① 유연성

유연성이란 수요의 변화에 대응하여 하나의 제품에서 다른 제품으로 전환할 수 있는 조직의 능력을 의미한다. 이 유연성은 환경의 불확실성을 극복할 수 있게 하는 중요한 변수이며, 중소기업에게는 경쟁우위의 원천이 될 수 있다. 중소기업이 가지는 유연성은 산출(output)의 유연성과 조직의 유연성이라는 측면에서 살펴볼 수 있다.

먼저 산출의 유연성에 있어, 대기업은 설비와 같은 고정자산에 많은 투자를 함으로써, 기술과 수요의 변화에 신속히 대처하기 어려운 약점을 갖는다. 반면에, 중소기업은 자본보다는 인력에 의존함으로써 높은 유연성을 유지할 수 있다.[16] 이와 관련하여 Figenbaum과 Karnani는 대기업의 경쟁우위는 규모의 경제에 기초하는 반면, 중소기업의 경쟁우위는 산출의 다양성에 기초하고 있다고 분석하였다.[17] 그리고 이러한 산출의 유연성은 수요가 불안정하고 자본집약적인 산업에서 더욱 큰 경쟁우위의 원천이 됨을 밝혔다.

다음으로 조직의 유연성에 있어서, 조직행동론 분야의 연구들은 중소기업의 조직적 특성이 중요한 경쟁우위의 원천이 된다고 주장하였다. 즉, 중소기업은 작은 계층구조와 중앙집중적인 의사결정 구조를 가짐으로써 신속한 의사결정과 집행이 가능하다는 것이다. 반면에, 대기업은 상대적으로 계층의 수가 많고 복잡하며, 기존의 정책에 묶여 환경변화에 대해 신속하게 대응하기가 힘들다고 한다.

② R & D 효율성

중소기업은 상대적으로 연구개발 활동을 효율적으로 수행할 수 있는 강점을 가지고 있다. 왜냐하면, 중소기업에서는 개인의 연구개발 결과가 즉각적으로 나타나며, 그 때문에 높은 동기부여 수준과 창의성을 유지할 수 있다. 또한 중소기업에서는 각 부서 사이의 연결이 상대적으로 원활하기 때문에 중요한 시장정보의 입수 및 활용이 용이하다. 반면에, 회사의 규모가 커짐에 따라 기술자 수가 많아지고 팀워이 약화된다. 예컨데 대기업에서는 개발부서가 영업부나 생산부와 긴밀한 의사소통과 상호조정을 하기가 쉽지 않다.

Cooper의 연구에 의하면 동종 제품에 대한 연구개발에 있어 대기업들은 중소기업보다 8배나 많은 개발비용을 지출함으로써 상대적으로 낮은 R & D 효율성을 나타내었다고 한다.[18] 따라서 중소기업은 가장 유리한 부분에 집중적으로 투자하고 R & D 효율성을 최대한 활용함으로써 R & D의 절대 투자액에서의 취약성을 극복할 수 있을 것이다.

③ 혁신

중소기업은 기술혁신과 새로운 아이디어의 원천으로 높히 평가되고 있다. 이러한 중소기업의 혁신능력은 경영자들이 제품에 대한 높은 지식과 기술을 소유하고 있으며 자신의 개인적 경험을 기초로 획기적인 혁신을 적극적으로 수행할 수 있다는 데에 기인한다. 반면에 대기업은 새로운 아이디어가 획기적이면 획기적일수록 혁신에 대한 저항이 커지는 경향이 있다. 그리고 관료적 조직특성으로 인해 불확실성을 지나치게 두려워하고 계량적인 분석방법을 중시함에 따라 급진적 혁신이 성공하기 어려울 수 있다.

④ 조직문화

중소기업은 특유의 미래지향적이고 도전적인 조직분위기를 강점으로 활용할 수 있다. 중소기업의 경영자들은 성장에 관심이 높으며, 혁신적 행동과 미래지향적인 목표를 추구하는 경향이 있다. 중소기업의 경영자들은 회사 내에서 폭넓은 영향력을 행사하기 때문에, 그들의 기업가 정신은 기업경영에 중요한 영향을 미친다. 따라서 경영자의 진취적 성향에 기초하여 조직분위기를 탄력적이고 도전적으로 만들 수 있다. 또한 중소기업은 특유의 가족적이고 친밀한 분위기 때문에 상호협력이 용이할 뿐만 아니라 대기업에 비해 원활한 노사관계를 유지할 수 있다.

2.2 중소기업의 경쟁전략: 일반적 모형

앞에서의 논의를 정리하면 중소기업은 동태적이고 차별화 여지가 많으며 시장 특성이 이질적인 환경에서, 특유의 강점인 유연성, R & D 효율성, 혁신능력, 진취적 조직문화 등을 최대한 활용할 때 경쟁우위를 확보할 수 있다. 다시 말하여, 중소기업이 강력한 경쟁우위를 확보하기 위해서는 일정한 환경조건에서 특유의 강점을 살려야 한다는 것이다. 이를 정리하면 그림과 나타낼 수 있다.

이와 같은 중소기업 경쟁전략의 특성에 관하여 이장우의 연구는 다음과 같은 주장을 하였다.

첫째, **중소기업이 대기업과의 직접 경쟁에서 성공할 수 있는 일정한 환경조건이 존재한다.** 다시 말하면, 뛰어난 중소기업이라도 항상 대기업과의 직접 경쟁에서 성공할 수 있는 것은 아니라는 것이다. 대기업과의 경쟁에서 성공한 기업들은 환경변화가 비교적 심한 산업에서 새로운 시장기회를 포착하였다는 공통점을 가지고 있다.

그림 14-10 중소기업의 경쟁전략 모형

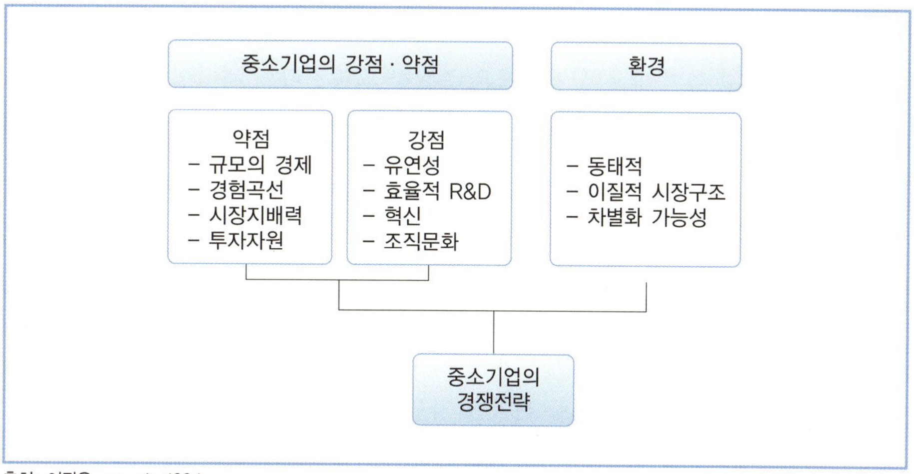

출처: 이장우, *op. cit.*, 1994.

둘째, **중소기업에게 유리한 환경조건 속에서 시장기회를 포착한 후 경쟁전략을 선택하는 과정을 살펴보면, 집중전략이 필수적이다.** 왜냐하면 중소기업의 취약한 자원능력 때문에 자신의 강점을 가장 잘 살릴 수 있는 제한된 범위에 투자를 집중할 수 밖에 없기 때문이다. 그러나 이러한 집중전략은 기존 이론들이 강조하듯이 대기업과의 경쟁을 회피하기 위해 틈새를 찾고 거기에 안주하는 소극적인 것이 아니었다. 선택한 부문 안에서는 대기업에 강력히 저항하거나 선제 공격도 감행하는 적극성을 보였다. 그리고 일단 전략적 거점의 확보에 성공하고 어느 정도 투자 여력을 갖게 되면 고급 제품이나 상위시장으로 진출하는 과감성을 보였다.

셋째, **중소기업에게 가장 핵심적인 경쟁우위가 되는 것은 차별화이다.** 특히 기술혁신에 의한 차별화는 장기적으로 가장 확실한 성공기반을 제공한다. 그 이유는 규모의 경제를 이용한 원가우위나 광고나 유통망 등 마케팅 측면의 차별화는 자금능력이 뛰어난 대기업에게 쉽게 모방되고 압도되기 때문이다. 이에 반해, 신기술은 무형성이 높기 때문에 대기업이 물적 투자만 가지고 쉽게 모방할 수 없다.

넷째, **차별화의 방법에 있어서 양적인 투자보다는 발상의 전환이 중요하다.** 즉, 광고, 유통망, 신제품 개발력 등에 있어 양적인 투자로서는 대기업과의 경쟁에서 생존하기 어렵다. 따라서 물량적 열세를 극복할 수 있는 창의적 발상과 창조적 아이디어가 필수적이다.

다섯째, **원가우위는 비록 핵심적 위치는 아니더라도 경쟁우위 획득에 중요한 수단이 된다.** 중소기업은 대부분 후발주자이고 상대적으로 취약한 제품 이미지를 가지고 있기 때문에 저가격은 중요한 경쟁전략의 하나임에 틀림없다. 그런데 유의해야 할 것은 이러한 원가우위의 추구에 있어 그 방법이 중소기업과 대기업이 서로 다르다는 사실이다. 예를 들자면, 원가우위 전략은 표준화된 제품을 대량생산하고 유통하는 것이 핵심이라고 알려졌다. 그러나 이것은 주로 대기업을 위한 처방이고, 중소기업은 규모의 경제에 의한 원가우위보다는 특유의 유연성과 혁신성을 기초로 하여 원가우위를 추구해야 한다.

여섯째, **구조적으로 취약한 자원능력을 외부에서 충당하고 보완하는 자원획득 전략이 중요하다.** 중소기업은 상대적으로 투자재원이 부족하고 한정된 분야의 기술능력만을 보유하기 마련이다. 따라서 이를 보완하기 위한 창조적인 자원획득 전략이 필요하다.

일곱째, **혁신적인 경쟁전략을 뒷받침해주는 강력한 조직관리 능력이 필요하다.** 명확한 경영이념을 세워놓고 사원들의 창의성과 도전의식을 고취하기 위한 특유의 관리방법과 제도를 만들어야 한다. 이러한 관리방식들은 기업의 필요에 의해 창조적으로 개발된 것으로 경쟁전략을 성공적으로 수행하는 데 결정적인 역할을 한다.

이와 함께 주목하여야 할 것은 최고경영자의 특성이다. 성공 중소기업의 주요 공통점 중 하나는 최고경영자들이 한결같이 확고한 신념과 독특한 가치관을 가지고 있다는 사실이다. 중소기업의 경우 최고경영자의 가치관과 신념, 그리고 행동방식이 회사의 공식적인 정책과 제도 못지않게 사원들의 행동에 중요한 영향을 미친다.

2.3 강소기업의 전략

(1) 경쟁우위 획득 모형

강소기업의 가장 큰 특징은 전략적으로 지속가능한 경쟁력을 확보했다는 데 있다. 그리고 강소기업들이 지속가능한 경쟁력을 획득하는 과정을 분석해 보면 상당한 공통점이 존재한다.

[그림 14-12]는 강소기업들이 지속가능한 경쟁력을 획득하는 과정을 나타낸다. 먼저 강소기업들은 대부분 분명한 차별화 원천을 창업 초기에 확보한다. 13장에서 설명했듯이 그것이 기술적 요인(T-drive)이든, 마케팅 요인(M-drive)이든, 비전과 철학(V-drive)이든 하나의 원천을 가지고 있다. 그리고 그것이 잘 발휘되도록 또 다른 원천과 결합하여 창업의 기반을 탄탄하게 한다. 예를 들면 기술적 요인을 차별화 원천으로 한다면 마케팅 요인과 잘 배합하여 시장친화적 기술 드라이브를 하거나, 아니면 비전 요인을 잘 배합하여 비전 지향적 기술 드라이브를 함으로써 차별화의 기반을 마련한다.[19)]

그리고 그 차별화 원천을 시장에서 제품이나 서비스로 구현하기 위해 남보다 앞서서 과감하게 틈새시장에 진입한다. 그리고 고객이 원하는 성능, 품질, 그리고 가격에 맞추기 위해 빠른 속도(Speed)로 문제해결 능력을 발휘함으로써 다른 경쟁기업들과 차별화를 이루며 경쟁우위를 획득해 나간다. 그 결과 틈새시장에서 확고한 고객기반을 구축하고, 안정된 판로와 높은 시장점유율을 확보함으로써 재무적인 안정성을 이룬다. 또한 해당 분야에서 꾸준한 기술능력을 축적하고 특허 등 지적재산권을 확보함으로써 전문 기업으로서 인정을 받는다. 이와 함께 뛰어난 기술적

그림 14-11 전략의 핵심과정

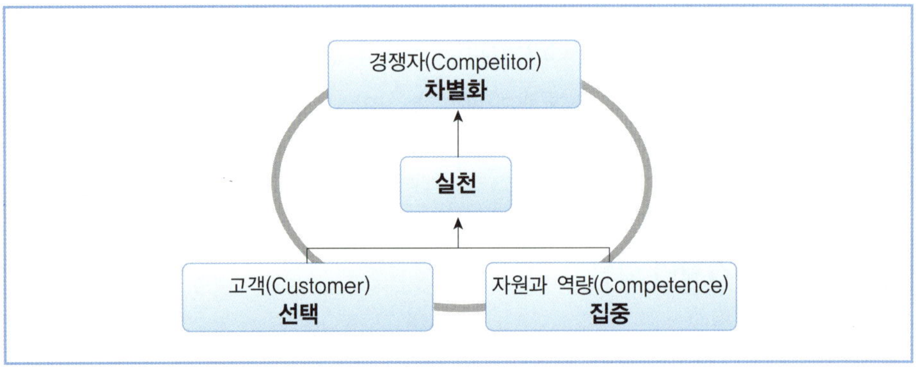

그림 14-12 강소기업의 경쟁력 분석

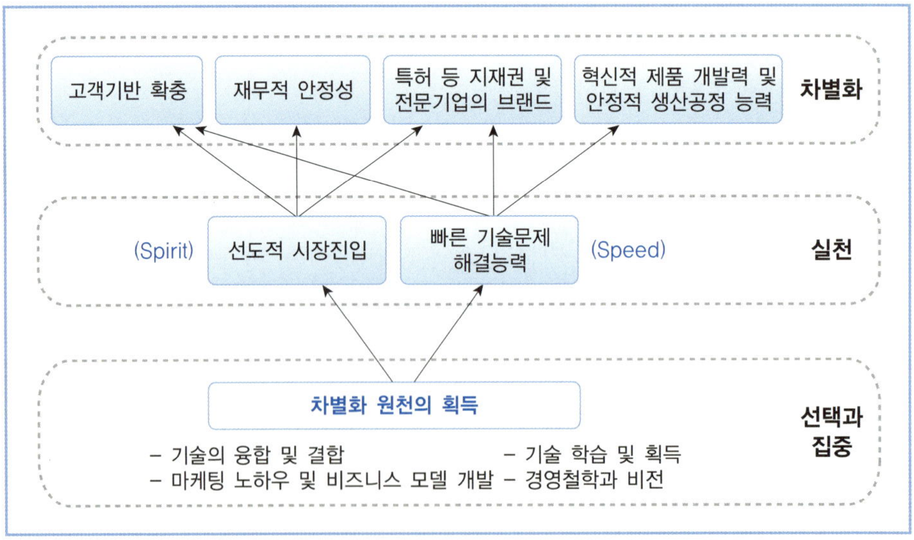

출처: 이장우, 대한민국 강소기업, Small Giants, 미래인, 2010.

문제해결 능력을 토대로 혁신적 제품개발력이나 글로벌 수준의 품질을 제공할 수 있는 생산체계를 구축한다.

이러한 차별화는 [그림 14-11]와 같이 선택과 집중, 실천, 차별화 등 전략의 핵심 과정을 통해 달성된다.

강소기업들은 이러한 핵심 과정의 수행을 통해 경쟁력을 창출하고 있다. [그림 14-12]는 강소기업의 경쟁력을 전략의 핵심과정별로 분석한 것이다.

(2) 전략적 과제

강소기업들은 부족한 내부자원과 치열한 시장경쟁에도 불구하고 지속가능한 생존력을 확보했다. 그러나 이 생존력이 영원히 지속될 수는 없는 일이다. 오히려 이 생존력을 기반으로 또 다른 도전을 해야 지속 성장이 가능하다. 앞에서 이야기했듯이 현재 우리 강소기업들은 대부분 세계 가치사슬 진화 고리에서 비슷한 위치에 서 있다. 주로 연구개발과 생산 중심의 가치사슬 상에서 부가가치를 만들어 왔다. 하지만 그 위치를 부가가치가 높은 곳으로 이동해야 하며 혁신의 단계도 전략혁신으로 업그레이드해야 한다. 또한 성공함정에 빠지기 쉬운 내부 관성을 잘 극복하면서 21세기 창조경제로부터 만들어질 새로운 성장기회를 획득해야 한다.

이러한 공통적 전략상황에 성공적으로 대응하기 위해 강소기업들은 다음과 같은 네 가지 방안들에 대해 집중적으로 고민해야 한다.

첫째, **기존 차별화 원천이 무엇인지 확인하고 재점검한다.**

이를 위해 다음과 같은 질문에 대한 명확한 답변이 필요하다.

- 과연 현재의 차별화 원천은 무엇이고 어떤 경쟁력을 만들어냈는가?, 그리고 그 경쟁력은 얼마나 지속할 수 있는 것인가?
- 기존 차별화 원천을 근본적으로 저해하는 위협요인은 무엇이고 과연 방어할 수 있는가?
- 기존 차별화 원천을 적용시켜 수익을 확대할 수 있는 새로운 분야는 무엇이고 시장규모와 성장잠재력은 얼마나 되는가?

둘째, **성공함정을 극복하기 위해 체계적인 노력을 기울인다.**

- 우리 회사의 궁극적인 차별화 원천은 무엇인지, 그리고 성공의 가장 큰 원동력은 무엇이며 그것을 확보하기 위해 희생했거나 간과하고 있는 것은 무엇인지?
- 과거 성공을 만들어낸 방법은 무엇이고 그것을 미래에 반복할 때 나타날 수 있는 위험과 문제점은 무엇인지?
- 새로운 성장 동력을 확보하기 위해 필요한 요건들이 무엇이고 이것들이 기존의 성공방식과 어떻게 다른지? 다르다면, 기존 성공방식의 장점을 유지하면서 미래의 새로운 방식을 수용할 수 있는 창조적 방법은 없는지?
- 미래 또 다른 성공을 만들어내기 위해 새로이 취해야 할 요인들은 무엇이고 이것들이 기존 성공방식들과 어떻게 다른지? 기존 성공방식들 중 버려야 할 요인들은 무엇인지?

셋째, **전략혁신 단계로 진입한다.**

- 현재 가장 중요한 아이디어는 어디에서 나오는가, 그리고 그 원천은 앞으로도 새로운 사업 아이디어를 지속적으로 제공할 수 있는가?
- 현재 새로운 아이디어를 사업화하고 비즈니스 모델을 기획하는 기능은 누가 담당하는지? 그리고 그 기능은 얼마나 효과적인지?
- 현재 핵심고객은 누구이고 고객관계의 특징은 무엇이며, 이것으로부터 새로운 아이디어와 비즈니스 모델을 만들어낼 방법은 있는지?
- 궁극적으로 달성하고자 하는 회사 비전과 이념이 무엇인지, 그리고 이것들이 비즈니스 모델 개발에 어떠한 방향을 제시해 줄 수 있는지?

사례 우리나라 강소기업의 네 가지 유형

1. 기술개척자 기업

기술개척자 기업이란 뛰어난 기술적 아이디어와 혁신역량을 기반으로 누구보다도 기술적으로 앞선 신제품을 개발하고 새로운 시장을 개척하는 데 앞장 서는 기업을 말한다.

◆ 컴투스

컴투스

1998년 7월에 컴투스라는 국내 최초의 모바일 전문게임 회사를 정식으로 설립했다. 게임 개발에 몰두한 결과, '다마고치', '블랙잭', '오목' 등을 출시했다. 그리고 계속적으로 '고스톱', '알까기', '리버시' 등 다양한 게임 콘텐츠들을 출시했다. 또한 국내 최초의 모바일 RPG 게임인 '춘추 열국지', 최초의 연애 시뮬레이션 게임인 '연인'을 선보이며 기술력 또한 업계 최고라는 인정을 받기 시작하였다.

컴투스는 국내 모바일 게임 시장 1위를 점유하고 있다. SK텔레콤, KT, LG U+ 등 국내 통신 3사에 게임 서비스를 제공하고 있으며, 2000년부터 글로벌 시장에 진출했다. 세계 최초로 모바일용 자바 게임과 MMORPG(다중접속 역할수행 게임)를 출시했다. 2008년

그림 1 TINY FARM

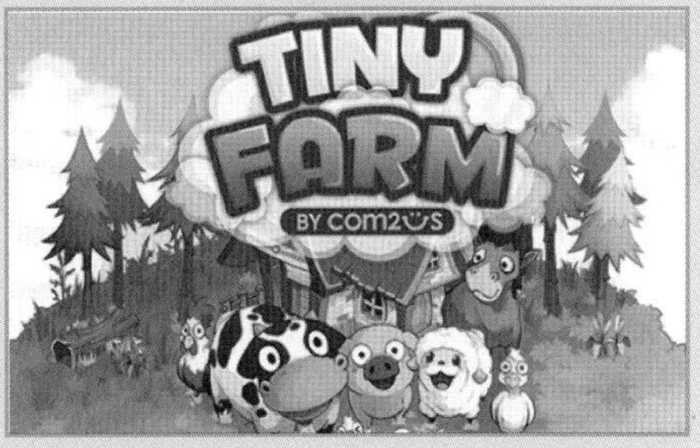

그림 2 프로야구 2013

에는 애플 아이폰(iPhone)용 게임도 출시했다.

모든 재미는 인간에게서 비롯된다는 생각을 가진 박 대표는 업계 1위의 기업을 뛰어넘어 향후 세계적인 '펀(Fun) 팩토리' 로 성장하는 또 다른 성공을 꿈꾼다. 이에 따라 함께 미래를 열어나갈 인재들을 중시하는 관리체계를 강조한다.

그림 3 박지영 대표

또한, 박지영 대표는 아직도 갈 길이 멀다고 말한다. 모바일 게임분야를 개척해 성공한 경험을 토대로 최근 레드오션으로 변하고 있는 온라인 게임시장이나 IPTV 등 신규분야에 진출해서 또 다른 성공을 꿈꾸고 있다.

2. 장인기업

AhnLab

장인기업이란 특정 분야에서 장기적 안목으로 기술을 축적하고 안정적 품질의 제품을 공급함으로써 전문성을 인정받는 기업을 말한다.

◆ 안랩

국내 1위의 IT 보안회사로서 국내 최장수 소프트웨어 'V3' 를 판매하고 있다. 창업자의 이름 자체가 훌륭한 브랜드이기도 한 국가대표급 소프트웨어 기업이다.

그림 4 V3 무료백신

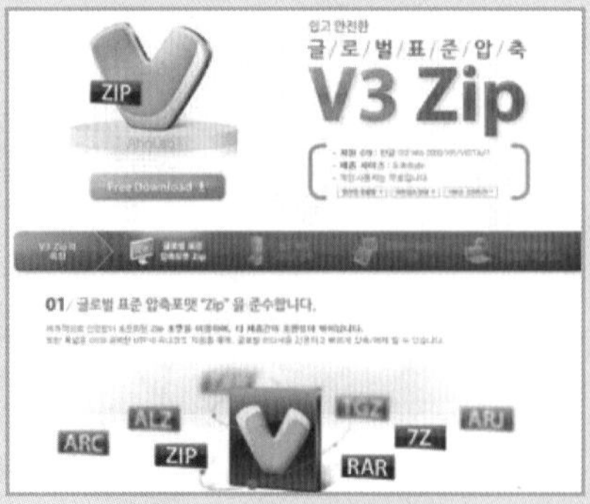

그림 5 안철수 전 대표

1995년 3월, 안철수는 의사의 길을 정리하고 '안철수연구소' 라는 회사를 설립했다. 당시 국내에서는 개인용 컴퓨터(PC)가 본격적으로 보급되면서부터 컴퓨터 바이러스 치료에 대한 관심과 수요가 급증하기 시작했다. 이에 따라 한글과컴퓨터와 계약을 통해 안정적인 매출을 확보하려 했으나, 여러 상황적 이유로 어려운 상황을 겪게 되었다. 하지만, 직원들과 안철수 대표에 끝없는 노력으로 결국 삼성SDS와 제휴에 성공하게 되었고 이는 회사가 안정적인 매출 기반 위에서 연구개발에 전념할 수 있는 기회를 제공해 주었다.

이 때 컴퓨터 바이러스의 심각성을 주지시키는 사건이 발생했다. 소위 'CIH 바이러스 대란' 이 일어난 것이다. 하루에 30만대에 이르는 PC가 바이러스의 피해를 입었다. 예상치 못했던 바이러스의 큰 피해는 결과적으로 백신 시장을 4배 이상 키웠고 회사의 매출액도 4.5배 가까이 성장했다. 그리고 당시 국내 보안업체로서는 최초로 수주액 100억 원을 돌파하는 기록까지 세웠고, 2001년 코스닥 상장에 성공했다.

이후에도 지속적인 연구 개발을 통해 변화하는 바이러스에 대처하고 있다.

3. 마케팅 기업

마케팅 기업이란 기회포착 능력, 영업기술, 마케팅 노하우 등을 기반으로 새로운 틈새시장을 발굴하거나, 급속히 성장하는 시장에서 브랜드 이미지를 활용 또는 독점적인 시장정보를 이용해 짧은 시간 안에 시장을 장악하는 기업을 말한다.

◆ 누가의료기

수출 비중이 96%를 차지하는 글로벌 의료기 전문 기업으로 세계 65개국에 영업 인프라와 대리점 관리 및 교육 시스템을 보유하고 있으며, 전 세계 2천 곳에 체험 홍보관을 설치했다. 소비자가 의료기를 직접 사용케 하는 체험 마케팅을 실시하는 등 공격적인 마케팅을 펼쳐 중국 가정용 의료기 시장 점유율 1위를 차지하였다.

창업주 조승현 회장은 인터뷰에서 "사실 전 이 업계에서 15년을 있었거든요. 그만큼 잘 알고 있었기 때문일 거예요. 그래서 포화상태인 국내시장은 아예 쳐다보지도 않았고, 처음부터 세계시장을 보았던 거죠." 라고 말했다. 외국은 국내보다 대체의학 분야가

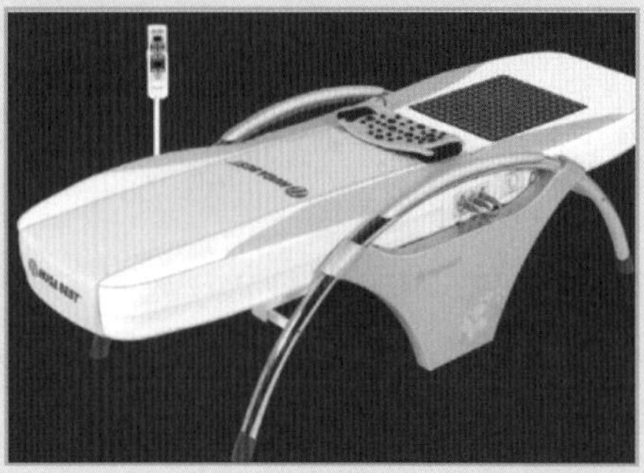

그림 6 누가 베스트

그림 7 누가 의료기 조승현 회장

다양하고 이를 인정해주며 특히 동양의학에 대한 관심이 높았기 때문에 마케팅 기법을 차별화하여 세계시장에 도전하면 가능성이 열릴 것이라고 판단했다. 그래서 과감히 지금까지 쌓아온 기술력과 마케팅 기법을 조합해 해외시장에 도전했고, 제품을 구입하기 전에 소비자가 직접 체험할 수 있도록 하는 체험 마케팅을 통해 세계 시장에 도전했다.

2003년에 32억 원이던 수출액은 해를 거듭함에 따라 60억 원, 200억 원, 280억 원으로 늘어났고 현지화 전략을 통해 중국, 미국시장 뿐만 아니라 유럽 등 다양한 국가로 진출을 시도하고 있다.

4. 건설가 기업

건설가 기업이란 원대한 비전과 설득력 있는 비즈니스 모델을 토대로 사업에 관한 치밀한 마스터 플랜에 따라 적극적으로 사업을 전개하는 기업을 말한다.

◆ 인터파크

국내 최초로 인터넷 쇼핑몰을 사업화했다. 선도적으로 전자상거래 시스템을 구축하여 최고의 인터넷 쇼핑 서비스를 제공하고 있다. 고객만족도 인터넷 쇼핑몰 부문 6년 연속 1위, 공연 예매 시장 및 온라인 도서 부문 1위를 차지하는 등 높은 브랜드 파워를 보유하고 있다.

인터파크는 IT기술을 바탕으로 하는 'Mall & Malls', 즉 자사의 온라인 상점 안에 다른 상점들을 입점 시키는 사업모델을 시도하였다. 한 번의 사이트 방문을 통해 여러 상품을 구매할 수 있는 편리함과 함께 주문, 결제, 배달 등이 한 번에 처리되는 One-Stop

그림 8 인터파크 홈페이지

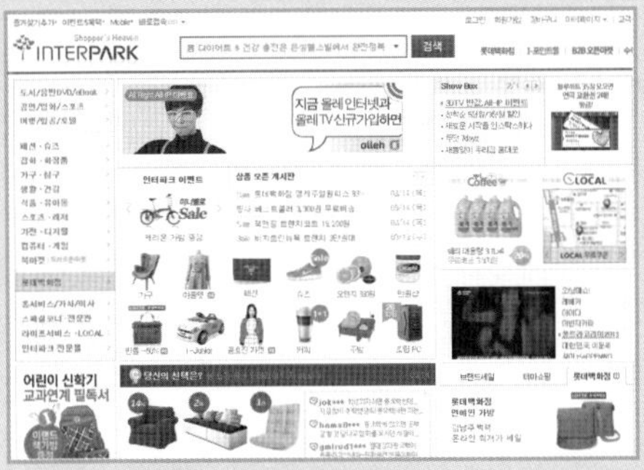

그림 9 인터파크 이기형 회장

Shopping의 장점을 제공할 수 있었다.

또한, 인터파크의 창업이 데이콤의 사내 벤처로부터 출발했듯이 내부 사내벤처 시스템을 설치해서 새로운 아이디어와 신규 사업을 발굴하는 데 활용하였다. G마켓은 이러한 시도로부터 탄생했다. 2009년 인터파크는 국내 1위 온라인 거래사이트 G마켓을 미국 전자상거래 업체인 e-Bay에 5000억 원에 달하는 가격에 매각하였다. 매각한 G마켓의 연간 거래규모가 4조원으로서 인터파크의 다른 10여개사업들의 전체 거래규모 (약 1조 4000억)를 합친 것보다도 더 많았다.

03 국가 경쟁력

3.1 국가 경쟁력

IMD 보고서

스위스 국제경영개발연구원(IMD)이 평가한 국가경쟁력 순위에서 우리나라가 지난해와 같은 세계 22위를 차지했다. 우리나라 역대 순위는 2008년 31위에서 2009년 27위, 2010년 23위, 2011년 22위로 꾸준히 상승해오다 2012년은 지난해 수준에 머물렀다.

IMD가 31일 발표한 '세계경쟁력 연감 2012'에 따르면, 우리나라의 종합 국가경쟁력은 조사 대상 59개 국가 및 지역경제 가운데 22위를 기록했다. 아시아 · 태평양 국가 중에서는 지난해 8위에서 올해 6위로 2단계 상승했고 G20 국가 가운데는 지난해보다 한 단계 상승한 6위에 올랐다.

IMD는 우리나라가 지난해에 이어 순위를 경신하는 데는 실패했지만 유럽 재정위기 등 녹록치 않은 환경에서도 지난해 수준을 유지한 것을 높이 평가했다. 경쟁국인 중국(19위 → 23위), 일본(26위 → 27위), 대만(6위 → 7위)은 지난해보다 순위가 하락했다. 유럽 재정위기를 겪은 국가들 가운데는 스페인(35위 → 39위), 그리스(56위 → 58위)가 순위가 내린 반면 아일랜드(24위 → 20위), 이탈리아(42위 → 40위)는 순위가 올랐다.

1위는 지난해에 이어 올해도 홍콩이 차지했고 공동 1위였던 미국은 올해 2위로 내려앉았다. 5위였던 스위스가 3위로 뒤를 이었다. 59위는 지난해에 이어 올해도 베네수엘라가 자리를 지켰고 재정위기의 늪에 빠진 그리스는 58위로 2단계 하락했다.

IMD는 이번에 세계화, 경제 · 사회개혁 필요성 항목을 집중 분석했다. 우리나라는 세계화 부문은 10위, 경제 · 사회개혁 필요성 부문은 9위로 호평을 받았다. 또 기업효율성 개선 부문이 26위에서 25위로 한 단계 상승했다. 그러나 경제성과 부문은 25위에서 27위로 두 단계 하락했고 정부효율성도 22위에서 25위로 악화됐다는 평가를 받았다. 인프라 부문은 전년과 동일한 20위를 유지했다.

경제성과 부문 순위가 하락한 것은 국제투자는 개선됐지만 국제무역이 악화된 점이 영향을 미친 것으로 분석된다. 정부효율성 부문도 이민법 상 외국인 근로자 고용저해 정도, 관세 장벽 등이 약점으로 작용했다.

중간부문별로는 국내경제(16위), 고용(8위), 공공재정(10위), 기술인프라(14위), 과학인프라(5위) 부문은 우수한 점수를 받은 반면 국제투자(42위), 물가(54위), 기업관련 법규(42위), 사회적 여건(32위), 생산성 · 효율성(32위) 부문은 상대적으로 취약하다는 평가를 받았다.

329개 세부항목 가운데 우리나라는 장기실업률(1위), 고등교육 수학률(2위) 등 26개 항목이 5위권 이내에 포함됐다. 반면 이민법의 외국인 고용제약(58위), 노사관계 생산성(53위) 등 25개 항목은 50위 이하의 하위권에 머물렀다.

IMD는 우리나라의 정책과제로 △세계 재정위기에 대한 선제적 대응 △인플레이션 완화 △일자리의 질 향상과 청년실업 완화 △FTA 확대와 부정적 영향을 받는 산업의 강화 △사회자본을 포함한 투자의 확대를 제시했다.[20)]

위의 IMD 보고서에 관한 기사는 국가의 경쟁력이 세계적 관심사가 되고 있음을 보여주고 있다. 이러한 사실은 전략을 기업 차원의 경쟁우위에서뿐만 아니라 국가 차원의 경쟁우위라는 관점에서 공부할 필요가 있음을 시사한다.

국제화가 가속화되고 경쟁이 세계화되는 추세 속에서 국가의 중요성은 감소되는 것이 아니라 더욱 증가되고 있다. 그 이유는 지식의 창출과 흡수가 기업 간 경쟁에 있어 핵심요인이 됨에 따라 국가의 역할도 증대되고 있기 때문이다. 다시 말하여 특정 국가가 가지고 있는 독특한 가치관, 문화, 경제구조, 제도, 역사 등은 기업의 국제경쟁력을 강화하는 데 중요한 역할을 한다. 특정 국가가 모든 산업에서 국제적인 성공을 거둘 수는 없지만 특정 산업에서 타의 추종을 불허하는 지속적 성공을 거두고 있는 것은 바로 이러한 국가 특성 때문이라고 볼 수 있다.

예를 들자면 서독의 고성능 자동차와 화학제품, 일본의 자동차와 애니메이션, 스위스의 은행업과 약품, 이탈리아의 신발과 섬유, 미국의 상업용 항공기와 영화 등이 대표적인 예이다. 이들 나라의 기업들이 국제적 경쟁우위를 창출할 수 있었던 데에는 그 나라의 독특한 특성이 밑바탕이 되었다고 할 수 있다.[21)]

하버드 대학의 마이클 포터는 국가의 번영은 창조되는 것이지 상속되는 것은 아니라고 하였다. 즉, 고전파 경제학자들은 특정 국가의 경쟁력이 자연자원, 노동력, 이자율, 통화가치 등에 의해 결정된다고 주장한 반면, 그는 기업들로 하여금 끊임없이 혁신하도록 만드는 환경을 조성하는데 그 핵심이 있다고 주장하였다. 예를 들자면 국내 시장에서 기업들이 강력한 경쟁자, 의욕적인 공급자, 까다로운 고객 등을 상대하게 함으로써 국가 경쟁력을 키울 수 있다는 것이다.

3.2 국가 경쟁우위 결정요인

특정 국가의 기업들은 어떻게 지속적인 혁신을 수행하고 국제 시장에서 강력한 경쟁력을 확보하는가? 다시 말하여 특정 국가의 경쟁우위는 어떻게 결정되는가? 이 질문에 대해 마이클 포터는 소위 '국가 경쟁우위의 다이아몬드' 라고 불리는 다음과 같은 네 가지 요인을 제시하였다.

- 첫째, **요소조건**. 이것은 기술인력이나 사회간접자본과 같이 경쟁에 필요한 생산요소의 부존상태를 의미한다.
- 둘째, **수요조건**. 이것은 국내 시장의 수요상태를 의미한다.
- 셋째, **관련산업**. 이것은 국제경쟁력이 있는 원료제공 산업이나 기타 관련산업의 존재여부를 의미한다.
- 넷째, **기업전략 및 구조, 경쟁관계**. 이것은 기업들이 어떻게 창업되고 조직되며 경영되는지 그리고 국내 시장에서의 경쟁관계는 어떠한지 등을 결정하는 조건들을 의미한다.

그림의 결정요인들은 기업들이 태어나고 경쟁하는 방법을 배워 나가는 환경조

그림 14-13 국가 경쟁우위의 결정 요인

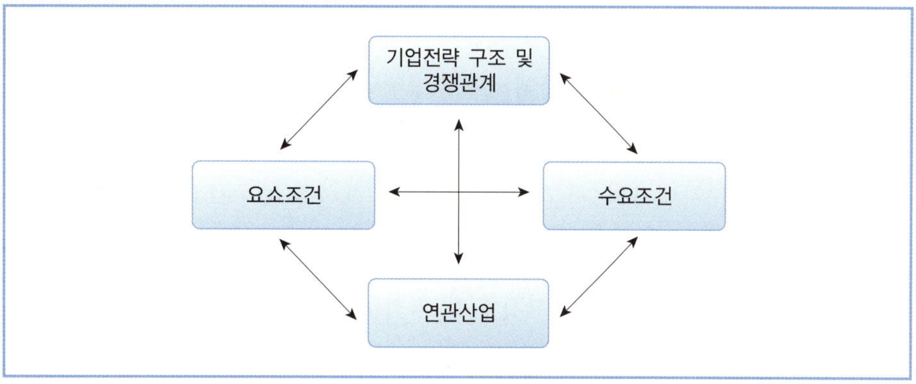

출처: Porter, M. E. "The Competitive Advantage of Nations", Harvard Business Review, March-April, 1990.

건을 구성한다. 따라서 각 요인들은 기업들이 국제 경쟁에서 성공할 수 있도록 만드는 데 중요한 영향을 미친다. 따라서 이러한 요인들에 의해 기업은 가치 있는 자산이나 기술을 보다 빠르게 축적할 수 있으며, 양질의 정보와 통찰력을 획득함으로써 경쟁우위를 확보해 나갈 수 있다. 또한, 기업들로 하여금 끊임없이 혁신하고 투자하도록 만드는 분위기를 조성함으로써 국제경쟁력의 획득에 중요한 기여를 할 수 있다. 이와 같은 결정요인들에 대하여 자세히 설명하면 다음과 같다.

(1) 요소 조건

전통적인 경제이론에 의하면 노동, 토지, 자연자원, 자본, 사회간접자본 등의 생산요소가 국제경쟁력을 결정한다고 한다. 그러나 경쟁력에 핵심이 되는 것은 이러한 생산요소 자체가 아니라 이 요소들을 얼마나 빨리 그리고 얼마나 효율적으로 만들어내고 개선하여 특정 산업에 활용하는가이다.

선진국들이 자랑하는 산업들을 살펴보면 숙련된 인적자원이나 과학기술의 토대와 같은 생산요소를 국가적으로 물려받은 것이 아니라 스스로 창출해냈다는 것을 알 수 있다. 예를 들자면 화훼산업으로 유명한 네덜란드는 꽃의 재배, 포장, 수송을 전문적으로 연구하는 연구기관들을 국가적 차원에서 육성하였다. 또한, 인슐린 산업으로 유명한 덴마크는 당뇨병 연구와 치료를 전문으로 하는 병원들을 국가적 차원에서 운영하고 있다.

국가 경쟁우위에 중요한 영향을 미치는 생산요소는 산업별 특수요구에 적합하게 고도로 특화된 것이어야 한다. 그래야 희소가치가 있고 외국의 경쟁자들이 모방하기 어렵다. 따라서 세계적으로 경쟁력있는 산업을 육성하기 위해서는 특화된 생산요소를 창출해내고 지속적으로 고도화시킬 수 있어야 한다.

토지, 자연자원, 자본과 같은 기초적 생산요소의 보유 자체만으로는 경쟁우위를 보장받을 수 없다. 경우에 따라서는 이러한 기초 요소들이 크게 부족한 국가들이 자원의 어려움을 극복하기 위해 혁신을 거듭함에 따라 오히려 경쟁우위를 확보할 수 있다. 그 이유는 값싼 원료가 충분히 공급되고 노동력도 풍부하면 기업들이 풍족한 조건에 안주하여 생산요소들을 비효율적으로 사용하기 쉽기 때문이다. 반면에 높은 땅값이나 원료부족 등과 같은 어려움에 직면하게 되는 경우 생존하기 위해 혁신과 개선 활동을 적극적으로 벌임으로써 생산요소에서의 약세를 경쟁우위로 전환시킬 수도 있다. 이에 관한 대표적인 예가 일본이다. 일본은 '천연자원이 없는 섬나라' 라는 약점이 기업들에게 위기감을 불러일으킴으로써 오히려 혁신을 촉진하고 국제경쟁력을 획득하는 데 기여하였다.

(2) 수요 조건

국내 수요의 특성은 국가 경쟁우위에 중요한 영향을 미친다. 세계적 경쟁력을 확보하고 있는 선진국의 산업을 보면 국내 수요자들이 기업들에게 새로운 시장변화를 빨리 감지하도록 함으로써 외국의 경쟁자들보다 먼저 혁신하고 경쟁우위를 달성하도록 압력을 가하는 경우가 많다. 이와 같이 경쟁우위에 중요한 영향을 미치는 국내수요의 특성을 살펴보면 다음과 같다.

첫째, 국내 시장의 규모가 다른 나라에 비하여 상대적으로 크고 전략적 가치가 높은 경우 국내 기업들은 외국기업들보다 그 산업에 더 많은 관심을 갖게 되고 빠른 혁신을 하게 된다. 예를 들자면 수압식 굴착기의 경우 일본 국내 시장에서는 가장 보편적으로 사용되는 건설장비이지만, 다른 선진국에서는 매우 작은 시장을 형성하고 있다. 따라서 일본 회사들은 이 분야에서 세계적 건설장비 회사를 제치고 국제적 경쟁력을 확보하고 있다.

둘째, 국내 수요자들의 성격이 까다롭고 다양한 요구를 할 때 오히려 경쟁우위 획득에 도움을 받을 수 있다. 왜냐하면, 까다롭고 요구가 많은 수요자들의 선진화된 기호에 맞추기 위하여 제품을 개선하고 혁신하다보면 선진화된 시장으로의 진출이 용이해질 수 있기 때문이다.

셋째, 국내의 가치관과 독특한 여건이 경쟁우위 획득에 기여할 수 있다. 예를 들자면 일본의 독특한 문화와 지리조건은 일본 기업들로 하여금 작고 가벼운 제품들을 만들도록 하였고 이것들이 전 세계적으로 호평을 받았다. 또한 편리성과 실용주의를 추구하는 미국 수요자들의 욕구를 충족시키기 위해 발달한 미국의 패스트 푸드 산업과 신용카드 산업은 국제적 성공을 거두었다.

(3) 관련 산업

국가 경쟁우위의 세 번째 결정요인은 국제적인 경쟁력을 확보하고 있는 연관 산업과 보조 산업의 존재이다. 예를 들자면 국제적 경쟁력을 갖춘 국내 공급업자로부터 원료를 공급받는 산업의 경우 가격, 납기, 품질 측면에서 많은 도움을 받을 수 있다. 또한 이들과의 긴밀한 의사소통과 정보교환은 새로운 아이디어와 혁신을 촉진할 수 있다.

또한 경쟁력 있는 국내 연관 산업의 존재도 경쟁우위 확보에 도움을 준다. 즉, 그들과의 정보 및 기술의 교환을 통해 혁신과 제품 고급화를 촉진시킬 수 있다. 일본이 전자음악 키보드 시장을 석권하게 된 것도 연관 산업인 가전 산업과 음향기기 산업에서의 강력한 뒷받침이 있었기 때문이다.

(4) 기업전략, 구조, 경쟁관계

나라마다 독특한 기업경영 방식과 산업구조가 존재한다. 특정 국가의 산업이 국제적 경쟁력을 갖게 되는 것은 바로 이러한 독특한 경영방식과 산업구조가 경쟁우위의 원천으로 작용했기 때문이다. 예를 들어 이탈리아는 가구, 신발, 패션 등 빠른 변화와 유연성이 중요시되는 산업에서 국제경쟁력을 확보하고 있다. 이는 이탈리아의 경영체계가 이 산업들의 역동성과 잘 부합하기 때문이다. 한편 독일은 광학,

화학, 기계 산업과 같이 기술적이고 엔지니어링 지향적인 산업에서 국제경쟁력을 확보하고 있다. 이는 이 산업들의 제품들이 정밀한 제조공정, 조심스러운 개발과정 및 애프터 서비스를 필요로 하며 이러한 특성은 규율이 엄격한 관리체제를 유지하고 있는 독일식 경영방식에 잘 부합하기 때문이다.

또한 국내 시장에서 강력한 경쟁자들이 존재할 경우 경쟁우위의 창출을 촉진할 수 있다. 예를 들자면 스위스는 제약산업으로 유명한데, 이는 수많은 제약회사들이 치열한 경쟁을 벌이고 있는 결과라고 한다. 다시 말하여 국내에서의 경쟁이 심할수록 국내 회사들은 세계 시장에 눈을 돌리게 되고 세계 시장 속에서 성공할 수 있도록 단련이 된다는 것이다.

이와 같은 네 가지 요인들은 국가 경쟁우위를 결정한다. 이러한 각 결정요인들은 독립적으로 영향력을 미치기보다는 상호밀접한 관계 속에서 경쟁우위에 영향을 미친다. 따라서 한 요인의 효과는 다른 요인들의 상태에 따라 달라진다. 이 요인들이 생산적으로 상호작용하여 서로를 강화시킬 때 국가 경쟁우위가 창출될 수 있다. 그리하여 세계적인 경쟁력을 갖춘 산업들이 그 국가의 경제를 이끌어 나갈 수 있는 여건이 갖추어지게 된다.

3.3 정부와 기업의 역할

강력한 국제 경쟁력을 확보하고 유지하는 데에는 경제의 핵심주체인 정부와 기업의 역할이 중요하다. 특히 앞 절에서 제시한 국가 경쟁우위의 결정요인들을 만들고 실질적으로 활용하는 데에 있어 이 두 경제 주체는 핵심적 역할을 한다. 먼저 정부는 기업들이 경쟁우위를 획득하도록 도와주는 환경을 조성해 주어야 한다. 그렇다고 경쟁우위 획득의 과정에 직접 참여하는 등의 지나친 간섭을 의미하는 것은 아니다. 즉, 정부는 기업들을 격려하여 도전적인 자세를 갖도록 하는 촉매자로서의 역할을 수행하여야 한다는 것이다. 이에 관해 마이클 포터는 정부의 가장 중요한 역할이 변화를 촉진하고 국내 경쟁을 조장하여 혁신을 격려하는 것이라고 하였다.

그는 국가 경쟁우위의 획득을 위해 정부가 해야 할 일로서 다음과 같은 사항들을 제시하였다.

(1) 정부가 해야 할 일

■ 특화된 요소의 창출에 집중하라

정부는 교육제도, 사회간접자본, 의료와 같은 부문에 중대한 책임이 있다. 그러나 정작 중요한 것은 이러한 기본 자원외에 특정 산업의 경쟁우위를 제고시킬 수 있는 특화된 생산요소의 창출이다. 즉, 특정 분야의 교육 프로그램, 특정 산업과 긴밀하게 연결된 대학 연구소, 산업별 협회의 활동 등을 장려함으로써 경쟁우위를 가져오는 생산요소들을 창출할 수 있다.

■ 생산요소 시장과 외환 시장에 개입하지 말아라

정부는 이들 시장에 개입함으로써 요소가격을 낮추고 환율을 조정하여 자국 기업들이 국제 시장에서 효과적으로 경쟁하도록 도와주려는 경향이 있다. 그러나 이러한 정책은 산업발전의 초창기에는 다소의 효과를 보일 수 있지만 산업의 고도화와 지속적인 경쟁우위의 확보에는 오히려 방해가 된다.

■ 엄격한 안전 및 환경기준을 적용하라

엄격한 정부규제는 오히려 국내수요를 자극하고 고급화함으로써 경쟁우위를 촉진할 수 있다. 제품의 효능과 안전도 그리고 환경영향 등에 대한 엄격한 기준은 회사들로 하여금 품질을 개선하고 생산기술을 향상시키도록 하는 효과가 있다.

■ 산업 내 경쟁자들 간의 직접적 협력을 가능한 제한하라

오늘날 공동연구나 산업 컨소시엄을 통해 경쟁자들 간 협력관계가 늘어나고 있는 추세이다. 이는 중복 투자를 줄이고 공동노력으로 규모의 경제를 달성하게 하는 등의 이점이 있는 것으로 알려지고 있다. 그러나 실제로 이러한 협력관계로 인한 효과는 그리 크지 않다고 한다. 오히려 경쟁자간 지나친 협력관계는 기업 간 경쟁을 저해하고 산업의 경쟁력을 떨어뜨리는 효과가 더 클 수 있다.

■ 장기적 투자를 유도하라

정부는 자본시장의 규제정책 등을 통해서 투자자나 경영자들이 장기적 안목의 목표설정과 지속적 투자를 하도록 유도해야 한다.

■ 경쟁에 대한 규제를 풀고 강력한 독과점 금지정책을 실시하라

공기업의 독점, 신규산업 진입의 통제, 가격규제 등에 의해 경쟁을 규제하는 것은 기업의 혁신활동을 방해하고 산업을 정체시킨다. 따라서 강력하고도 일관성 있는 독과점 금지정책이 필요하다.

한편, 기업은 국가 경쟁우위 확보에 있어 마치 자동차의 엔진과 같은 역할을 한다. 왜냐하면 특정 국가의 경쟁력은 궁극적으로 기업들의 경쟁우위에서 비롯되기 때문이다. 기업들이 혁신과 개선활동을 통해 앞에서 설명한 국가 경쟁우위의 결정요인들을 효과적으로 활용하고 강화시켜야 경쟁우위가 창출된다는 것이다. 마이클 포터는 이에 관하여 기업이 정책적으로 하여야 할 일들을 다음과 같이 제시하였다.

(2) 기업이 해야 할 일

■ 혁신에 대한 압력을 자주 활용하라

기업은 괴롭다고 하여 혁신과 도전을 회피해서는 안 된다. 오히려 혁신을 위하여 자극을 적극적으로 찾아야 한다. 예를 들자면 가능하다면 가장 까다로운 고객을 상대하거나 아주 엄한 성능기준을 표준으로 설정하거나, 가장 앞서가는 공급자로부터 납품을 받는 등의 행위는 중요한 자극제가 될 수 있다.

■ 강한 경쟁자를 자극제로 활용하라

뛰어난 경쟁자는 단순한 적이 아니라 혁신을 위한 훌륭한 자극제가 되며 그들로부터 많은 것을 배울 수도 있다. 안정적이고 불평하지 않는 고객과 활기를 잃은 경쟁자만을 좋아하는 기업은 타성에 젖어 실패하기 쉽다. 이러한 의미에서 능력 있는 국내 경쟁자와의 경쟁을 통해 세계적인 경쟁에 필요한 능력과 자질을 쌓아갈 필요가 있다.

■ 조기 경보체제를 수립하라

새로운 변화를 경쟁자보다 항상 빨리 감지하고 그 변화의 신호에 맞게 행동함으로써 경쟁에서 앞설 수 있다. 예를 들면, 가장 앞서가는 구매자를 찾아 이들과 상대하거나, 규제에 있어 다른 지역보다 앞서가는 지역을 상대함으로써 새로운 변화에 효과적으로 대응할 수 있다.

■ 국가 경쟁우위의 결정요인들을 개선시켜라

기업들은 국제적 성공을 거두기 위해 국내 환경자체를 경쟁우위의 창출에 유리하도록 만들어 나가야 한다. 왜냐하면 국가 경쟁우위의 결정요인들은 개별 기업의 혁신과 생산성 향상을 촉진하기 때문이다. 이에 관해 일본의 악기 제조업체들은 국내 수요를 높이기 위해 공동으로 음악학교를 설립하였다. 또한 많은 기업들이 산업협회를 만들어 시장정보나 공정기술 및 사회간접자본에 투자하는 것도 바로 이러한 이유 때문이었다.

■ 국내의 경쟁우위를 보완하는 범위에서 외국의 이점을 선별적으로 이용하라

경쟁력의 핵심요인이 국내에 있어야 경쟁우위도 지속될 수 있다. 따라서 우선시해야 할 것은 국내에 기초한 경쟁능력을 제고시키는 것이다. 외국에서의 활동은 선별적이고 전체적 경쟁우위를 보완하는 범위에 한정시켜야 한다. 따라서 외국 회사와의 제휴도 선별적으로 이루어져야 한다. 왜냐하면 기술이나 핵심 자산 등과 같은 경쟁우위의 핵심을 외국 회사에 의존할 수는 없는 일이기 때문이다. 외국 회사와의 제휴는 임시방편적이거나 핵심적이 아닌 부수적인 활동에 주로 사용되어야 할 것이다.

사 례 우리나라 드라마 산업의 경쟁력

1. 한국 드라마 산업의 성장과정[22)]

킬러콘텐츠의 등장에 힘입어 한국 방송콘텐츠 산업은 커다란 전기를 마련하였다. 방송콘텐츠의 수출입 현황을 보면 2000년도 이후 급격한 변화를 나타내었다. 해외로부터의 수입이 줄거나 답보상태인 것에 반해, 수출이 급격히 늘어난 것이다. 2002년에는 지금까지의 무역역조 구조를 깨고, 드디어 수출액이 수입액을 넘어섰다. 이후 수출이 연평균 40~70%에 이르는 급성장을 보임으로써 수입규모를 크게 따돌렸다. 그 결과 2004년 해외로부터의 수입액은 3천 1백만 달러인 것에 비해 수출은 7천 1백만 달러를 상회했다. 2005년 수출 1억 달러 돌파(1억2천3백만 달러)에 이어 2006년에도 19.6%가 상승한 1억4천7백만 달러를 기록했다. 한편, 지역별 수출현황을 보면 2004년부터 일본시장이 전체 수출액의 50% 이상을 차지하였다. 2001년까지만 해도 일본시장의 비중은 6.3 % 정도였으나, '겨울연가' 의 대히트가 촉발제가 되어 제일의 수출시장으로 부상했다.

이와 같은 방송콘텐츠 수출의 비약적 발전에는 드라마 콘텐츠의 역할이 절대적이었다. 장르별로 수출규모를 나누어 보면, 드라마의 수출비중이 2002년 76.8%, 2003년 85.7%, 2004년 91.8%로써 급속히 확대되어 왔다. 또한, 드라마의 수익구조를 보면 콘텐츠의 원소스멀티유즈의 효과로 인해 드라마 한 편을 가지고 다양한 방법으로 수익을 창출한다. 드라마 '겨울연가' 의 사례를 볼 때, 2002년 3월 19일 종방일을 기준으로 30억원

에 이르는 제작비의 4.5 배가량의 수입을 창출했다. 수입의 원천은 광고수입 이외에 OST 음반, 인터넷 방송, 해외수출 등이었다. 특히 해외수출에서는 최근 DVD판매 로얄티, 영상화보, 출판인세 등 추가 런닝 로얄티 수입이 200 억 원 이상인 것으로 알려졌다. 이를 포함할 경우 겨울연가의 총수입은 300억원을 상회하는 것으로 추정된다. 최근 드라마의 수익창구는 더욱 다양화되고 있는 것으로 분석되고 있다.[23)]

2. 한국 드라마 산업의 경쟁우위 분석

한류 드라마의 성공요인들을 창출해 낸 원천을 이해하기 위해서는 먼저 산업적 차원에서 경쟁우위의 결정요인들을 분석해 볼 필요가 있다. 이러한 분석을 통해 우리나라 드라마 산업이 구조적으로 어느 정도의 경쟁우위를 가지고 있는지를 평가할 수 있다.

(1) 요소 조건

한국 드라마의 성공요인으로 우리나라는 전통적으로 질적, 양적으로 풍부한 창작자들을 길러 왔다. 각 대학의 국문과나 문예창작과에서 이러한 인력을 길러왔으며, 거의 모든 신문사가 신춘문예 공모를 통해 창작자들을 동기부여하고 있다. 이렇게 비교적 풍부한 국내 창작자 집단은 우수한 드라마 작품을 만드는 원천이 되고 있다. 이들은 유

그림 1 드라마 산업의 국제경쟁력 결정요인(마이클 포터의 다이아몬드 모형)

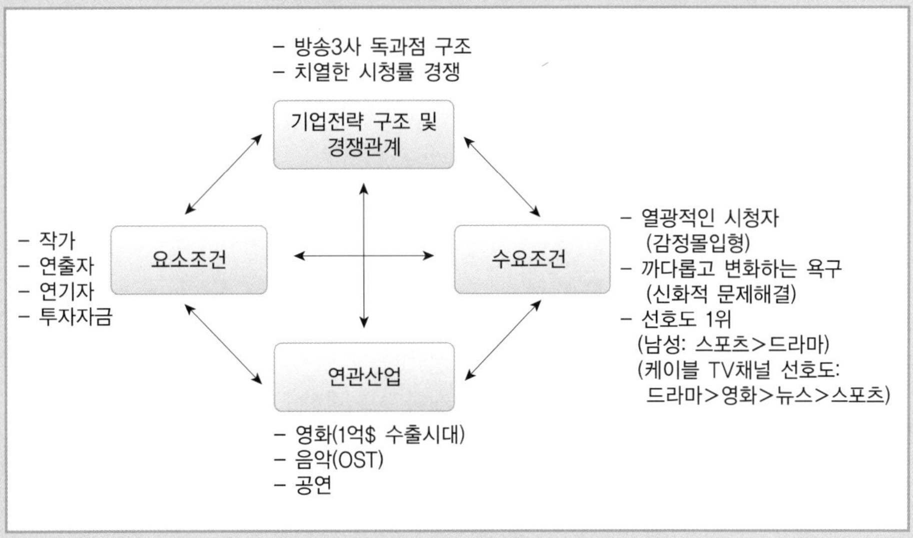

출처: 이장우 · 이강복, "한류 드라마 콘텐츠의 국제경쟁력과 해외진출 전략," 경영학연구, 2007.

명 작가를 꿈꾸며 치열한 실전 경쟁을 통해 드라마 스토리의 창작에 매달리고 있다.

연기자와 연출자도 중요한 생산요소가 아닐 수 없다. 그 동안 우리 대학에서는 영상문화, 영화예술, 연기, 연극영화, 방송연예 등의 학과를 개설해 관련 이론과 실무를 가르쳐 왔으며, 전공영역들도 세분화되고 증가하는 추세이다. 물론 이러한 정규 교육과정을 거치지 않은 연기자와 연출자들도 많지만, 해마다 많은 수의 지망생들을 배출하고 있다. 또한 실무위주의 교육과정을 표방한 기관들이 증가하고 있는 추세이다.

또한 자본도 중요한 결정요인이 된다. 드라마 제작을 위한 자본은 방송 3사의 투자에 전적으로 의존해 왔으며, 이들은 독과점 구조의 방송시장을 기반으로 자체 자금과 광고수입을 투여해 드라마 제작을 주도해 왔다. 최근에는 드라마 펀드가 조성되어 전문적인 투자가 이루어지고 있다.

(2) 연관 산업

드라마 산업의 국제경쟁력을 평가하는 데 고려해야 할 또 다른 요인은 연관 산업과 보조 산업의 존재이다. 특히 영상산업은 종합예술이기 때문에 관련 산업이 많이 존재한다. 예를 들자면 디지털 기술이나 IT 산업의 발전은 촬영기술이나 방법에 영향을 미침으로써 혁신적 작품을 만들어내는 데 결정적 기여를 할 수 있다. 특히 국내 영화산업의 발전은 같은 영상분야에 속하는 관련 산업으로서 드라마 산업의 경쟁력에 매우 중요한 영향을 미쳤다. 한국 영화산업은 2000년 이후 고성장 궤도에 진입했다.

영화산업과 함께 중요한 관련 산업은 음악 산업이다. 앞에서도 언급했듯이 한류 붐에 있어서 음악 산업의 역할은 매우 두드러졌다. 우리의 대중음악 역시 드라마와 함께 한류 바람의 선봉에 서고 있다.

(3) 수요 조건

국내 수요의 특성은 드라마 산업의 국제경쟁력에 중요한 영향을 미친다. 예를 들자면 까다로운 국내 소비자들이 기업들에게 새로운 시장변화를 빨리 감지하도록 함으로써 외국의 경쟁자들보다 먼저 혁신하고 노력하도록 압력을 가할 수 있다. 드라마의 경우 국내 시청자들이 빠른 반응과 까다로운 요구를 할 때 오히려 경쟁력을 갖추는 데 중요한 자극제가 될 수 있다. 왜냐하면 까다롭고 요구가 많은 시청자들의 선진화된 기호에 맞추기 위해 개선하고 혁신하다보면 국제 시장에서 경쟁력 있는 작품을 만들기가 용이해 질 수 있기 때문이다. 또한 한국의 시청자들은 드라마에 대해 강력한 몰입과 감정이입을 하는 경향이 있다.

한국의 시청자들에게 드라마는 단순한 오락거리 이상이다. 즉, 드라마는 정보의 추구나 오락과 휴식이라는 단편적인 기능을 하는 것이 아니라 삶과 현실에 대한 감각과 이해를 제공하는 하나의 중요한 사회적 소통 채널로 기능하고 있는 것이다. 이러한 한국 시청자들의 적극적 특성은 양질의 드라마를 만들어내는 중요한 동인이 되고 있다고 평가할 수 있다.

(4) 기업전략과 경쟁구조

한국 방송산업은 잘 알려진 바와 같이 KBS, MBC, SBS 등 방송 3사에 의한 독과점 구조를 가지고 있다. 이러한 독과점 구조는 역량 있는 외주제작업체를 양성하지 못하고 효율적 경쟁을 저해한다는 폐해가 있다. 그러나 이러한 폐해에도 불구하고 방송3사간에 존재하는 특유의 경쟁구도는 오히려 드라마 산업의 발전에 기여한 측면이 있다. 즉 독과점적 구조가 적어도 지금까지는 자체 방송시간을 안정적으로 확보하여 꾸준히 드라마 제작에 투자하고 역량을 쌓아올 수 있는 기반이 되었던 것이 사실이다. 하지만 결정적 기여요인은 방송 3사간 치열한 시청률 경쟁에서 찾아야 할 것이다. 뉴스와 드라마를 중심으로 한 시청률 경쟁이 우수한 드라마 생산에 기여한 바가 크다는 것이다. 현재까지 한국 방송시장에서 가장 많은 제작비를 투자하고 가장 많은 시간을 편성하는 것이 바로 드라마이다. 최근에는 JTBC, 채널 A, MBN 등 종합편성 채널에서도 드라마 제작에 참여함으로써 더욱 치열한 경쟁을 벌이고 있다.

지금까지 설명한 네 가지 경쟁력 결정요인들은 독립적으로 영향력을 미치기보다는 상호 밀접한 관계 속에서 특정 산업의 국제경쟁력을 결정한다. 따라서 한 요인의 효과는 다른 요인들의 상태에 따라 달라질 수 있다. 이 요인들이 지금까지 생산적으로 상호작용하여 한국 드라마 산업의 국제 경쟁력에 기여했다고 할 수 있다. 앞으로 국제경쟁력을 더욱 제고시키기 위한 대안들을 도출하기 위해 이 요인들에 대한 분석이 필요할 것이다.

주(註)

1장

1) 중앙일보, 2013. 1. 14. 기사.
2) 전자신문, 2013. 3. 10. 기사.
3) 매일경제신문, 2013. 3. 15. 기사 중
4) 현대자동차그룹 자체보고, 2013. 1
5) 매일경제, 2013. 3. 16. 기사 참조
6) 이장우, 창조경제의 이해와 대응, 창조경제연구원 연구보고서, 2013. 5. 1.
7) Coy, P., Business Week, 21, 2000 August NO.3696.
8) Howkins, J., <The Creative Economy>, Berkley Pub Group, 2001.
9) UNCTAD, Creative Economy Report 2008: The Challenge of Assessing the Creative Economy Towards Informed Policy-making, 2008.
10) 이장우, 매일경제신문사, 2013. 4. 11. 기사내용.
11) 양현봉, 박종옥, '중소기업 융합활동 실태 및 활성화 방안', 산업연구원.
12) 한국산업기술진흥원, '제품-서비스 융합비즈니스', 2010.
13) 이장우, "창조경제에서 융합을 통한 중소기업 경쟁력 강화 및 경제민주화 살천방안", 상생의 경제민주화 실천방안 정책세미나(국회), 2013. 2. 18.
14) Leadbeater, Charles, We-Think: Mass Innovaton, not Mass Production, 2008(이순희역, 21세기북스).
15) Chesbrough, Henry, et al., Open Innovation: Researching a New Paradigm, Oxford University Press, 2006.
16) 이장우, 스몰자이언츠 대한민국 강소기업, 미래인, 2010.
17) 조선일보, 2013. 3. 11. 인터뷰 기사내용 중
18) 이장우, 앞의 책, 2010.
19) 가와세 마코토(현창혁 역), 경영전략워크북, KPub, 2011.
20) Porter, M. E., Competitive Strategy, New York: Free Press, 1980.
21) Barney, J. B., "Firm Resources and Sustained Competitive Advantage", Journal of Mangement, 1991.
22) Collins, J. C. and J. I. Porras, "Built to Last: Successful Habits of Visionary Companies", New York, HarperCollins, 1994: O'Hara, W., "Centuries of Success : Lessons from the World's Most Enduring Family Businesses", New York: Adams Media Corporation, 2004: 안세연, 창업 이념의 각인 효과와 기업의 장기 생존에 대한 탐색적 고찰, 기업가정신과 벤처연구, 2011.

2장

1) 조안 마그레타, 경영이란 무엇인가, 김영사, 2004.
2) 이장우, 경영전략론, 법문사, 1995.
3) Selznick, P., Leadership in Administration, New York: Harper & Row, 1957; Chandler, A. D., Strategy and Structure, New York: Doubleday, 1962; Ansoff, H. I., Corporate Strategy, New York: McGraw-Hill, 1965.
4) Porter, M. E., Competitive Strategy, New York: Free Press, 1980; Competitive Advantage, New York: Free Press, 1985.
5) Barney, J. B., "Firm Resources and Sustained Competitive Advantage", Journal of Management, 1991.
6) Fuchs, P. H., et. al., "Integreated Strategy: Conducting the Corporate Orchestra", Working Paper, 2012.
7) Webster's New World Dictionary, 3rd Edition, New World Dictionaries, New York, NY, 1988.
8) 마더 테레사 자서전, 황금가지 외 / 지금 알고 있는 걸 그때도 알았더라면, 열림원, p. 51.
9) 디시人터뷰 '아버지' 라는 이름의 배우 '최불암'
10) 커넥 샌더스, 류이치 후지모토, 김현 역, 엠앤제이, 1998.
11) Chandler, A., Strategy and Strategy: Chapters in the History of the American Enterprise, Cambridge, Mass: MIT press, 1962.

3장

1) 류수열외, 스토리텔링의 이해, 글누림, 2007.
2) 에벌린 클락, 이야기 경영, 연암사, 2008, pp. 257~259.
3) 클라우스 포그 등, 스토리텔링의 기술, 멘토르, 2008, pp. 40~59.
4) 위의 책, p. 97~118.
5) 위의 책, p. 100.
6) 위의 책, p. 113.

4장

1) 모치즈키 도시타카, 당신의 소중한 꿈을 이루는 보물지도, 나라원, 2003.
2) 짐 콜린스, 윌리엄 레지어, 짐 콜린스의 경영전략, 위즈덤하우스, 2005.
3) 짐 콜린스의 경영전략(위대한 기업을 위한 경영전략)에서 짐 콜린스는 기업의 존재이유인 목적을 파악하는 효과적인 방법으로 "왜"를 5번 연속 질문하는 5-Why를 제시했다.
4) 이장우, 전략경영, 법문사, 2004.
5) Jack Welch, 위대한 승리, 김주현 역, 청림출판, 2005.

5장

1) 김현기, 10년 후 당신의 모습을 바꾸는 선택과 집중의 기술, 2007, p. 55.
2) 장세진, 글로벌 경쟁시대의 경영전략, 박영사, 2002, p. 157.
3) Grant, R. M., "A Resource-based Theory of Competitive Advantage: Implications for Strategy Formulation", California Management Review, 33(3), 1991, pp. 114~135.
4) Mansfield, E., "How Economists see R&D", Harvard Business Review, November-December, 1981, pp. 98~106.

5) 장세진, 글로벌 경쟁시대의 경영전략, 박영사, 2002, p. 172.
6) 위의 책, 2002, pp. 174~5.
7) 위의 책, 2002, p. 169.

6장

1) 짐 콜린스, 위대한 기업을 위한 경영전략, 위즈덤하우스, 2002, pp. 274~321.
2) 최동득, 정형철, 조보형, 알기 쉬운 BSC, KOMIT 출판사, 2004, p. 26.
3) Hrebiniak, L. G., 전략 실행: CEO의 새로운 도전, 럭스미디어, 2007, pp. 49~57.
4) Zagotta, Robert and Robinson, Don. Journal of Business Strategy, Jan/Feb 2002, Vol. 23 Issue 1, p. 30.
5) 하버드 경영대학원, 경영의 처음, 경영전략, 웅진윙스, 2007, pp. 136~154.

7장

1) Porter, M. E., Competive Advantage, 조동성 역, 교보문고, 1991, pp. 54~62.
2) 위의 책, 1991, pp. 57~62.
3) 조동성, 21세기를 위한 전략경영, 서울경제경영, 2006, p. 198.
4) 이장우, 전략경영, 법문사, 2004, p. 213.
5) Ammer, D., "Materials Management as a Profit Center", Harvard Business Revivew, 1969, p. 49~60.
6) Porter, M. E., Competive Advantage, 조동성 역, 교보문고, 1991, pp. 57~62.
7) 그로비스 매니지먼트 인스티튜트, 전략기획, 21세기북스, p. 201.
8) 하버드 경영대학원, 경영의 처음, 웅진윙스, 2007.
9) Mansfield, E., "How Economist See R&D" Havard Business Review, November-December, 1981, pp. 98-106.
10) 장세진, 글로벌 경영, 박영사, 2006, pp. 403~404.
11) 김종의 외, 마케팅 개정판, 형성출판사, 2003, pp. 141~142.
12) 마이클 포터, 마이클 포터의 경쟁전략, 조동성 역, 21세기 북스, 2008, p. 80.
13) 조동성, 앞의 책, pp. 200~202.
14) 하버드 경영대학원, 경영의 처음, 웅진윙스, 2007.
15) 조영복, 정동섭 공저, 경영전략, 대명, 2003, p. 149.

8장

1) 이장우, 전략경영, 법문사, 2004, p. 250.
2) Barney, J., 전략경영과 경쟁우위, 시그마프레스, 2002, p. 158.
3) 코넬리스 클뤼버와 존 피어스 2세, 전략이란 무엇인가, 3mecca, 2007, pp. 146~147.
4) 위의 책, p. 154.
5) C. K. 프라할라드와 벤카트 라마스와미, 경쟁의 미래, 세종서적, 2004, p. 305.
6) Barney, J., 전략경영과 경쟁우위, 시그마프레스, 2002, p. 160.
7) 조영복과 정동섭, 경영전략, 대명출판, 2003, p. 176.
8) 로버트 브래드포드와 피터 덩컨, 전략기획노트, 비즈니스북스, 2005.
9) Martilla, J. A., and J. C. James 1977, Importance-performance Analysis, Journal of Marketing, 1, pp. 77~79.
10) 로버트 브래드포드와 피터 덩컨, 앞의 책, p. 137~138.

9장

1) 한국경제, 2008. 5. 6.
2) Eisenhardt, Kathleen and Donald Sull, "Strategy as Simple Rules," Harvard Business Review, Jan., 2001, p. 107~108; 데이비드 번넬리처드 뤼커, 이베이의 거대한 실험, 영언 문화사, 2001.
3) 하버드 경영대학원, 지속가능 경영의 절대조건 위기관리, 2008, p. 118~119.
4) Eisenhardt, Kathleen and Jeffrey A. Martin, 앞의 책, pp. 1105~1121.
5) 임일, "격변하는 세상, 즉흥적 역량 키워야," 동아비즈니스리뷰, 114호, 2012. 10.
6) NSC 위기관리센터 센터장 류희인, 대통령 홍보비서실, 2004. 9. 8 보도자료.
7) NSC 위기관리센터 센터장 류희인, 대통령 홍보수석실, 2005. 11. 29 보도자료.
8) 양형욱, 조창원 기자, 파이낸셜뉴스, 2008. 11. 21.
9) 세계경영연구원의 글로벌 스탠다드 리뷰, 우연주 IGM 연구원, 2008.3.20.
10) 우테 헬레나 라이프니츠, 당신의 인생을 바꿔줄 최고의 시나리오, 2008.
11) 위의 책.
12) www.hankyung.com/ news.
13) 니시무라 미치나리, 시나리오 로드맵으로 미래를 설계한다, 2005, pp. 152~157.
14) 매일경제, 2009. 1. 1.
15) 짐 콜린스와 모튼 한센, 위대한 기업의 선택(Great by choice), 김영사, 2012.

10장

1) 크리스 주크, 핵심을 확장하라, 청림출판, p. 263.
2) Marco Iansiti, "Business Ecosystems, Competitiveness, and Cooperation: Some Important Lessons," 대중소기업 상생협력 국제컨퍼런스, 2008.12.10.
3) 장세진, 글로벌 경쟁시대의 경영전략, 박영사, p. 412.
4) 위의 책, p. 391.
5) 짐 콜린스와 윌리엄 레지어, 짐 콜린스의 경영전략, 위즈덤하우스, p. 182.
6) 장세진, 글로벌 경쟁시대의 경영전략, 박영사, pp. 417, 527~532.
7) 마이클 트레이시, 고성장 엔진을 가동하라, 한스미디어, pp. 25~28.
8) 서울경제, 2008. 10. 31, 25면.
9) Hill and Jones, p. 202.
10) 김언수, Top을 위한 경영, 박영사.
11) 이장우, 전략경영, 법문사, pp. 111~113, 376~377, 384~385.
12) 이상원, 이병철 3만원으로 삼성을 시작하다, 거송미디어.
13) 그로비스 매니지먼트 인스티튜트, 전략기획, 북21, p. 111.
14) Besanko, D., D. Dranove, M. Shanley, S. Schaefer, 전략경제학, 시그마프레스, p. 243.
15) 남기찬, KMAC, 미래핵심역량 구축을 위한 창조적 아웃소싱, 교보문고, 2007, pp. 32~33.

11장

1) 이장우, 전략경영, 법문사, 2004, pp. 331~332.
2) 서기만, 경쟁에서 승리하는 경영전략 이렇게 세워라, 청림출판, 2002, pp. 100~101.
3) 이장우, 앞의 책, pp. 334~339.
4) 어윤대와 방호열 공저, 전략경영, 학현사, 1995, pp. 436~438.

12장

1) 이장우, 전략경영, 법문사, 2008, pp. 420~421.
2) 한희영, 국제마케팅론, 다산출판사, 1985, pp. 136~137.
3) 이신모, 해외시장과 문화경영, 다성, 2002, pp. 53~54.
4) 이수형, 글로벌마케팅, 도서출판 대명, 2007, p. 95.
5) 이신모, 앞의 책, p. 199.
6) 이수형, 앞의 책, pp. 119~121.
7) 이신모, 앞의 책, pp. 56~57.
8) 위의 책, p. 57.
9) 장세진, 글로벌경쟁시대의 국제경영, 박영사, 2006, pp. 210~211.
10) 위의 책, p. 187.
11) 이신모, 앞의 책, pp. 117~120.
12) 이장우 앞의 책, pp. 424~425.
13) 이수형, 앞의 책, pp. 269~270.
14) 이장우, 앞의 책, 2008, pp. 429~431.

13장

1) 대니 밀러, 이카루스 패러독스, 21세기북스, 1995, p. 13.
2) 이장우, 〈스몰 자이언츠, 대한민국 강소기업〉, 미래인, 2010.
3) 대니 밀러, 앞의 책, p. 345.
4) 위의 책, p. 358.
5) 윌리엄 사이먼, icon 스티브잡스, 민음사, 2005, pp. 329~346.
6) 프레더릭 델즐, 브랜드 제국 P&G, 제7장, 거름, 2005.

14장

1) Porter, Michael E. and Mark R., Kramer, "The Big Idea: Creating Shared Value", Havard Business Review, January, 2011, pp. 62~77.
2) 동아비즈니스리뷰, "Michael Porter Keynote Speech", No.96, 2012, pp. 18~25.
3) 삼성경제연구소(www.seri.org).
4) Porter, M., "Creating Shared Value", Harvard Business Review, 2011.
5) 위의 책, 2011.
6) 국토연구원, "세계적 과학기술 삼각벨트", 국토정책 Brief, 262호, 2010.
7) Porter, M., 앞의 책.
8) 동아비즈니스리뷰, "Case Studies", No.96, 2012, pp. 40~45.
9) 위의 책.
10) Bain, Joe S., Price Theory, Holt Reinhart & Winston, p.112, 1952.
11) BCG(Boston Consulting Group), Perspectives on Experience, The Boston Consulting Group, 1974.
12) Buzzell, Robert D., T. G. Bradley, and Ralph G. M. Sultan, "Market Share : A Key Profitability", Harvard Business Review, January-February, 1975, pp. 97~106.
13) Schendel, D. E., and C. W. Hofer, *Strategic Management : A New View of Business Policy and Planning*, Boston: Little Brown, 1979.
14) Cooper, Arnold C., Gary E. Willard, and Carolyn Y. Woo, "Strategies of High-Performing New and Small Firms : A Reexamination of the Niche Concept", Journal of Business Venturing, 1, 1986, pp. 247~260.

15) Abernathy, William J., and Kenneth Wayne, "Limits of the Learning Curve", Harvard Business Review, September-October, 1974, p. 110

16) Mills, D., and L. Schumann, "Industry Structure with Fluctuating Demand", American Economic Review, 75(4), 1985, pp. 758~767.

17) Fiegenbaum, Avi, and Anell Karnaani, "Output Flexibility – A Competitive Advantage for Small Firms", Strategic Management Journal, 12, 1991, pp. 101~114.

18) Cooper, A. C., "R&D is More Efficient in Small Companies", Harvard Business Review, 3, 1964, pp. 75~83.

19) 이장우, 대한민국 강소기업 *Small Giants*, 미래인, 2010.

20) 서울경제신문, 2012. 5. 31. 기사 발췌.

21) Porter, M. E., "The Competitive Advantage of Nations", Harvard Business Review, March-April, 1990.

22) 이장우 · 이강복, "한류 드라마 콘텐츠의 국제경쟁력과 해외진출 전략," 한국경영학회, 36, 2007. 11.

23) 이문행, "방송 콘텐츠의 수익 창출 구조에 대한 연구", 방송연구, 여름호 2003, pp. 221~243.

찾아보기

ㄱ

ㄴ

ㅈ

ㅊ

ㅋ

ㅌ

ㅍ

ㅎ

[저자 약력]

● 이 장 우

서울출생으로 서울대학교 경영대학을 졸업하고 한국과학기술원에서 석사 및 박사를 취득했다. 미국 스탠퍼드 대학과 퍼듀 대학에서 방문교수로서 연구했다. 2009년 (재)창조경제연구원을 설립해 창조경제를 연구해 왔으며 미래창조과학부의 창조경제 자문위원을 맡고 있다. 한국경영학회 회장과 한국전략경영학회, 한국중소기업학회 회장 등을 역임했으며 현재 (사)성공경제연구소 이사장으로 활동하고 있다. 한글과컴퓨터 이사회 의장을 역임했다. 현재 국민경제자문회의 위원, 동반성장위원회 위원으로 활동하고 있으며, 대통령직속 미래기획위원회 위원을 역임했다. 2001년도 Journal of Management 최고논문상을 수상했으며, 그 밖에 Strategic Management Journal, Research Policy, Organizational Studies, Journal of International Business Studies 등 권위 있는 국내외 학술지에 50여 편의 논문을 발표했다. 저서로는 〈창발 경영〉, 〈대한민국 강소기업 스몰자이언츠〉, 〈패자없는 게임의 룰 동반성장〉, 〈1인 창조기업〉 등이 있다. 현재 경북대학교 문화산업연구소 소장(경영학부 교수)으로 재직하고 있다.

창조경제에서의 경영전략

2013년 8월 10일 초판 1쇄발행
2015년 7월 20일 초판 2쇄발행

저 자 이 장 우
발행인 배 효 선
발행처 도서출판 法 文 社

413-832 경기도 파주시 교하읍 문발리 526-3
등록 1957년 12월 12일 / 제2-76호(윤)
전화 (031)955-6500~6 Fax (031)955-6525
e-mail(영업): bms@bobmunsa.co.kr
(편집): edit66@bobmunsa.co.kr
홈페이지 http : //www.bobmunsa.co.kr

조 판 한 미 문 화 사

정가 29,000원 ISBN 978-89-18-12350-9